张崇琛

著

古代文化論叢

创于1897
商務印書館
The Commercial Press

图书在版编目(CIP)数据

古代文化论丛 / 张崇琛著. —北京：商务印书馆，2020
ISBN 978-7-100-18507-3

Ⅰ. ①古… Ⅱ. ①张… Ⅲ. ①中华文化—文化史—研究—古代 Ⅳ. ①K220.3

中国版本图书馆CIP数据核字（2020）第085355号

本书获兰州大学“双一流”建设指导专项资金资助

古代文化论丛

张崇琛 著

张克锋 题签

商 务 印 书 馆 出 版
（北京王府井大街36号 邮政编码 100710）
商 务 印 书 馆 发 行
三河市尚艺印装有限公司印刷
ISBN 978-7-100-18507-3

2020年8月第1版　　开本 680×960 1/16
2020年8月第1次印刷　　印张 26 3/4

定价：128.00元

作者简介

张崇琛，1943年生于山东诸城，1967年毕业于华东师范人学中文系，后师从著名国学大师姜亮夫先生。兰州大学教授、古代文学研究所原所长。兼任中国屈原学会名誉会长、甘肃省古代文学学会荣誉会长、甘肃省文史研究馆馆员及国内多所大学客座教授。中国古代文化及楚辞学、聊斋学、诸葛亮研究专家。已出版的主要著作有《中国古代文化史》、《古代文化探微》、《楚辞文化研究》、《聊斋丛考》、《诸葛亮之人生与人格》、《中华家教宝库》（主编）、《名赋百篇评注》、《鹤园随笔》等十余部，发表学术论文百余篇。曾获宝钢教育基金优秀教师奖，享受国务院颁发的政府特殊津贴。

前　言

一个人无论走到哪里，最难忘的还是故乡。我也是一样。我现在虽已是“东西南北之人”了，但故乡的影子，还有那伴随着影子的忆念，却从来都不曾消失。

我的故乡是山东省诸城市的一个小乡村，那里背靠着一座无名的小山丘，村里人管它叫西岭；前面有一条大河，即《水经》上曾著录过的潍水。先辈们传说，当年立村的时候，这里还是杂草丛生之地，到了秋天，野草都开满了白花，远远望去，白茫茫一片，好似雪中的庄稼一般，于是村子便取名雪稼庄。但后来不知怎的，竟被讹称为薛家庄了，其实从古至今，村里连一户姓薛的人家都没有过。到了清朝的康熙年间，我的四位祖先，即县志里称的“张氏四逸”，为了过隐居生活，在此修建了一处园林，取名“四逸园”，于是一时来访的名人渐多，这里与张姓的另一处园林即放鹤园，又成为清初远近闻名的遗民汇聚之地了。像江南的洪名（嘉植），山东的李象先、杨水心、王鲁珍、李之藻（后来成为蒲松龄的老朋友），以及县内的李澄中、刘冀明等，都曾来过这里。

至于薛家庄周边，则出过的文化名人就更多了。就在村东南不远处的潍河岸边，至今还留有一片地势稍高的开阔地，地名叫葛陂，祖辈相传，那里便是诸葛亮的祖居地。传说诸葛氏原本姓葛，就住在与诸县（今诸城西南）隔河相对的葛陂，后来他们举家迁到了阳都（今沂南县境），因当地也有葛姓，为相区别，才复姓诸葛（即诸县葛氏）。此虽系传说，倒也符合历史事实，因为《三国志·诸葛瑾传》裴松之注所引的韦昭《吴书》中就有这样的记载："（诸葛瑾）其先葛氏，本琅邪诸县人，后徙阳都，阳都先有姓葛者，时人谓之诸葛，因以为氏。"

由葛陂往西北二十余里，则是孔子弟子和女婿公冶长的故里。村子原名公冶场，后改名先进村，公冶长的墓地就在村子旁边，村中至今还住着数十户姓公冶的人家。再由葛陂往东二十余里，位于县城的西郊，又有村名岔道口，便是宋代大画家、《清明上河图》的作者张择端的故里了。而宋代金石大家赵明诚的故里，也就在岔道口南面不远处的兰家村。再加上宋代熙宁七年（1074）至熙宁九年（1076），苏轼又曾在此地任过两年多的密州太守（治所就在诸城），所以自古以来这一带的文风一直是很盛的。诚如苏轼弟苏辙所说："至今东鲁遗风在，十万人家尽读书。"我的青少年时代就生活在这一地区，是目睹着先贤的遗迹，听着他们的遗闻逸事长大的。

犹记夏日傍晚的打麦场，还有冬夜编织草鞋的地屋，都曾是先辈们讲论乡贤的场所，而于我则是学习乡土文化最早的课堂。我们家在我出生时虽已成为贫下中农，但家族的文化传统一直延续着。我至今还记得，在田间地头的辍耕之际，父亲曾为我讲述过的许多文史典故及乡园旧事；也记得我们家祠堂大门上的那副对联："大河以上无地不耕，宜麦、宜粱、宜菽；片碣之前有经可读，学《诗》、学《易》、学《书》。"我对中国古代文化的最初兴趣，便是从那时起开始培养起来的。

中学毕业后（我们的中学就在张择端故里旁边），我考上了华东师范大学。当时正值"三年困难时期"过后的 1962 年，听说有一所全国重点大学在山东招生，吃饭还不要钱，班主任老师便自作主张地给我填报了这一志愿。不过报到后发现，学校倒也名不虚传。这是 20 世纪50年代初由大夏大学、光华大学、圣约翰大学等八所高校合并而成的一所新校。校园是高度园林化了的，随处可见小桥流水、绿柳草坪。一条丽娃河从中间穿过，将校区分为河东、河西两个部分，中文系所在的河东，便是当年大夏大学的旧址。我们所住的宿舍楼、上课的文史楼，还有听报告的礼堂，也都是当年大夏大学的老式建筑。在那里，我们聆听了许杰、钱谷融、徐震堮、万云骏、叶百丰等名师的教诲，也掌握了查资料、做卡片、写读书札记等初步的学习方法。有些老师，如《诗经》研究名家程俊英、六朝文学研究大家郝昺衡，还有当时尚在资料室工作的施蛰存老师，以及历史系的吕思勉、束世澂等先生，虽未给我们上过课，但他们的大名也是早就闻知的，并多次到图书馆借阅过他们的著作。

华东师大的学制是五年，但实际上我在学校待了整整六年，而真正上课的时间却只有两年。从1964年9月起，我们便随华东局赴安徽参加“四清”，两年后返校又遇上了“文化大革命”，所以直到1968年的9月学校才开始分配工作。当时的口号是“四个面向”，于是我被分配到了大西北的兰州，在一家大型的国有建筑企业干了足足十年。1978年我调入兰州大学，第二年又参加了教育部委托杭州大学举办的“楚辞班”，始得有幸跟随姜亮夫先生学习。

姜先生是著名的国学大师，治学的面很广，在音韵学、古史学、楚辞学、敦煌学及文献学等方面都有极深的造诣。我们跟随姜先生学习，真如久旱之遇甘霖，点点滴滴都舍不得放过。姜先生对我们这个十二人的楚辞班也充满深情，常说这是他晚年“结的一个大瓜”。而外界也戏称我们是姜先生的“十二门徒”。当时高校正在调整工资和分配住房，而我们这些人则全然不顾，都一心一意跟上姜先生学。每堂课都有录音，课后认真整理，并查阅相关的资料。姜先生的《楚辞今绎讲录》就是这样形成的。

教学的内容自然也不限于《楚辞》，在音韵学、古史学及古代文化方面，我们所学到的东西也很多。我还记得，班上规定每天傍晚要有两名同学陪护姜先生散步，自杭大家属院一直走到黄龙洞，然后再走回来，时间大约是一小时。而就在这一小时内，我们听姜先生所讲过的文坛逸事、师长佳话（主要是有关太炎、静安两位师爷的），尤其是治学门径，可以毫不夸张地说，真有"胜读十年书"之感。

楚辞班至 1980 年 7 月结束，我提交的结业论文《一个值得重视的〈楚辞〉注本——读刘梦鹏〈屈子章句〉》，很得姜先生嘉许。此文后来发表于《文献》杂志，经压缩后又作为一个词条被《中国大百科全书·先秦文学卷》收录。听江林昌兄说，姜先生后来在指导博士生写读书报告时，还曾以这篇文章作为范文。这当然是姜先生教导的结果了。而且不仅如此，我在姜先生那里还首次知道了王静安先生的"二重证据法"，也懂得了姜先生"综合研究法"的要义。姜先生在给我所写的结业鉴定中，还专门就综合研究的方法做过阐述：

> 博涉群书是一个最主要的读书方法。专门只搞一二门，自然容易为功，但成就必然有限。由博返约，然后能切实掌握所要掌握的东西，这即是近年来所盛传的综合研究的基本要素。

我后来在指导研究生时所倡导的"大文化视野下的中国古代文学研究"，就是受静安先生"二重证据法"和姜亮夫先生"综合研究法"的启迪提出来的。

所谓"大文化视野下的中国古代文学研究"，首先是基于以往的研究方法而言的。纵观几千年来的中国文学研究，就其方法而言，大致可以归纳为三种主要的类型，或曰三个不同的阶段。一是以乾嘉学派为代表的注重训诂、考据、名物的传统研究方法，二是"五四"前后以"疑古"及新引进之方法（如唯物史观、实验主义、民俗学方法等）为主要特征的治学方法，三是 20 世纪 50 年代初以来以强调阶级斗争为主要特征的研究方法。这些研究方法虽各有其特点与成就，但在充分发掘古代文学作品的内涵、全面认识古代文学作品的价值方面，都不能说是没有缺憾的。因为古代文学尤其是先秦文学作品，大都带有些百科全书式的性质，它们实际上已成为中国传统文化的载体，如《诗经》《楚辞》便是。所以我们在进行研究的时候，也就不能只停留在单纯文学的层面，而应该从大文化的视角去进行全面审视，如孔夫子当年对《诗经》所作的综合审视，以及姜先生对《楚辞》所作的综合研究那样。这是问题的一个方面。另一方面，对有些古代文学研究中的难题，也只有取大文化的视角，并采用若干不同的角度（包括社会科学和自然科学的角度），才能得以解决。如对楚骚咏兰意蕴的发明即是如此。几十年来，我对中国古代文学及古代文化的研究，大体也是沿着这样的思路进行的。

收在本书中的三十来篇文章便是这一研究思路的具体体现。具体说，有以下五个方面的内容：

一是对中国古代文化来源与特点的总体认知，以及对古代文化与国学研究方法的简要论述。中国古代文化的来源是多元一体的，我从考古发现、古史传说及古代文献所记载的信史等三个方面来加以证明。而“天人合一，以人为本”“诸家兼容，以儒为主”“多神并敬，无神为常”“德能统观，以德为重”“述作共倡，述为号召”则是其基本的特征。至其研究方法，我主张既要充分利用现有的书面文献及出土的新材料，以力求对国学及古代文化的相关内容给以准确的解读；同时也要联系实际，将这种研究与传承中华优秀文化及提升国人的道德水准相结合。例如，我对改革开放中如何继承中国优秀传统文化的论述，便是基于这方面的考虑。

二是对远古文化的追寻，如有关伏羲、女娲、黄帝、仓颉、蚩尤及舜文化的探源。伏羲族发源于甘肃天水一带，而伏羲文化则是中国原始的和谐文化。这不但有文献的依据，而且也有着大地湾文化的佐证。女娲神话产生的时间与伏羲时代相近，透过其“补天”与“造人”的神话背景，也能让我们窥见一些上古社会的影子和当时人们的生活方式及精神面貌。两者时代虽然古久，但对我们创建和谐社会及发扬中华民族的创造精神，都是不无借鉴意义的。至于黄帝及舜时代的中华文明状况，前者我通过对《仓颉书》的考释以证明黄帝时代确有文字或文字雏形存在，后者则从《孟子》一书中钩稽舜文化的基本内涵和文化精神，以补司马迁《五帝本纪》记载之不足。还有蚩尤这位东夷族的领袖，历来被视为恶魔，但我认为当与炎、黄并列为“中华三祖”。

三是对《周易》文化要义的发明以及对后人应用《周易》的个案研究。《周易》是中华民族智慧的集中体现和中国综合文化之始，对其所蕴含的思维方式，如整体意识、变化发展思想、相反相成意识、和谐意识以及自强不息、厚德载物的民族精神等，我作了较系统的探讨。对《周易》卦爻辞与《诗经·小雅》的同源关系，也在前人研究的基础上作了进一步的论证。至于诸葛亮与《周易》的关系，向为学界所忽视。我则从诸葛亮之用兵与治国都十分注重天、地、人的综合考察，以及他的“淡泊”“宁静”境界与《八阵图》的制作等诸多方面，论证了诸葛亮对《周易》的娴熟运用。还有《聊斋志异》的作者蒲松龄，不但精通《周易》，而且还尝试援《易》理而入《聊斋》，《聊斋志异》中的《恒娘》篇，便是据《周易·恒》卦敷演而成的。凡此，皆在前人研究的基础上又有所前进。

四是对中国人的传统美德及先秦文化的一些重要思想范畴，如中庸之道、慎独精神、和谐观念、老学的当代价值、孔子的教学方法等的重新解读，其中有多篇是在高端学术论坛上的讲演稿，曾浪得好评。如释中庸之道为和谐之道，谓中庸之道是一种动态的平衡和双向调节；释儒家的“慎独”精神是从外在表现、理性自觉及精神境界三个方面来养成完美的人格，并指出其对廉政建设的重要意义；从尊重客观规律、关注生态平衡、提升领导艺术、优化经营策略四个方面来论证老子思想的当代价值；从处理教与学、“有教无类”与因材施教、学与思、温故与知新、讲授与答疑、言传与身教等六个方面的关系来探析孔子的教学方法等。这些都对先秦的一些重要思想范畴作出了新的解读，并揭示出了它们的当代价值。

五是对地域文化及方言、方俗的关注与研究。礼失而求诸野。地域文化中蕴含着丰富的中国传统文化信息。而在中国的地域文化中，兼得齐鲁文化之长的琅邪文化，无疑又是很值得重视的一种。我对琅邪文化的形成、特征及其演变所作的较为系统的论述，以及我指导编写的四卷本《琅邪文化史略》（山东人民出版社 2011 年出版），可算是这方面研究的一种大胆尝试。收在本书中的《论琅邪文化》一篇，便是《琅邪文化史略》一书的导言。还有受过琅邪文化熏陶的一些历史文化名人以及发生在琅邪地区的一些文化现象，也都很值得研究，但限于篇幅，前者我仅选取了曾知密州的苏轼，后者则选取了赵明诚（诸城人）夫人李清照画像流传始末作为研究对象。苏轼“格高千古”的《中秋词》诞生于诸城超然台上，从文化背景来说，其与琅邪文化的浓厚氛围是分不开的。现存比较可信的李清照画像，也是在琅邪文化的核心地区诸城一带流传的。对此，我都进行了精心的考证和论述。而与琅邪文化不同的是，宋文化则一直遭遇到人们的偏见，并导致了今日社会上某些人对河南人的歧视。我从对先秦寓言中“宋人”现象的解析入手，并联系周灭商的历史背景，力图从文化上解开形成这一局面的原因，并指出只有消除了文化上的地域偏见，社会才能真正达到人际关系的和谐。另外，天水的古战场文化，历来少有人系统研究，我对此也进行了梳理和论述，并为开发和弘扬这一文化提出了一些具体建议。至于对地域文化重要载体的方言与方俗，我仅选取了琅邪文化核心地区的诸城方言及以桐城张氏为代表的“六尺巷”故事两个个案进行考察，当然也只是尝试性的。不过我认为，由于不少地区的方言与方俗都可以追溯到先秦时期，所以对此进行研究，也可以为中国古代文化的研究提供一种新的视角和方法。

本书的主要内容及写作缘起，约略有如上述。需要说明的是，其中的有些篇章曾单独发表过，有些则是首次面世，此次结集出版，一并呈献给读者。至于各篇之间在材料使用上的某些重复之处，为照顾文义，有些也未能完全删除，敬请读者谅解。还有些文章中所引用的文献，因当时的注释未详，此次完善注释时当年的版本已不可觅，只好用了后出的善本，这样便出现了先后时间上的差异，也向读者表示歉意。另外，我的学生姜楠教授于百忙中对此书的注释进行了复核、订正与补充，也应在此一志。

光阴荏苒。再过四个月又是先师姜亮夫先生诞辰的纪念日了。重读先生给我的十余封书信，回忆先生对我的教导与关爱，感激与欣慰之情与日俱增。权以此书纪念先生诞辰117周年。

张崇琛

2019年1月19日

目　录

古代文化概说

远古文化追寻

《周易》文化探微

古代文化要义解读

地域文化摭谈

古代文化概说

多元一体的中国古代文化

中国古代文化的来源是多元的，但最终又是一体的，即融为以华夏文化为核心的中华文化。这无论从考古发现、古史传说，还是从古代文献所记载的信史中都可以得到证明。

一、考古学与古人类学所揭示的中国文化起源的多元一体性

人们常说，黄河是中华民族的摇篮。这在肯定中国人是土生土长的一点上，无疑是正确的。但实际上，摇篮并非一个。也就是说，中华民族的发源地非止一处。

早在旧石器时代，当中国人还处在原始群的时代时，中国大地上的猿人（直立人）就已经有多处的分布了。1965 年 5 月在云南省元谋县上那蚌村发现的“元谋人”，便是距今 170 万年左右的中国最早的人类。元谋猿人已经能够制造和使用石器，并学会了用火。元谋猿人化石（两颗上中门齿）及其文化遗物（刮削器及炭屑等）的发现，对探索我国早期猿人的体质特征及文化提供了宝贵的资料。再联系到 1980 年在云南省禄丰县所发现的距今约 800 万年的腊玛古猿头骨化石，还可以推断，中国西南地区当是人类起源和早期人类演化的中心地区之一。

1963 年至 1964 年间在陕西省蓝田县发现的“蓝田猿人化石”，也

属我国旧石器时代早期的化石，距今约五六十万年。从已发现的头盖骨、颌骨及牙齿化石来看，其形态特征较北京猿人更为原始。“北京人”亦称“中国猿人”，是1927年首次在北京西南龙骨山洞穴内发现的，距今约四五十万年。第一个头盖骨化石于1929年12月发现，此后又陆续发现40个以上的个体。“北京人”以石器和骨器为主要工具，并能用火，以狩猎为生。

此外，分布于中国大地上的早期智人（又称古人），则有金牛山人（辽宁省营口市金牛山）、丁村人（山西省襄汾县丁村）、大荔人（陕西省大荔县）、马坝人（广东省韶关市曲江区马坝镇）等，他们距今约10万年至4万年。而距今约4万年至1万年的晚期智人（又称新人），也有多处发现，如山顶洞人（北京市周口店山顶洞）、峙峪人（山西省朔县峙峪村）、河套人（内蒙古自治区鄂尔多斯乌审旗的黄河沿）、柳江人（广西壮族自治区柳江县通天岩）、左镇人（台湾省台南县左镇）等。

上述旧石器时代猿人、古人、新人在中国大地上的分布之广泛，足以说明中国人在起源上的多元性。然而他们又都表现出了一种共同的特征，即蒙古人种（黄种）的形态与特征，如铲形门齿以及以刮削器为主的工具组合等，这又雄辩地说明了他们是中华大地上最早的居民。而由他们所创造的文化即是土生土长的中华文化。在这一点上来说，他们又是一体的。

到了距今8000年至4000年的新石器时代，中华文化的这种多元一体的特征便表现得更加明显。首先是黄河流域文化，这包括以仰韶文化（1921年首先发现于河南省渑池县仰韶村）为代表的黄河中游文化，以大汶口文化（1959年首次发现于山东省泰安市大汶口）和龙山文化（1928年首次发现于山东省章丘市龙山镇城子崖）为代表的黄河下游文化，以马家窑文化（1923年首次发现于甘肃省临洮县马家窑）为代表的黄河上游文化，以及以大地湾文化（1958年首次发现于甘肃省秦安县大地湾）为代表的前仰韶文化等。其次是长江流域文化，它包括以河姆渡文化（1973 年首次发现于浙江省余姚市河姆渡）、良渚文化（1936 年首次发现于浙江省杭州市余杭区良渚镇）为代表的长江下游文化和以大溪文化（因重庆市巫山县大溪遗址而得名）、屈家岭文化（1954 年首次发现于湖北省京山市屈家岭）为代表的长江中游文化等。再次是以红山文化为代表的燕辽文化。红山文化 1935 年首次发现于内蒙古自治区赤峰市红山，1986 年又在辽宁西部东山嘴、牛河梁发现了红山文化的祭坛和“女神庙”，以及陶质裸女像、玉猪龙等，这标志着红山文化也已达到了很高的文明程度。此外，在珠江流域、河西走廊以至青藏高原，都有新石器文化遗存的发现。

值得注意的是，所有这些新石器时代的文化，其发展都不是孤立的，而是相互影响、相互融合的。例如在距今 5000 年左右，仰韶文化在黄河中游曾突然衰落而龙山文化在这一带的影响则明显扩大，甚至波及长江流域和珠江流域。这即反映了龙山和仰韶两种文化的叠合与交融。良渚文化与龙山文化也有许多方面的相同，并且其中的许多文化内容又是商文化的一个来源。屈家岭文化受仰韶文化的影响明显，在某些地区（如豫南鄂北）两者常常交错分布。再如，学术界一般还认为继承河南龙山文化（距今 4900—4000 年）的是夏文化，而商周甲骨文和青铜文化又均是以黄河中下游的新石器文化为主要源头。凡此，皆可以说明，丰富多彩的中国新石器文化已由多元区域性的发展而逐渐内向和融合，并最终汇聚成了以华夏文化为核心的高度文明的中华文化。

二、远古传说所保存的中国文化起源的多元一体迹象

新石器时代的社会形态是氏族社会。而中国新石器文化的多元区域性发展，又标志着远古的中华大地上曾经有过许许多多创造这些文

化的氏族或部落集团。但由于年代的久远以及书写条件的困难，我们今天已无法见到当时的文字资料。不过，神话传说还是流传于后世了。一般认为，原始神话产生于野蛮时期的低级阶段，即母系氏族社会的全盛期，也就是距今约一万年左右的新石器时代早期。这些传说经代代流传，最后被记录了下来，虽然零乱，而且掺进了若干后人的意识，但透过其神话的色彩，我们还是可以窥见一点古史的真面目。

关于远古部族的划分，近人多根据徐旭生先生《中国古史的传说时代》的论述，而又稍加调整，将中国远古部落大致分为三大集团，即西北的华夏集团、东方的东夷集团和南方的苗蛮集团。

华夏集团无疑是三集团中最重要的集团，以致后来竟成了中国全族的代称。这一集团主要包括黄帝和炎帝两大氏族，而两族内又各有许多的分支。《国语·晋语四》说："昔少典娶于有蟜氏，生黄帝、炎帝。黄帝以姬水成，炎帝以姜水成。成而异德，故黄帝为姬，炎帝为姜。"[①] 由于古人常将氏族的名字与个人的名字相混，故所谓少典"生"炎、黄，正如郭璞在注《山海经·大荒东经》时所说："诸言生者，多谓其苗裔，未必即是亲所产。"[②] 大约少典氏和有蟜氏是两个世代通婚的氏族（正如后世的姬姓同姜姓一样），而黄帝族和炎帝族便是从他们中间分出来的。倘再上溯，则华夏集团最早很可能发源于昆仑之墟（青海高原），此后逐渐东移，而少典和有蟜便是他们到达陕甘交界处时的两个氏族的名称。炎、黄分出后，黄帝族居于陕西北部的黄土高原，因姬水而得姬姓；炎帝族则居于陕甘交界的渭水上游一带，因姜水而得姜姓。此后，这两族都有一部分东移。黄帝族东迁的路线偏北，大约先沿北洛水南下，然后东渡黄河，沿中条山、太行山脉逐渐向东北走去，直到今天的北京附近（即古蓟地）。他们所建立的主要国家有

---

① 《国语》，上海师范大学古籍整理组校点，上海古籍出版社 1978 年版，第 356 页。

② 袁珂译注：《山海经全译》，贵州人民出版社 1991 年版，第 275 页。

虞、虢、焦、滑、霍、杨、韩、魏、芮、贾等。炎帝族则顺渭水东下，再沿黄河南岸向东，一直发展到豫西南及豫、冀、鲁三省交界的地方。他们所建立的主要国家有申、吕、齐、许、甘、纪、向等。可以说，在有史以前，华夏集团的炎、黄两族已顺着黄河两岸散布于中国的北方及中部的许多地区了。

东夷集团主要有太昊（皞）、少昊（皞）、蚩尤等部族。太昊风姓，或谓即伏羲氏，遗墟在陈（河南省周口市淮阳区），其后人的封地为任（山东省济宁市境内）、宿（山东省东平县境内）、须句（山东省东平县境内）、颛臾（山东省费县境内）等。少昊嬴姓，遗墟在鲁，即今山东省曲阜市，古名穷桑或空桑。蚩尤为古代九黎族首领，其居地在山东西南部。此外，偃姓的皋陶与少昊同属一族，“皋”即“皞”，偃、嬴一声之转。偃姓所建立的国家有英、六、蓼（均在安徽中部）等。夏初的后羿，也属东夷集团中的少昊氏族，寒浞灭羿后仍居羿地，今山东省潍坊市的寒亭，即寒浞墓之所在。还有己姓的莒，亦为少昊之后，最早姓嬴，后改。至于秦、赵祖先蜚廉的“蜚”，当与费国的“费”字同字异形。费亦嬴姓，建国很早，后灭于周初，地在今山东省费县境内。殷末，蜚廉的子孙西行，后来建立了秦、赵。还有郯，国在今山东省郯城县境内，亦为少昊之后。可见，东夷集团所分布的地域，北自山东北部，最盛时曾达到山东全境，西至豫东，南至豫西南和安徽中部，东至海。

苗蛮集团主要是分布于湘、鄂、赣一带的三苗。在楚人入主这一带之前，他们是这里的先住部落。古代传说中，尧、舜、禹都曾有过“伐三苗”之事，后来，三苗便被迫迁到了西北和西南的边地一带。除此之外，《尚书·尧典》中提到的尧的部下驩兜，也有人认为当是南方的一个部族，并与苗民有着密切的关系。原属华夏集团的祝融，后来也同苗蛮集团密不可分。至于分布在浙江、福建、广东一带的百越，也有人说应划入南蛮集团。

上述三大部落集团经过长期的交往和斗争，终于融成了华夏族，即汉族的前身。其大致的过程，先是黄帝、炎帝联合起来打败九黎，杀其首领蚩尤（涿鹿之战）；随后，黄帝又三战而打败炎帝（阪泉之战），遂成为中原地区的部落联盟首领（或谓炎黄之战在前，黄帝打败蚩尤在后）。此后尧、舜、禹相继禅让，实际上又反映了黄帝族与东夷各部族间的斗争。直至禹的儿子启所建立的夏朝，在其初期仍同东夷族有过反复的较量。至于苗蛮集团的三苗，虽其族已迁到了边远地区，但他们的文化影响还是部分地留在了原地，并与此后的楚文化相融合。春秋、战国时期，以“蛮夷”自居的荆楚，还同中原各国有过多次的争斗，直到秦汉的统一，南楚文化与中原文化才最后融为一体。

三、古代史籍所记载的中国文化起源的多元一体事实

从历史记载来看，中国历史上最早建立的王朝是夏、商、周，而它们又分别有着不同的来源和文化传统。

夏的祖先是禹。据传孟子说：“禹生石纽，西夷人也。”[①]《尚书笺》也说：“夏，中国也。始自西夷，及于内地。”再联系到《史记·匈奴列传》所说的“匈奴，其先祖夏后氏之苗裔”[②]的话，以及夏的属国昆武、室韦等均为北方少数民族的事实，所以有人就认为夏人即胡人，亦即匈奴人。不过从考古调查来看，夏兴起于以嵩山为中心的颍水上游及伊洛平原，最后又达于晋南一带，当是没有问题的。学术界一般也认为，河南省偃师市二里头文化便是典型的夏文化。又据《史记·夏本纪》载，夏自禹至桀，共传17世，历471年。夏的国都，

① 裴骃《史记集解》引皇甫谧说，见司马迁：《史记》，裴骃集解，司马贞索隐，张守节正义，中华书局1959年版，第686页。

② 司马迁：《史记》，裴骃集解，司马贞索隐，张守节正义，中华书局1959年版，第2879页。

最早禹居阳城（今河南省登封市嵩山以南），后居阳翟（今河南省禹县），至太康时居斟鄩。斟鄩或谓即今偃师二里头夏墟遗址。该遗址内已发现有宫殿、陵寝、房屋、道路、水井及各种作坊等。“夏”义训为“大”。《论衡·正说》：“夏者大也。”[①]《方言》：“秦晋之间，凡物之壮大者而爱伟之，谓之夏。”[②]“夏”又与“厦”通，有“广居”之义。是所谓“夏人”，即居住高房大屋之人也。这不但已为二里头遗址的发掘所证明，而且也显示出夏的文明程度在当时来说已是很高的了。《史记·夏本纪》还说“孔子正夏时，学者多传《夏小正》”[③]，而后世中国的历法，在月建上所采用的也主要是夏正。这说明夏的天文历算也达到了很高的水平。夏代还曾有过大规模的治水活动，据说《尚书·禹贡》便是“禹别九州，随山浚川，任土作贡”[④]的结果。这样说来，则夏代的地理学及水利学的知识也是非常丰富的。又《吕氏春秋·音初》所载“候人兮猗”[⑤]以及《尚书·汤誓》所载“时日曷丧，予及汝偕亡”[⑥]两首民歌，也有人认为即是夏代民歌的孑遗。至于夏人居住区的语言被后人尊称为“雅言”，夏人居住区的音乐被后人尊称为“雅乐”，则更可以令人想见夏的文化水平之高了。

商来源于东方，即山东西部、河南东北部一带，是以鸟为图腾的东夷部落集团中的一支。《诗经·商颂·玄鸟》：“天命玄鸟，降而生商。”[⑦]《诗经·商颂·长发》：“有娀方将，帝立子生商。”[⑧]“玄鸟”即燕子。《史记·殷本纪》说：“殷契，母曰简狄，有娀氏之女，为帝喾

---

① 王充：《论衡校注》，张宗祥校注，郑绍昌标点，上海古籍出版社 2010 年版，第 553 页。
② 扬雄记：《方言》，郭璞注，中华书局 1985 年版，卷一，第 9 页。
③ 司马迁：《史记》，裴骃集解，司马贞索隐，张守节正义，中华书局 1959 年版，第 89 页。
④ 李民、王健：《尚书译注》，上海古籍出版社 2004 年版，第 54 页。
⑤ 许维遹：《吕氏春秋集释》，梁运华整理，中华书局 2009 年版，第 140 页。
⑥ 李民、王健：《尚书译注》，上海古籍出版社 2004 年版，第 105 页。
⑦ 程俊英、蒋见元：《诗经注析》，中华书局 1991 年版，第 1030 页。
⑧ 程俊英、蒋见元：《诗经注析》，中华书局 1991 年版，第 1034 页。

次妃。三人行浴，见玄鸟堕其卵，简狄取吞之，因孕生契。”[①]这说明契是商的第一位父系祖先，而契之前，商人还处在母系氏族社会阶段，其图腾崇拜对象为玄鸟。至于“帝喾次妃”云云，则是后人附会。据《史记·殷本纪》载，自契至汤，传14世始代夏桀而有天下。这14世正相当于夏代，有400多年的历史。商朝建立后又传17世31王，约600余年，至纣时遂为周武王所灭。这样前后合计，商已有着上千年的有文字可考的历史。

商的文化已经高度发达了。这无论从史书记载、考古发现，还是甲骨文字的印证，都是可以说明的。商的祖先相土已开始作乘马，王亥开始作服牛，可见，在商朝建立之前，商人就已经学会驯养牛马以作为运载工具了。商的农业和手工业也空前发达。甲骨文中有禾、黍、稻、麦、稷、粟等字，可以表明当时农作物的品种已经很多；而商代的饮酒之风，则从另一个方面反映了商代粮食的增多。在手工业方面，除了制骨、制玉、石雕、漆器及皮革、纺织、舟船、酿酒外，冶铜技术已经很高，殷墟武官村出土的著名的后母戊大方鼎重达832.84公斤，为我国已出土的最大的青铜器。商代的建筑开始使用木骨架结构，即先在夯土台基上安放柱础，竖立木柱，然后安置梁架，覆盖屋顶，装上门窗。这种建筑方法奠定了我国传统建筑的基本格式。而随着农业、手工业的分工，商品的生产和交换在商代也取得了显著发展，“商人”的名称即由此而来。当时所使用的货币为“贝”，十贝为一“朋”。《易经》卦、爻辞中讲到经商的时候也经常有“得朋”“失朋”的记载。我国的汉字发展到商代后期也基本成熟，甲骨卜辞和器物铭文中出现的汉字已达3500多个。《尚书·多士》说：“惟殷先人有典有册。”[②]这说明商人已有了书写的典籍和历史文献。例如《尚书·盘庚》，便基本

① 司马迁：《史记》，裴骃集解，司马贞索隐，张守节正义，中华书局1959年版，第91页。
② 李民、王健：《尚书译注》，上海古籍出版社2004年版，第309页。

上是一篇珍贵的商代文献。古文《尚书·伊训》还说殷人“恒舞于宫、酣歌于室”[①],《史记·殷本纪》也说帝纣“使师涓作新淫声，北里之舞，靡靡之乐”[②]，可见商代的歌舞也很盛行。

除此之外，商的领土又较夏代有了很大的扩张。《诗经·商颂·长发》:“相土烈烈，海外有截。”[③]可能在相土时，商的势力已达到了渤海边。又《诗经·商颂·殷武》:“昔有成汤，自彼氐羌，莫敢不来享，莫敢不来王，曰商是常。”[④]这说明商朝不但已经控制了黄河中下游地区，连西方的氐羌也向它臣服了。对西北方的鬼方，商也进行过征伐，商王武丁用了三年时间将鬼方打败。《周易·既济》九三说“高宗伐鬼方，三年克之”[⑤],《周易·未济》九四说“震用伐鬼方，三年，有赏于大国”[⑥]，这两段爻辞便反映了这一段史实。武丁还曾南征,《诗经·商颂·殷武》所谓“挞彼殷武，奋发荆楚”[⑦]，即是商的后人追述这次战争的诗句。此后，商的势力更伸张到了长江以南的地区。

周人是一个姬姓部落。周的第一位父系祖先名弃，是有邰氏女子姜嫄“践巨人迹”后所生。这说明周人在弃之前还处在母系氏族社会，而此后则过渡到了父系氏族社会。周人善于农作，弃也被后代祀为农神后稷。据说弃曾做过夏朝的农官，及夏之衰也，弃的后代不窋“自窜于戎、狄之间”[⑧]，遂与羌人相处并世代通婚。此后，周人在与戎狄的斗争中曾多次迁徙，先是居于今甘肃省庆阳市一带，到后稷的16世孙古公亶父（即太王）时，才定居于岐山之南的周原（今陕西省岐山

① 李民、王健:《尚书译注》，上海古籍出版社2004年版，第123页。
② 司马迁:《史记》，裴骃集解，司马贞索隐，张守节正义，中华书局1959年版，第105页。
③ 程俊英、蒋见元:《诗经注析》，中华书局1991年版，第1034页。
④ 程俊英、蒋见元:《诗经注析》，中华书局1991年版，第1041页。
⑤ 徐子宏译注:《周易全译》，贵州人民出版社1991年版，第341页。
⑥ 徐子宏译注:《周易全译》，贵州人民出版社1991年版，第347页。
⑦ 程俊英、蒋见元:《诗经注析》，中华书局1991年版，第1040页。
⑧《国语》，上海师范大学古籍整理组校点，上海古籍出版社1978年版，第3页。

县），自称周人，并开始臣服于商。至古公亶父的孙子文王（姬昌），则已成为西方诸侯之长，称为西伯。文王之子武王（姬发）遂联合众诸侯一举灭商，建立周朝，国都镐京（西安市附近），史称西周。自武王至幽王，西周共传 12 世。平王东迁洛邑以后，史称东周。东周自平王至赧王，又传 25 世。前后合计，约 800 余年。

周代不但社会经济高度发达，而且在“文治教化”方面也进行了许多改革，达到了前所未有的水平。例如，按五等爵位分封诸侯，并实行以嫡长制为核心的宗法制度，这样便将政治与血缘关系永远纠缠在一起，成为中国几千年来封建统治的纽带。再如在经济上所实行的井田制，所谓“方里而井，井九百亩，其中为公田。八家皆私百亩，同养公田；公事毕，然后敢治私事”①，实即后世之劳役地租，也将人民永远地束缚在土地之上。在意识形态方面，周人不像商人那样迷信，而是比较讲求实际，注重人事，他们所标榜的“敬天保民”，实即后世“天人合一”及民本思想的滥觞。至于周的职官制度、礼乐制度（包括采风之制）、婚丧制度以及衣食住行准则，许多也都为后世所遵从。

但也必须看到，周的文治教化水平虽然很高，甚至可以说是中国文化的辉煌时代，但却不是凭空出现的，更不是周公一人所制作的。周的文化是在自身传统的基础上，又沿袭或吸取了夏、商文化的有益成分而发展起来的。正如孔子所说：“周鉴于二代，郁郁乎文哉！”②在这个意义上可以说，周朝建立后，不但将夏、商、周三族复合成为同一民族（即华夏族）的雏形，而且也将三支来源不同的文化融为一体了。中国文化来源的多元一体性，在这里表现得尤为突出。

春秋战国时代，华夏同周围的戎狄蛮夷（即四夷或四裔）又继续进行交往、斗争和融合。其时华夏亦称“诸夏”“诸华”。而所谓

---

① 杨伯峻译注:《孟子译注》，中华书局 1960 年版，第 119 页。

② 杨伯峻译注:《论语译注》，中华书局 1980 年版，第 28 页。

“华”，乃指服章之美、文采之盛。其时，中原之人自谓其文化高于周围四夷，故常以华夏自居，如孔子就说过“裔不谋夏，夷不乱华”[①]的话。与此同时，“中国”之称也很普遍了。“中国”一词首见于西周早期的《何尊铭文》，《尚书·梓材》追述周成王的话也说“皇天既付中国民越厥疆土于先王”[②]。又，《诗经·大雅·民劳》：“惠此中国，以绥四方。”[③]《诗经·大雅·桑柔》：“哀恫中国，具赘卒荒。”[④]不过，当时的“中国”主要是指夏人曾居住过的伊洛平原即“中土”，或是京师之地。到春秋、战国时，“中国”所指的区域扩大了，基本与华夏同义。但其时的中国人也并不拒绝四夷，他们在划分夷、夏时，所用的便纯粹是文化的标准，即所谓“用夏变夷者夷之，夷而进于中国者则中国之”[⑤]。这样一来，便加速了夷夏文化的交融。到了秦汉统一中国之后，以华夏族为基础，并融合了四夷的一部分，遂形成了汉民族。而中国与华夏，也常被后人合称为“中华”了。此后又经过魏晋南北朝、隋唐宋辽金西夏及元明清三个阶段，又有更多的少数民族被融进了汉民族，而汉族也不断从少数民族那里吸取有益的文化成分，于是逐渐创造出了令世界瞩目的、光辉灿烂的中华文化。

概言之，中华文化的起源是多元的，而最终又是融为一体的。这是历史的事实，也是我们研究中华文化所应遵循的基本原则和出发点。

1994 年 7 月

---

① 杨伯峻编著：《春秋左传注》，中华书局 1981 年版，第 1578 页。

② 李民、王健：《尚书译注》，上海古籍出版社 2004 年版，第 283 页。

③ 程俊英、蒋见元：《诗经注析》，中华书局 1991 年版，第 837 页。

④ 程俊英、蒋见元：《诗经注析》，中华书局 1991 年版，第 873 页。

⑤ 罗泌：《路史·国名纪》，四库全书本，卷二四。

中国古代文化的五大特征

目前，学术界关于文化的含义似有着多种不同的理解。但概括起来，不外有三：一是指人类在社会历史进程中所创造的一切物质财富和精神财富；二是指意识形态，与之相适应的典章制度、政治和社会组织，以及思想、信仰、风习、艺术等；三是指与政治、经济并列的一种形态，并由此又派生出一种更狭小的含义，即认字与学习。中国古代文献中所提到的“文化”，多指“文治教化”，与上述第二义略同。如汉刘向《说苑·指武》：“圣人之治天下也，先文德而后武力。凡武之兴，为不服也，文化不改，然后加诛。”①又，《文选》载晋束晳《补亡诗·由仪》：“文化内辑，武功外悠。”唐李善注：“辑，和也。言以文化辑和于内，用武德加于外远也。”②我们研究中国古代文化，所取的当然也只能是这种含义。

中国传统文化是古老的、深邃的、伟大的。关于它的特点，古今曾有不少学者作过探讨。但由于视角的不同、研究方法的互异，各自的把握也不尽一致。这里试从中国传统文化的几个大的方面着眼，从各种文化因素的组合关系入手，以揭示其内在的特征。

① 刘向：《说苑校证》，向宗鲁校证，中华书局 1987 年版，第 380 页。

② 萧统编：《文选》，李善注，上海古籍出版社 1986 年版，第 909 页。

一、天人合一，以人为本

天人合一是中国传统文化的一个重要特征。但如仔细考察，则这一对组合中，人的因素又常常居于主导的地位，即所谓人本位的文化。

应该说，中国人对“天”向来是怀有一种敬畏之情的。古人有“三畏”，第一“畏”就是“畏天命”。“天”在金文中写作“”，本义为人头，引申为一切至高无上的东西。故自农夫以至士人，凡遇难决之事辄称“听天由命”，凡有惑而不解则曰“天知道”。

由于天的至高无上，古人又为天蒙上了一层神秘色彩，并进而幻想出一个有意志、有人格的天，即所谓“天帝”，或曰“上帝”。而人间的一切便都是上帝所安排的。如《诗经·周颂·昊天有成命》便说“昊天有成命，二后（周文王、周武王）受之”①，《诗经·周颂·执竞》又说“丕显成康，上帝是皇”②。再进一步，则人间帝王又成为天帝之子。《诗经·周颂·时迈》：“时迈其邦，昊天其子之，实右序有周。”③《诗经·大雅·常武》：“徐方既同，天子之功。”④而《礼记·曲礼下》更是最早提出了“君天下曰‘天子’”⑤的概念。

这种思想到了汉代的董仲舒，又更加系统化也更加理论化了。董仲舒一方面把天说成是宇宙间最高的主宰，称“天者，百神之大君也”⑥；一方面又说“王者承天意以从事”⑦，以及“受命之君，天意之所

---

① 程俊英、蒋见元:《诗经注析》，中华书局1991年版，第943页。

② 程俊英、蒋见元:《诗经注析》，中华书局1991年版，第950页。

③ 程俊英、蒋见元:《诗经注析》，中华书局1991年版，第947页。

④ 程俊英、蒋见元:《诗经注析》，中华书局1991年版，第920页。

⑤《礼记正义》，郑玄注，孔颖达疏，龚抗云整理，王文锦审定，北京大学出版社1999年版，第122页。

⑥ 苏舆:《春秋繁露义证》，钟哲点校，中华书局1992年版，第398页。

⑦ 班固:《汉书》，颜师古注，中华书局1962年版，第2502页。

予也，故号为天子者，宜视天如父，事天以孝道”[①]。这样，君权便是上天所授，同样是神圣不可侵犯的了。至此，天和人合一了。而“道之大原出于天，天不变，道亦不变”[②]。换言之，人间的一切法则（包括伦理、道德、政治的原则）也都是由上天所规定好的，永不改变。而天如何体现它的意志呢？“天人相与之际，甚可畏也。国家将有失道之败，而天乃出灾害以谴告之，不知自省，又出怪异以警惧之，尚不知变，而伤败乃至。”[③]这样，天人之间的联系也建立起来了，即所谓“天人感应”。正是基于此，历代帝王无不注意对天象和灾异、符瑞的观察，甚至天象的每一次微小变化，都会在人间掀起一场轩然大波。而老百姓呢，遇上饥荒和自然灾害，也难免要“叫苦连天”了。

诚然，天在中国人头脑中的位置是非常重要的，以至在中国人的生活中处处都离不开天。逢年过节要祭天，丰收了要祝天，甚至连结婚也要拜了天地才能算数。但如仔细考察则会发现，在天和人之间，中国人最重视的还是人，天只不过是一种莫名其妙的崇拜对象，一种用于宣传或聊以自慰的概念罢了。实际上，天意就是民意，天心即是人心，这一点谁都清楚。早在周代，当时的统治者就曾提出“敬天保民”的口号，而“敬天”仅是一种幌子，“保民”才是实质。《尚书·泰誓》说：“天视自我民视，天听自我民听。”[④]《尚书·皋陶谟》说：“天聪明，自我民聪明。天明畏，自我民明威。”[⑤]这都说到了问题的实质。《春秋穀梁传·桓公十四年》：“民者，君之本也。”[⑥]《左传·僖公十九年》：“民者，神之主也。”[⑦]《左传·庄公三十二年》：

① 苏舆：《春秋繁露义证》，钟哲点校，中华书局1992年版，第286页。

② 班固：《汉书》，颜师古注，中华书局1962年版，第2518—2519页。

③ 班固：《汉书》，颜师古注，中华书局1962年版，第2498页。

④ 李民、王健：《尚书译注》，上海古籍出版社2004年版，第199页。

⑤ 李民、王健：《尚书译注》，上海古籍出版社2004年版，第38页。

⑥《春秋穀梁传注疏》，范宁集解，杨士勋疏，夏先培整理，杨先奎审定，北京大学出版社1999年版，第55页。

⑦ 杨伯峻编著：《春秋左传注》，中华书局1981年版，第382页。

"国将兴，听于民；将亡，听于神。"[①]战国时期的孟子更倡言："民为贵，社稷次之，君为轻。"[②]这又在强调以人为本的基础上，进一步提出了以民为本的思想。到了荀子，则不但大谈其"明于天人之分"，而且还说："大天而思之，孰与物畜而制之？从天而颂之，孰与制天命而用之？"[③]从而十分明确地提出了"制天命而用之"的人定胜天思想。显然，荀子心目中的天，已经与今人所说的大自然的含义差不多一致了。

除进步思想家外，天的含义在老百姓那里也渐渐有了演变。《诗经·鄘风·柏舟》："母也天只！不谅人只！"[④]《毛传》解释说："天谓父也。"[⑤]又《仪礼·丧服》传："夫者，妻之天也。"[⑥]这种子以父为天、妻以夫为天的意识，在今天的某些农村中依然残存着。《史记·郦生陆贾列传》还说："王者以民人为天，而民人以食为天。"[⑦]这说得更直截了当了，吃饭的事就是天。在这里，天作为万物主宰的含义没有了，其神秘色彩也消除了，天成了具体的人，或人所赖以生存的物质。可见，天和人虽还被联系在一起，而其实质，则早已偏到了人的方面。

一方面标榜天的至高无上，并倡言"天人合一"；一方面却又强调人的因素第一，并事事以人为出发点。这看起来似乎是矛盾的，但却是中国传统文化的一个十分重要的特点。中国人的重人轻物，讲求"积极""实际""入世"，当与此有关。

---

① 杨伯峻编著：《春秋左传注》，中华书局 1981 年版，第 252 页。

② 杨伯峻译注：《孟子译注》，中华书局 1960 年版，第 328 页。

③ 王先谦：《荀子集解》，沈啸寰、王星贤点校，中华书局 1988 年版，第 317 页。

④ 程俊英、蒋见元：《诗经注析》，中华书局 1991 年版，第 122 页。

⑤ 毛亨传：《毛诗正义》，郑玄笺，孔颖达疏，龚抗云、李传书等整理，刘家和审定，北京大学出版社 1999 年版，第 180 页。

⑥ 《仪礼注疏》，郑玄注，贾公彦疏，彭林整理，王文锦审定，北京大学出版社 1999 年版，第 581 页。

⑦ 司马迁：《史记》，裴骃集解，司马贞索隐，张守节正义，中华书局 1959 年版，第 2694 页。

二、诸家兼容，以儒为主

中国古代文化是具有兼容性的。先秦时期实行百家争鸣，自然各种学派都可以宣传自己的主张。在一些学术中心，如齐的稷下和魏的西河，虽有辩难，然也呈诸家并存的局面。《汉书·艺文志》所说的十家，除纵横、农家、杂家、小说家没有固定的见解外，其余儒、墨、道、法、名、阴阳各家，在先秦思想领域都有一定的市场。

秦代尚法，并曾实行焚书坑儒，但儒家的影响还是无法消除，以致秦亡之后，儒家的经典和儒生又一齐冒了出来。汉初尚黄老，司马谈作《论六家要旨》，对道家推崇备至，然于其他各家也并不排斥。自汉武帝罢黜百家、独尊儒术后，儒家的正统地位是被确立了，但除墨家外，其余各家亦未遭禁绝。而且，就统治者来说，也还是外儒内法，霸、王道杂用之。此后两千多年间，道、法及阴阳家的思想，都不同程度地被人们所接受。中国古代最推重的学问家，也往往是那些“总贯百家”的“集大成”者。到了东汉佛教传入，中国的思想界也不见抵触，今天在许多地方尚能见到合供孔子、老子、释迦牟尼像于一堂的现象，便是最好的说明。唐太宗贞观年间基督教曾传入中国，并在一些上层人士中间流传，当时被称作景教。高宗以后，随着大批阿拉伯人的进入，伊斯兰教也开始在中国扎根。至于各少数民族所信奉的宗教和思想（如元代之全真教、蒙藏之喇嘛教、满族之萨满教等），更是多种多样。可以说，中国文化的丰富多彩，与其所包容的众多学派和思想因素是密切相关的。

中国文化的这种兼容性，与文化来源的多元性及其地域性发展是分不开的。以先秦而言，儒发达于鲁，法家多出于三晋，道家多出于宋楚，而阴阳、名、道等学者又多聚于齐，这些都与其自然环境相关。即使实现了文化的统一，其痕迹也是很难抹掉的。

但是，也必须看到，在各种思想中，儒家思想无疑是最主要的。这不仅因为儒家思想曾被历代统治者确定为统治的思想，甚至连教学和科举考试也要以儒家思想为内容；而且还在于，儒家以仁爱为基础的伦理观念，以礼为约束的道德规范，以“穷则独善其身，达则兼善天下”为标榜的进退出处原则，以及从和谐中求均衡和发展的中庸思想，都在一定程度上适应了中国这个酷爱和平和稳定的东方大国的国情。

况且，儒家思想也是在不断发展和变化的。孔子死后，儒分为八，而影响最大的则数孟、荀两派。思孟学派到了汉代便渐与阴阳五行合流（代表人物是董仲舒），到了宋代，更受佛教禅宗的影响而形成理学（代表人物是朱熹）。至于荀派，其后学也渐与名、法合流，著名法家韩非和李斯便都是荀况的学生。儒家在发展过程中，自然要吸收其他一些学派的优秀成分作为营养，这样便形成了以儒家为主而又能兼纳各家结晶的具有中国特色的文化思想。

三、多神并敬，无神为常

中国有佛教、道教、伊斯兰教、基督教等宗教，但信教的人数与全国的总人数比较起来却很少，更没有出现像西方世界中那种举国笃信一教的现象。在中国，敬神的人倒是很多。但中国人的神也不是什么上帝或神话中神，而多是与人们生活休戚相关的“神”。可以说，凡能“保佑平安”“赐福于人”者，中国人皆奉为神明而敬之。上至天神、日神、月神、星神、云神、雷神、雨神、风神，下至土地神、山神、河神、海神；外至井神、树神，内至门神、灶神；甚至各种动物都可以化为神，如狐神、蛙神、蛇神、五通神等。某些历史人物死后也可成神，如秦琼、尉迟恭之成为门神，伍子胥之化为涛神，等等。至于种庄稼要供谷神，养蚕要供蚕神，酿酒要供酒神，做生意要供财神，行医要供药神，更是常见的现象。更有甚者，走路还要祭路神（如荆轲刺秦王前之“既祖取道”），上厕所也要祭厕神（据说是一位名叫厕姑的女子自缢于厕后所化）。《离骚》说：“百神翳其备降兮，九疑缤其并迎。”[①] 实际上，中国的“神”要仔细统计起来，远远不止百种。

中国人的多神并敬，当然首先与原始的图腾崇拜遗风有关。其次，如剔除其迷信的成分，应该说，也表现了一种良好的生活愿望。几千年来，中国人一直都希望过幸福生活，而幸福生活的首要标志便是丰衣足食，故所敬之神也多与衣食住行有关。至于什么爱神、宙斯之类，中国人并不感兴趣。实际上，在多神并敬的背后，正透露出人们对各种日常生活要素的完美追求。再次，敬“神”对某些人来说，还是一种精神寄托。中国人在某些特定的时间，似乎不敬神便不足以自慰，这样久而久之，渐成风习。如春节之祭灶神、财神，春秋之祭社神，出海之祭海神，入山之祭山神便是。

但是，正如多中心即无中心一样，中国人的多神并敬，实际上并没有一个固定的、权威的“神”作为主宰，所以到头来仍是无神。常见一些乡间的老年妇人，遇庙烧香，逢神必拜，但要问她笃信者为何神，则是什么名目也说不上。而稍能说出几种神的名目的，却又常常根据个人需要而随时改变其信仰的对象。这一点，似乎还比不上眼下某些球迷对某国球队崇拜的专一。而且，中国人对“神”的感情也远不如某些民族来得亲切，从孔夫子开始便说“敬鬼神而远之”[②]，而且还说“祭如在，祭神如神在”[③]。那么不祭呢？他不肯说了。在中国历史

① 洪兴祖：《楚辞补注》，李化文、许德楠、李如鸾、方进点校，中华书局 1983 年版，第 37 页。

② 杨伯峻译注：《论语译注》，中华书局 1980 年版，第 61 页。

③ 杨伯峻译注：《论语译注》，中华书局 1980 年版，第 27 页。

上，祭神的事虽不曾间断，但若要谁去为神而舍身，怕没有几个是自愿的。“河伯娶妇”便是一个明显的例证。这样就出现了一种奇怪的现象：表面上祭神热热闹闹，而内心深处则避之唯恐不远。表现在文化特征上，便是多神并敬而实则无神。

四、德能统观，以德为重

中国文化在人才观方面向来是德能统观的。德即道德，能即才能。《礼记·礼运》说“选贤与能”[①]，汉代选官的荐举制度也是既有孝廉（重德），又有秀才（重文才）。即使到了后代，德和能也常常为人们所并称，如曰“德才兼备”，或曰“何德何能”者便是。

其实，中国文化中的“德”“能”虽常常“相提”，却不是“并论”的。在相当多的情况下，德常处于主要的或主导的地位，即所谓“重德”。儒家教人初学入门的《大学》，其开篇即云：“大学之道，在明明德。”[②]而且篇中反复强调：“德者本也”，“君子先慎乎德。有德此有人，有人此有土，有土此有财”。[③]孔夫子也常说：“君子怀德”[④]，“志于道，据于德”[⑤]，“有德者必有言，有言者不必有德”[⑥]。而在德与才两者之间，孔子所最看重的也是德。他曾明确地说：“如有周公之才之美，使骄且吝，其余不足观也已。”[⑦]周公是孔子最崇敬的大圣人，但即

---

① 《礼记正义》，郑玄注，孔颖达疏，龚抗云整理，王文锦审定，北京大学出版社1999年版，第658页。

② 朱熹：《四书章句集注·大学章句》，中华书局1983年版，第3页。

③ 朱熹：《四书章句集注·大学章句》，中华书局1983年版，第11页。

④ 杨伯峻译注：《论语译注》，中华书局1980年版，第38页。

⑤ 杨伯峻译注：《论语译注》，中华书局1980年版，第67页。

⑥ 杨伯峻译注：《论语译注》，中华书局1980年版，第146页。

⑦ 杨伯峻译注：《论语译注》，中华书局1980年版，第82页。

使有周公那样的智能和技艺，如果不注重道德修养，也还是“不足观”的。这种观点一直影响于后世。如曹操年轻时曾问许子将（劭）：“我何如人也？”许子将说：“子治世之能臣，乱世之奸雄。”[①]这就是世人对那些才能卓著而德性不足的人的评价。

中国人所注重的德，其含义是非常丰富的。但归纳起来，则不外“孝”与“仁”两端。“孝”是要求晚辈尊敬长辈，与此相联系的还有“悌”，即要求同辈之间也要互相尊重。孝悌都做到了，便可以求得一个家庭的和谐。而事父母孝，事君也会忠，即所谓“身修而后家齐，家齐而后国治，国治而后天下平”[②]。这就是孝虽为一种伦理道德范畴，而历朝历代却无不提倡“以孝治天下”的道理。“仁”是儒家所推崇的道德修养的最高境界，其基础是“爱人”，即教人一切从“爱”出发，“己所不欲，勿施于人”[③]。具体说，在家要做到孝悌，到社会上要“克己复礼”，即一切行为都符合礼的规范，而待人接物则要有修养，即所谓“恭、宽、信、敏、惠”[④]。如将仁推行到社会政治方面，那便是“仁政”，或曰“王政”“德政”“美政”。将仁推广到人与利（物）的关系方面，则是“义”，即教人不可见钱眼开，见利忘义。其他如“贤”“善”“诚”“恕”“勤”“俭”等，也都是中国传统道德中的一些比较重要的范畴。

中国传统文化的重德而不是重能，实际反映了中国人对人和物的不同态度。一般说来，“德”所体现的是人与人之间的关系，而“能”所体现的则多是人与物之间的关系。中国人所强调的既不是西方的人与物之间的关系，也不是印度和阿拉伯地区的“人与神”之间的关系。中国自古以来所最重视的是人与人之间的关系。这就是以孝和仁为核

① 陈寿：《三国志》，裴松之注，中华书局 1971 年版，第 3 页。
② 朱熹：《四书章句集注·大学章句》，中华书局 1983 年版，第 4 页。
③ 杨伯峻译注：《论语译注》，中华书局 1980 年版，第 166 页。
④ 杨伯峻译注：《论语译注》，中华书局 1980 年版，第 183 页。

心的道德观念在中国文化中一直被重视的原因。

五、述作共倡，述为号召

所谓“述”，就是继承；所谓“作”，就是创新。中国文化对这两者都是非常重视的。

中华民族有着悠久的历史，这就为文化的继承创造了有利的条件。中国文化中的有些因素，如礼俗、宗法、衣食习惯等，甚至可以从先秦一直沿袭至后代。先秦婚礼中的“六礼”，其要点（如纳采、纳征、请期、亲迎）至今仍被时俗所遵行。周代的“六官”，也被后世奉为职官的准则。再如某些家族的家风、家教，也可以从古代一直传到近代。像孔子的“不学诗，无以言……不学礼，无以立”[①]，诸葛亮的“非淡泊无以明志，非宁静无以致远”[②]，杜甫的“诗是吾家事”[③]，包拯的“子孙仕宦有犯赃滥者，不得放归本家”[④]，其影响所及，均非一代。此皆可见中国古代文化的传承性特点。

在学术方面，这种传承性表现得尤其明显。孔子的整理“六经”，“祖述尧舜，宪章文武”[⑤]，实际所起的便是承上启下的作用。而稍后，七十子后学又对孔子的学说进行了继承和发扬。迨至汉儒，更重“师法”和“家法”，甚至连举孝廉也要“试家法”。师法谓源，家法谓流，合而言之，即要求传经者重视学术源流的继承。中国学术源流的脉络经晋、唐、宋、明，直至清代仍可以看得很清楚，这在世界上可

---

① 杨伯峻译注：《论语译注》，中华书局 1980 年版，第 178 页。
② 张连科、管淑珍校注：《诸葛亮集校注》，天津古籍出版社 2008 年版，第 109 页。
③ 张忠纲选注：《杜甫诗选》，中华书局 2005 年版，第 183 页。
④ 包拯：《家训》，载张田编：《包拯集》，中华书局 1963 年版，第 136 页。
⑤ 朱熹：《四书章句集注·中庸章句》，中华书局 1983 年版，第 37 页。

以说是少见的。

在创新方面,《大学》曾有一段很精辟的论述:

> 汤之《盘铭》曰:“苟日新,日日新,又日新。”《康诰》曰:“作新民。”《诗》曰:“周虽旧邦,其命惟新。”是故君子无所不用其极。①

其所谓“日新”“新民”“惟新”,即“用其极”,亦即“止于至善”之义。用今天的话来说,便是要通过不断的革新,以达到最佳的境界。《周易·象传》所说的“天行健,君子以自强不息”②,也是这个意思。

但是也要看到,中国文化史上的创新潮流虽不断出现,而多数的创新则是以继承为号召的,即所谓“以复古为革新”。如唐宋的古文运动、明代“前后七子”的复古运动,以及清末今文经学的复兴等,都是打着复古的旗号而进行革新的。这不能不说是中国文化史上的一种特殊现象。革新之所以要以继承为号召,这一方面是因为孔孟之道在中国所具有的绝对地位,而且连孔子本人也说过“述而不作”的话;同时,也因为中国历史悠久,积习太重,成见太深,不以先圣之道为武器便难以打破缺口,改变现状。即使是当代,如要进行某些方面的自新,也难免会提出“继承传统文化”的口号来。

在人类历史发展的过程中,每一种文化都不可避免地要受其他文化的影响。尤其当两种以上的文化接触时,相互吸引、融合以至某一方被淹没的现象都是可能发生的。这样的先例在世界不少民族中也曾有过。但中国虽曾经过多次的异族入侵,也吸收过不少异族的文化成

---

① 朱熹:《四书章句集注·大学章句》,中华书局1983年版,第5页。

② 徐子宏译注:《周易全译》,贵州人民出版社1991年版,第3页。

分，而其文化的主体却始终能得以保持，并一直延续于当代。这不能不说与中国传统文化的上述特征有关。今天，世界潮流正猛烈地冲击着中国，但完全可以相信，无论会发生什么样的变化，古老、深邃、伟大的中华文化，其主体仍会永久地保持下去。

1994 年 7 月

大文化视野下的中国古代文学研究

中国古代文学，如果从原始歌谣和古代神话算起，至少已有四五千年的历史了。在这漫长的时期里，我们的先人们创造了高度的物质文明和精神文明，同时也为我们留下了浩如烟海的文学作品。而作为古人智慧和艺术才华结晶的文学作品，从它们产生之日起便受到了时人和后人的注意，人们一直在从各种不同的角度去学习它、研究它，力求从中吸取有益的养分。

纵观几千年来的中国文学研究，就其方法而言，则大致可以归纳为三种主要的类型，或曰三个不同的阶段。一是以乾嘉学派为代表的注重训诂、考据、名物的传统研究方法。乾嘉学派中，无论是以信古为标帜，博而尊闻、述而不作的吴派，还是致实用、尚严谨，以求是为标榜的皖派，他们所做的可以说都是最基础的工作，即给学人提供一种最可靠的读本，并附以一种比较符合原意的释读。这便为后人的进一步研究打下了坚实的基础，他们在学术史上的功绩实在是不可没的。当然，在考据的基础上，某些学者亦颇不乏理论上的建树。但总的说来，这种治学方法尚非以理性见长。二是"五四"前后以"疑古"为主要特征的治学方法。这一派学人对中国的古史观、经学以及旧道德、旧思想等都进行了大胆的怀疑和批判。实际上，这是对中国几千年来封建专制的一种反动。他们在廓清学术研究领域里的神秘、虚妄气氛方面是有贡献的。而且，由于新思潮的冲击、新思想的大量引进，这一时期的学术研究也有了许多新的角度和方法，诸如唯物史观、实验主义、民俗学的方法等等。他们开启了学人的思路，活跃了学术研究的空气。但也应该指出的是，他们的有些“怀疑”，由于缺乏坚实的论证，也还是不能令人信服的。而在“疑古”的风气之下，更有一些人走了极端，终至发展到“怀疑一切”——这无论对事情本来面目的把握，还是对优秀传统文化遗产的继承，都带来了不良的影响。三是20世纪50年代初以来的以强调阶级斗争为主要特征的研究方法。民族斗争，说到底也被认为是一种阶级斗争。在此形势下，对文学作品的研究，首先要看它们反映了什么样的阶级意识，然后再作出评价。这在研究的初期也许不无新意，而且也取得了一定成效；但久而久之，便不可避免地出现了庸俗社会学的倾向，至“文化大革命”时期而达到顶峰。与此相适应的是，在对文学作品的艺术特色进行鉴赏时，也仅仅局限于人物形象、表现手法、语言形式等几个方面，终至形成定式，甚者更走入了庸俗文艺学的歧途。20世纪80年代初以来，随着对外开放的实行，以“新三论”为代表的新思潮涌入我国学术界，不少人力图将它们引进到古典文学研究领域。但在今日看来，也还是成效甚微，而且不少“新论”来去匆匆，浑如旋风一般，以致还来不及形成一种具有特色的研究方法。

观乎上述诸种研究方法，虽各有其特点与成就，然在充分发掘文学作品的应有内涵方面，在全面认识文学作品的价值方面，都不能说是没有缺憾的。对此，学术界不少有识之士早已有所认识，他们往往避开“风头”，去选择适合自己的研究方法，并取得了各自不同的成就。

其实，文学作品尤其是古代文学作品，其内涵和价值并非是单一的；因之，后人对它们的研究也就不能仅止于某一个方面。时至今日，我们应该在前人研究的基础上，进一步拓宽视野，发挥时代优势，力求做到多角度、多层次，即大文化视野下的综合研究。可以说，这样的研究既符合古代文学作品的实际情况，同时也能为文学研究注入一种新的活力，从而使文学研究与现实生活更加贴近。

中国文学被当作一门独立的学科，或谓确立于六朝时期，或谓肇始于汉代；而在此之前，文学与经学、史学、哲学以及其他许多学科一直是呈交融状态而存在的。换言之，我们今日所确认的许多文学作品，在它们产生的当时与其他学科间还存在着十分紧密的联系。《诗经》《楚辞》的百科全书性质固毋庸论说，就是被许多人所标举的汉赋，其所包容的丰富社会科学和自然科学知识以及深厚的文化蕴涵，也不是单纯的文学概念所能规范的。而后世的不少文集往往将赋体置于卷首（如《昭明文选》），甚至文人们的夸示学问也往往以赋体相决，这正是由于看中了赋体的这一综合性特征。至于六朝以后的作品，包括诗、词、散文、小说、戏曲，除了载道及抒情言志外，其文化的蕴涵也是非常丰富的。例如清代的《聊斋志异》及《红楼梦》，其所包含的政治、经济、历史、民俗、宗教、艺术及各种各样的文化史料，就不亚于一部单纯的清史教科书。而正是由于古代文学中的不少作品实际上已成为中国传统文化的重要载体，所以我们在进行研究的时候，也就不能只停留在单纯文学的层面，而应该从大文化的视角去进行全面审视。这是综合研究方法得以立论的首要基础。

其次，从学术研究本身的规律来看，也是由综合到分析，再到综合的。《周易》可以说是中国综合文化之始，之后，随着社会分工的不断细密，学科的门类也越来越多。细密的分科固然可以使学术研究日趋专门，但也容易令学人只见树木不见森林，从而缺乏对整体的把握。而到了近代，许多重大问题的解决，又是非依赖多学科间的紧密合作所不能完成的。于是，综合的研究便日益受到了学术界的重视。自20世纪80年代“天地生综合研究”在国际上兴起以来，在许多科学领域内都开始了相关学科间的综合研究。当然，这种综合并非原始的综合，而是在细密分析基础上的更高层次的综合。而古代文学作为社会科学的一个门类和中国传统文化的重要领域，对其进行综合研究也就是势在必行的了。何况，由于高科技的发展和计算机技术的应用，人类的时间和空间都已大大缩小，各种信息的交流和集中已不再成为难事，更为古代文学的综合研究提供了十分有利的条件。

那么，如何对古代文学作品进行综合研究呢？根据当前情况，我以为，不妨先从两方面开始做起：

一是充分认识古代文学作品的传统文化载体性质，并从中发掘其深厚的文化蕴涵，从而为中国文化及相关学科的研究提供丰富的资料和有益的借鉴。例如，《诗经》中的天文、历史、经济、民俗、动植物学及音乐、舞蹈、建筑、服饰等方面的资料，汉赋及唐诗中的汉、唐文化史料，乃至“三言”“二拍”中的商人风貌及社会经济史料，《金瓶梅》《红楼梦》中的大量文化史料，都有待于我们去进行深入的挖掘。过去有些学者曾经在“以诗证史”和“以诗证事”方面做出过示范（如陈寅恪、钱钟书先生），但可惜后继者不多。尤其是文学作品中的自然科学史料，由于长期以来不曾引起学人的充分重视（英人李约瑟博士比较重视此点），更是我们今日进行综合研究的一个重要课题。

二是取大文化的视角，并采用若干不同的角度（包括社会科学和自然科学的角度），以对传统的文学作品重新进行审视。这样做，既可以对文学作品作出合乎其本身情况的评价；同时，由于新视角的切入，也有可能使一些长期以来悬而未决的问题得到解决。例如近年来对《楚辞》的研究，便突破了单纯文学的局限，而改从哲学、政治、教育、美学、历史、地理、民俗、方言以及植物学的角度去进行全面审视，从而对这一楚文化乃至环太平洋文化的“活化石”作出了新的评价，并得出中国的楚文化足以与西方的古希腊文化相媲美的学术结论。再如对有些作家作品及历史事件年代的确定，由于天文学、考古学、古器物学及物候学等方法的引入，也往往能得到较圆满的解决。

当然，要进行大文化视野下的中国古代文学研究，对研究者本身的学术素质也提出了更高的要求。研究者们不能再满足于单纯的文学修养，而应该使自己的知识结构更加趋于完善。当前，国民素质教育的问题已经提上议事日程。而要提高国民的素质，首先必须提高学者的学术素质。我们相信，在已到来的21世纪中，随着时代的要求和研究者素质的不断提高，大文化视野下的古代文学研究也必将会蓬勃地开展起来。

2000年1月

国学及其研究方法

“国学”一词，最早是指国家办的贵族子弟学校。《周礼·春官·乐师》：“乐师掌国学之政，以教国子小舞。”[①]孙诒让《周礼正义》：“国学者，在国城中王宫左之小学也。”[②]其所谓“国子”，即年龄在13岁至19岁间之贵族子弟；所谓“小舞”，乃教学内容之一，以其别于云门等大舞，故谓之“小舞”。而国学的地点，则设在王宫之左旁。

如果说周代的“国学”尚属小学，那么随着历代王朝的演变，国学则已变为高等学府了，即所谓“太学”或“国子监”。在其中读书者也不再是小学生，而主要是各地选送的贡生。这样的学校，一直持续到了清末。

清季以后，随着洋人势力在中国的膨胀，西方之学术如哲学、政治学、伦理学以及自然科学等也大量输入中国，即所谓“西学东渐”。为了区别西学，于是有些人便开始称中国本有的学术为“国学”。1902年秋，梁启超写信给黄遵宪提议创办《国学报》，首先使用了学校意义以外的“国学”之名。而最早将“国学”作为学科名称并正式使用的，则是章太炎先生。1906年9月，太炎先生在日本东京创办“国学讲习会”，并亲自讲授国学，鲁迅先生就是当时听讲的学生之一。其《国

---

① 林尹注译：《周礼今注今译》，书目文献出版社1985年版，第237页。

② 孙诒让：《周礼正义》，王文锦、陈玉霞点校，中华书局1987年版，第1795页。

学讲习会序》云：“夫国学者，国家所以成立之源泉也。吾闻处竞争之世，徒持国学固不足以立国矣，而吾未闻国学不兴而国能立者也。”[①]这已将国学当作关乎国家兴亡的学术，而与以往学校意义上的国学概念正式划境。此后，1922年太炎先生又在上海讲“国学大概”和“国学派别”，1934年在苏州创办章氏国学讲习会，对国学作了进一步的阐明和讲解。太炎先生的这些讲演经记录整理，已作为《国故论衡》《国学概论》《章太炎国学讲演录》等书出版，对国学的提升和弘扬，产生了深远的影响。其间，1922年北京大学文科研究所还设立了国学门，1925年清华大学开办了国学研究院，各种以“国学”为名的学校、研究机构及刊物、书籍等也不断涌现。至此，国人对“国学”概念的理解已基本趋于一致，即“国学”是中国固有的学术，是研究中国传统的典籍、学术与文化的学问。或曰“国学”是以儒学为核心的广义的中国文化。

至于国学所包含的具体门类，则各家的认识却并不一致。当年章太炎先生在东京创办国学讲习会，曾公布其讲习内容有六，即诸子学、文史学、制度学、内典学、宋明理学、中国历史。1907年刘师培等人的“国学保存会”所办“国粹学堂”课目表中，又将“国学”细分为21门，连实业学、历数学、博物学、书法学、国画学及武事学都包括进去了（惜未实施教学）。直到今天，关于国学门类的划分仍是见仁见智。近年来更有“大国学”之称，将自然科学及影响中国的外来文化（如佛教等）也都纳入“国学”范畴之内。北京大学国学研究院办的《国学研究》刊物，其约稿所涉学科，除传统的文、史、哲外，更罗列有军事思想史、科技史、中外文化交流史以及敦煌吐鲁番学等，共20余门。要将“国学”的门类具体框定是很难的，而且也没有必要。窃以为，举凡关乎中国传统文化的载体与学问者（如中医、京剧、书法、

① 章太炎：《国学讲习会序》，《民报》1908年第7号。

绘画等），都不妨以“国学”视之。当然，这其中也有个核心，那就是延续几千年且影响中国文化至大的儒学。

与国学门类相联系的，还有国学的研究方法。传统的研究方法可概括为汉学（乾嘉考据学可归入汉学一途）与宋学，汉学重考据，而宋学重义理的发明。我们今天当然不能再受此限制，而应该站得更高，视野更宽，所使用的方法也应该更为科学和先进。具体说，我以为今天的国学研究应该注重三点：

一是充分利用现有的书面文献及出土的新材料，力求对国学的相关内容给以准确的解读。

国学的内容博大精深，国学的文献浩如烟海。要正确地解读国学，首先必须运用严谨的训诂、考据的朴学方法，以阐明原典的本来意义及其内涵，从而提供给国人以可靠的读本。在这里，任何“戏说”都是要不得的，任何似是而非的说法都需要廓清。20世纪的“文化大革命”中固然有对典籍的故意曲解，而眼下社会上出版的某些经典注释本及某些历史题材的电视剧中所存在的问题也不少。例如，没有读懂古文便望文生义甚至曲解原文者有之，没有深入的研究便轻易否定前人之说且自以为创新者有之，为了谋取私利而不惜把学术“戏说”和“恶搞”者也有之。一些号称“名家”者，或将“六官”中的“宗伯”释为老先生，或将“致仕”释为获得官职，或将“贾人之子”释为姓贾的人家的孩子，或将“陈思王植”（即陈思王曹植）断为陈思、王植，直令人啼笑皆非。有的电视剧中还称孔子为“野种”，实则《史记·孔子世家》所说的“（叔梁）纥与颜氏女野合而生孔子”[①]之“野合”，并非今天意义上的“野合”，而是如司马贞“索隐”所言“梁纥老而徵在少，非当壮室初笄之礼”[②]也。当此孔子学院遍布各地、“孔子

① 司马迁：《史记》，裴骃集解，司马贞索隐，张守节正义，中华书局1959年版，第1905页。
② 司马迁：《史记》，裴骃集解，司马贞索隐，张守节正义，中华书局1959年版，第1906页。

形象”周游天下、儒学走向世界之际，像这类误人子弟的释读，何足以给世人提供真实的孔子形象和国学思想？

其次，在对国学的解读方面，还要正确地把握国学中的精华与糟粕。国学中确有封建、糟粕的东西，但其基本内核是健康的，是对国人有益的。而所谓“糟粕”，主要的也还是时代的原因形成的。因此，既不能将其中过时的东西（如等级制度、男尊女卑等）视为有用，更不能搞民族虚无主义，将精华也当成糟粕。例如，“天人合一”思想即曾被当作封建迷信，实则它是中国最早的环保意识和生态平衡观。再如“中庸之道”，也曾被当作折中调和的“老好人主义”而备受批判，实则它是一种无过无不及的正确的思维方式和处理问题的方法，是对各种事物所做的双向调节，是一种动态的平衡，对建设和谐社会有着重要的借鉴意义。① 凡此，都需要通过对国学的正确解读以正本清源，并凸显其真正的价值。

二是要联系实际，将国学研究与传承中华文化及提升国人的道德水准紧密结合。

文化是一个民族的血脉和精神家园。文化的复兴可以改变一个民族的命运，而文化的中断和缺失则会导致一个民族的灭亡。当年顾炎武就曾有过“亡国”与“亡天下”之辨。② 而所谓“亡天下”，即是民族文化传统的灭亡。世界许多著名文化如古埃及文化、罗马文化、希腊文化、玛雅文化、印度文化都中断了，唯有中华文化绵延至今，不曾间断，这是值得国人自豪同时也应引以为戒的。联系到一段时期以来人们对本民族文化的陌生和疏离，要让中华文化不在我们这一代中断，就必须树立高度的文化自觉和文化自信。中共十八大报告中提出，全党要坚定“道路自信、理论自信、制度自信”，而三个“自信”，说到底便是

① 详见拙文《中庸之道及其当代价值》，《天水师范学院学报》2008 年第 6 期。

② 顾炎武《日知录》卷十三“正始”条，见黄汝成集释：《日知录集释》（全校本），栾保群、吕宗力点校，上海古籍出版社 2006 年版，第 759 页。

文化自信的集中表现，文化自信实为三个自信的基础。国学作为中国固有的学术及传统文化中深层的、学术性的部分，理应担负起传承中华文化的重任，理应在培养国人的文化自信方面做出应有的贡献。

应该说，博大精深的国学是包括多个层面的，如物质层面、生活方式层面、思维方式层面、精神层面等。而从精神层面来说，弘扬国学就是要发扬中国传统文化中的优良思想和传统，以为今天的国民思想道德建设之借鉴，从而提升国人的道德水准。面对市场经济的负面影响在一些人身上所形成的道德滑坡现象，如不孝敬父母、不尊重师长、不遵守公共秩序、不讲诚信、见利忘义乃至制售假冒伪劣产品以害人等，中国传统文化中的孝悌、仁义、诚信、礼让等一些道德标准和伦理规范，都是可以帮助人们实实在在地提升其道德水准的。而国学研究的重要任务之一，便是要传承、弘扬并正确引导人们去继承这些传统美德。

三是国学研究要与时俱进，既要深入发掘传统文化中的宝贵遗产，又要适当地借鉴外来文化的因素，从而创造出既不同于汉学又不同于宋学的新时代的国学。

首先，中国传统文化中的许多要素，经科学的释读后，都可以转化为当代的文化资源。例如“天人合一”的观念，和谐的思想，忧患意识，整体性的思维方式，“与人为善”的态度，“慎独”的精神，“天下兴亡，匹夫有责”的爱国主义思想，“天行健，君子以自强不息”的人生进取精神，“地势坤，君子以厚德载物”的博大胸怀，“杀身成仁”“舍生取义”的高尚气节，“富贵不能淫，贫贱不能移，威武不能屈”的大丈夫品格，以及通过修身养性以养成完美的人格等，对提高全社会的人文素养，对增强民族凝聚力并构建和谐社会，仍不失其重要价值。这些都应该通过国学研究以令其焕发出新的时代精神，并使其成为新国学的重要组成部分。

其次，还要注意吸收外来文化因素。中国的国学有着完整的体系，但并不是一个封闭的系统。中国的学术在历史上曾多次吸收过外来的文化。随着丝绸之路的开通，自西汉开始，西域文化大量传入中国；西汉末年佛教传入中国；唐代永徽初年，伊斯兰教传入中国。到了明末清初，西方的传教士又带来了西方的科学和文化。这些文化中的不少因素都曾被中国传统文化所吸收和兼容，从而成为国学的有机组成部分。例如，宋、明的理学和心学，就是儒学吸取了佛教禅宗的思想而形成的。

今天，随着对外开放程度的不断增强，外来的文化更大量传入中国。我们当然不能盲目地附和和仿效西方的价值观和生活方式，从而失去自我，成为外黄内白的所谓“香蕉人”。但外来文化中的一些有益成分还是可以为我所用，并融入中国传统文化之中的。何况一些外国的有识之士早已在有意识地吸收中国文化了。例如，1987 年美国总统里根在其《国情咨文》中便引用了“治大国若烹小鲜”[①]的老子名言，以强调保持政策连续的重要意义。1993 年国际上还通过了《全球伦理宣言》，提出四条金规则，即一不杀人（不要战争），二不说谎，三不偷盗，四不奸淫。其指导思想就是中国传统文化中的“己所不欲，勿施于人”[②]。文化的兼容是双向的，我们也应该具备这样的胸怀。

总之，国学既是文献的学问，又是德性的学问，更是养成完美人格和延续民族文化传统的学问。对待国学，不但要准确理解，大力弘扬；同时也要联系实际，付诸实施，并使其常新。正如章太炎先生 1933 年宣讲国学时所说：“国学不尚空言，要在坐而言者，起而可行。”[③]我们今天研究国学，也应该秉持这样的态度。

2013 年 7 月

---

① 任继愈译著：《老子新译》，上海古籍出版社 1985 年版，第 189 页。

② 杨伯峻译注：《论语译注》，中华书局 1980 年版，第 166 页。

③ 转引自卞孝萱：《国学之内涵、价值及其当代意义》，《绍兴文理学院学报》2009 年第 6 期。

改革开放与优秀传统文化的继承

改革开放是为了加速建设中国特色的社会主义社会，是为了使中华民族更好地自立于世界民族之林。而所谓“社会主义”，当然是以马克思主义为指导的；所谓“中国特色”，则是中国传统文化的具体体现。因此，改革开放与优秀传统文化的继承应是相辅相成而并行不悖的。以下便从三个方面来具体谈谈优秀传统文化的继承对改革开放的重要意义。

一、优秀传统文化可为当今的改革开放提供经验与借鉴

在中国历史上，汉唐是盛世，也是中国传统文化表现得最为充分的两个时代。而汉唐对外开放的成功经验，实可为今日之改革开放提供有益的借鉴。

首先，汉人唐人的外向型视野及对外开放的博大胸怀和宏伟气魄，是值得今天的人们效仿和学习的。

汉人唐人的视野是很开阔的，他们一直在谋求与外界的接触与交流。随着丝绸之路的开通，汉朝的对外交流已波及中亚、西亚及地中海沿岸。其时来华的胡人，包括胡商、胡姬、胡伎等，是很多的。《汉乐府·羽林郎》所描写的就是汉代胡姬当垆的情形。诗中那位胡姬的

打扮是“头上蓝田玉，耳后大秦珠”，“蓝田玉”是中国特产，而“大秦珠”则是产自罗马帝国，其时罗马帝国正通过西域与中国贸易，故“大秦珠”实可视为中西交通之佐证。又，东汉张衡的《二京赋》中还描写了皇帝驾幸平乐观时所举行的大规模的杂技、魔术表演，其中的有些表演，如索上相逢、钻刀圈（冲狭）、抛接丸剑、水人弄蛇、吞刀吐火等，其表演者即来自海西，也就是大秦（古罗马）。《后汉书·西南夷传》云：

> 永宁元年（120），撣国王雍由调复遣使者诣阙朝贺，献乐及幻人，能变化吐火，自支解，易牛马头。又善跳丸，数乃至千。自言我海西人。海西即大秦也。[①]

可见，其时世界上的两大帝国，即西半球的罗马帝国与东半球的汉帝国，已有着密切的交往。到了唐代，对外交流更远达南亚、欧洲及非洲的广大地区。《唐大诏令集》称，“伊吾之右，波斯以东，职贡不绝，商旅相继”[②]。伊吾即今新疆维吾尔自治区哈密市，波斯即今伊朗。由于其时的中西交通主要是通过陆上“丝绸之路”，故自哈密以西、伊朗以东，全是一派繁忙的贸易景象。盛唐时期，常住长安的外交使团已达数十个，外国留学生亦有数万人。而非洲的一些国家如拨拔力（非洲东北部亚丁湾南岸的柏培拉附近）等，也与唐朝有了往来。[③]正如唐代诗人王维所咏：“九天阊阖开宫殿，万国衣冠拜冕旒。”[④]

---

① 范晔：《后汉书》，李贤等注，中华书局1965年版，第2851页。

② 宋敏求编：《唐大诏令集》，洪丕谟、张伯元、沈敖大点校，学林出版社1992年版，第643页。

③ 参见欧阳修、宋祁等：《新唐书》，中华书局1975年版，第6262页；段成式：《酉阳杂俎》，中华书局1981年版，卷四，第46页。

④ 王维：《和贾至舍人早朝大明宫之作》，见赵殿成笺注：《王右丞集笺注》，上海古籍出版社1988年版，第177页。

其次是对外贸易的互利共赢。在汉唐出现的盛况空前的国际贸易中，商品的种类是很多的。汉代中国输出的主要是丝绸和漆器等，而输入的则是珠宝、香料、玻璃、皮毛等。到了唐代，中国输出的物品除丝绸和漆器外，又增加了瓷器、茶叶、纸张等，而输入的商品中，则中亚的马匹及印度的象牙，还有南海诸国的玳瑁、珊瑚等又占了很大的比重。当时陆路的贸易中心多半在长安的西市，而海路贸易中心则在广州，为此，唐代还设立了一个专门负责海上贸易的机构——市舶司。而值得注意的是，随着贸易的交流，有些先进科学技术也被引入中国。汉代，葡萄的种植和葡萄酒的酿造技艺已开始从中亚（今中亚费尔干纳盆地一带）传入中国，而凉州（今甘肃省武威市）便是最早栽种葡萄和酿造葡萄酒的地区。[1] 刘禹锡《赠眼医婆罗门僧》诗中提到的“师有金篦术”[2]，即以金针治疗白内障之术，则是唐代从印度引入的。还有“石蜜”即固体砂糖的制作技术，也是唐太宗派人到摩羯陀国（古印度国名）学会的。[3] 当然，中国的养蚕、制帛及造纸等技术也同时传到了西方。可以说，汉唐的对外开放和经贸交流，既做到了互通有无，同时也收到了互利共赢的效果。

再次，对外开放也给当时的人们带来了实实在在的好处。一是各类商品的增加，满足了人们日常生活的需要。当时长安的西市，颇有点类似于今天的外贸市场，外来物品应有尽有，人们购物，辄往西市。尤其是其中的波斯邸，多卖奇珍异宝，繁华异常，吸引了很多人前往，以致波斯邸竟成了人们日常约会的场所。如牛僧孺《玄怪录》记一老者与杜子春相约：“明日午时，候子于西市波斯邸。”[4] 二是随着人员往

---

① 参见司马迁：《史记》，裴骃集解，司马贞索隐，张守节正义，中华书局 1959 年版，第 3173 页。

② 刘禹锡：《刘禹锡诗集》，远方出版社 2006 年版，第 218 页。

③ 参见欧阳修、宋祁等：《新唐书》，中华书局 1975 年版，第 6236 页。

④ 牛僧孺：《玄怪录・杜子春》，载牛僧孺、李复言编：《玄怪录 续玄怪录》，程毅中点校本，中华书局 1982 年版，第 1 页。

来及贸易交流所引进的各种异域物品，如菠菜、胡麻、芫荽、胡萝卜、胡饼、安石榴以及胡床、胡琴等，不但丰富了中国人的饮食，也影响了中国人的日常生活。如胡饼便成为中国人喜食的食品。曾为《孟子》作注的东汉人赵岐，在逃难中曾“自匿姓名，卖饼北海市中”[①]，其所卖之饼，即胡饼。三国时期，甚至连犒军用的也是胡饼。[②]唐代，著名诗人白居易最爱吃胡饼，并以此赠人，其《寄胡饼与杨万州》诗云：“胡麻饼样学京都，面脆油香新出炉。”[③]至于汉代自西域引进的胡床，经不断的改进，到宋代后更演变成了中国的太师椅。三是餐饮业的兴盛。汉唐时期，从事餐饮业的多半是外来的胡人，而当垆的则大都是胡姬。所以很多唐代的诗人都喜欢到胡姬的酒肆去消磨时光，并留下了不少这方面的诗句。如李白便是其中最典型的一位。其《前有樽酒行》（其二）云：“胡姬貌如花，当垆笑春风。”[④]其《少年行》（其二）云：“落花踏尽游何处，笑入胡姬酒肆中。”[⑤]其《白鼻騧》云：“细雨春风花落时，挥鞭直就胡姬饮。”[⑥]这便在一定程度上促进了唐诗的繁荣。而且，这些胡姬不但当垆，亦善歌舞，即元稹《西凉伎》所说的“胡姬醉舞筋骨柔”[⑦]。于是，胡旋舞、胡腾舞、柘枝舞等也从胡人的酒肆中走向社会。再加上龟兹乐、安国乐等的传入，遂形成了唐代歌舞繁盛的局面。

概言之，汉人唐人的文化自信及其对外开放的成功实践，实为今日的对外开放树立了良好的榜样。

---

① 范晔：《后汉书》，李贤等注，中华书局1965年版，第2122页。
② 参见李昉等编：《太平御览》，中华书局1960年版，饮食部卷十八，第3818页。
③ 《全唐诗》，中华书局1980年版，卷四百四十一，第4918页。
④ 李白：《李太白全集》，王琦注，中华书局1977年版，卷三，第200页。
⑤ 李白：《李太白全集》，王琦注，中华书局1977年版，卷三，第342页。
⑥ 李白：《李太白全集》，王琦注，中华书局1977年版，卷三，第342页。
⑦ 元稹：《元稹集》，冀勤点校，中华书局1982年版，第281页。

二、优秀传统文化可使改革开放永远保持中国特色

文化是一个民族的血脉，是人民的精神家园，也是一个民族区别于另一个民族的根本标志。因此，改革开放并不是要丢掉传统文化，相反，是要坚守民族传统文化，并从民族文化中去寻求自信和力量，从延续民族文化血脉中前行。

中国传统文化博大精深，而其根本特点和核心精神，一是天人合一，二是人际和谐。

先说天人合一。中国传统文化认为，人是“天”（即大自然）的一个组成部分，人与自然间有着相通之处，大自然的运行会影响到人，而人的活动也会影响到自然，二者不是孤立的，更不是对立的，而应当是协调与和谐的，即所谓“天人合德”。而且，天人之间不但互相影响，也还是可以交流和对话的，即所谓“天人感应”。人的活动符合天意，顺应自然，则天会降“符瑞”（如黄河变清、飞鸟来集、甘露降临、嘉禾出现等）；反之，则生“灾异”（如干旱、水灾、蝗虫、黄河断流等）。

传统文化中的这种“天人合一”思想，对我们的环保意识和生态平衡观念，有着重要的启发意义。今天，随着改革开放的深入进行，像空气污染、水土流失、黄河断流、河湖中的鱼虾大量死亡这类的“灾异”都曾出现过，反映出生态已遭到破坏。相反，经治理后，蓝天白云、绿水青山、飞鸟来集，又说明环境得到改善。这就是中国传统文化中的“天人合一”思想所给予我们的启示。明乎此，则我们在改革开放中就应该随时把环保问题提到重要议事日程上，要防患于未然，而不应走西方国家先发展后治理的老路。

其实，对于“天人合一”，我们的古人不但有着充分的论述，而且也在实际行动上为我们做出了榜样。早在周初，周文王就曾告诫他的

儿子姬发（即后来的武王）说，对于山林不能随便砍伐，川泽中的鱼鳖不能随便捕捞，对鸟卵及幼兽也不能随便攫取。[①]《礼记·月令》还明确规定：

（孟春）牺牲毋用牝。禁止伐木。毋覆巢，毋杀孩虫……

（仲春）毋竭川泽，毋漉陂池，毋焚山林。[②]

意思是说，孟春时候的祭祀用品不能用母羊、母猪和母牛，禁止砍伐山林，不准捣鸟巢，不准杀害幼小的动物。仲春时候不准把川泽中的水放光，把鱼鳖捞光，不能让水池渗水，不准焚烧山林。古人的用意很明确，那就是在万物萌生的春天，人类不得妨碍一切动物和植物的生长繁殖。《孟子·梁惠王》亦记孟子的话说：

不违农时，谷不可胜食也；数罟不入洿池，鱼鳖不可胜食也；斧斤以时入山林，材木不可胜用也。[③]

所谓“数罟”，就是密网，而密网是不准到河湖中捕鱼的。网眼多大就算是密网呢？朱熹《孟子集注》中说：“古者网罟必用四寸之目，鱼不满尺，市不得鬻，人不得食。”[④]先秦时，一尺约相当于23厘米，四寸即9.2厘米左右。在今天看来，9.2厘米的网眼已经很大了，但古人仍把它算作密网，可见古人环保意识之强。古人砍伐树木和打猎都要等到冬季，甚至连处决犯人也要等到冬季最后一个月，以表示对自然规

---

① 黄怀信、李懋镕、田旭东：《逸周书汇校集注》，李学勤审定，上海古籍出版社1995年版，第253页。

② 《礼记正义》，郑玄注，孔颖达疏，龚抗云整理，王文锦审定，北京大学出版社1999年版，第466、477页。

③ 杨伯峻译注：《孟子译注》，中华书局1960年版，第5页。

④ 朱熹：《四书章句集注·孟子章句》，中华书局1983年版，第203页。

律的尊重。

再说人际和谐。这包括家庭和谐与社会和谐两个方面。中国的家庭和谐是通过以孝悌为中心的伦理教育来实现的。孝是对父母和长辈要尊敬，这是纵向的；悌是对兄长要尊敬，这是横向的。这一纵一横，就好比函数上的纵横坐标，纵横都做好了，一个家庭就和谐了。中国几千年的家庭关系，就是赖此以保持和谐的。家庭是社会的细胞。每一个家庭都和谐了，就为整个社会的和谐奠定了基础。正如《礼记·大学》所说："家齐而后国治，国治而后天下平。"[①]

但值得注意的是，改革开放中，一些家庭的不和谐因素已开始暴露出来。在城市，年轻人一旦结婚便与父母分居。在农村，年轻人都到城里打工，家里只剩了老人和孩子。这样，便造成了家庭的不完整性。而由家庭的不完整性又带来了人们家庭观念的淡漠，更由家庭观念的淡漠而导致家教的缺失。于是，无论在城市还是乡村，不孝敬父母者有之，为争夺遗产而同室操戈者有之，甚至连虐待老人的恶性事件也时有所闻。更有一些年轻人，不爱老人而爱宠物，丧失了起码的人性。这哪里还有一点点中国特色！对此，必须通过传统文化的教育，并辅以必要的法律手段，以使其尽快回归到传统家庭的和谐状态中。

社会和谐则主要是通过社会道德规范以维持的。中国人自古以来就有着传统的美德。从舜的"孝"开始，到孔子的"仁"及"四德"（即孝、悌、信、忠）[②]，再到管子的"四维"（即礼、义、廉、耻），再到孟子的"仁义"，再到汉代的"五常"（即仁、义、礼、智、信）[③]，再到1912年中华民国政府所颁令的"八德"（即孝、悌、忠、信、礼、义、廉、耻），再到孙中山所提出的"八德"（即忠孝、仁爱、信义、

---

① 朱熹：《四书章句集注·大学章句》，中华书局1983年版，第4页。

② 《大戴礼记·卫将军文子》，见王聘珍：《大戴礼记解诂》，王文锦点校，中华书局1983年版，第110页。

③ 参见陈立：《白虎通疏证》，吴则虞点校，中华书局1994年版，第381页。

和平），中华美德一直传承不断。而这些美好道德对中国人的浸润，遂促成了中国社会的和谐，其影响也远播于世界。例如，孔子的名言同时又是中华优秀道德体现的“己所不欲，勿施于人”[①]，已被镌刻于联合国大厦之上。1993年国际上通过的《全球伦理宣言》，其中所提出的四条“金规则”，即一不杀人，二不说谎，三不偷盗，四不奸淫，其指导思想就是孔子的“己所不欲，勿施于人”。这才是实实在在的中国特色。至于在改革开放中，由市场经济的负面影响在一些人身上所形成的道德滑坡现象，如不讲忠信、不顾廉耻、缺乏爱心等，正是为中国传统文化所不容，并亟须纠正的。

传统文化之于中国特色的保持，除其核心精神的坚守外，对中国人的人格形成以及思维方式、生活方式的延续，也具有重要的意义。中国人最尊崇的人格是君子，即具有完美道德者。中国传统文化认为，一个人，只要人格完美，即使其事业未能成功也是值得肯定的。相反，一个人的人格如果出了问题，即使其事业做得再大，其气焰再煊赫，也为国人所不齿。在改革开放中，人们把那些一时发了大财但品格又不够高尚的人称作“土豪”，便是此种人格观的反应。此外，中国人在思维方式上的“中庸之道”（即一种动态的平衡），在行为准则上的礼仪之道，在生活方式上的力求身心和谐，都深藏着传统文化的智慧，并成为中国特色的重要组成部分，也都应在改革开放中予以保持。

三、优秀传统文化可抵御改革开放中出现的负面影响

改革开放中出现的负面影响主要有二：一是由商品经济大潮所带来的义利观的错位，二是受西方文化冲击所产生的人生观、价值观的

① 杨伯峻译注：《论语译注》，中华书局1980年版，第166页。

变异。

先说义利观。中国传统的义利观是义在利上，是见利思义。如孔子便说“君子义以为上”[①]，“君子喻于义，小人喻于利”[②]。即是说，君子看重和懂得的是义，小人只懂得利。孔子还说：“富与贵，是人之所欲也；不以其道得之，不处也。”[③]“不以其道”即不义，“不处”就是不接受。孔子又说：“不义而富且贵，于我如浮云。”[④]在孔子看来，靠不正当的手段得来的富贵，如同浮云一般，没有什么意思。孟子对“义”更为看重，他甚至认为，在人的生命与“义”二者不可兼得的情况下，人应当“舍生而取义”[⑤]。孔、孟所谓“义”，是指正义、道义，当然也包括信义和情义。在中国，大义凛然、深明大义、义字当先的人，常常受人尊敬；而见利忘义、背信弃义者，则被斥为小人。但非常遗憾的是，在改革开放中，受利益的驱使，有些人的义利观已被颠倒了，他们不是“义以为上”，而是见利忘义、唯利是图，甚至为了获取一已之利而不惜危害他人的生命安全。远者如“三鹿奶粉事件”，近者如长春的“疫苗事件”，便是明显的例子。而义利观的错位反映在吏治问题上，便是贪污腐败的形成；反映在社会问题上，便是人际关系的紧张。而要对此进行救治，除必要的法律手段外，大力弘扬中国优秀传统文化中的义利观，并不断宣传“义以为上”的正面典型，应是可以收到实效的。

再说人生观与价值观。中国传统文化博大精深，其中的各种思想精华对树立正确的人生观和价值观都是很有益处的。如“天下兴亡，匹夫有责”的爱国主义精神，“天行健，君子以自强不息”的人生进取

---

① 杨伯峻译注：《论语译注》，中华书局 1980 年版，第 190 页。
② 杨伯峻译注：《论语译注》，中华书局 1980 年版，第 39 页。
③ 杨伯峻译注：《论语译注》，中华书局 1980 年版，第 36 页。
④ 杨伯峻译注：《论语译注》，中华书局 1980 年版，第 71 页。
⑤ 杨伯峻译注：《孟子译注》，中华书局 1960 年版，第 265 页。

精神，“地势坤，君子以厚德载物”的博大胸怀，“杀身成仁”“舍生取义”的高尚气节，“富贵不能淫，贫贱不能移，威武不能屈”的大丈夫品格，以及忧患意识、慎独意识、“与人为善”的处世态度等，都是可以帮助人们树立正确的人生观和价值观的。中国古代的许多志士仁人，也正是从这种丰厚的文化土壤中吸取了充足的养分，才树立起他们的高尚理想，并成就了他们非凡的事业的。但我们不得不正视的是，在改革开放中，由于受到了西方文化的冲击，一些人（尤其是一些年轻人）的人生观和价值观却与中国传统文化的要求背道而驰。他们盲目地模仿西方，不但穿西服、吃西餐、过洋节、看洋片（外国大片），而且连人生观和价值观也在极力向西方靠拢，成为外黄内白的所谓“香蕉人”。在他们身上，中华民族文化血脉的延续已成了问题。这是应当引起人们高度重视的。正因为如此，要消除这方面的不利影响，也只有靠中国优秀传统文化的弘扬与感召。回顾历史，世界许多著名文化如古埃及文化、罗马文化、希腊文化、玛雅文化、印度文化都中断了，唯有中华文化绵延至今，不曾间断，这是值得国人自豪同时也应引以为戒的。

总之，中国优秀传统文化的继承和弘扬，对改革开放能沿着正确的方向前进，其作用是不可低估的。中华优秀传统文化是中华民族的突出优势，是我们最深厚的文化软实力。它既促成了中华民族在历史上的辉煌，同时也必定能唤起国人的文化自信，并提供国人以丰厚的营养和智慧，从而将建设有中国特色的社会主义事业进行到底。

2018 年 9 月

远古文化追寻

大地湾文化

——中华文明的曙光

大地湾文化是以大地湾遗址为代表的一处黄河中游的新石器时代文化。大地湾遗址位于甘肃省秦安县城东北 45 公里处的五营乡邵店村东侧，坐落在清水河南岸的二、三级阶地和缓坡上，总面积达 275 万平方米。自 20 世纪 70 年代末至 21 世纪初，文物部门对这一遗址进行了考古发掘，共出土文物近一万件。经碳 14 测定，其最早年代距今约 7800 年，最晚年代距今约 4800 年，时间跨度为 3000 年（学界已将其细分为五期）。此外，在天水市师赵村、西山坪以及武山县西旱坪等地也发现了同类型的文化，并对其遗址进行了发掘。它们与大地湾遗址一起，被统称为大地湾文化。

大地湾遗址一期文化早于中原仰韶文化的典型代表半坡文化千年以上，是已知的黄河中游最早的新石器时代文化。而从其所表现出的文化特征（如原始建筑、农业起源、早期彩陶以及原始艺术、文字雏形等方面）来看，大地湾文化已显露出中华文明的曙光，对探索中华文明的起源和历史进程，具有十分重要的意义。

一、黍与油菜籽的发现：原始农业的起源

在大地湾遗址一期的灰坑中，发现了已经炭化的禾本科的黍和十

字花科的油菜籽，其中黍的碳测年代为距今约7000多年，比半坡遗址中发现的碳化谷粒还要早1000多年，是迄今为止中国同类农作物中时代最早的标本。这是一项惊人的发现。它说明早在7000多年前，陇原大地的先民就已经将野生黍培育为栽培黍了。这不仅证明了中国黍源于陇西黄土高原的说法，同时也证明了以大地湾遗址为核心的清水河谷地区，是中国农业的起源地之一。不仅如此，大地湾遗址中还发现了可供翻地用的石铲、可收割作物的石刀以及可碾磨粮食的磨石和磨盘等。这标志着原始农业的生产及加工技术也已在大地湾文化中初步形成了。

从人类历史的进程来看，农业的发源与石器的运用、弓箭的制造以及取火技术的发现，同样具有里程碑式的意义。而农业的出现对中华民族来说，更无异是一次革命的事件。它不但扩大了人类的食物来源，改变了先民的饮食结构；同时，通过不断地播种与收获，也开辟了食物可再生的途径，从而为中华民族的生存与繁衍做出了重要的贡献。

二、原始建筑：开中国传统建筑之先河

大地湾遗址已发掘出土的房屋遗址有241座，其中绝大多数都属于仰韶文化的各个时期。这些房屋遗址可以帮助我们更好地认识中国传统建筑的起源、演变及其在远古时期所取得的成就。

首先，它向我们形象地展现了古代建筑由地穴到半地穴，再到地面建筑的全过程。大地湾遗址一期出土房址3座，时间距今7000多年，它们记录着当时的人们已脱离了洞穴或树上居住的方式，而开始修建半地穴式房屋以过定居生活。其建筑方法是先挖一圆形地穴，然后在穴中心立一木柱，再在周边立数根边柱，并将上端与中心柱攒在一起形成支架，最后在支架上覆以茅草。而地穴的形制，又是圆形在

先，方形在后。如大地湾遗址一期之F378遗址尚为圆锥形窝棚式建筑，而到了二期的F246遗址就变为方形半地穴式的房屋，到了三期的F366遗址则成为横长方形圆角的半地穴式建筑。其立柱也由原先的数根增加到数十根，且穴壁上还添加了草泥或涂料。到了大地湾遗址四期的F405与F901遗址，更完全变为方形或长方形的地面建筑了。

其次，是中国最早的殿堂式建筑即F901遗址的发现。F901坐北朝南，整座建筑由一座130多平方米的长方形主室和左右对称的东西两侧室及后室、前厅组成，总占地面积达420平方米。现残存墙壁高约90厘米。主室正面开有三门通向前厅，两侧各有一门通向侧室，面对正门的室中还有一直径约2.5米的大灶台。这是到目前为止所发现的新石器时代规模最大、保存最好、价值最高的一座房址。而且，大殿主室的地面极为平整光滑，颇与现代的水泥质地相类。经测验，其平均强度可达到每平方厘米抗压110—120千克，相当于现代100号水泥砂浆地面的强度，堪称原始建筑中的奇迹。而被用来架设屋顶主梁的两个室内大柱直径为57厘米，圆周为1.79米，在没有搬运及吊装设备的5000年前的新石器时代，这些梁柱竟能被架设起来，更令人惊叹！

图1　大地湾F901殿堂式建筑遗址

大地湾房屋遗址不但将中国大型建筑以及木骨架结构和混凝土地面的历史大大向前推进了，而且也保存了中国最早的一处宫殿式建筑，为研究中国的传统建筑提供了良好的范例。

三、彩陶与骨针：人类最早的生活用具

大地湾遗址一期遗存中还出土了中国最早的彩陶，其时代较半坡遗址出土的彩陶早了约 1500 年，与世界公认的最早的两河流域彩陶时代相近。这些陶器均为红陶，陶质以夹细砂者为主。其器形主要有三足钵、三足罐、圈足罐以及深腹罐和小口壶等生活用具，共 120 件。其中一只距今约 7800 年的三足钵的口沿上所绘的两条红带，被认为是中国彩陶文化之发端。

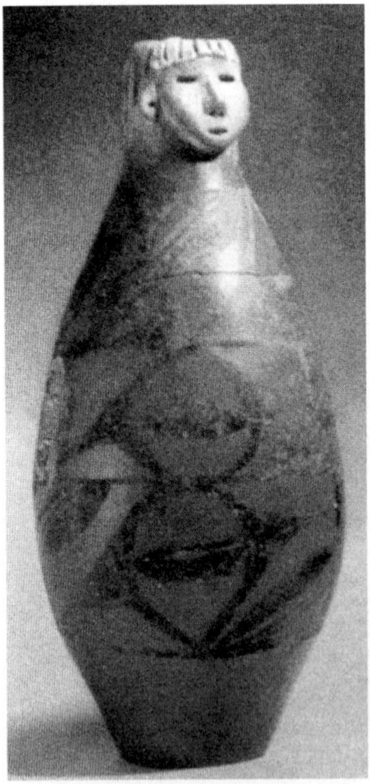
图 2　大地湾出土人头形器口彩陶瓶

大地湾文化出土的彩陶中虽多半为取水和炊煮用具，但也有可供绩麻用的纺轮，并出现了中国最早的陶制量器——陶抄，从而将我国度量衡史的实物资料提前了 2000 多年。而且，这些陶器中也不乏非常精美的艺术品。如大地湾遗址二期（距今约 7000 年）出土的人头形器口彩陶瓶，其造型呈葫芦状，上部设计为一长发顺披耳后的女性人头，下部为一夸张的女性人体，上绘各种纹饰。整件彩陶面部纹饰生动，人的五官位置安排准确，彩绘笔意舒放，色彩亮丽，被誉

为“大地湾女神”，属国家一级文物，已多次出外展出。

此外，大地湾一期遗址中还出土有针、笄、镞、锥、凿等各种骨器1600余种。尤其是骨针，从大到小形成系列，其形状几乎与现代钢针一模一样。而针的尾部又皆有一长0.2厘米、宽0.1厘米的小孔，在原始人尚无金属利器钻孔的情况下，其制作工艺至今还是一个谜。

大地湾人的陶制纺轮可将麻类纤维拧为细线以结成麻布，而骨针又可将麻布缝成简单的衣服。至于骨笄，则被用来将头发绾起。这说明，大地湾人已不像后人所想象的是赤身裸体、披头散发了，他们在饮食、衣饰方面已有了长足的进步。

四、地画与陶符：原始艺术与文字雏形

在大地湾遗址仰韶文化晚期（距今5000年）的F411房址的白灰地面上，发现了原始地画。地画东西长1.2米，南北宽1.1米，系用炭黑色颜料绘制而成。画中绘有三人，高约32厘米至34厘米，宽约13厘米至14厘米。中间一人长发飘散，两腿交叉，手执棍棒类器物，呈行走状，似为男子；画面左侧一人，身躯细长，胸部突出，亦两腿交叉，呈行走状，似为女性；唯右侧人物图像模糊，疑为女性或为小孩。正中人物下

图3 大地湾遗址地画

方还有一长 55 厘米、宽 14 厘米的黑线长方框，中绘两个头部向左的动物图像。至其主题，或谓是生殖崇拜，或谓是祈祷亡者之丧舞，或谓是狩猎场景，或谓是祈求丰收之舞蹈，认识迄未一致。但从其用笔之粗犷古朴，描绘之生动，以及对人物结构比例把握的合理来看，其绘画技艺已达到了相当高的水平。这一地画将中国绘画的历史上推了 2000 多年，对研究中国绘画的起源与演变有着重要的学术价值。

与此同时，在大地湾遗址一期出土的陶器上还发现了十几种彩绘符号，在二期出土的陶器上又发现了十余种刻画符号。这些介于图画与文字之间的符号已含有记事的意义，被认为是中国汉字的雏形。其中有些符号与西安半坡文化及山东大汶口文化陶器上的符号基本相同，但它们要早于半坡文化 1000 多年。郭沫若、于省吾、唐兰等先生均认为半坡出土的彩陶上的刻画符号具有文字性质，“是中国原始文字的孑遗”[①]；而早于半坡文化陶器刻画符号的大地湾彩陶符号，更应是中国文字的最早起源了。

大地湾遗址作为中国新石器时代早期的一处重要发现，已被国务院公布为全国重点文物保护单位，并被纳入甘肃省华夏文明保护、传承与创新工程之中。

2014 年 10 月

① 参见郭沫若：《古代文字之辨证的发展》，《考古学报》1972 年第 1 期；于省吾：《关于古文字研究的若干问题》，《文物》1973 年第 2 期；唐兰：《从大汶口文化的陶器文字看我国最早文字的年代》，《光明日报》1977 年 7 月 14 日。

伏羲文化是中国原始的和谐文化

中国的和谐文化可以追溯到远古时期，而伏羲文化便是中国原始的和谐文化。

历史上的“伏羲”首先是一个氏族部落和部落首领（非止一代）的名称，其时代约距今六七千年。他们最初起源于成纪，即今甘肃的天水地区一带。正如许多氏族建立后都有过东迁的历史一样，伏羲族也曾自出生地成纪往东迁移，先是建都于陈（今河南省周口市淮阳区），后活动于今山东西部一带，最后其势力又远达淮河流域及其以南地区。在东进的过程中，伏羲族陆续合并了其他一些氏族，因之，历史上的“伏羲”既是个体，也代表了一个氏族和氏族群体。又因为“伏羲”“结网罟以教佃渔”，故“伏羲”又成为一个时代的象征，伏羲氏亦被称作庖牺氏。伏羲族崇拜蛇，因以风为姓（蛇、风二字并从虫）。伏羲族也崇拜太阳，他们一直迎着太阳向东发展，因而其族号又被称

图 4　天水市甘谷县西山坪出土大地湾时期鲵鱼瓶，上绘龙的原始形象

为“太昊”[①]，他们在山东所留下的一支则被称为“少昊”。

从历史发展的角度来看，伏羲时代应是母系氏族社会开始向父系氏族社会转化，原始农业逐渐兴起，并与畜牧业一同发展的时代。这是一个大变革的时代，无论生产力、生产关系，还是氏族内部及部落与部落之间的关系，都需要重新进行调整。而伏羲族的诸多发明与创新，就是为适应这种变革而出现的。换言之，伏羲族的诸多发明，既是时代使然，同时也是为了协调各方面关系，以促成当时社会的和谐发展。

伏羲时代的发明，据《世本》《管子》《庄子》《尸子》《荀子》《战国策》《楚辞》《周易·系辞》，以及晋皇甫谧《帝王世纪》、唐司马贞《补史记·三皇本纪》等典籍所记，约有八项，即画八卦，造书契，制嫁娶，结网罟，养庖牺，龙纪官，作历度，造琴瑟。这些发明虽不必出自伏羲一人，但实可视为伏羲时代人类所达到的文明程度，并体现出伏羲文化所具有的和谐特征。而这种和谐实际上已包括了天人和谐、人际和谐以及人的身心和谐三个方面，并成为后世中国和谐文化的源头。

一、伏羲文化与天人和谐

伏羲文化的天人和谐特征，主要表现为对八卦的制作。《周易·系辞》云：“古者庖牺氏之王天下也，仰则观象于天，俯则观法于地，观鸟兽之文与地之宜，近取诸身，远取诸物，于是始作八卦，以通神明之德，以类万物之情。”[②]《史记·太史公自序》说：“余闻之先人曰：‘伏羲至纯厚，作易八卦。’”[③]东汉王充《论衡·对作篇》也说：“《易》

---

① 于太昊（皞）族，徐旭生先生认为起源于山东西部一带，属东夷集团。参见徐旭生：《中国古史的传说时代》，科学出版社1960年版，第48、49页。

② 徐子宏译注：《周易全译》，贵州人民出版社1991年版，第373页。

③ 司马迁：《史记》，裴骃集解，司马贞索隐，张守节正义，中华书局1959年版，第3299页。

言伏羲作八卦，前是未有八卦，伏羲造之，故曰作也。”[①]而八卦的出现，即标志着人类天人合一与天人和谐观的初步形成。

首先，八卦将自然界和人类社会的各种事物概括为八种符号，并抽象出对立统一的“阴”“阳”两种观念，这本身就是人类对客观世界和自身认识的一次飞跃。人类的思维总是由局部到整体、由现象到本质、由具象到抽象的。社会越是发展，人类的抽象能力便越强。当今社会的数字化特征便说明了这一点。而早在六七千年前的伏羲族即已具备了如此强的抽象能力，真不得不令人惊叹！也正是由于这种认识上的飞跃，人类才能将自然界、人类社会和人体自身密切联系在一起，从而意识到了三者间的和谐关系。

其次，八卦以及在此基础上所出现的《易经》，不但将天、地、人三者有机地联系起来，而且还力图探讨自然界和人类社会中各种不同质和不同态的事物之间变化发展的内在规律，并利用这种规律以达到天与人、人与人之间的和谐。《管子·轻重戊》：“虙戏作，造六法，以迎阴阳，作九九之数以合天道。”[②]《周髀算经》：“包牺立周天历度。”[③]《太平御览》卷七八还引《春秋内事》云：“（伏羲）分阴阳之数，推列三光，建分八节，以爻应气，凡二十四，消息祸福，以制吉凶。”[④]这说明伏羲时代的人们已通过“造六法”“作九九之数”“作历度”“建分八节”，在有意识地求得天、人之间的和谐了。

再次，八卦及《易经》的出现，尤其是由此而抽象出的“阴”“阳”两种观念，也构建了中国人的思维模式，并对中国传统的自然科学和社会科学的创立与发展提供了理论依据，为中国传统文化的和谐特征创造了先决条件。自伏羲而后，阴阳便成为中国人最重要的两种观念，

---

① 王充：《论衡校注》，张宗祥校注，郑绍昌标点，上海古籍出版社 2010 年版，第 570 页。

② 黎翔凤：《管子校注》，梁运华整理，中华书局 2004 年版，第 1507 页。

③ 程贞一、闻人军译注：《周髀算经译注》，上海古籍出版社 2012 年版，第 1 页。

④ 李昉等编：《太平御览》，中华书局 1960 年版，皇王部卷七八，第 364 页。

并渗透于一切事物之中。在中国人的观念中，阴阳既是对立的，又是统一的；既是相反的，又是相辅相成的；既是冲突的，又是互补的。中国的一切学科，诸如建筑、医学、书法、绘画等，无不是以阴阳为理论基础建立起来的，中国人的和谐观说到底也主要是指阴阳两个方面的和谐。所谓“天行健”“地势坤”以及君子的“自强不息”与“厚德载物”，都是由自然界的阴阳两种特质引申到人类自身所应具备的阴阳两种精神的。而最早将阴阳引入中国人思维领域并用阴爻（--）和阳爻（—）加以直观表示的，正是传说中的伏羲。

应该说，八卦出现在伏羲那样一个社会发生重大变革、各种发明创造层出不穷的时代，也绝非偶然。伏羲时代，随着氏族成员生活的不断改善和社会的安定祥和，作为氏族首领的伏羲，萌发出“究天人之际”的想法当是十分自然的，他不但要追求人与人之间的和谐相处，也要探讨人与自然间的诸多问题。而其时生产力的发展和人们认识视野的扩大，也给伏羲族提供了这样的客观条件。于是，伏羲族凭着对大自然和人类自身的敏锐感觉及自己的深思睿智，创造出了用以“通神明之德”和“类万物之情”的八卦。后世的周文王又在此基础上演化为六十四卦并作卦爻辞，遂形成了中华民族最重要的经典《易经》。而伏羲的八卦及其先天《易》学，既是伏羲文化天人和谐特征的标志，也成为中华综合文化之始。

二、伏羲文化与人际和谐

在人际和谐方面，伏羲及其部落集团主要是通过发展生产力以及协调氏族间的关系和加强氏族内部的管理来实现的。

首先，为加快生产力的发展，伏羲族及其集团发明了“结网罟”与“养庖牺”。随着不断的东进与其他氏族的被兼并，伏羲集团的人口急剧增加。因此，单纯的原始采集方式已不能满足人们对食物的需求，伏羲族必须有新的食物来源及获取食物的生产方式。于是，狩猎工具的改革便提到议程上来了。《周易・系辞下》说：“(伏羲)作结绳而为网罟，以佃以渔。”[①]《尸子》也说：“虙牺氏(伏羲)之世，天下多兽，故教人以猎。”[②]用绳索结成的网，既可以网禽兽，也可以捕鱼虾，这比之原先的“断竹，续竹；飞土，逐肉”的方式，无疑要先进得多了，其所得的猎物也更充足了。除了满足氏族成员的享用之外，人们又将剩余的猎物加以驯养，即所谓“养庖牺”，这便开始了最早的畜牧业。应该说，伏羲族的这一发明，既有利于当时生产力的发展，也减轻了氏族内部因食物资源短缺而引起的纷争，从而促进了氏族内部人际关系的和谐。

其次，为协调氏族间的关系，伏羲族还创制了嫁娶之礼。由于伏羲时代已开始了由母系氏族社会向父系氏族社会转化，所以当时的社会矛盾表现得异常激烈。正如恩格斯所说，由母系制过渡到父系制，“是人类所经历过的最激进的革命之一”[③]。表现在婚姻领域，一方面是女性的不甘就范和激烈反抗，另一方面则是男性的强制措施，即所谓“抢婚”。这样一来，氏族间便时常会发生冲突，整个社会也就不得安宁了。《周易》之《屯》六二、上六两爻及《睽》上九爻所记载的，就是这样一种事实：

> 屯如邅如，乘马班如，匪寇，婚媾。女子贞不字，十年乃字。
>
> ——《周易・屯》六二[④]

---

① 徐子宏译注：《周易全译》，贵州人民出版社 1991 年版，第 373 页。

② 尸佼：《尸子译注》，王继培辑，朱海雷译注，上海古籍出版社 2006 年版，第 54 页。

③ 恩格斯：《家庭、私有制和国家的起源》，《马克思恩格斯选集》第 4 卷，人民出版社 1972 年版，第 51 页。

④ 徐子宏译注：《周易全译》，贵州人民出版社 1991 年版，第 27 页。

乘马班如，泣血涟如。

——《周易·屯》上六[①]

睽孤，见豕负涂，载鬼一车：先张之弧，后说之弧。匪寇，婚媾。往，遇雨，则吉。

——《周易·睽》上九[②]

爻辞将原始社会的抢婚习俗描绘得生动形象，将女子的悲哀哭泣之状也刻画得淋漓尽致。正是有鉴于此，伏羲族遂对婚制进行了改革。清马骕《绎史》卷三引三国谯周《古史考》说："伏羲制嫁娶，以俪皮为礼。"[③]《补史记·三皇本纪》也说："（伏羲）于是始制嫁娶，以俪皮为礼。"[④]"俪皮"即两张鹿皮。为什么要用鹿皮呢？主要取义于鹿的性情和顺，以象征男女双方的和谐相处。这种以俪皮表示婚姻成立的礼仪，比起野蛮的抢婚来，无疑要进步多了。而且，由于当时的婚姻都还是族外婚，所以这样做既可以使婚姻关系得以明确和固定，也可以协调不同氏族间的关系，从而避免许多不必要的暴力和争斗，促进社会的和谐发展。难怪以俪皮为礼的婚俗一直延续于后世了。[⑤]

再次，为加强氏族及部落内部的管理，伏羲族创设了以龙纪官的制度。《补史记·三皇本纪》说伏羲"有龙瑞，以龙纪官，号曰龙师"[⑥]。《绎史》卷三引《古史考》谓"伏牺立九部而民易理"[⑦]。《左

① 徐子宏译注：《周易全译》，贵州人民出版社 1991 年版，第 29 页。

② 徐子宏译注：《周易全译》，贵州人民出版社 1991 年版，第 207 页。

③ 马骕：《绎史·太皞纪》，四库全书本，卷三。

④ 司马贞补：《三皇本纪》，载司马迁：《史记》，裴骃集解，司马贞索隐，张守节正义，中华书局 2013 年版，第 4023 页。

⑤ 参见《仪礼注疏》，郑玄注，贾公彦疏，彭林整理，王文锦审定，北京大学出版社 1999 年版，第 60—109 页，尤其第 68、103 页。

⑥ 司马贞补：《三皇本纪》，载司马迁：《史记》，裴骃集解，司马贞索隐，张守节正义，中华书局 2013 年版，第 4023 页。

⑦ 马骕：《绎史·太皞纪》，四库全书本，卷三。

传·昭公十七年》也说："太皞氏以龙纪，故为龙师而龙名。"[①] 师，长也。所谓"龙师"，即各官之长皆以龙为名。汉代的服虔更具体指出："太皞以龙名官，春官为青龙氏，夏官为赤龙氏，秋官为白龙氏，冬官为黑龙氏，中官为黄龙氏。"[②] 伏羲族在向东发展的过程中，尤其在定都陈以后，随着部落的繁衍、人口的增多、地域的扩大，部族内部的事务也日趋繁杂。为了协调部族内部的关系，便不得不实行分部治理，设立主管有关事务的官员，并用伏羲族的图腾龙来命名各种官职。这种对管理机构的设置和管理职能的分工，不但理顺了部族内部的各种关系，也促进了人际关系的和谐。直到周代，其《周礼》"六官"的设置，也基本沿袭了这一传统。至于隋以后的六部制，仍能看到伏羲分部治理的影子。

三、伏羲文化与人的身心和谐

伏羲时代，随着生产力的发展与物质的日渐丰富，其部落成员也开始要求精神生活的满足，即情感的抒发与身心的和谐。而伏羲族用来调适人们身心的方法主要是音乐。伏羲族既发明了乐器琴瑟，又创作了一系列的乐曲，从而很好地适应了部族成员在音乐方面的需求。

《礼记·曲礼·正义》说伏羲"作琴瑟以为乐"[③]，《世本》云"伏羲造琴瑟"[④]。《楚辞·大招》曰"伏戏《驾辩》，楚《劳商》只"[⑤]，王

① 杨伯峻编著：《春秋左传注》，中华书局1981年版，第2386页。

② 杨伯峻编著：《春秋左传注》，中华书局1981年版，第2387页。

③《礼记正义》，郑玄注，孔颖达疏，龚抗云整理，王文锦审定，北京大学出版社1999年版，第2页。

④ 转引自《孝经正义》，李隆基注，邢昺疏，邓洪波整理，钱逊审定，北京大学出版社1999年版，第43页。

⑤ 洪兴祖：《楚辞补注》，李化文、许德楠、李如鸾、方进点校，中华书局1983年版，第221页。

逸《楚辞章句》记“伏戏氏作瑟，造《驾辩》之曲”[①]。《说文解字》云：“瑟，庖牺氏所作弦乐也。”[②]《补史记·三皇本纪》也说伏羲“作三十五弦之瑟”[③]。至于伏羲族所制乐曲，除《楚辞》所载《驾辩》外，《周礼·春官·大司乐·疏》：“伏羲之乐曰《立基》。”[④]清马骕《绎史》引《孝经纬·钩命决》：“伏羲乐名《立基》，一云《扶来》，亦曰《立本》。”[⑤]《隋书·乐志》及《古今事物考》还记载伏羲有《网罟》之咏。既有乐器，又有乐曲，伏羲时代的先民们便可以在劳动之余载歌载舞，其乐无穷了。青海省大通县上孙家寨新石器文化遗址中出土的舞蹈纹彩陶盆（内壁绘有三组舞蹈人花纹，每组五人）[⑥]，便是对这一景象的生动体现。

图 5　青海大通县出土的舞蹈纹彩陶盆

《礼记·乐记》曰：“凡音之起，由人心生也。”[⑦]又云：“乐行而伦清，耳目聪明，血气和平，移风易俗，天下皆宁。”[⑧]可见，作为“天地之和”的音

① 黄灵庚疏证：《楚辞章句疏证》，中华书局 2007 年版，第 2775 页。

② 许慎：《说文解字》，中华书局 1963 年版，第 267 页上栏。

③ 司马贞补：《三皇本纪》，载司马迁：《史记》，裴骃集解，司马贞索隐，张守节正义，中华书局 2013 年版，第 4023 页。

④ 孙诒让：《周礼正义》，王文锦、陈玉霞点校，中华书局 1987 年版，第 1726 页。

⑤ 马骕：《绎史·太皞纪》，四库全书本，卷三。

⑥ 参见青海省文物考古队：《青海大通县上孙家寨出土的舞蹈纹彩陶盆》，《文物》1978 年第 3 期。

⑦ 《礼记正义》，郑玄注，孔颖达疏，龚抗云整理，王文锦审定，北京大学出版社 1999 年版，第 1074 页。

⑧ 《礼记正义》，郑玄注，孔颖达疏，龚抗云整理，王文锦审定，北京大学出版社 1999 年版，第 1110 页。

乐，是具有使人身心和谐的功能的。

正是基于此，所以伏羲时代的乐器与乐曲也为后人长期继承。例如，战国时代的楚民族中不但仍旧流行着伏羲时代的《驾辩》之曲，而且对伏羲所发明的瑟也情有独钟。《楚辞·大招》“定空桑只”[①]，据胡文英《屈骚指掌》说：“他乐人皆能之，惟空桑之琴瑟至为贵重，故必须王自定其声也。”[②]而瑟的定音竟要由楚王亲自操作，更反映出楚人对瑟这一乐器的重视程度。而用瑟为主要乐器所演唱的歌曲便为瑟调。《楚辞》中多次写到瑟的演奏情形，如“陈竽瑟兮浩倡”[③]、“緪瑟兮交鼓”[④]、“使湘灵兮鼓瑟”[⑤]、“竽瑟狂会”[⑥]、“揳梓瑟些”[⑦]等。而发端于伏羲时代的瑟调，经楚人的播扬，直到汉代仍为乐府相和歌之一种，并不断地被传唱着。例如，流行于伏羲故里一带的《陇西行》乐曲，即是瑟调。而后人之所以对瑟这种乐器格外看重，也许正如荀子所说，是“君子以钟鼓道志，以琴瑟乐心”[⑧]的缘故。

总之，伏羲时代既是中华文明肇启的时代，同时也是中国历史上最早建立的原始和谐社会。与黄帝时代的战云密布，其发明创新也多与军事相关不同，伏羲时代的一切创新都是为了实现天人和谐、人际

① 洪兴祖：《楚辞补注》，李化文、许德楠、李如鸾、方进点校，中华书局1983年版，第221页。

② 胡文英注：《屈骚指掌》，北京古籍出版社1979年版，卷四。

③ 屈原：《九歌·东皇太一》，载洪兴祖：《楚辞补注》，李化文、许德楠、李如鸾、方进点校，中华书局1983年版，第56页。

④ 屈原：《九歌·东君》，载洪兴祖：《楚辞补注》，李化文、许德楠、李如鸾、方进点校，中华书局1983年版，第75页。

⑤ 屈原：《远游》，载洪兴祖：《楚辞补注》，李化文、许德楠、李如鸾、方进点校，中华书局1983年版，第173页。

⑥ 屈原：《招魂》，载洪兴祖：《楚辞补注》，李化文、许德楠、李如鸾、方进点校，中华书局1983年版，第210页。

⑦ 屈原：《招魂》，载洪兴祖：《楚辞补注》，李化文、许德楠、李如鸾、方进点校，中华书局1983年版，第212页。

⑧ 王先谦：《荀子集解》，沈啸寰、王星贤点校，中华书局1988年版，第381页。

和谐以及人类自身的身心和谐，而这种原始和谐文化是曾给当时的人们带来过福祉的。事实也证明，终伏羲之世，中华大地上未曾发生过大的战争，当时的中国人都生活在一片祥和的氛围中。这也许是伏羲文化所给予我们的最重要的启示！

当然，原始和谐文化毕竟不同于科学发展观指导下的和谐文化，因为后者是在物质生产和精神生产都发展到更高阶段的一种和谐文化。但正如没有原始朴素的辩证法便不会有后世的唯物辩证法一样，没有对原始和谐文化的借鉴，现代中国的和谐文化也就很难真正建立起来。

2010 年 12 月

女娲神话的文化蕴涵

女娲神话是先秦神话的重要代表。如同许多先秦神话一样，这一神话也与历史传说及民间风俗紧密结合，因而它又具有丰厚的文化蕴涵。可以说，透过女娲神话，我们正可以窥见远古历史及文化的某些方面，对于我们认识中华文化的源头和演变，也有着十分重要的意义。

一

传说中的女娲，其主要功绩有补天、造人及为高禖、作笙簧、继伏羲为帝诸事。我们先看《淮南子·览冥训》有关补天的记载：

> 往古之时，四极废，九州裂，天不兼复，地不周载。火爁炎而不灭，水浩洋而不息。猛兽食颛民，鸷鸟攫老弱。于是女娲炼五色石以补苍天，断鳌足以立四极，杀黑龙以济冀州，积芦灰以止淫水。苍天补，四极正，淫水涸，冀州平，狡虫死，颛民生。[①]

这是说，远古之时，天塌地陷，正是有了女娲这位女英雄的出现，才

① 何宁：《淮南子集释》，中华书局1998年版，第479—480页。

得以补苍天、止洪水、杀猛兽，从而使民众安生。而为何会出现天塌地陷，从而导致女娲补天呢？《论衡·谈天》云：

> 儒书言："共工与颛顼争为天子，不胜，怒而触不周之山，使天柱折，地维绝。女娲销炼五色石以补苍天，断鳌足以立四极。天不足西北，故日月移焉；地不足东南，故百川注焉。"此久远之文，世间是之言也。[①]

司马贞《补史记·三皇本纪》亦有类似的说法：

> 诸侯有共工氏，任智刑以强，霸而不王，以水承木。乃与祝融战，不胜而怒，乃头触不周山，崩，天柱折，地维缺。女娲乃炼五色石以补天，断鳌足以立四极，聚芦灰以止滔水，以济冀州。于是地平天成，不改旧物。[②]

两说皆以共工氏怒触不周之山造成天崩地缺，然后女娲起而炼石补天。而《列子·汤问》则认为女娲补天在前，共工触山在后：

> 天地亦物也。物有不足，故昔者女娲炼五色石以补其阙，断鳌之足以立四极。其后共工氏与颛顼争为帝，怒而触不周之山，折天柱，绝地维，故天倾西北，日月星辰就焉；地不满东南，故百川水潦归焉。[③]

---

① 王充：《论衡》，上海人民出版社1974年版，第165页。

② 司马贞补：《三皇本纪》，载司马迁：《史记》，裴骃集解，司马贞索隐，张守节正义，中华书局2013年版，第4024页。

③ 杨伯峻：《列子集释》，中华书局1979年版，第150—151页。

尽管诸书对女娲补天背景的述说不尽相同，然对女娲补天之事都持肯定的意见。由今观之，女娲补天之事虽是出于古人的想象，但透过这一神话，却可以令我们窥见当时人们的认识水平和远古社会的真面目。

其一，女娲神话反映了远古时代的人们对中华大地地理形势的认识。所谓“天倾西北”“地不满东南”，正是对中华大地西北高、东南低的形象写照。这样的地理认识应是基于古人的亲自考察。女娲神话源于西北，其产生的时代为原始社会。而身居西北高原的人们当时即已知道中国东南部的地形特征，这不能不令今天的人们感到惊讶。这说明，原始时代的西北居民，其足迹所至，已经达于东南了。当然，女娲时代的人们还不能明了形成这一地形特征的原因，于是他们便创造了共工触山与女娲补天的神话，以图对这一自然现象进行解释。

其二，女娲补天神话也反映出母系氏族社会中女性的崇高地位。“补天”是一项最伟大的工程，而这一工程的实施者竟然是一位女性，这不能不说是对女性力量与智慧的赞美。一般认为，原始神话产生于母系氏族社会的全盛期。其时，不但领导氏族公社的是女性，而且整个社会中都弥漫着对女性的敬仰与崇拜。直到父系氏族社会的建立，女性的这种特殊影响也仍然存在。例如，殷周之际出现的《周易》中，便多处充满着尊坤意识。《老子》中的“雌守”观念，也是尊坤意识的体现。而女娲补天神话作为对女性力量与智慧最集中、最充分的展示，对于我们认识女性文化的源头及其演变，应是具有重要意义的。

其三，女娲补天神话还反映了古人的灵石崇拜观念，是中国最早的石图腾崇拜。女娲炼五色石以补天，既是由天上的彩霞而引发的一种美丽想象，同时也是基于对石的崇拜。古人最早居于山洞，故对石头充满了感情。他们不但借助烧热的石头以取暖并烤熟食物，而且也用石头治病（即所谓“砭石”）。故在古人的心目中，石头是万能的，即所谓“灵石”。因之，女娲所用以补天的材料，也便舍石而莫取了。这种对石崇拜的观念一直延续于后世，所谓“泰山石敢当”和“石大夫”的民间信仰，便是远古灵石崇拜的余绪。而女娲炼五色石以补苍天的神话，应是中国人石崇拜观念的最早体现。

其四，女娲补天对中国人的思维方式及处世方式也产生了重要影响。中国人遇事喜欢修补、完善，即所谓“成人之美”；而不喜欢破坏，即所谓“成人之恶”。所谓“不破不立”，并不为大多数中国人所接受。而中国人所补之“天”，也由女娲时代的自然之天，进一步演化为有意志的天，以及与民生密切相关的物质条件，所谓“民以食为天”者便是。再后，“天”又被与皇权和政权联系在一起，凡做了向统治者挑战的事，往往被称作“把天捅了一个窟窿”；而维护和挽救政权之危亡者，则被称作“补天”。“补天”不成，又被称作“回天无力”。这种“补”的意识，在中国人的内心深处常常是根深蒂固的，甚至“以复古为革新”、通过注释经书以阐述自己思想的学术传统，以及中国人的勤俭观念、与人为善的品德，都无不与此有关。

最后，女娲补天本身所体现出的拼搏奋斗精神、不怕困难并勇于战胜困难的大无畏精神，以及为建设美好居住环境而具有的创造精神，也已成为中国人的精神财富。后世出现的“精卫填海”精神、“鲧禹治水”精神、“愚公移山”精神，都与“女娲补天”精神是一脉相承的。而中国人民正是依靠这种精神，才战胜了自然界的一切困难和异族的入侵，从而自立于世界民族之林。

二

再来看看有关女娲造人的记载。其说最早见于成书战国时期的

《山海经·大荒西经》和《楚辞·天问》中。《大荒西经》云：

有神十人，名曰女娲之肠，化为神，处栗广之野；横道而处。①

这是说，栗广之野有十个神人，他们都是女娲之肠所化生的。《楚辞·天问》亦云："女娲有体，孰制匠之？"② 东汉王逸注：

传言女娲人头蛇身，一日七十化，其体如此，谁所制匠而图之乎？③

女娲创造了人类，而她的形体又是谁制造的？屈原不解，故而进行发问。王逸没有回答屈原的提问，却又提出了女娲"一日七十化"的问题。这里的"化"当与《大荒西经》"化为神"之"化"同义，作"化生""孕育"解④，意思是说，女娲一天即孕育人类多次。正是在这个意义上，东汉许慎的《说文解字》卷十二也解释道："娲，古之神圣女，化万物者也。"⑤

在今天看来，所谓女性化生人类之说，实为知其母而不知其父时代人类生育观念的一种反映；至于女娲"一日七十化"，则更是对女性生殖能力的高度赞颂了。

除化生、孕育说外，有关女娲造人神话更为流行的说法则是"抟黄土作人"。《太平御览》卷七八引《风俗通义》说：

---

① 袁珂译注：《山海经全译》，贵州人民出版社 1991 年版，第 297 页。

② 洪兴祖：《楚辞补注》，李化文、许德楠、李如鸾、方进点校，中华书局 1983 年版，第 104 页。

③ 洪兴祖：《楚辞补注》，李化文、许德楠、李如鸾、方进点校，中华书局 1983 年版，第 104 页。

④ 参见袁珂：《古神话选释》，人民文学出版社 1979 年版，第 16 页。

⑤ 许慎：《说文解字》，中华书局 1963 年版，第 260 页上栏。

> 俗说天地开辟，未有人民，女娲抟黄土作人。剧务，力不暇供，乃引绳于絙泥中，举以为人。故富贵者，黄土人也；贫贱凡庸者，絙人也。[①]

说女娲所造之人有穷富之分，自然是后人的附会之说，绝不是原始人的观念中所能有的。如剔除这一点，则女娲造人神话所反映的仍是母系氏族时期以女性为中心的血统关系。其时子女皆随母居，人们只知其母而不知有父，于是便产生了女神造人的幻想，并塑造出这样一位伟大的母亲形象来。至于造人用的是黄土，当与我们民族的肤色跟黄土的颜色相近有关。况且，其时的人们已经能够制造陶器，而泥土既可以捏成各种各样的器皿，自然也可以捏成人的形状，这便引发了女娲抟黄土造人的联想。由此也可以看出，女娲神话最早应是起源于西北黄土高原的。

之后，随着时代的发展、民族的融合，以及伏羲神话的进一步流行，女娲造人神话又被与伏羲联系在一起，从而产生了女娲与伏羲兄妹为婚以繁衍人类的传说。东汉武梁祠画像中的伏羲、女娲，便是人首蛇身作交尾状。而唐代李冗的《独异志》（卷下）更对此进行了形象的描绘：

> 昔宇宙初开之时，只有女娲兄妹二人在昆仑山，而天下未有人民议以为夫妻，又自羞耻。兄即与其妹上昆仑山，咒曰："天若遣我二人为夫妻而烟悉合；若不，使烟散。"于是烟即合。其妹即来就兄，乃结草为扇以障其面。今时人取妇执扇，象其事也。[②]

---

① 李昉等编：《太平御览》，中华书局1960年版，皇王部卷七八，第365页。

② 李冗：《独异志》，中华书局1983年版，第79页。

所谓“人首蛇身”，当是暗示伏羲、女娲同属于古时的蛇图腾部落，亦即风姓。风字从虫凡声，虫即蛇。而“兄妹交尾”则反映了伏羲、女娲时代的婚制尚属血族婚。血族婚又称族内婚，是在血缘氏族内部排除了父母辈和子女间的婚配，只允许同辈男女间互相占有的婚姻形式。这种婚制在人类历史上是确曾存在的，在中国则大约开始于距今一万年左右的新石器时代初期，并一直延续有数千年之久。除伏羲、女娲的婚配外，晋干宝《搜神记》所说的“（槃瓠）产六男六女。槃瓠死后，自相配偶，因为夫妻”[①]的现象，也属血缘婚制。而由女娲独立造人到女娲、伏羲共同生人，这不但昭示着中国古代由女性生人到男女共同生人观念的转变，同时也预示着中国社会由母系氏族时期向父系氏族时期的过渡。到了五帝时期，当中国已完全进入父系社会阶段后，则生人的观念又有了新的转变，并被蒙上了男性权威的色彩，即由男女共同生人变为男性独立生人，“鲧腹生禹”便是一个典型的例证。后世的所谓“产翁制”也是承此而来。

再后，伏羲、女娲生人的传说又与洪水故事发生了联系。据说在一场洪水过后，人类灭绝，世间只遗伏羲、女娲二人，于是他们便结为夫妻，继续繁衍人类。这类的故事无论在西北还是西南都有流传，且多半以葫芦为依托，即伏羲、女娲兄妹是躲于大葫芦之中然后才得以不死的。葫芦既是食品和济水之具，又是女性身体与生殖器（即子宫）以及生殖能力（多子）的象征，伏羲、女娲生人神话之借助于葫芦是完全可以理解的。但洪水背景下的伏羲、女娲生人神话已是再造人类，而不是原始生人了，这与前述的生人神话又有所不同。从年代上说，也要更晚了。

由女神化育生人到抟黄土作人，再到男女共同生人，这便是原始时代人们生育观念的三次转变，而女娲造人神话向我们所提供的，恰

---

① 干宝编著:《搜神记》，马银琴、周广荣译注，中华书局 2009 年版，第 251 页。

恰是这一演变的具体过程。

三

女娲为高禖、作笙簧及继伏羲为帝诸事，文献也有记载。

《路史·后纪二》注引《风俗通》曰："女娲祷祠神，祈而为女媒，因置婚姻。"[①]《路史·后纪二》也说女娲"以其载媒（即担当媒人之责），是以后世有国，是祀为皋禖之神"[②]。古人为祓除无子，往往置郊媒之神。郊媒即高禖，亦即婚姻之神（俗称送子娘娘）。据说青年男女于高禖前祭拜便可以求得子嗣，甚至连天子与后妃也很重视此俗。《礼记·月令》云：

> 是月（仲春）也，玄鸟至。至之日，以大牢祠于高禖，天子亲往，后妃帅九嫔御。乃礼天子所御，带以弓韣，授以弓矢，于高禖之前。[③]

直到汉代，皇家祭高禖之礼仍很隆重。《汉书》卷六十三《武五子传》记：

> 上（武帝）年二十九乃得太子，甚喜，为立禖，使东方朔、枚皋作禖祝。[④]

---

① 罗泌：《路史·后纪二》，四库全书本，卷十。
② 罗泌：《路史·后纪二》，四库全书本，卷十。
③ 《礼记》，陈皓注，上海古籍出版社 1987 年版，第 85 页。
④ 班固：《汉书》，颜师古注，中华书局 1962 年版，第 2741 页。

"禖"即高禖。而有资格充当高禖之神的往往都是一些著名的女性，如夏启的母亲塗山氏、殷契的母亲简狄、周后稷的母亲姜嫄，都曾充当过高禖之神。在众多的高禖之神中，女娲又无疑是最早的一个。此亦可见后世的人们对女娲这位始祖母的无限敬意与爱戴了。

《世本》（张澍集补本）还记："女娲作笙簧。"簧是笙中震动发音的薄片，古以竹箬为之（后世或用铜片），笙簧即安装有簧片的笙。与今天的笙稍有不同的是，古时笙的13根管子是插在匏（葫芦）中，颇似今天西南少数民族的芦笙。而女娲为何要作笙呢？后唐马缟《中华古今注·问女娲笙簧》说：

> 问曰：上古音乐未和，而独制笙簧，其义云何？答曰：女娲伏羲之妹，蛇身人首，断鳌足而立四极，欲人之生而制其乐，以为发生之象。其大者十九簧，小者十二簧也。[①]

《说文解字》也说："笙，正月之音。物生，故谓之笙。"[②] 是笙者，生也，实为人类繁衍滋生的象征。再联系到后世苗、侗、傣等族青年男女之恋爱常以吹奏芦笙为引导的习俗，则女娲之作笙簧，正与其高禖之职责有关。可见，女娲不但创造了人类，也影响了此后人类的恋爱与婚姻生活。

至于由女娲所开创的媒人传统，更对中国后世的婚姻制度产生了深远的影响。《周礼·地官·媒氏》曾对媒人之职责作过具体规定：

> 媒氏，掌万民之判，凡男女而成名以上，皆书年月日名焉。令男三十而娶，女二十而嫁。凡娶判妻、入子者，皆书之……司

① 马缟：《中华古今注》，商务印书馆1956年版，第45页。
② 许慎：《说文解字》，中华书局1963年版，第98页上栏。

男女之无夫家者而会之。[①]

这里的“媒氏”已成为官媒，由他来执掌万民的婚姻（即所谓“判”）。凡男女出生三月已取名的，都要登记姓名与出生年月以呈报给他。连那些改嫁（即“判妻”）及携带子女嫁人的（即“入子”），也要由他进行登记。并规定男女的结婚年龄分别为30岁和20岁。对那些达到结婚年龄而未能成家的，则组织他们在一定时间（即仲春之月）相会。可以看出，周代“媒氏”的权利虽然已经扩大，但在掌管恋爱与婚姻的一点上，仍是由女娲所担当的高禖职责的继续。战国以降，官媒演变为私媒，即“之男家曰女美，之女家曰男富”的所谓“两誉”之媒[②]，媒人的崇高形象被践踏，于是以女娲为代表的高禖也逐渐退出媒妁领域，而专司其“送子娘娘”之责。例如，今河南淮阳太昊陵内之女娲观即被称作“娃娃殿”，其功能实只有“拴娃娃”一项了。

《淮南子·览冥训》东汉高诱注还说：“女娲阴帝，佐伏羲治者也。”[③]唐司马贞《补史记·三皇本纪》更说女娲氏“有神圣之德。代伏羲立，号曰女希氏”，而“女娲氏没，神农氏作”。[④]这说明伏羲、女娲的时代当在燧人氏之后，神农、黄帝之前。而女娲由伏羲之妹、伏羲之妇，又进而为伏羲之位的继承者，更说明人们对女娲功绩的看重与对女娲人格的尊崇。

总之，女娲虽是神话传说中的人物，但同时又是一种有着深厚内

---

① 林尹注译：《周礼今注今译》，书目文献出版社1985年版，第144页。

② 张清常、王延栋：《战国策笺注》，南开大学出版社1993年版，第788页。

③ 何宁：《淮南子集释》，中华书局1998年版，第479页。

④ 司马贞补：《三皇本纪》，载司马迁：《史记》，裴骃集解，司马贞索隐，张守节正义，中华书局2013年版，第4024页。

涵的文化符号。透过其神话的外表，我们仍能窥见上古社会的影子，以及当时人们的生活方式和精神面貌。在这个意义上也可以说，女娲神话既是中国古代文化的宝库，同时也是后世文化的重要源头。

2007 年 10 月

黄帝战胜末代炎帝及蚩尤的纪功之辞

——《仓颉书》试释

关于汉字的起源，世有仓颉造字之说。至仓颉其人，则史传所载有二。唐孔颖达《尚书正义》说：

> 其仓颉，则说者不同。故《世本》云："仓颉作书。"司马迁、班固、韦诞、宋忠、傅玄皆云："仓颉，黄帝之史官也。"崔瑗、曹植、蔡邕、索靖皆直云："古之王也。"徐整云："在神农、黄帝之间。"谯周云："在炎帝之世。"卫氏云："当在庖牺、苍帝之世。"慎到云："在庖牺之前。"张揖云："仓颉为帝王，生于禅通记。"……如揖此言，则仓颉在获麟前二十七万六千余年。①

或谓仓颉为黄帝史官，或谓仓颉乃古之帝王，其时代更在伏羲之前，说颇歧异。后世曾有人试图将两者融合为一，如《淮南子·脩务》"史皇产而能书"高诱注云："史皇，仓颉，生而见鸟迹，知著书，故曰史皇。或曰颉皇。"② 不过一般仍谓"作书"之仓颉即黄帝史官，而非"古之王也"。《吕氏春秋·君守》说得很明白：

---

① 孔安国传：《尚书正义》，孔颖达疏，廖春名、陈明整理，吕绍纲审定，北京大学出版社1999年版，第3页。

② 何宁：《淮南子集释》，中华书局1998年版，第1336页。

> 大圣无事而千官尽能……奚仲作车，仓颉作书，后稷作稼，皋陶作刑，昆吾作陶，夏鲧作城，此六人者所作当矣，然而非主道者。[①]

“非主道者”即非在君位者。可见“作书”之仓颉仅是“千官”之属而已。

基于此，本文便试对黄帝史官仓颉所遗留之《仓颉书》进行考证，而非关“史皇”也。

一、仓颉作书与《仓颉书》

应该说，对于“仓颉作书”，当代学界是有不同看法的。但清代以前，除了关于仓颉故里及墓葬有多处不同的记载外，对于“仓颉作书”一事似未见什么争议。我是相信仓颉实有其人并且作书也实有其事的，理由如次：

其一，古代文献所记载的“仓颉作书”之事：

《世本·作篇》(汉宋衷注，清孙冯翼辑)：“仓颉作书。仓颉造文字。沮诵、仓颉作书。”[②] 句中“沮诵”或谓即祝诵，亦即祝融，可备一说。

《荀子·解蔽》：“故好书者众矣，而仓颉独传者，壹也。”[③]

《韩非子·五蠹》：“仓颉之作书也，自环者谓之私，背私谓之公。”[④]

---

① 许维遹：《吕氏春秋集释》，梁运华整理，中华书局 2009 年版，第 439—443 页。

② 《世本》，周渭卿点校，齐鲁书社 2010 年版，第 65 页。

③ 王先谦：《荀子集解》，沈啸寰、王星贤点校，中华书局 1988 年版，第 401 页。

④ 王先慎：《韩非子集解》，钟哲点校，中华书局 1998 年版，第 450 页。

《吕氏春秋·君守》："奚仲作车，仓颉作书。"①

《淮南子·本经训》："昔者，仓颉作书而天雨粟，鬼夜哭。"②

许慎《说文解字序》："黄帝之史仓颉，见鸟兽蹄迒之迹，知分理之可相别异也，初造书契。"③

皇甫谧《帝王世纪》："（黄帝）其史官仓颉，又取象鸟迹，始作文字。史官之作，盖自此始。记其言行，策而藏之，名曰书契。"④

刘勰《文心雕龙·练字》："鸟迹明而书契作……仓颉造之，鬼哭粟飞；黄帝用之，官治民察。"⑤

此外，《汉书·古今人表》明载"仓颉，黄帝史"⑥；王充《论衡》之《骨相》《谢短》《感类》《订鬼》《对作》等篇中，亦有多处言及"仓颉作书"事。1930年出土的居延汉简中有李斯《仓颉篇》残卷，其开头两句即是"仓颉作书，以教后诣"⑦。陕西省白水县保存的东汉延熹五年（162）所刻《仓颉庙碑》（1970年移至西安碑林）中，除了对仓颉造字功德的大力颂扬外，也还提到有仓颉后裔参加的祭祀活动，并点明仓颉"作教告誓，写彼鸟迹以纪时"，"为百王作书，以传万嗣"。⑧正是基于此，2001年6月，国务院已将白水县的"仓颉墓、庙"列为全国重点文物保护单位。

其二，后世有关仓颉造字的传说：

世传仓颉造字之处（即所谓"造字台"）有多处，其主要的几处是：

一在西安西南之宫张村。宋人宋敏求《长安志》卷十二记："三

---

① 许维遹：《吕氏春秋集释》，梁运华整理，中华书局2009年版，第443页。

② 何宁：《淮南子集释》，中华书局1998年版，第571页。

③ 许慎：《说文解字》，中华书局1963年版，第314页下栏。

④ 皇甫谧：《帝王世纪》，陆吉点校，齐鲁书社2010年版，第6页。

⑤ 刘勰著，范文澜注：《文心雕龙注》，人民文学出版社1962年版，第623页。

⑥ 班固：《汉书》，颜师古注，中华书局1962年版，第867页。

⑦ 唐兰：《中国文字学》，上海古籍出版社1979年版，第51页。

⑧ 见《仓颉庙碑》拓片。

会寺在（长安）县西南二十里宫张村，唐景龙中，中宗幸寺，其地本仓颉造书堂。”又，岑参《题三会寺仓颉造字台》诗云：“野寺荒台晚，寒天古木悲。空阶有鸟迹，犹似造书时。”乾隆《白水县志·古迹》亦谓“黄帝史仓颉造书堂，在今西安府西南宫张村，即《法苑珠林》所谓高四土台也”。宫张村在今西安市长安区郭社镇境内，其地仍存有高10米、周长60余米的夯土台，然何年所建，已不得而知。

一在开封城北之时和保。明李濂《汴京遗迹志》卷九记：“仓颉墓，在城北时和保，俗呼为仓王冢是也。”清周城《宋东京考》卷十“台”：“造字台，在城东北二十里时和保，世传仓颉造字之所。”卷二十“陵墓”：“仓颉墓，在城东北二十里时和保，俗称仓王冢。旁有仓王城，世传仓颉所筑。”时和保在今开封城北9.5公里之刘庄村一带，今尚遗有一方形土丘，然台已毁，亦无从考其始建之年代。

一在陕西省洛南县之阳虚山石室。乾隆《洛南县志》卷十“胜迹”引《雍胜略》云：“仓颉造书于此。”1999年版新编《洛南县志·古迹》亦谓“仓颉造字于洛水之阴，阳虚山下”。

此外，河南南乐、虞城，山东寿光、东阿，也都不同程度地有着仓颉造字的传说和遗迹。诚然，传说并不等于信史，其中的附会亦在所难免。但正如从原始神话传说中可以窥见某些古史的影子一样，仓颉造字的传说也为我们认识汉字的起源提供了一种民间的传闻。

其三，从文字发展的历史来看，黄帝时代（仓颉为黄帝史官）应是有文字之雏形存在的。现存甲骨文，已是比较成熟的文字了，汉字造字的“六书”规律在其中已有着较充分的体现。可见，甲骨文并不是凭空出现的。《尚书·多士》记：“惟殷先人有典有册。”[①]“殷先人”在时间上约相当于夏代。[②]《太平御览》引《吕氏春秋·先识览》云：

---

① 李民、王健：《尚书译注》，上海古籍出版社2004年版，第309页。

② 参见王国维：《殷卜辞中所见先公先王考》，王国维：《王国维考古学文辑》，凤凰出版社2008年版，第31—44页。

“桀将亡，太史令终古执其图书而奔于商。”[①]是夏代之时，已有图书了。既有“典”“册”“图书”，则必有文字。那么，这种文字又会是一种什么样的形态呢？联系到近年来频频发现的仰韶文化、大汶口文化以及龙山文化时期陶器上的数十种刻画符号，尤其是1992年在山东省邹平市丁公遗址发现的“龙山陶书”[②]，我们完全有理由相信，中国人在经历了堆石记事、结绳记事以及图画符号记事的漫长时期后，于距今4000多年的黄帝时代，应该有文字雏形存在了。正如古文字学家唐兰先生所说：“无论从哪一方面看，文字的发生，总远在夏以前。至少在四五千年前，我们的文字已经很发展了。”[③]又正如荀子所说，当时可能“好书者众”，而最后则只有“仓颉独传”。

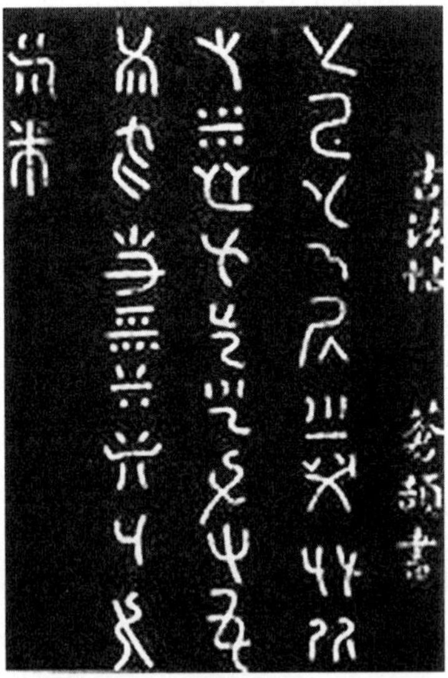

图6 宋《淳化阁帖》之《仓颉书》

至于世传《仓颉书》(又称《仓颉鸟迹书》)之28字，虽其早期的出处有多种不同的说法[④]，但其直接来源却是北宋初年的《淳化阁帖》。宋淳化三年（992），宋太宗命侍书学士王著选内府所藏历代法书摹刻于枣木板上，拓赐大臣，即著名的《淳化阁帖》，28字被纳于帖中，遂得以公之于世（见图6）。

延至徽宗大观三年（1109），蔡京又奉命据内府墨迹重新进行摹勒刻印，成《大观帖》，并附注释文，即：

① 转引自李昉等编：《太平御览》，中华书局1960年版，学部卷十二，第2775页。

② “龙山陶书”存5行11字，绝对年代距今4200年左右。李学勤先生认为，“这个发现是文字没有问题，它不是文字画，不是符号，而是一种较正规文字的草体。”（李学勤：《“龙山陶书”是如何发现的》，《经济日报》1993年2月20日）

③ 唐兰：《中国文字学》，上海古籍出版社1979年版，第66页。

④ 如《河图玉版》所言之阳虚山石室说及郑樵《通志·金石略》所言之北海仓颉石室说等。

戊己甲乙　居首共友　所止列世　式气光名　左互乂家　受赤水尊　戈矛斧芾

这就是我们今天所见到的《仓颉书》28字及其释文。

对于这28字及宋人的释文，人们自然可以有各种各样的看法及解读，这都是很正常的。不过我认为，28字既被《淳化阁帖》及《大观帖》作为“法书”收入，至少收录的人认为它们是实实在在的“字”，而不是什么符号。就连清代乾隆年间的白水县知县梁善长，在将28字“命工琢石刻置仓圣庙中”[①]，并载于《白水县志・艺文》中后，也明确指出，“其为黄帝史仓颉之书无疑也”。至于所谓“刘歆伪造”说，更难成立。且不说刘歆之前，仓颉造字之事已屡屡见诸文献了，单就28字中的有些字（如“己”“乙”“首”“友”“止”“气”“光”“左”“乂”“家”等）几乎与甲骨文相同或相似的事实来看（说详后），对于一个没有见过甲骨文的人来说，要伪造又谈何容易！所以，我还是相信《仓颉书》28字为黄帝史官仓颉所造。

此外，也还有人怀疑《仓颉书》或系李斯《仓颉篇》之遗文[②]，然据《汉书・艺文志》，李斯所作《仓颉篇》与赵高所作《爰历》、胡母敬所作《博学》(汉初三者合为一书，凡55章，仍名为《仓颉篇》，今已失传)，其所用书体为“秦篆”，而现存《仓颉书》28字则非此体。且据《流沙坠简》(罗振玉、王国维撰)所存《仓颉篇》四简41字，其中也并无与现存《仓颉书》之文字相同者。[③]

要之，《淳化阁帖》中所存之《仓颉书》，既非刘歆伪造，亦非李

① 乾隆《白水县志・古迹》。

② 参见乾隆《白水县志・古迹》。

③ 王国维：《〈仓颉篇〉残简跋》，王国维：《观堂集林》卷五，中华书局1959年版，第258页。

斯《仓颉篇》之遗文，它应是黄帝史官仓颉所造文字。

二、《仓颉书》之文字考释

《仓颉书》的最早释文附于宋徽宗大观三年（1109）刻成的《大观帖》中。窃以为，此释文并非蔡京一己之力，乃体现了秦、汉尤其是宋初以来金石研究的成绩。徽宗本人既是一个有着高度文化修养的皇帝，而其时金石文物之大量发现及金石学家的不断涌出，更形成了考释古文字的浓厚文化氛围。正如王国维《宋代金文著录表序》所说：

> 赵宋以后，古器愈出。秘阁太常既多藏器，士大夫如刘原父、欧阳永叔辈，亦复搜罗古器，征求墨本。复有杨南仲辈为之考释，古文之学，勃然中兴。伯时与叔复图而识之。政、宣之间，流风益煽，籀史所载，著录金文之书，至三十余家。南渡后诸家之书犹多不与焉。可谓盛矣。①

所谓“政、宣之间”，即徽宗政和、宣和之间（1111—1125），与大观（1107—1110）属同一时期。其时“著录金文之书，至三十余家”，可见古文研究风气之盛。故《仓颉书》之释文产生于此时，当非偶然。何况欧阳修《集古录》及赵明诚《金石录》都还对白水县之《仓颉庙碑》有过著录和考证呢！所以我认为，《大观帖》之释文应是吸纳了当时古文研究的成果，故基本是可信的。

为了说明这一点，我们不妨先将28字之仓颉书、甲骨文、金文、小篆、隶书、楷书列表进行对照（见表1），然后加以考释。

---

① 王国维：《观堂集林》卷六，中华书局1959年版，第295—296页。

表 1 二十八字字体对照表

仓颉书	甲骨文	金文	小篆	隶书	楷书
				戊	戊
				己	己
				甲	甲
				乙	乙
				居	居
				首	首
				共	共
				友	友
				所	所
				止	止
				列	列
				世	世
				式	式
				氣	气
				光	光
				名	名

续表

仓颉书	甲骨文	金文	小篆	隶书	楷书
					左
					互
					乂
					家
					受
					赤
					水
					尊
					戈
					矛
					斧
					芾

1. **戊**：甲骨文象长柄之石斧，刃部朝左，金文、小篆渐失其形。仓颉书之字体较甲骨文更为简化，左边一画象石斧（甲骨文、金文“父”字左边一画皆象石斧，与此相类），右边一拐象树枝，寓石斧伐树枝之意。意“戊”之本义或为生产工具。但后来其本义消失，被借为天干之第五位字。

2. **己**：仓颉书与甲骨文、金文乃至小篆字形基本相同。《说文解字》释为“中宫……象人腹”[①]，义不可解。罗振玉、郭沫若都认为“象弋射之缴”，“即弋之本字”[②]，说可从。又因“弋”“己”古音同在“之”部（细分之“弋”在“职”部），被借为自己之“己”，后又被假借为天干之第六位字。

3. **甲**：甲骨文、金文字形基本一致，均呈“十”字状。或将“十”字置于方框中，乃为殷先公上甲之专称。小篆又将下面一竖拉长（以不与“田”字相混），《说文解字》释为“人头”[③]，然实非初文之本义。近人或释为铁甲衣之“十”字缝，或释为“盾”之省形，或释为“龟”形，说颇纷纭。郭沫若据甲骨文“鱼”字之字形，释为“鱼鳞”[④]，于义近之。而仓颉书之字形更像鱼鳞之自然形态。后被借用为天干之第一位字。

4. **乙**：仓颉书与甲骨文、金文、小篆字形基本一致，象飞鸟之省形，唯仓颉书更近鸟飞行之状态。故《说文解字》释玄鸟（燕子）为“乙”，清代文字学家王筠在《说文释例》中亦谓此字“或仓颉作也”。后借为天干之第二位字。

5. **居**：甲骨文象人产子之形，借声为居住之“居”。[⑤]小篆字形上部讹为“尸”，许慎释为“蹲”[⑥]，非本义。仓颉书上部为一遮蔽物，下部为“人”（战国信阳简“人”字写法与此相近），更近居住之义。

6. **首**：甲骨文象人头，发、目、嘴俱肖。金文仅存头发和眼睛。小篆除保存头发外，脸部已变为“自”，即鼻子。倒是仓颉书最为简明且能抓住“首”之特征，上为三毛，下为头皮（头之省形）。此字实可

---

① 许慎：《说文解字》，中华书局 1963 年版，第 309 页上栏。

② 郭沫若：《甲骨文字研究 · 释支干》，《郭沫若全集 · 考古编》第一卷，科学出版社 1982 年版，第 172、170、159 页。

③ 许慎：《说文解字》，中华书局 1963 年版，第 308 页下栏。

④ 郭沫若：《甲骨文字研究 · 释支干》，《郭沫若全集 · 考古编》第一卷，科学出版社 1982 年版，第 172、170、159 页。

⑤ 康殷：《古文字学新论》，荣宝斋 1983 年版，第 188 页。

⑥ 许慎：《说文解字》，中华书局 1963 年版，第 174 页下栏。

见由仓颉书至甲、金、篆字体之演变过程。"首"为人头，故又产生出首领、为首之义蕴。

7. **共**：甲骨文象双手奉器之形，金文因之，其本义为"供"。小篆字形上部稍变，《说文解字》释为"同"[①]。仓颉书字体较甲骨文更为简略，下部之双手简作交叉之形，上部之器变为物。

8. **友**：甲骨文、金文皆象人的两只右手相并，友好之义。小篆、隶书为两只右手一上一下，楷书又把上部的一只右手变成左手。仓颉书则是两只左手相并，亦为友好之义。

9. **所**：此字甲骨文未见，金文象以斤斧斫门之状，小篆因之。本义为"破门"，后假借为"处所"，并被用作代词，与后面的动词组成名词性词组，如《左传·襄公十四年》："赐我南鄙之田，狐狸所居，豺狼所嗥。"[②] 仓颉书之"所"右部似为"斤"之省形，左部疑为"户"之简。

10. **止**：甲骨文象人的脚趾之形，即"趾"之本字。金文、小篆在此基础上稍有变化。仓颉书与甲骨文一样，都是以三趾象人的五趾。"止"由脚趾又引申出"足迹"之义。

11. **列**：甲骨文象骨裂之形，金文、小篆裂骨之形稍变，且在右部新增一"刀"，《说文解字》释为"分解"[③]。说者或谓即"裂"之初文。"列"有"裂"义是对的，然最初当非裂骨，乃是割裂皮肉以出血，与远古的"灵石文化"相关。仓颉书即保存此原始意义。其字中间为一巨石，上下为血滴，这是古人死后其后代刺身出血，然后将血滴在石上，以为祭拜对象的象征。其石即为"灵石"。[④] 又因为血滴依

① 许慎：《说文解字》，中华书局 1963 年版，第 59 页下栏。

② 杨伯峻编著：《春秋左传注》，中华书局 1981 年版，第 1006 页。

③ 许慎：《说文解字》，中华书局 1963 年版，第 91 页下栏。

④ 参见姜亮夫：《语言文字的基础及其变迁》，载《汉语大词典》浙江省编写办公室：《汉语散论》，1979 年 2 月编印。

次相排，故有“排列”之义。再后“灵石”演变为祭台（或曰供桌），滴血之俗亦变为陈列供品，即成“示”字。

12. **世**：此字甲骨文不见。金文为带有三个圆点的三竖，小篆又变三圆点为三小横。《说文解字》释“三十年为一世”[①]。今人或谓此字“象竹木叶形”[②]，而木叶由萌芽至零落即所谓“草木一秋”，亦与“人生一世”之义相近。仓颉书字体似更接近木叶初萌之象，唯较金文少一枝叶矣。

13. **式**：此字甲骨文亦未见。金文、小篆皆由“工”“弋”两字组成。《说文解字》：“式，法也，从工，弋声。”[③]“工”，甲骨文作矩尺之形（或谓斧类的工具），《说文解字》释为“象人有规矩也”[④]。故“式”字遂有“法式”“效法”之义。仓颉书字形仅有金文字体之右半部，即“弋”之变形，不知其义为何，姑存疑。

14. **气**：甲骨文、金文乃至小篆字体基本一致，象天上的云气，《说文解字》即释为“云气”[⑤]。此字后来有人在“气”下加“米”字，成“氣”，兼表馈赠之义。经简化后，又恢复了原来的字形。仓颉书之“气”较甲骨文、金文笔画稍流畅，上部两画也略有变化，而与小篆字形相近。

15. **光**：甲骨文为火在人上之形，下部是一朝右跪着的人，上部是火光。金文人上之火稍稍简化，至小篆“火”之形仍能辨识，唯人之跪姿已不明显了。《说文解字》：“光，明也，从火，在人上，光明意也。”[⑥]近人或以此字为“焚首”之义，然由仓颉书视之，上方之三短竖实象光芒之放射，下部乃人体之省形，所强调的主要是火光，故其

---

① 许慎：《说文解字》，中华书局 1963 年版，第 51 页上栏。
② 康殷：《文字源流浅说》，荣宝斋 1979 年版，第 272 页。
③ 许慎：《说文解字》，中华书局 1963 年版，第 100 页上栏。
④ 许慎：《说文解字》，中华书局 1963 年版，第 100 页上栏。
⑤ 许慎：《说文解字》，中华书局 1963 年版，第 14 页下栏。
⑥ 许慎：《说文解字》，中华书局 1963 年版，第 210 页上栏。

本义当为“光明”，引申可为“光辉”“光彩”等。

16. **名**：甲骨文左边为“口”，右边为“夕”，“夕”即“月”。金文则变为月下有口，小篆因之。《说文解字》：“名，自命也，从口，从夕。夕者，冥也。冥不相见，故以口自名。”[①]是“名”有“自名”“命名”之义。仓颉书之字形不知何意，姑存疑。

17. **左**：甲骨文为人的左手之形，金文在下部又加“工”（木工器具）字，表示以左手执工具，辅佐之义，即“佐”之先造字。篆、隶因之。仓颉书亦为左手之形，以三指代为五指。人类劳动习惯用右手，左手仅为辅助，是仓颉书与甲骨文一样，其左手之形本身即有辅助义，无须再加“工”字。此亦为仓颉书早于甲、金文之一证。

18. **互**：此字甲骨文、金文皆不见，《说文解字》以为是“笪”之省。“笪”，《说文解字》释为“可以收绳也。从竹，象形，中象人手所推握也”[②]。而从仓颉书之字体来看，似有互相缠绕之义，小篆“人手所推握”之义或由此而来。由两者之缠绕、推握，“互”遂有“相互”义。此字亦可见仓颉书起源之早。

19. **乂**：甲、金、小篆皆象交剪之形。《说文解字》：“乂，芟草也，从丿从乀相交。刈，乂或从刀。”[③]是“乂”即“刈”之初形。仓颉书之字形亦作交剪状，唯其下方多两短竖，或为其交剪之物也。需要说明的是，黄帝时代尚未有后世之金属剪刀，故其所用之材料，或为骨，或为木。至于在“乂”旁加“刀”，那则是金属材料出现以后的事了。

20. **家**：甲、金文都作屋下有猪之象，甲骨文之猪尤为形象。篆、隶则为屋下有“豕”，豕亦猪也。仓颉书之“家”笔画虽稍为简略，然其用意是一样的，其屋下有猪之象亦隐约可见。屋中有猪即为“家”，

---

① 许慎：《说文解字》，中华书局 1963 年版，第 31 页下栏。
② 许慎：《说文解字》，中华书局 1963 年版，第 97 页下栏。
③ 许慎：《说文解字》，中华书局 1963 年版，第 265 页下栏。

这说明养猪已成为原始家庭最早所经营的产业，换言之，私有经济产生了。而这种由集体驯养业变为个体经营的生产方式，又早在黄帝时代即已开始了。

21. **受**：甲骨文、金文中间均为一舟，上下各有一只手，即一人将东西交付另一人之义。故古代“受”字有“授”“受”二义。小篆简化“舟”之笔画，然上下两“手”仍保留。隶、楷则上为“爪”（手），下为“又”（手），基本因袭小篆之形体。仓颉书下方为一只大的右手，在接受上方的物体。其作意与甲、金文一致，只不过更强调“接受”的意思。

22. **赤**：甲骨文是火上有人之象（或谓象火焚人形），义为被火烤红，遂以“赤”为“红”。金文、小篆仍是人在火上，至隶、楷则变“人”为“土”，下部之“火”字形亦有改变。而仓颉书之两横，上短下长，近于甲骨文之“上”字；最下之四点为火，两横间三点为火苗之延伸，其字有“火焰往上”之义。与甲骨文、金文作意基本一致，但无“焚人”之象。故知焚人以祭乃殷商奴隶社会之事，黄帝时代尚未有也。

23. **水**：甲骨文象水流之状，金文、小篆与甲骨文同。隶、楷变中间之曲线为竖笔，左右部分代甲、金文之四点。仓颉书为四点中横贯一直线，与甲、金文常见之纵贯形象不同。然古文“水”字亦有作横向者，如战国之望山简即是。①

24. **尊**：甲骨文象双手高举酒器之状，金文在酒器上增加一些装饰条纹，小篆又在酒器上方增加两撇，以示酒香之上溢。到了楷书，其下部之双手则变为一只手（寸）了。仓颉书与甲、金文作意基本一致，只是笔画更简，其下部的两撇象酒器之足，上部两点象器中之酒，中部象一简化的酒器。如果说甲骨文此字有“奉酒”“尊敬”之义，那

---

① 参见高明编:《古文字类编》，中华书局1980年版，第460页。

么仓颉书此字则重在酒器本身，显然是较甲骨文更为原始的含义。《说文解字》即释“尊”为“酒器”。[①]

25. **戈**：甲骨文、金文皆作长柄武器之形，上为兵刃，下为长柄。小篆开始字形有所改变，《说文解字》释为“平头戟”[②]，已较原兵器有所不同矣。仓颉书亦为兵器之形，只是长柄缩短，并突出了锋利的兵刃。

26. **矛**：此字甲骨文未见。金文象上有锋利矛头、下有长柄的武器。小篆则在金文基础上又加以装饰。然“矛”作为武器，起源甚早，早在新石器时代即已发明。仓颉书之“矛”，其矛尖与长柄分离，且矛尖作弯曲状，似更有威力，殆后世之所谓“蛇矛”一类。然此类“蛇矛”制作工艺颇为复杂，故最早可能为擅长冶金术之蚩尤部落所拥有（说详后）。

27. **斧**：甲骨文之“斧”是一个形声字，右为“斤”（斧头），表形，左为“父”，表声。金文、小篆、隶、楷则移声符于上，形符居下。其义皆为“斧头”。甲骨文以前之文字尚未有形声字，故仓颉书此字当为象形或会意。然何以释其为“斧”，字义尚难发明，姑从宋人之说。

28. **芾**：此字甲骨文未见，金文、小篆均象蔽前之衣饰。《说文解字》：“市，韠也。上古衣蔽前而已，市以象之。”[③]隶、楷或于字上加草头，成“芾”字，然此字《说文解字》未收。《诗经·小雅·采菽》：“赤芾在股，邪幅在下。”《郑笺》：“芾，太古蔽膝之象也。”[④]是“赤芾”即红色蔽膝，尚存古义。又，《尔雅·释言》：“芾，小也。”[⑤]

---

① 许慎：《说文解字》，中华书局 1963 年版，第 313 页下栏。

② 许慎：《说文解字》，中华书局 1963 年版，第 266 页上栏。

③ 许慎：《说文解字》，中华书局 1963 年版，第 160 页下栏。

④ 毛亨传：《毛诗正义》，郑玄笺，孔颖达疏，龚抗云、李传书等整理，刘家和审定，北京大学出版社 1999 年版，第 900 页。

⑤ 胡奇光、方环海：《尔雅译注》，上海古籍出版社 2004 年版，第 156 页。

义本《诗经·召南·甘棠》："蔽芾甘棠，勿翦勿伐。"《毛传》："蔽芾，小貌。"[①]然王先谦《诗三家义集疏》早已指出："本字当作蔽茀，借作蔽芾。茀之为言蔽也。"[②]而《韩诗》即作"蔽茀"。是《甘棠》之"芾"乃"茀"之借字，"小貌"非其本义也。仓颉书之字形与甲、金文基本一致，只在上部多出两画，或为固定衣饰之所需，又或为蔽前衣饰之上延也。要之，此衣饰似较后世主要用于装饰之"蔽膝"更为实用也。

综上所述，《大观帖》之释文中，除"式""互""名""斧"等数字《仓颉书》之本义尚待进一步发明外，其余都是可以由甲、金文来得到证明的。这样的考证，在甲骨文尚未出土的宋代（其时金文已大量发现），其难度是可想而知的。我们既佩服宋代文字学家的深厚功力，同时也感谢他们为《仓颉书》的进一步考释所奠定的坚实基础。

三、《仓颉书》之内容初探

关于《仓颉书》28字的内容，近人或以彝文释之，谓28字为祭祀活动的记录；或以医家"五行"说释之，谓28字讲养生健身；或据汉字本义推断，谓28字记载了炎黄时期先民劳动生活的场面；还有的学者则径以此28字为构成古汉字的基本笔画，谓其本身没有什么意义。各家见仁见智，都在朝着《仓颉书》的深入考释努力。

窃以为，要正确地释读《仓颉书》，首先要充分利用前人的研究成果，即《大观帖》的释文；其次，因为仓颉曾为黄帝史官，所以，《仓颉书》也应与黄帝时代的社会及文化背景相联系。例如黄帝族的东迁、

---

① 毛亨传：《毛诗正义》，郑玄笺，孔颖达疏，龚抗云、李传书等整理，刘家和审定，北京大学出版社1999年版，第78页。

② 王先谦：《诗三家义集疏》，吴格点校，中华书局1987年版，第86页。

图 7　作者考察陕西白水县仓颉庙中的《仓圣鸟迹书》

黄帝与炎帝及蚩尤的战争，以及黄帝族本身所达到的文明程度，都是需要考虑的。

以下便试对《仓颉书》28 字进行考释：

“戊己甲乙”：此四字在《仓颉书》中并非用其本义，而是作为天干之代称。中国人的天干概念，最初源于神话的“十日传说”，即由“十日并出”到“十日代出”之演变。《楚辞·招魂》：“十日代出，流金铄石些。”[①]《山海经·海外东经》：“汤谷上有扶桑，十日所浴，在黑齿北。居水中，有大木，九日居下枝，一日居上枝。”[②]《山海经·大荒东经》亦谓：“汤谷上有扶木，一日方至，一日方出。”[③]于是，古人便给十日中的每一个都取了名字——自然，这些字都是假借来的，这便是十“天干”了。据唐兰先生说，假借他字以为干支之称，“这种文字在夏以前已经有了”[④]。今天，我们在殷墟卜辞中尚能见到较完整的干支表。[⑤]而殷人之祖先，也常以天干命名，如“大乙”“大甲”“大戊”“祖乙”等。而其所用，也皆非其字之本义。至于以天干与五行、方位相配，也早在黄

① 洪兴祖：《楚辞补注》，李化文、许德楠、李如鸾、方进点校，中华书局 1983 年版，第 199 页。

② 袁珂译注：《山海经全译》，贵州人民出版社 1991 年版，第 226 页。

③ 袁珂译注：《山海经全译》，贵州人民出版社 1991 年版，第 271 页。

④ 唐兰：《中国文字学》，上海古籍出版社 1979 年版，第 66 页。

⑤ 参见郭沫若：《甲骨文字研究·释支干》，《郭沫若全集·考古编》第一卷，科学出版社 1982 年版，第 159、170、172 页。

帝时代即已开始了。《史记·五帝本纪》云黄帝所“治五气”[①]，即“五行之气”也（《集解》引王肃说[②]）。《史记·历书》亦云“黄帝考定星历，建立五行”[③]。故《仓颉书》之“戊己”“甲乙”，当系天干无疑。这里，戊己为土，为中央，指代黄帝族。《史记·五帝本纪》云轩辕氏“有土德之瑞，故号黄帝”[④]可证。晋王嘉《拾遗记》（卷一）更谓黄帝“以戊己之日生，故以土德称王也”[⑤]。又，黄帝族虽源于西北，然不久即挺进中原，故与东夷族相较，遂以中央自居。而甲乙则为木，为东，指代东夷。东夷族的首领即蚩尤。时黄帝既已打败末代炎帝榆罔（说详后），又“与蚩尤战于涿鹿之野，遂禽杀蚩尤。而诸侯咸尊轩辕为天子，代神农氏，是为黄帝”[⑥]。

“居首共友”：此承上四字而言。“居首”谓黄帝打败蚩尤及末代炎帝后，居于首领地位，“诸侯咸尊轩辕为天子”；“共友”则谓黄帝族战后与蚩尤族及炎帝族友好相处也。晋王嘉《拾遗记》（卷一）云：“轩辕去蚩尤之凶，迁其民善者于邹屠之地，迁恶者有北之乡。”[⑦]善者留，恶者去，化干戈为玉帛，各族遂相“共友”，社会亦日臻和谐。

以上两句言黄帝战胜末代炎帝及蚩尤后的社会状态也。

“所止列世”：“止”即脚趾，引申为足迹。又，甲骨文“止”与“之”形近，故“止”又有“往”义。“所止”即所到达的地方。“列”前已言及其义源自“灵石文化”之滴血习俗，有“排列”“遍布”义。“世”由“竹木叶形”引申为“当世”之义。故“所止列世”者，即言黄帝族之足迹所至，遍布当世。这是回忆黄帝族由西到东、南征北战

---

① 司马迁：《史记》，裴骃集解，司马贞索隐，张守节正义，中华书局1959年版，第3页。
② 司马迁：《史记》，裴骃集解，司马贞索隐，张守节正义，中华书局1959年版，第4页。
③ 司马迁：《史记》，裴骃集解，司马贞索隐，张守节正义，中华书局1959年版，第1256页。
④ 司马迁：《史记》，裴骃集解，司马贞索隐，张守节正义，中华书局1959年版，第6页。
⑤ 王嘉撰，孟庆祥、商微姝译注：《拾遗记译注》，黑龙江人民出版社1989年版，第9页。
⑥ 司马迁：《史记》，裴骃集解，司马贞索隐，张守节正义，中华书局1959年版，第3页。
⑦ 王嘉撰，孟庆祥、商微姝译注：《拾遗记译注》，黑龙江人民出版社1989年版，第21页。

的历史。

“式气光名”：“式”即“法式”“效法”之义。“气”之本义为云气。“光”，明也。“名”，自命也。此四字隐含了黄帝族的图腾之义。《史记·五帝本纪》云：“（黄帝）以师兵为营卫。官名皆以云命，为云师。”[①]《集解》引应劭曰：“黄帝受命，有云瑞，故以云纪事也。春官为青云，夏官为缙云，秋官为白云，冬官为黑云，中官为黄云。”[②]又引张晏曰：“黄帝有景云之应，因以名师与官。”[③]故所谓“式气光名”，实即黄帝族效法天上的云气，并以云命名师与官之光辉名字。此四字不但可与《史记·五帝本纪》之有关记载对读，而且也足证《仓颉书》为黄帝史官仓颉所作。

“左互乂家”：“左”，相助之义。“互”，相互也。“乂”，芟草也。“家”，黄帝时代之原始家庭也。此四字言战争之后，黄帝族成员相互协助，除草辟地，重建家园。

“受赤水尊，戈矛斧芾”：此八字记载了一个重要的历史事实，即黄帝在打败了末代炎帝和蚩尤之后，不但取得了正统的地位，同时也拥有了蚩尤族的先进武器及战裳。“受”，相付也，即接受之义。“水尊”即酒尊，因“水”又可被称为“玄酒”故也。《礼记·礼运》之“玄酒在室”[④]，唐孔颖达《正义》即云“玄酒，谓水也”[⑤]。又，《仪礼·士虞礼》有“水尊”[⑥]，《礼记·明堂位》言“夏后氏尚明水”[⑦]，皆

---

① 司马迁：《史记》，裴骃集解，司马贞索隐，张守节正义，中华书局1959年版，第6页。

② 司马迁：《史记》，裴骃集解，司马贞索隐，张守节正义，中华书局1959年版，第7页。

③ 司马迁：《史记》，裴骃集解，司马贞索隐，张守节正义，中华书局1959年版，第7页。

④《礼记正义》，郑玄注，孔颖达疏，龚抗云整理，王文锦审定，北京大学出版社1999年版，第670页。

⑤《礼记正义》，郑玄注，孔颖达疏，龚抗云整理，王文锦审定，北京大学出版社1999年版，第670页。

⑥《仪礼注疏》，郑玄注，贾公彦疏，彭林整理，王文锦审定，北京大学出版社1999年版，第825页。

⑦《礼记正义》，郑玄注，孔颖达疏，龚抗云整理，王文锦审定，北京大学出版社1999年版，第952页。

是以水代酒也。古时大型酒器往往有象征政权之义。“赤”，红也，此指炎帝。故所谓“受赤水尊”，即接受了象征炎帝政权的大型酒尊。中国的酒早在仰韶文化时期即已出现，因此炎帝拥有大型酒尊是并不奇怪的。需要说明的是，炎帝仅是一种称号，而且所传不止一世。《史记·五帝本纪》“轩辕之时，神农氏世衰”[①]，《索隐》注云：“世衰，谓神农氏后代子孙道德衰薄，非指炎帝之身，即班固所谓‘参庐’，皇甫谧所云‘帝榆罔’是也。”[②]复检《帝王世纪》，其中正有这样的记载：炎帝在位120年而崩，葬长沙。纳奔水氏女曰听詙，生帝临魁，次帝承，次帝明，次帝直，次帝釐，次帝哀，次帝榆罔。凡8世，合530年。[③]8世而传530年，在时间上似有未合，故当依《吕氏春秋·慎势》之“神农十七世有天下”[④]。据此，则黄帝阪泉之战所败之炎帝，应即末代炎帝榆罔也。

还应当注意的是，末代炎帝榆罔与蚩尤间也有过一些瓜葛。《帝王世纪》云：“蚩尤氏强，与榆罔争王于涿鹿之阿。”[⑤]罗泌《路史·后纪四·蚩尤传》亦载，炎帝东迁涿鹿一带后，蚩尤曾“逐帝（榆罔）而居于涿鹿，兴封禅，号炎帝”[⑥]。故黄帝战胜蚩尤的涿鹿之战，亦或有人称之为“黄、炎之战”。这样说来，则所谓“受赤水尊”，已不单指黄帝取末代炎帝榆罔而代之，也还包含了对蚩尤政权的接收。不过，以蚩尤为首领的东夷族，相对于炎、黄而言，其文明程度却并不低。《尸子》说：“造冶者蚩尤也。”[⑦]《世本·作篇》云：“蚩尤作兵。”[⑧]

---

① 司马迁：《史记》，裴骃集解，司马贞索隐，张守节正义，中华书局1959年版，第3页。
② 司马迁：《史记》，裴骃集解，司马贞索隐，张守节正义，中华书局1959年版，第3—4页。
③ 参见皇甫谧：《帝王世纪》，陆吉点校，齐鲁书社2010年版，第4—5页。
④ 许维遹：《吕氏春秋集释》，梁运华整理，中华书局2009年版，第461页。
⑤ 皇甫谧：《帝王世纪》，陆吉点校，齐鲁书社2010年版，第5页。
⑥ 罗泌：《路史·后纪四》，四库全书本，卷十三。
⑦ 尸佼：《尸子译注》，王继培辑，朱海雷译注，上海古籍出版社2006年版，第81页。
⑧ 《世本》，周渭卿点校，齐鲁书社2010年版，第64页。

《管子·地数》云："葛庐之山，发而出水，金从之，蚩尤受而制之，以为剑铠矛戟。"[①]《史记·五帝本纪》《正义》更引《龙鱼河图》，说"蚩尤兄弟八十一人"，"造立兵仗刀戟大弩，威震天下"。[②]这说明蚩尤部落已掌握了冶炼技术，并能制造金属兵器，而其时之黄帝族却还不会冶金，故只能看着蚩尤"威震天下"。正如《吕氏春秋·荡兵》所说："未有蚩尤之时，民固剥林木以战矣。"[③]所以当黄帝打败了蚩尤，并收缴了蚩尤族的"戈矛斧"等兵器后，其欣喜之情是可以想见的。而这也正是仓颉要在黄帝的纪功之辞中大书一笔的原因了。至于"芇"，又称蔽膝，最早是打仗时所着之战裳，后来又被用为祭服。大约蚩尤族的战裳在当时算是质量最好的，故遂成为黄帝族所着意炫耀的战利品。

综上所释，《仓颉书》当为黄帝战胜末代炎帝及蚩尤的纪功之辞。其中，先言战后黄帝族与东夷族的友好相处，再言黄帝族的势力已遍布各地，再言以云命名师、官的管理体制，再言战后家园的重建，最后强调了其政权继承的合法性，并对其战绩进行炫耀。既耀武扬威，又表示了和平共处的良好愿望。可以设想，依战胜者的惯例，这样的文字在当时应是有刻石的。惜年深日久，原始的石刻已难以寻觅了。

最后，让我们将《仓颉书》的释文再完整地读一下：

> 中原东夷，黄帝居首，共相为友。黄帝族的足迹遍布当世，他们效法天上的云气，并以云为师、官的光辉名字。他们在战后相互协助，除草辟地，重建家园。他们接受了炎帝政权象征的酒尊，并拥有了蚩尤族的先进武器及战裳。

---

① 黎翔凤:《管子校注》，梁运华整理，中华书局 2004 年版，第 1355 页。

② 司马迁:《史记》，裴骃集解，司马贞索隐，张守节正义，中华书局 1959 年版，第 4 页。

③ 许维遹:《吕氏春秋集释》，梁运华整理，中华书局 2009 年版，第 158 页。

四、《仓颉书》之远古韵文特征

《仓颉书》在文体上并非散文，而具有较明显的远古韵文特征。以下试按其用韵情况，分段析之（括弧内所标之韵部按王力三十部韵）：

戊己（之部），甲乙（质部）；
　△　　　　　　△

居首（幽部），共友（之部）。
　△　　　　　　△

此四句所押为“之”部韵。“乙”在王力所分三十部韵中虽属“质”部，实则“质”为“脂”之入声，故顾炎武将“质”与“脂”“之”皆列为“脂”部。上古韵宽，“质”与“之”可通押。《诗经·周南·芣苢》“之”部之“苢”与“质”部之“襭”相押可证。“首”属“幽”部，按章太炎先生的《成均图》，“之”“幽”俱属阴侈（阴声中较开口者），同列相比，为近旁转，亦可合韵。《诗经·卫风·木瓜》“之”部之“玖”与“幽”部之“好”相押，以及《诗经·周颂·闵予小子》“之”部之“疚”与“幽”部之“孝”合韵，皆可为证。“友”，古音与“以”相近，属“之”部。故上述四句可谓句句用韵。

所止（之部），列世（月部）；
　　　　　　　　△
式气（物部），光名（耕部）。
　△　　　　　　△

此四句中有三句可押韵，其韵脚分别为“世”“气”“名”。“世”属“月”部（太炎先生称之为“泰”部），“气”属“物”部（太炎先生称之为“队”部）。按《成均图》，“泰”、（“月”）、“队”（“物”）俱属阴弇（阴声中较闭口者），同列相比，为近旁转，可合韵。《诗经·大雅·生民》月部之“旆”与物部之“穟”合韵可证。故“世”“气”相押。而“月”“元”（太炎先生称之为“寒”）为阴阳对转（亦称阳、入对转），可通韵，《诗经·齐风·甫田》之“桀”“怛”相押可证；“元”“耕”（太炎先生称之为“青”）又同属阳弇（阳声中较开口者），同列相远，为次旁转，可合韵，《诗经·卫风·淇奥》元部之“谖”与耕部之“星”相押亦可证。故“世”“名”亦相押矣。

左互（鱼部），乂家（鱼部）。
　△　　　　　△

两句皆为“鱼”部韵。此二句由于内容的相对独立，故其韵脚亦与上下句不同。如前所释，“左互”义为相互协助；“乂家”义为除草辟地，重建家园。其与上句之以云命名师、官及下句之接受炎帝政权象征的水尊，所言固有家、国（或部落）之不同。故形式服从内容，此二句单为一段，并转韵。

受赤（铎部），水尊（文部）；
　　　　　　　△

戈矛（幽部），斧芾（月部）。
　　　　　　　△

此四句，两句一韵，韵脚分别为“尊”与“芾”。“尊”属“文”部，

“芾”属“月”部。按《成均图》，“文”（太炎先生称之为“谆”）与“物”（太炎先生称之为“队”，与“脂”同居）阴阳相对，为正对转，可通韵；而“物”与“月”（太炎先生称之为“泰”）又俱属阴弇，同列相比，为近旁转，可合韵。《诗经·大雅·生民》月部之“旆”与物部之“穟”合韵可证。故“文”“月”两部可以通韵，《诗经·大雅·绵》文部之“问”与月部“喙”即相押。这样说来，文部的“尊”与月部的“芾”也是可以押韵的。

综上所析，《仓颉书》28字若自用韵特点而言，实可分为四个层次，即：

戊己，甲乙；居首，共友。
　△　　△　　△　　△
所止，列世；式气，光名。
　　　　△　　△　　△
左互，乂家。
　△　　△
受赤，水尊；戈矛，斧芾。
　　　　△　　　　　△

各层次中，或句句用韵（如第一组与第三组），或二、三、四句用韵（如第二组），或偶句用韵（如第四组）；虽用韵规律不一，且韵部亦较后世为宽，然此种用韵形式，正反映出《仓颉书》之远古韵文特征。

《仓颉书》的这种远古韵文特征可以由传世的几首原始歌谣以得到印证。如《吴越春秋·勾践阴谋外传》所载之《弹歌》，刘勰便认为是一首黄帝时代的歌谣。其《文心雕龙·通变》云：“黄歌《断竹》，质之至也。”①《文心雕龙·章句》亦云：“寻二言肇于黄世，《竹弹》之谣是也。”②就是这首被刘勰认为是二言之始的黄帝时代的歌谣，其用韵特征便与《仓颉书》有着极为相似之处：

断竹（屋部），续竹（屋部）；
△　　　　△
飞土（鱼部），逐肉（屋部）。③
　　　　　△

这是一、二、四句之句末用韵。再如《礼记·郊特牲》所载之伊耆氏《蜡辞》：

土反，其宅（铎部）；水归，其壑（铎部）；
　　　△　　　　　　△
昆虫，毋作（铎部）；草木，归其泽（铎部）！④
　　　△　　　　　　　△

除末句为加强祝咒语气而为三字外，其余每句二字，且皆于偶句用韵，与《仓颉书》之第四组同。伊耆氏一般认为即神农氏（或谓帝尧），亦即炎帝，其时代与黄帝相近。再如《尚书·汤誓》所载的一首夏代歌谣：

① 刘勰著，范文澜注：《文心雕龙注》，人民文学出版社 1962 年版，第 519 页。
② 刘勰著，范文澜注：《文心雕龙注》，人民文学出版社 1962 年版，第 571 页。
③ 周春生：《吴越春秋集校汇考》，上海古籍出版社 1997 年版，第 152 页。标点有改动。
④《礼记正义》，郑玄注，孔颖达疏，龚抗云整理，王文锦审定，北京大学出版社 1999 年版，第 804 页。标点有改动。

时日，曷丧（阳部）；予及汝，皆亡（阳部）。[①]

△ △

除第三句为强调诅咒之义而为三字外，其余也基本是二言句式，且于偶句用韵。

《仓颉书》与这些传说为远古时代歌谣在二言句式及用韵特征上的相似[②]，也从另外一个角度提供了其为远古时代作品的证据。

以上是对《仓颉书》的初步考释，仅为一家之言，目的在抛砖引玉，以促进此问题的深入研究。尔后如有更精准、更令人信服的释读，笔者自会很高兴地舍弃己见，以认同新说。

2011年8月1日初稿

2011年9月1日重订

主要参考文献：

高明编：《古文字类编》，中华书局1980年版。

郭沫若：《郭沫若全集·考古编》，科学出版社1982年版。

康殷释辑：《文字源流浅说》，荣宝斋1979年版。

康殷：《古文字学新论》，荣宝斋1983年版。

康殷：《古文字形发微》，北京出版社1990年版。

李圃：《甲骨文文字学》，学林出版社1995年版。

李学勤：《古文字学初阶》，中华书局1985年版。

濮矛左编著：《甲骨文常用字汇》，上海书店2007年版。

---

① 李民、王健：《尚书译注》，上海古籍出版社2004年版，第105页。标点有改动。

② 《弹歌》《蜡辞》已被多种文学史著作作为原始歌谣加以介绍，如游国恩等主编《中国文学史》、袁行霈主编《中国文学史》等。

秋子:《中国上古书法史：魏晋以前书法文化哲学研究》，商务印书馆 2000 年版。

唐兰:《中国文字学》，上海古籍出版社 1979 年版。

王国维:《观堂集林》，中华书局 1959 年版。

吴颐人:《汉字寻根》，上海人民出版社 2006 年版。

徐无闻等编:《甲金篆隶大字典》，四川辞书出版社 2008 年版。

徐中舒主编:《汉语古文字字形表》，四川人民出版社 1981 年版。

左民安:《细说汉字》，九州出版社 2005 年版。

《孟子》中所见之舜文化精神

古书言舜事者，以《尚书》中的《虞书》、《孟子》及《史记·五帝本纪》为最详。而《五帝本纪》中的舜部分基本依据《虞书》，故两书内容可谓大同小异，都是先叙舜在经历许多考验之后即位就职情况；次叙舜之各种政绩，如多方巡狩，划疆域，修五礼，定五刑，处罚共工、驩兜、鲧以及逐三苗等；末叙舜之任用百官及文治教化情况。其于舜文化精神之阐扬，似稍嫌不足。而《孟子》一书恰可补此缺失。

《孟子》全书言及“舜”者凡97次（据杨伯峻《孟子译注》一书统计），而所论舜文化之精神，则主要集中于三个方面，即“大孝终身”的高贵品德、“与人为善”的处世方式以及处理问题的“允执其中”原则。试分述之：

一、大孝终身

孟子称舜之孝为“大孝”。而何谓“大孝”呢？在孟子看来，至少包含了以下三个方面的意思：

一曰顺于父母。孟子说：“不得乎亲，不可以为人；不顺乎亲，不可以为子。舜尽事亲之道而瞽瞍厎豫，瞽瞍厎豫而天下化，瞽瞍厎豫而天下之为父子者定，此之谓大孝。”[①] 意思是说，不能得到父母的欢心，不可以做人；不能顺从父母的旨意，不能做儿子。舜竭尽事亲之道以使其父亲瞽瞍变得高兴，而父亲高兴了天下风俗也就因此而转移，天下的父子伦常关系也就因此而确定了，这就是大孝。可见，孟子认为，舜之“大孝”的首要表现即是顺从父母。所以，无论父亲瞽瞍对舜是如何为难（如“涂廪”“穿井”之事），舜总是顺着父亲的意思去做，毫无怨言。正如孟子的弟子万章所说：“父母爱之，喜而不忘；父母恶之，劳而不怨。”[②] 而一旦得不到父母的欢心，舜就好像孤儿找不到依靠一般，即孟子所说的“不顺于父母，如穷人无所归”[③]。

二曰“终身慕父母”。孟子曾经说过：“人少，则慕父母；知好色，则慕少艾；有妻子，则慕妻子；仕则慕君。”[④] 但这是对一般人而言。而于大舜，孟子则曰：“大孝终身慕父母。五十而慕者，予于大舜见之矣。”[⑤] 一个人在年轻时怀恋父母是很正常的，但这仅是普通的孝。至于终身怀恋父母的，则是大孝，而这种大孝孟子仅于舜的身上看得到。《孟子·尽心上》还记载了孟子与其弟子桃应的一段对话，当桃应问孟子如果舜的父亲杀了人而被法官皋陶判为有罪，舜该怎么办时，孟子说：“舜视弃天下犹弃敝屣也。窃负而逃，遵海滨而处，终身欣然，乐而忘天下。”[⑥] 意思是说，舜把抛弃天子之位看成是抛弃破鞋子一样，他一定会偷偷地背了父亲逃走，沿着海边住下来，终身快乐，快乐得把做过天子的事也忘掉了。舜为天子时已经 61 岁，而其时他的父亲也当在 80 岁左右了。尽管父亲已经年至耄耋，而舜之孝敬依然不减，为了父亲，甚至会做出常人所无法想象的事情来。此虽系假设，但也可以

---

① 杨伯峻译注：《孟子译注》，中华书局 1960 年版，第 183 页。
② 杨伯峻译注：《孟子译注》，中华书局 1960 年版，第 206 页。
③ 杨伯峻译注：《孟子译注》，中华书局 1960 年版，第 206 页。
④ 杨伯峻译注：《孟子译注》，中华书局 1960 年版，第 206—207 页。
⑤ 杨伯峻译注：《孟子译注》，中华书局 1960 年版，第 207 页。
⑥ 杨伯峻译注：《孟子译注》，中华书局 1960 年版，第 317 页。

算是孟子对大舜“终身慕父母”的进一步解读了。

三曰事亲大于一切。大舜后来做了天子，受到天下人的拥戴，并娶了尧的两位女儿为妻。但在孟子看来，这些都不足以使大舜解忧和高兴，而只有得着父母的欢心才会让他感到欣慰。孟子说：

> 天下之士悦之，人之所欲也，而不足以解忧；好色，人之所欲，帝妻之二女，而不足以解忧；富，人之所欲，富有天下，而不足以解忧；贵，人之所欲，贵为天子，而不足以解忧。人悦之、好色、富贵，无足以解忧者，惟顺于父母可以解忧。
>
> ——《孟子·万章上》[①]

孟子认为，大舜只有得到父母的欢心才是高于一切的。即使富有天下，而天下也不过是用来孝敬父母的。孟子继续说道：

> 孝子之至，莫大于尊亲；尊亲之至，莫大乎以天下养。为天子父，尊之至也；以天下养，养之至也。
>
> ——《孟子·万章上》[②]

天地之间，再没有比尊亲更为重要的事情了。《孟子·告子下》云：“尧舜之道，孝弟而已矣。”[③]这就是孟子所理解的舜的大孝精神。

舜的这种大孝精神对后世曾产生过十分深远的影响。孔子不但反复强调孝子之事亲既要“养”，又要“敬”[④]，而且还把孝悌提到“仁之本”[⑤]的高度。传为孔子弟子曾参所作的《孝经》，更对孝的内涵作了充

---

① 杨伯峻译注：《孟子译注》，中华书局 1960 年版，第 206 页。
② 杨伯峻译注：《孟子译注》，中华书局 1960 年版，第 215 页。
③ 杨伯峻译注：《孟子译注》，中华书局 1960 年版，第 276 页。
④ 杨伯峻译注：《论语译注》，中华书局 1980 年版，第 14 页。
⑤ 杨伯峻译注：《论语译注》，中华书局 1980 年版，第 2 页。

分的论述，即“孝子之事亲也，居则致其敬，养则致其乐，病则致其忧，丧则致其哀，祭则致其严”[①]。而中国历代的统治者也无不标榜以孝治天下，以至于某些不愿与统治者合作的人，只要以孝为理由来加以拒绝（如李密之写《陈情表》），统治者也便奈何不得。

二、与人为善

“与人为善”是孟子最推崇的舜的处世方式和优秀品质。《孟子·公孙丑上》说：

> 子路，人告之以有过，则喜。禹闻善言，则拜。大舜有大焉，善与人同，舍己从人，乐取于人以为善。自耕稼、陶、渔以至为帝，无非取于人者。取诸人以为善，是与人为善者也。故君子莫大乎与人为善。[②]

所谓“与人为善”，即以善心善行待人（朱熹释为助人为善，亦可）。孟子认为，大舜的这种优秀品质已超过了子路的闻过则喜和禹的闻善言则拜，从而成为君子的最高境界。事实也证明，舜在家能以善心对待父亲和弟弟；到了社会上能以善心对待耕者、渔者、陶者，从而使得“历山之人皆让畔”，“雷泽上人皆让居”，“河滨器皆不苦窳”，并出现了“一年而所居成聚，二年成邑，三年成都”[③]的祥和兴旺景象；

---

① 《孝经正义》，李隆基注，邢昺疏，邓洪波整理，钱逊审定，北京大学出版社 1999 年版，第 38 页。

② 杨伯峻译注：《孟子译注》，中华书局 1960 年版，第 82—83 页。

③ 司马迁：《史记》，裴骃集解，司马贞索隐，张守节正义，中华书局 1959 年版，第 33—34 页。

做了天子后也能以善心爱护百姓，治理国家；甚至在尧去世后，又避尧之子于南河之南。应该说，舜的“与人为善”已体现在他为人处世的方方面面，并贯穿于他的一生了。孟子还指出，大舜的这种“与人为善”，其实质乃是“舍己从人，乐取于人以为善”，即善于抛弃自己的不正确意见，接受别人的正确意见，并非常愉快地吸取别人的优点以帮助自己行善。

在《孟子·尽心上》中，孟子还谈到了舜在与人为善方面的一些具体表现：

> 孟子曰：“舜之居深山之中，与木石居，与鹿豕游，其所以异于深山之野人者几希；及其闻一善言，见一善行，若决江河，沛然莫之能御也。”[①]

孟子指出，舜即使是居于深山之中，与普通人没什么两样，但当他听到一句善言，见到一桩善行后，那种“取诸人以为善”的力量，简直像江河决口一样，没有什么人能够挡得住。

应该说，舜的“与人为善”既继承了“夷俗仁”[②]的传统，同时也成为后世之人学习的榜样。早在商代，就有“伊尹耕于有莘之野，而乐尧舜之道”，并下决心要使“君为尧舜之君”，“民为尧舜之民”。[③]孔子提出的“己所不欲，勿施于人”[④]，“己欲立而立人，己欲达而达人”[⑤]，以及孟子倡导的“老吾老，以及人之老；幼吾幼，以及人之幼”[⑥]，都不同程度地接受了大舜“与人为善”思想的影响。直至孟子之时，那些

---

① 杨伯峻译注：《孟子译注》，中华书局 1960 年版，第 307 页。
② 许慎：《说文解字》，中华书局 1963 年版，第 78 页下栏。
③ 杨伯峻译注：《孟子译注》，中华书局 1960 年版，第 225 页。
④ 杨伯峻译注：《论语译注》，中华书局 1980 年版，第 166 页。
⑤ 杨伯峻译注：《论语译注》，中华书局 1980 年版，第 65 页。
⑥ 杨伯峻译注：《孟子译注》，中华书局 1960 年版，第 16 页。

“鸡鸣而起，孳孳为善者，舜之徒也；鸡鸣而起，孳孳为利者，跖之徒也”[①]。孟子还以此判定：“欲知舜与跖之分，无他，利与善之间也。”[②]可见“与人为善”入人心之久也。

三、允执其中

《论语·尧曰》记载：

> 尧曰：“咨！尔舜！天之历数在尔躬，允执其中。四海困穷，天禄永终。”舜亦以命禹。[③]

这是尧让位于舜时的一番嘱咐。尧告诫舜说：“上天的大命已经落到你的身上了，你一定要允执其中。假如天下的百姓都陷于困苦和贫穷，那么上天给你的禄位也就永远地终止了。”舜照尧的旨意办了，而且在他让位给禹的时候，又说了同样的一番话。这里，核心的意思便是“允执其中”。

而什么是“允执其中”呢？“允”即允当、诚实；“执”即保持；“中”即正确，或曰恰如其分，既不过分，也不是达不到。合言之，所谓“允执其中”，就是诚实地保持着那正确的做法。这是自尧至舜、至禹以来处理一切问题的准则。孟子还说“汤执中”[④]，可见汤也坚持了“执中”的原则。到了周初，周公又在此基础上提出了“作稽中德”[⑤]的思想。其所谓“作”，即行事；“稽”，《广雅·释诂》及王念孙《疏

① 杨伯峻译注：《孟子译注》，中华书局 1960 年版，第 312 页。
② 杨伯峻译注：《孟子译注》，中华书局 1960 年版，第 312 页。
③ 杨伯峻译注：《论语译注》，中华书局 1980 年版，第 207 页。
④ 杨伯峻译注：《孟子译注》，中华书局 1960 年版，第 191 页。
⑤ 李民、王健：《尚书译注》，上海古籍出版社 2004 年版，第 270 页。

证》训为合[1]；而“作稽中德”即行事正确，合于中德。再到孔子，遂合“允执其中”与“作稽中德”，正式提出了他的“中庸”之道。而所谓“中庸”，据孔子的解释便是“过犹不及”[2]，也就是处理任何事情都要把握一个合适的度，或曰求得事物各方面平衡的平衡点。

大舜是否遵行了“允执其中”的原则呢？子思的《中庸》曾记孔子的话说：

> 子曰：“舜其大知也与！舜好问而好察迩言，隐恶扬善，执其两端，用其中于民，其斯以为舜乎！”[3]

所谓“执其两端，用其中于民”，即能把握过与不及的两个方面，将正确的意见施行于民。对此，孟子虽未能像孔子一样在理论上加以论析，但从其所述大舜在处理各种关系方面的做法，实可见大舜对“允执其中”的坚守。

一是对家庭关系的处理。舜之父顽、母嚚、弟傲，但舜处在这样的家庭关系中竟能“克谐”[4]。为什么呢？因为舜既能顺父之意，又能保护自己，并在这两者之间找到了一个平衡点，即所谓“中”。例如瞽瞍使舜到仓库顶上去“涂廪”，却又从下纵火焚廪，欲致舜于死；而舜乃以两笠缓冲而下，得不死。再如瞽瞍使舜“穿井”，待其入深，却又下土填井；而舜则从旁打洞，自他井而出。类似的还有舜之不告娶妻。“男女居室，人之大伦”。如“告则不得娶”，不得娶“则废人之大伦”。[5]于是大舜既要娶妻，而又不告父母，从而在孝顺父母与维护

---

① 王念孙：《广雅疏证》，钟宇讯点校，中华书局1983年版，第64页上栏。
② 杨伯峻译注：《论语译注》，中华书局1980年版，第114页。
③ 朱熹：《四书章句集注·中庸章句》，中华书局1983年版，第20页。
④ 李民、王健：《尚书译注》，上海古籍出版社2004年版，第9页。
⑤ 杨伯峻译注：《孟子译注》，中华书局1960年版，第209页。

人伦之间也找到了一个平衡点。

二是对人际关系的处理。舜耕历山，历山之人皆“让畔”（即缩小各自的疆界）；舜渔雷泽，雷泽边上的人皆“让居”（即缩小各自的居地以让给别人）。这是为什么呢？因为舜对他们采取了感化政策。舜既不丧失原则，而又能灵活地谦让，从而感动了耕人和渔人。而这也就是“允执其中”的做法。

三是对天下大事的处理。舜为天子之后，需要处理的事情很多，但他还是坚持了“允执其中”的原则，即孟子所说的“尧舜之智而不遍物，急先务也；尧舜之仁不遍爱人，急亲贤也”[①]。而在制定各项政策的时候，也充分考虑到了它们间的平衡关系。如舜的税收政策定为十分抽一的税率，便是“天下之中正也”，而“多乎什一，大桀、小桀；寡乎什一，大貉小貉”。[②]也就是孟子所说的“欲轻之于尧舜之道者，大貉小貉也；欲重之于尧舜之道者，大桀小桀也”[③]。既不能轻，也不能重，这就是“允执其中”。再如舜在民族政策上，既逐三苗，又抚戎、羌；在内部政策上，既定“五刑”，又修“五教”；既惩奸宄，又用贤才；既有四方巡狩，又重文治教化。凡此，皆与舜“允执其中”的指导思想是分不开的。

四、大舜之“大”

在中国历史上，最早称舜为“大舜”的，便是孟子。而何谓“大”呢？孟子曾有一段非常精辟的论述：

---

① 杨伯峻译注：《孟子译注》，中华书局 1960 年版，第 322 页。

② 公羊寿传：《春秋公羊传注疏》，何休解诂，徐彦疏，浦卫忠整理，杨向奎审定，北京大学出版社 1999 年版，第 360 页。

③ 杨伯峻译注：《孟子译注》，中华书局 1960 年版，第 294 页。

可欲之谓善，有诸己之谓信，充实之谓美，充实而有光辉之谓大，大而化之之谓圣，圣而不可知之之谓神。

——《孟子·尽心下》[①]

孟子将人品分为六个等级，把那些值得喜欢的叫“善”，把那些好处实际存在的叫“信”，把那些好处充满全身的叫“美”，把那些好处充满全身而又能光辉地表现出来的叫“大”，把那些光辉表现出来而又能融会贯通的叫“圣”，把圣德到了神妙不可测度的境界的叫“神”。在孟子认为，舜的人品高于“善”“信”和“美”，但又还不是“圣”和“神”，故称其为“大”。而“大”的含义则主要有两点：一是“充实”，即好处充满全身；二是“充实而有光辉”，即好处充满全身而又能光辉地表现出来。而这两者对舜来说，都是确实存在的。

先看“充实”。舜的好处的确是充满全身的。他不但大孝终身，处处与人为善，而且做了天子之后也政绩赫赫，处理问题皆能各得其所。尤其在道德修养、文治教化方面，更成为历代统治者的楷模，以至被司马迁誉为“天下明德皆自虞帝始”[②]。这样的人已集所有优秀品质于一身，谓之“充实”，可谓恰如其分。

再看“充实而有光辉”。舜的这些优秀品质并不像他同时代的许由那样（尧让天下于许由，许由逃至箕山下；尧请许由做官，许由到颍水边洗耳），隐而不现，而是实实在在地表现出来了。他的孝行、善行，他的处理问题的方法乃至他的人格魅力，都是可以令天下人看得见，也感受得到的。他虽“避尧之子（朱丹）于南河之南”，然“天下诸侯朝觐者，不之尧之子而之舜”[③]，便是明证。后来的儒家之所以津津乐道尧舜而寡言许由、务光之流，也正是因为尧舜以自身的表现而垂

① 杨伯峻译注：《孟子译注》，中华书局1960年版，第334页。
② 司马迁：《史记》，裴骃集解，司马贞索隐，张守节正义，中华书局1959年版，第43页。
③ 杨伯峻译注：《孟子译注》，中华书局1960年版，第219页。

范于后世的原因。基于此，所以孟子便着意地指出：“大舜有大焉。”[①]

总之，《孟子》书中所保存的宝贵的文献资料以及孟子本人对舜文化精神的精辟论述，对于我们全面认识虞舜其人和舜文化的精髓，无疑是至关重要的。在这个意义上还可以说，在中国文化史上，孟子实为大力阐扬舜文化的第一人。

2010 年 6 月

① 杨伯峻译注：《孟子译注》，中华书局 1960 年版，第 82 页。

清初考辨舜生地的三篇重要文献

古书关于舜生地的记载颇多，不过最主要的是两说。《史记·五帝本纪》云："舜，冀州之人也。"[1]今山西省永济市西之蒲州镇，古称蒲坂，属冀州，或谓即司马迁所言之舜生地。而早于司马迁约250年的孟子则说："舜生于诸冯，迁于负夏，卒于鸣条，东夷之人也。"[2]"东夷"与"冀州"显然不是同一地区，故于舜之生地，自来就有从"经"与从"史"之辨。不过，近世史学大家则多从孟子之说，如范文澜《中国通史简编》、郭沫若《中国史稿》便皆以舜生地为"诸冯"，且注明："今山东诸城"。[3]至于具体证据，未能详言。

所幸的是，清初诸城的两位先贤张石民与李澄中，早已就"舜生于诸冯"事进行过考辨了，且其结论皆出奇地一致，即同以"诸冯"为诸城境内的诸冯村（今属诸城市舜王街道）。他们的考证文章主要有三篇：

---

① 司马迁：《史记》，裴骃集解，司马贞索隐，张守节正义，中华书局1959年版，第32页。

② 杨伯峻译注：《孟子译注》，中华书局1960年版，第184页。

③ 范文澜云："《孟子·离娄》说'舜生于诸冯（山东诸城县）……卒于鸣条（河南开封附近），东夷人之也'，是舜居地在东方。"（范文澜：《中国通史简编》，人民出版社1964年版，第92页）

一、张石民《诸冯辨》

张石民（1634—1713），讳侗，字同人，一字石民，诸城放鹤村（今枳沟镇普庆村）人，清初著名学者、诗人，事见乾隆《诸城县志》卷三十六及方迈所作《贞献先生传》。其《放鹤村文集》5卷，《四库全书总目》中有著录。我们先看他的《诸冯辨》：

诸城得名，以鲁季孙行父所城诸；所城诸得名，则以诸冯。去东泰山又东，蜿蜒百余里，岭阜际天，桑麻被野，就中蓬茅一聚，有虞氏之所悬弧也。旧有舜祠，已圮；碑存，碑沉于水；岸存，岸上土突起七分二厘，犁铲形，岁久风雨不剥蚀。相传舜于田时发耜自兹始，于是耕夫馌妇往往述其祖父母曾与大舜皇帝让畔于此。不闻《乐乐之歌》乎？歌云："我乐乐，尔乐乐，尔我同乐乐。"即欲谱诸薰絃，续《南风》后，未暇也。《吕氏春秋》："舜终莒之纪城。"去鸣条不远，鸣条去诸冯复不远，北与莱子国为邻。孟子曰："舜生于诸冯，卒于鸣条，东夷之人也。"不其然乎？

客唯唯，既而否否。谓舜冀州人，耕历山，渔雷泽，在蒲州；崩苍梧，在梧州；葬九嶷山下，在□□，是谓零陵。今曰东夷，然则彼皆非与？余曰："如客言，岂不或信？然疑之上古之世，不相往来。舜未为天子，不过田间一农夫耳，迁徙不出其乡；既为天子，六岁巡狩，不出五岳十有二州而止。乌有生于东海，长于西河，老于南溟？纵使弗倦于勤，何至逊荒服、群鸟兽，委骨蛮烟，长往不返也耶？儒者从经或从史，非尽谓客言之妄也。"客闻之，洒然有得，曰："如是夫。"

——《其楼文集》卷四

文章的第一部分，石民公分别从四个方面对舜生地作了考证：一是文献依据，石民公取孟子“东夷说”，又结合《吕氏春秋》“舜终莒之纪城”的记载，从而将舜生地的“诸冯”指为诸城境内，将舜卒地的“鸣条”划定在莱子国以南、去莒不远的地区。二是地理环境的勾勒，即对舜族生存的东夷地域的具体界定，也就是文中所描述的“去东泰山又东，蜿蜒百余里，岭阜际天，桑麻被野”的诸城一带，认为这里应是有虞氏“悬弧”的地方。三是对诸冯遗址的具体考察，从舜祠、舜碑到遗址的地形地貌，都简要作了介绍。四是对诸冯一带民风民俗的阐释，包括其时民间仍在流传的有关舜的传说以及源自上古的《乐乐之歌》，并如实地记录了这首古老歌曲的歌词，从而为后世留下了极为宝贵的文化史料。

文章的第二部分则假托主客问答，进一步对舜生地的不同说法进行辨析，其中既涉及“冀州说”，也涉及“死葬九嶷”说。文中认为，上古之世，舜的活动范围并没有后人所想象的那样广大，他只是生于诸冯（今诸城境内），卒于鸣条（郭老、范老皆谓鸣条在今河南省开封市附近），而不可能“生于东海（指东夷之地），长于西河（冀州之地，即今山西省永济市一带），老于南溟（指湖南九嶷山一带）”。此虽与时下学界某些人的看法不尽一致，但并不是没有道理的。2005年9月在山西运城召开的全国虞舜文化研讨会上，即有专家对舜死葬九嶷之说提出类似的质疑，认为“舜不可能在100多岁高龄时南巡，交通和身体各种条件都不允许”[①]，只不过对“鸣条”地望的界定有所不同罢了。当然，石民公也并没有将自己的意见强加于人之意，他认为“儒者从经或从史，非尽谓客言之妄也”。意思是说，大家依据不同，结论不一，都是可以理解的，因此不能指对方的意见为虚妄；而他也仅视自己的意见为一家之言。

---

① 中国先秦史学会：《专家河东论虞舜》，《光明日报》2005年10月25日。

二、李澄中《渔村木芝庵记》

李澄中（1629—1700），字渭清，因世居诸城超然台下，又号苏台。学者称渔村先生。年五十，举康熙十八年（1679）博学鸿词科，累官至翰林院侍读。传世有《卧象山房文集》4卷、《诗集》7卷、《赋集》1卷、《滇南日记》3卷、《艮斋笔记》8卷，《四库全书总目》均有著录。其《渔村木芝庵记》云：

> 渔村者，吾别业也。在潍之阳，雷岭之南，距诸城五里许。构一小圃，短墙老屋，竹树蓊郁成林，皆先君子手植也。村东草庵仅容膝，时一游憩，听钟声泠泠然。岁久，庵尽圮，屡欲葺之不果。土人言，废址常昼出火珠，大如卵，儿童掬之不得，远近惊以为神，皆趋事恐后。起康熙十年，越三年落成，拓旧基十之七，僧寮香积具焉。甫经始，梁穹处一芝烂然，颜曰"木芝庵"。
>
> 乃系之"渔村"者何？雷岭东接诸城，相传为舜生处，曾南丰《齐州二堂记》谓耕稼陶渔皆舜之初，其地不宜相远。图记皆谓齐之南山为历山，故其城名历城。然则历城以山名，与诸城以诸冯名，其取义宁有二也？且其地滨淮（潍）错莱，僻在东方，考之《孟子》，若合符节，其为舜生地无疑。盖太初浑噩之气，停蓄结椿于山川，故大圣人之笃生，往往在荒服，不择地也。今诸城人所称多怪诞，惟耕田声宛转哀怨异他所，其怨慕之遗乎？郑康成谓雷泽在济阴，皇甫谧谓济阴即定陶之陶丘亭，皆不可深考。今雷岭下洼潦数百亩，夏秋霪霖成巨浸，或为雷泽未可知。夫以圣人之孝之大，其精神为其所阅历之地，而天下亦相与咨嗟叹息，如将见之，于是益叹圣人之孝之入人深也。取以名吾村，使人观感于大孝之故迹，为事亲者劝焉。

嗟乎！自丧乱来，金谷平泉芜废者何限，予之圃颓墙老屋尚岿然蔓草中间。常周览园林，思先君子之手泽杖履，凡一草一木，爱之不忍毁伤，而因以及兹庵。《诗》曰："维桑与梓，必恭敬止。"言不忘也。敢以夙昔游息之地而忽诸？后之子孙居是村者，思村之所以名，与吾所以为记之旨，其亦忾然而兴仁孝也已！若夫村之人，殚力赴工以襄予不逮，予愧之，予盖屡欲葺之而未果者也。其勇于为善，皆可书也。

康熙二十年四月一日记。

——《白云村文集》卷之四

文中，渔村先生虽意在阐明他命名村东草庵为"渔村木芝庵"的涵义，但在释"渔村"之义时，也顺便对舜生地作了十分具体的考证。与石民公一样，渔村先生也认为"诸城以诸冯名"，并以诸冯其地"滨淮（潍）错莱，僻在东方"，来印证孟子"舜生于诸冯"、实为"东夷之人"之说。而更为难得的是，他还亲自考察了诸冯一带的地形特征，指出"今雷岭下洼潦数百亩，夏秋霪霖成巨浸，或为雷泽未可知"。雷岭在诸冯村西 10 余里，今尚有其地，雷岭坡上有一村庄，村名就叫雷家岭。听村中人介绍，往昔，从雷岭脚下直至潍河岸边，全是一片沼泽，故渔村先生遂以其地为舜渔猎过的"雷泽"。还有诸城一带的"耕田声宛转哀怨异他所"，渔村先生也认为是虞舜故里的人们对虞舜的"怨慕之遗"。笔者青少年时代曾在诸城乡间从事过农耕，犹记春耕时节，原野上那宛转悠扬的耕田声此伏彼起，十分悦耳动听。但仔细体会，又觉得那声音中总带些哀怨的韵味，当时并不觉异，经渔村先生点出后，始恍然大悟。

对大舜文化的核心精神——孝，渔村先生在文中也格外关注。他不但赞扬"圣人之孝之大"，"叹圣人之孝之入人深"，而且还用"渔村"以名其村，欲"使人观感于大孝之故迹，为事亲者劝焉"。而澄中之孝心也感动了时人，故学者遂称其为渔村先生。

石民公与渔村先生的见解也得到了后世的认同。80余年后修成的乾隆《诸城县志》，其《古迹考》云：

> 县人物以舜为冠，古迹以诸冯为首。古之言舜生地者自孟子始，曰“诸冯”，且曰“东夷之人”。县为中夏东偏，城北十五里有村名诸冯，故前明《职方地图》“诸城”下特注：“舜生处”。此非其考证耶？独《史记》曰“舜，冀州人”。按：古冀州，今顺天山西地，必不能指为东夷也……县人李渭清澄中《木芝庵记》、张石民侗《诸冯辨》皆从经不从史耳，非徒扳古昔为光宠也。

显然，县志的编纂者已完全采纳了石民、渔村二公的意见。再后，嘉庆年间为《孟子》作注的焦循（1763—1820），亦持同样的见解，其《孟子正义》卷十六《离娄章句下》云：

> 孟子曰：“舜生于诸冯，迁于负夏，卒于鸣条，东夷之人也。”……今青州府有诸城县，大海环其东北……其地有所谓冯山、冯村，盖相传自古，窃疑近是。凡言人地，以所生为断，迁卒皆在后。孟子亦据舜生而言东也。[①]

焦里堂是否读过石民、渔村二公的文章不得而知，但其论点却与二公是一致的。再后以迄现代的范文澜与郭沫若先生，也都将舜生地的“诸冯”断为山东诸城。而范、郭二老之所以未著考证文字，想来也许是因为前人已有论证的缘故吧。

---

① 焦循：《孟子正义》，沈文倬点校，中华书局1987年版，第537—538页。

三、张石民《重建虞帝殿小引》

此文亦见于张石民的《其楼文集》，是专谈诸冯舜庙及舜文化事，其全文如下：

> 孟子曰："大舜有大焉，乐取诸人以为善。"善既无大于孝者，孝岂有过于舜者？后之人思舜不得见，见苍梧之山，犹伫立以泣，况与之生同乡、居同里，亲见焚廪、浚井诸圣迹，其为泗涕淫洟何如也！
>
> 诸冯村旧有舜井、舜所耘田，于今村外农歌有云："我乐乐，尔乐乐，尔我同乐乐。"相传为舜牧牛时语。学士大夫或羞称之，而耕夫饷妇讴吟弗辍，且曰："我祖父母曾与有虞皇帝让畔于此。"西北为雷岭，蜿蜒十余里，其雷泽之陂乎？东临潍流，又大河之滨也。有古庙数楹，碑龙凤篆，记舜皇遗事颇悉，明末沉于水。百年以来，所谓徒见山高而水深，问当时黍稷麦陇，荡然无复存者。
>
> 王子汝审弹琴鼓《南风》，怆然怀古，欲重起虞帝殿，于四壁镌其耕稼陶渔像，固仁人孝子之极思。但蘧伯玉耻独为君子。《西铭》云："乾吾父、坤吾母也。"夫舜，非吾父、吾母之宗子也耶？舜虽为天子，我侪未免为其乡人。朴凿丹雘，尚与王子共之，尚与王子共之。鲁诸棘人张侗稽首白。

此《小引》系为重建虞帝殿而作，共谈了三个方面的问题：

一是对舜文化核心精神的论定。《小引》一开头便引孟子语并指出，善无大于孝者，而孝又无过于舜者，从而将舜文化的特征定位为"善"，而"善"的核心则是"孝"。寥寥数语即将舜文化的内涵深刻揭示出来，胜于时贤之长篇大论多矣。而且，作为与舜"生同乡、居同里”，又亲见其“焚廪、浚井”遗址的乡人，对以孝为核心的舜文化的感受，较之他乡之人尤为深切。所谓睹圣迹而“泗涕淫洟”，正是诸城人一直对舜都饱含深情的生动写照。

二是对诸城境内有关舜文化的遗迹、遗风所作的释读。文中提到诸冯村旧有舜井、舜所耕田，附近还有与舜生平相关的雷泽、河滨等地名，以及乡中父老有关“让畔”的传说，这些都可佐证孟子“舜生于诸冯”之说。而尤值得注意的是相传为舜牧牛时所作的农歌，即“我乐乐，尔乐乐，尔我同乐乐”的《乐乐之歌》。据石民公说，“学士大夫或羞称之，而耕夫饷妇讴吟弗辍”。可见，直到清初，《乐乐之歌》仍在诸城乡间流传。笔者生长诸城乡间，少年耕田时也会模仿父老们的声音喊上两句：“嗷——唠唠唠唠，吆——唠唠唠唠。”现在回想起来，“嗷唠唠”岂不即是“我乐乐”（乐音 lào）？“吆唠唠”岂不即是“尔（你）乐乐（乐音 lào）”？而仔细体会，那音节里还真带点原始歌谣的韵味呢！惜石民公未能将《乐乐之歌》“谱诸薰弦”，倘能配上乐曲，则此农歌定会永久流传无疑。

这里顺便对《乐乐之歌》也作一点解析。《乐乐之歌》既然是舜牧牛时所作，则歌中的“我”自然是指舜。而“尔”又何指呢？窃以为，当指舜与之“让畔”的农人。“畔”即地界，“让畔”即各自都将地界回缩，以相让于对方，颇有点类似于后世刘统勋在逄戈庄之“让上三尺”。“让畔”之后，人际关系和谐，乡中父老其乐无穷，故舜有此咏。此亦可由石民公之《诸冯辨》中文字得到印证。《诸冯辨》在叙述了“耕夫馌妇往往述其祖父母曾与大舜皇帝让畔于此”之后，接着便引证了《乐乐之歌》，可见《乐乐之歌》所歌颂的实为“让畔”。当然，进一步说，也是对远古纯朴民风及和平安定生活的歌咏。

诸城是音乐之乡。汉代，著名的乐府乐章《东武吟》即产生于诸城。《元和郡县志》云：“密州诸城县，本汉东武县也，属琅邪郡，乐府章所谓《东武吟》者也。”东武本山名，即今诸城市古城岭一带。宋代，苏轼来守胶西，不但将其创作的《江城子·密州出猎》“令东州壮士抵掌顿足而歌之”[①]，而且还发出了“除却胶西不解歌”[②]之叹。直至明清，诸城通晓音乐者仍代不乏人。且不说诸城古琴派的成就，即以石民公而论，不但其自身音乐造诣精深，就连他的学生解琢章也曾为孔尚任的《桃花扇》“按节终卷”[③]，即进行过合乐的工作。而追本溯源，诸城这种悠久的音乐传统，实与舜文化的熏陶是分不开的。

三是为后人提供了有关舜庙修建的重要史料。诸冯舜庙始建于何时，已不可考。石民公称“有古庙数楹，碑龙凤篆，记舜皇遗事颇悉，明末沉于水”，这无疑是一段有关诸冯舜庙的珍贵资料。

首先，它确定了诸冯“古庙”及古碑的存在。从碑上的文字为“龙凤篆”以及“记舜皇遗事颇悉”的碑文内容来看，存于古庙之中的碑确实是一通年代久远的古碑。而“古庙”的年代亦当与古碑相近。乾隆《诸城县志·建置考》记：

> 诸冯村舜庙，未知为何时创立。县人吕一奏石刻《古诸胜迹》云：“万历二十七年，知县颜悦道使人泗水取舜庙残碑，旋出旋坠，终不可致。”故无从考据焉。

颜氏派人泗水求取的“舜庙残碑”，应即石民公所说的“龙凤篆”之碑。惜其未能从水中取出，无法验证碑的文字及时代了。

---

① 苏轼：《与鲜于子骏》其二，《苏轼文集》卷五十三，孔凡礼点校，中华书局1986年版，第1560页。

② 苏轼：《和孔密州五绝·见邸家园留题》，《苏轼诗集》卷十五，王文诰辑注，孔凡礼点校，中华书局1982年版，第729页。

③ 清张鹏展《山左诗续抄》附《解琢章小传》：“琢章工古文词，孔云亭馆之岸堂，《桃花扇》传奇初脱稿，亲为按节终卷。”

图 8　诸冯舜庙旧址

其次，它明确了舜庙石碑沉于水的时间。石民公谓“明末沉于水”，且谓“百年以来”其遗迹“荡然无复存者”。按石民公作此《小引》的时间当在康熙三十五年前（说见后），由康熙三十五年（1696）上推百年即为明万历二十四年（1596），则便是碑“沉于水”的大致时间了。此亦可由颜悦道于万历二十七年（1599）使人泅水取碑而得到印证。有碑必有庙。故最迟在明万历年间，诸冯村就已经有舜庙了。

此外，《小引》还记载了康熙年间重修舜庙的有关事宜。据石民公称，此次“欲重起虞帝殿”者是王汝审。汝审，名沛慎，为任庵公（王钺）之犹子。据《诸城相州王氏族谱·续大传》称，汝审父王锡“善治家，以产雄一邑”。而汝审“天性善施与”，“有以急难事告者，不惜倾囊倒箧以相济，挥斥数千金缘手辄尽”。这样说来，则王汝审既有经济实力，且又“善施与”，并“弹琴鼓《南风》，怆然怀古”，完全具备重修舜庙的条件。惜天不假年，汝审于康熙三十五年（1696）二十八岁时即因病去世。不过，从石民公作《小引》时汝审尚健在的情形来看，其“欲重起虞帝殿”的愿望应是实现了。换言之，清康熙三十五年前后，诸冯舜庙是有过一次重修的。再从《小引》中“朴凿丹雘，尚与王子共之”的话语来看，石民公也应是参与了舜庙的这次重修。此后，道光二年（1822）诸冯舜庙又有过一次重修。[①]1937年的最后一次重修，即韩复榘题“允执厥中”匾额以赠的那次，便是在道光二年重修的基础上进行的。再过十年，即1947年，庙被建为小学，匾额做了小学生的课桌，神像尽被请出。又晚至1974年，诸冯一带暴发洪水，村址被迫西移里许，不久庙亦被毁。庙内原有石碑一通（当是后来重修时立的），先是被置于附近河汊之上当作便桥，后来河汊淤死，碑亦沉于淤泥之中。至笔者1997年10月赴当地考察时，所有遗迹又已“荡然无复存者”。

图9　作者（左起第二人）1997年考察诸冯村旧址

① 参见道光《诸城县志·总纪》。

以上是对石民公《重建虞帝殿小引》的初步解读。应该说，此《小引》是到目前为止我们所能见到的最早的有关修建诸冯舜庙的文字。而且,《小引》虽仅324字，而其文化蕴涵却极为丰富，文献价值也很高。实宜刊石立于今之舜王公园，以为诸城舜文化之永久见证。

2009年5月

#《周易》文化探微

《周易》的文化精神及其当代价值

《周易》是中国古代文化的结晶，也是中华民族智慧的集中体现，其价值是多方面的。单从文化价值而言，其所蕴含的思维方式如整体意识、变化发展思想、相反相成意识、和谐意识，以及自强不息、厚德载物的民族精神等，都是值得我们去深入研究和发扬运用的。

一、整体意识

从思维规律而言，人类思维大致经历了原始思维、诡辩思维（以"白马非马"论为代表）、逻辑思维（以"三段式"推论为代表）、辩证思维等几个阶段。而《周易》中既有原始思维的烙印，又有辩证思维的因素。所谓原始思维，是指思维中所包含的具象性、跨越性、综合性、互渗性及神秘性而言。《周易》中所体现出的整体意识，即是原始思维的综合性与辩证思维综合性的有机统一。随着现代科学的发展，自然科学已从分析为主的牛顿科学体系，逐渐向以综合为主的第三次科学潮流发展，20 世纪 80 年代国际上开始兴起的"天地生综合研究"，便是这种综合性、整体性思维与研究方法的集中体现。而《周易》作为中国综合文化之始，它所蕴含的整体意识即天地人整体观，早已将自然界和人世间的一切事物联系起来，并从中探讨其发展和演变规律了。《周易》卦画的基本构成是爻，即阳爻（—）和阴爻（--），并由爻进一步组成八卦和64卦；而爻虽可分阴阳，但实际所代表的却已是自然界和人世间的所有不同质和不同态的事物了。无论自然界的风雨雷电，还是人世间的王朝兴替，抑或人生的福祸吉凶，都可以通过高度抽象化了的卦爻符号及其所蕴含的丰富信息来进行推演。这是《周易》整体意识的首要特点。

其次，在具体推演过程中，《周易》也善于对事物做全面、整体的把握。大到天、地、生，小到某一具体问题，《周易》的推演过程都是一样的，都是将被推演的事物看作一个整体，视为一个系统，通过对各种信息的处理，将结论以成卦的方式显示出来。中医的辨证施治就是《周易》整体意识的实际应用，中医的经典《黄帝内经》也是以《周易》的阴阳学说为基础建立其医学理论体系的。中医不像西医那样头痛医头、足痛医足，它对所有的病症都是首先从调理人体的阴阳入手，阴阳调理好了，局部的病痛自然也就解除了。如果说西医是用科学治病的话，那么中医便是用哲学治病，用《周易》文化治病。再如被称为中华民族智星的诸葛亮，为何能足智多谋，战无不胜呢？也与他能熟练地运用《周易》的综合性思维有关。诸葛亮自己就说过，他的治国和用兵，是“上知天文，中察人事，下识地理，四海之内，视如室家”①，是“顺天、因时、依人以立胜”②。你看，这不正是《周易》整体意识的直接运用吗？当今，我们对某些社会问题的治理（如治安问题和腐败问题）以及环境的维护和生态平衡的保持，也都应该借鉴《周易》的这种整体意识，实行综合治理。

再次，《周易》还十分强调局部对整体的影响。《周易》占卦中，只要六爻中的任何一爻有变，就会影响到整个的卦象，即所谓“变

① 诸葛亮:《将苑·将器》,《诸葛亮集》，中华书局1960年版，第79页。
② 诸葛亮:《将苑·智用》,《诸葛亮集》，中华书局1960年版，第84页。

卦”。如《既济》卦中的九五一爻变成阴爻后，则整个的卦就变成《明夷》了。看起来只是一个局部的微小的改变，但整个卦的意思全变了。这就提醒我们在处理问题时既要注意宏观和整体，又要注意微观和局部；要防微杜渐，不要掉以轻心。中国有一句成语叫作“千里之堤，溃于蚁穴”，说的就是这个道理。前些年国外还有个电影叫《废品的报复》，说一个人因为裤子上的纽扣没有钉牢，结果导致主人洋相百出，说的也是同样的道理。

还要看到，《周易》不但关注局部对整体的影响，而且还能提示影响整体的局部中的关键环节。例如由《困》卦变为《大过》，其影响卦象的主要环节便是《困》卦的六三爻，由于《困》六三变成阳爻，所以整个卦象就全变了，变成了《大过》。这不但提示我们注意“遇《困》之《大过》”的卦象变化，同时也提示要充分关注《困》六三的爻辞，因为这才是事物演变的关键所在。受此启发，今天我们也要善于抓住影响事情变化的主要矛盾的主要方面，从而既防止事情向坏的方面逆转，又促使其往好的方面转化。

二、变化发展思想

《周易》之“易”，就是变化发展的意思。《周易·系辞上》曰：“日新之谓盛德。生生之谓《易》。”[①] 所谓“日新”，乃指不断生育新的事物；所谓“生生”，即是变化无穷之义。在《易》学认为，固定不变的事物是没有的。《周易》自两仪至八卦的每一次演进，也都是再分阴阳（即分别在其上方加一阳或一阴），体现出阴阳变化发展的特点。这

① 徐子宏译注：《周易全译》，贵州人民出版社 1991 年版，第 354 页。

与老子所说的“道生一，一生二，二生三，三生万物”[①]的思想，实有相通之处。中国古代的“五行说”（相生相克）更是对《易》学“生生”之义的进一步发挥和应用。而这种“生成论”的宇宙观，较之传统的“构成论”的宇宙观，实际上更能揭示事物的本质。如果说“构成论”认为宇宙万物是宇宙基本构成要素的分离和结合的话，那么“生成论”则认为生生不息才是宇宙万物的基本特征。而后者实已被宇宙学和微观物理学的最新研究成果所证实。

具体到《周易》的变易思维，又大致包括这样几方面的意思：

一是对立面的转化，这是《周易》“生生”的重要方式。《周易·系辞上》曰：“一阴一阳之谓道。”[②]意思是说，阴阳构成宇宙的根本法则，一阴一阳对立转化，就叫作规律。《周易》中，阴爻与阳爻互相对立，64 卦本身也是 32 个对立面，这些都是可以互相转化的。如在演变过程中，当本卦六个可变之爻全部为“九”时，按爻变规则，即应全部变为“六”，各爻皆阴，变成《坤》卦。这在《易》学上就叫作“遇《乾》之《坤》”。反之，当本卦六个可变之爻全部为“六”时，亦应全变为“九”，六爻皆阳，成为《乾》卦，这在《易》学上又叫作“遇《坤》之《乾》”。阴阳通过互相转化，就生成了另外一种新的事物。这与现代物理学关于粒子生成的研究结果是一致的（一切粒子都是在统一场经对称破缺而产生的）。我们常说的“坏事变好事，好事变坏事”，实际上就是对《周易》对立面转化思想的通俗理解。

二是物极必反思想，这是《周易》变易思维的又一重要内涵。《周易·系辞下》曰：“《易》，穷则变，变则通，通则久。”[③]所谓“穷”，就是阴或者阳达到了极点，再也不能继续了，从而不得不发生变易，也就是阴极生阳，阳极生阴。这是《易》理，也是自然和社会之理。

---

① 任继愈译著：《老子新译》，上海古籍出版社 1985 年版，第 152 页。

② 徐子宏译注：《周易全译》，贵州人民出版社 1991 年版，第 354 页。

③ 徐子宏译注：《周易全译》，贵州人民出版社 1991 年版，第 374 页。

就自然气候变化而言，所谓“阳极生阴”，“夏至”节是也；所谓“阴极生阳”，“冬至”节是也。就人生而言，所谓“阳极生阴”，乐极生悲是也；而所谓“阴极生阳”，“柳暗花明又一村”是也。中国历史上的许多农民起义，也都是由于社会黑暗到了极点即物极必反而爆发的。《周易》的卦象及卦爻辞中对这一点有着明确的阐释。如 64 卦的首卦《乾》卦，以龙的不同状态喻事物发展的几个阶段，在历述了“潜龙”“见龙”“跃龙”“飞龙”之后，在上九爻的爻辞中便明确提出：“亢龙，有悔。”[①] 亢，极也。《象》传对此解释道：“亢龙有悔，盈不可久也。”[②] 意思是说，龙到了最高处便会孤立无援，而事物达到了极限，其盈满也是不可持久的。民间常说的“没有不散的宴席”，就是这个意思。今天，我们无论从政还是办企业，也都要懂得这个道理，注意不要把话说满，不要把事情做绝，不要欺人太甚，否则便会招致物极必反的后果。当然，如把握了物极必反的要义，也可以从正面加以利用，如秦末巨鹿之战中，项羽的破釜沉舟便是成功的一例。

三是《周易》的变易思想还特别注重变易的发展趋势，即事物究竟是往好里变还是往坏里变。《周易》在演进的过程中，当“本卦”出现之后，一般还要再求“之卦”，就是要看由本卦到之卦间的发展趋势。例如《左传・襄公二十五年》所记崔杼娶棠姜事，就是先占出本卦《困》，旋即又推出之卦《大过》的。[③] 如按本卦，卦象是吉利的（即所谓“中男娶少女”）；如按之卦，则卦象又是不吉利的（即所谓“风陨妻”）。这种着眼发展趋势的变易思想是非常高明的，是符合从发展看问题的辩证思想的。当年诸葛亮选刘备为老板，就是从发展的眼光来看问题。当时的刘备虽然势单力孤，居无定所，但诸葛亮已看出刘备事业发展的勃勃生机，从而果断地加入到其集团中，既促成了

---

① 徐子宏译注：《周易全译》，贵州人民出版社 1991 年版，第 7 页。

② 徐子宏译注：《周易全译》，贵州人民出版社 1991 年版，第 7 页。

③ 参见杨伯峻编著：《春秋左传注》，中华书局 1981 年版，第 1096 页。

“三分”格局的形成，又使自己的人生理想得以实现。倘非如此，则无论选择曹操还是孙权，都只能在既成事实的基础上做些局部的修整工作，而很难有开创性的事业了。今天我们无论办企业还是研发新的项目，也要注意其发展生机，切不可盲目追风，一哄而起。

三、相反相成意识

《周易》太极图本身就是阴阳相反相成的象征。孔子说：“圣人立像以尽意，设卦以尽情伪。”[①] 太极图所尽之“意”虽是多方面的，但相反相成之“意”是包含其中的。再看八卦中的阳卦与阴卦，阳卦中的《震》《坎》《艮》皆两阴爻、一阳爻，而阴卦中的《巽》《离》《兑》则两阳爻、一阴爻，这种“阳卦多阴、阴卦多阳”[②] 的现象，更是阴阳相反相成的体现。故孔子说：“乾，阳物也。坤，阴物也。阴阳合德，而刚柔有体。”[③] 阴柔与阳刚虽各有其特性，但却是可以互相配合、相反相成的。

《周易》的这种相反相成意识对中国文化的影响是十分深远的。老子的“无为而无不为”[④]，就是将“无为”与“无不为”这相反的两者结合得最高妙的一种境界。从“君人南面之术”的层面而言，所谓“无为”，就是要让君无为而臣有为，用今天的话来说就是做主要领导的、做一把手的要无为，管的事越少越好，大量的事情要让你的部下去做，让底下的部门去做。主要领导高高在上，引而不发，含而不露，部下便不知道你有多大本事，不知道你葫芦里卖的是什么药，从而人人谨小慎微，兢兢业业，都把自己分工的事情办好了。这样看起来一把手

① 徐子宏译注：《周易全译》，贵州人民出版社 1991 年版，第 369 页。
② 徐子宏译注：《周易全译》，贵州人民出版社 1991 年版，第 376 页。
③ 徐子宏译注：《周易全译》，贵州人民出版社 1991 年版，第 383 页。
④ 任继愈译著：《老子新译》，上海古籍出版社 1985 年版，第 163 页。

无为，实际上各项工作都做好了，这就叫“无为而无不为”，也就是“大智若愚”“大言不辩”。假如主要领导事必躬亲，样样都管，一个人的精力和知识面毕竟有限，到头来势必会暴露出你的弱点，而部下便有机可乘，不会那样敬业了，主劳而臣逸，全局的工作反而会做不好。

相反相成还是一种十分高明的经营策略。企业经营免不了要竞争，但如何竞争，则不外有两种方式：一是相辅相成，即借助一定外力的帮助以取得成功；二是相反相成，即以不争的姿态出现，从而达到争胜的目的。这就是说，对于某一竞争的目标，不要像别人一样蜂拥而上，争先恐后，而是静观其变，等待时机，待到别人争得精疲力竭甚至两败俱伤的时候，便可一无阻碍地奔向目标，而此时目标便非你莫属了。假如一开始即做出争的姿态，反倒会引起别人的注意而加以提防，不易出奇制胜。

动与静的道理也是同样，动静两者的关系即是相反相成。作为一个领导或是企业家，首先要心静，要“每临大事有静气”。为什么呢？因为“静”既是一种不含任何杂念的精神境界，同时也是智慧和力量的源泉。只有“静”才能“致远”，只有静才能对万事万物有透彻的理解，也只有静才能够寓动。而一旦时机到来，便可以静求动，即所谓“静如处子，动如脱兔”。这就是动静相反相成的道理，也是诸葛亮“非宁静无以致远”的要义。诸葛亮之所以能成为中华民族的智星，与他对《周易》精神的这种体验是分不开的。

至于相反相成手法在文学艺术领域的运用，那更能增加作品的艺术魅力。一般我们在电影或电视剧中看到的是，如人物心情悲伤，周围的景物便会乌云翻滚或阴风怒号；如人物兴高采烈，则周围的景物又变成蓝天白云或红花绿树了。这种以乐景写乐、哀景写哀的手法就叫作相辅相成。但高明的艺术家往往不这样处理。《诗经》中有一首诗叫《采薇》，说的是戍卒到边境去服役和打仗的事，其末章有四句，被晋人谢玄认为是《诗经》中最好的句子：“昔我往矣，杨柳依依；今我来思，雨雪霏霏。”[1]出发时人的心情痛苦，但所配的景色却是“杨柳依依”；年底回家了，心情高兴了，而所配的景色又是“雨雪霏霏”。这就叫作相反相成。它的好处正如清人王夫之所说：“以乐景写哀，以哀景写乐，一倍增其哀乐。”[2]还有《红楼梦》中写到黛玉之死，也是用宝玉结婚的热闹场面来陪衬的。宝玉的婚礼越热闹，而黛玉的死便显得越凄凉。这种相反相成的手法对读者心灵上所造成的震撼，远非相辅相成手法可比。

四、和谐意识

太极图由阴阳两部分组成，它们和谐地处在一个共同体中，这本身就是对《周易》和谐思想最直观而又最深刻的昭示。而细绎其义，《周易》之和谐意识又似有三重含义：

一是对立面的和谐相处。《周易》将一切自然现象和社会现象统统归结为阴阳这一对范畴，而在属性上对立的阴阳又能和谐地处在一起，这就告诉我们，自然界和人世间所有对立的双方都是可以和谐相处的。大到人与自然，小到不同的人之间以及人的自我身心之间，都是可以求得和谐的。儒家和道家所讲求的“天人合一”、人与自然和谐观，都是源自《周易》的和谐意识，只不过儒家是由人文而及天道，道家是由天道以及人文而已。中国外交政策的和平共处原则，应该说也是深受传统文化尤其是《周易》和谐意识的影响的。今天我们要保持生态平衡，要建立和谐社会，更是可以借鉴和发扬《周易》的这种文化精神。

二是对立双方的互补。西方文化往往强调对立双方的矛盾与冲突，

---

① 刘义庆撰，徐震堮著：《世说新语校笺》，中华书局 1984 年版，第 128 页。

② 王夫之：《姜斋诗话笺注》，人民文学出版社 1981 年版，第 10 页。

而中国的《周易》文化则更注重对立面的互补。大千世界可以分为阴阳，而某一具体事物本身也都有阴阳（如人体的背部为阳，腹部为阴；树叶的正面为阳，反面为阴）。因此，没有阴，阳是不能单独存在的；反之，没有阳，阴也不能单独存在。这正如从太极图中去掉阴或去掉阳的部分之后，太极图也就不复存在了一样。孔子所强调的“己欲立而立人，己欲达而达人”[①]，与《周易》的对立互补思想应是一脉相承的。在国外，丹麦的玻尔学派也是建立在对立面互补理论基础上的，量子力学的创始人玻尔将太极图作为其爵士徽章就说明了这一点。

三是对立的双方不但能和谐相处与互补，而且是你中有我，我中有你，彼此内部都有对方的潜在因素。我们看太极图中，阴的部分中有阳的存在，阳的部分中也有阴的存在，就是这个道理。这就告诉我们，和谐的事物内部，也寓有不和谐的因素，而一旦条件成熟，彼此内部那些蓄势待发的潜在因素便会上升为主导因素，从而造成原有和谐的破裂，并导致新的和谐局面的出现。这种动态的和谐观更是《周易》文化精神的亮点。后世儒家的“中庸之道”就是受此启发而提出的。[②]今天我们做企业领导人的尤其要注意这一点，不要以为自己的企业只有优势而没有劣势，只有成绩而没有缺点；也不要以为自己的班底是纯而又纯，自己的内部不会生变，那是不符合你中有我、我中有你的《周易》精神的。

五、自强不息与厚德载物

“自强不息”与“厚德载物”是《周易》的核心精神，同时也是中

---

① 杨伯峻译注：《论语译注》，中华书局 1980 年版，第 65 页。

② 详见拙文《中庸之道及其当代价值》，《天水师范学院学报》2008 年第 6 期。

华民族精神的集中体现。中华民族之所以能长久延续，正是以此种精神为其思想基础。

《易传·象辞》在解释《乾》卦时说："天行健，君子以自强不息。"[①]意思是说，天道刚健，运行不已，人们观此卦象，从而以天为法，也要自强不息。应该说，《周易》的这种自强不息精神是基于两方面的因素：一是法乎日月天体的不停运行，古人认为这是天的刚健性格，而人也应该以天为法，在其一生中不断进取，从而让生命之树常青，让自己的事业不断发展。《大学》所谓"苟日新，日日新，又日新"[②]，就是直接继承了《周易》的这一思想。二是基于作《易》者的忧患意识。《系辞下》曰："作《易》者，其有忧患乎？"[③]孔颖达《正义》对此解释说："若无忧患，何思何虑？不须营作。今既作《易》，故知有忧患也。"[④]作《易》者忧患什么呢？不外三个方面：即忧患宇宙之无穷、人生之有限，故君子应当充分利用人生，奋发有为；忧患时局之多艰、环境之不适，故人应该参与到变革现实的活动当中；忧患人类对大自然的认识永无止境，故人应当不断进行探索，即司马迁所说的"究天人之际"。而无论法天也好，忧患也好，都是要让人保持一种昂扬奋进的精神状态。换言之，就是要充盈着阳刚之气。

《易传·象辞》在解释《坤》卦时又说："地势坤，君子以厚德载物。"[⑤]意思是说，大地的形势深厚广大，人们观此卦象，也应该懂得取法于地，以深厚的德行来承载万事万物。显然，这是基于古人对大地特性的观察与认识。大地胸怀博大，能承载万物，无所不容；而人也

---

① 徐子宏译注：《周易全译》，贵州人民出版社 1991 年版，第 3 页。

② 朱熹：《四书章句集注·大学章句》，中华书局 1983 年版，第 5 页。

③ 徐子宏译注：《周易全译》，贵州人民出版社 1991 年版，第 384—385 页；王弼注：《周易正义》，孔颖达疏，李申、卢光明整理，吕绍纲审定，北京大学出版社 1999 年版，第 312 页。

④ 王弼注：《周易正义》，孔颖达疏，李申、卢光明整理，吕绍纲审定，北京大学出版社 1999 年版，第 313 页。

⑤ 徐子宏译注：《周易全译》，贵州人民出版社 1991 年版，第 18 页。

应当效法大地，虚怀若谷，雍容大度，善于容人容事，善于吸纳他人之长。进一步说，一个国家、一个民族，也应当具有这种兼容性，也要注意吸收其他国家、其他民族先进的东西，从而使本民族永葆无穷的活力。中华民族之所以能自立于世界民族之林，即与不断吸纳外来文化，不断与时俱进是分不开的。

而尤为可贵的是，《周易》不但讲"自强不息"与"厚德载物"，更重视自强不息与厚德载物的统一。作为阳刚之气的自强不息与作为阴柔之气的厚德载物，既是对立互补的，也是相反相成的，更是阴阳的和谐统一。太极图的"立像以尽意"，已把这几重意思都包孕其中了。这就告诉我们，对一个民族来说，既要创新又要兼容，只有将这两者结合起来，才能持久地延续。对一个具体人来说，也要学会刚柔兼济、动静适宜，既奋发图强、勇攀高峰，又虚心待人、博采众家之长。而对一个家庭来说，男人除具阳刚之气外，也应有温和的一面；女子除阴柔外，还要有一点自强意识。这就是太极图所示意的阳中有阴、阴中有阳。这样做了，两者同处在一个统一体中，家庭便会高度和谐。

以上是对《周易》文化精神的几点阐释，当然很不全面。但我相信，只要能把握住这几点精神，就已初步领略了中国传统文化的要义，也开启了通向中华智慧的大门。

2009 年 6 月

从《周易·家人》看中国早期的家规与家风

家庭是社会的细胞，同时也是人们栖息、生存和繁衍的基本处所。而一个家庭的家规与家风，既关乎个人生活，又影响到整个社会的安定与和谐，故古往今来的人们一直都注重于良好家规、家风的形成。在中国历史上，有些著名家族的家规与家风甚至可以从先秦一直延续至近代。家庭有种种，家规与家风也不尽相同。而《周易》的《家人》卦便向我们展示了中国早期家庭的一种有代表性的家规与家风，从而为我们研究家风之形成与演变提供了一个范例，对今天的家规、家风建设也具有一定的借鉴意义。

我们不妨先将《家人》卦的卦画及卦、爻辞逐录于下：

> ䷤家人，利女贞。
> 初九：闲有家，悔亡。
> 六二：无攸遂，在中馈，贞吉。
> 九三：家人嗃嗃，悔，厉，吉。妇子嘻嘻，终吝。
> 六四：富家，大吉。
> 九五：王假有家，勿恤，吉。
> 上九：有孚威如，终吉。[①]

---

① 徐子宏译注：《周易全译》，贵州人民出版社 1991 年版，第 198—202 页。

透过《家人》的卦象及卦、爻辞可以发现，中国早期家庭的家规与家风至少包含以下几方面的内容：

一曰男外女内。从卦象看，《家人》卦是由内卦离与外卦巽所组成，六二居内卦之中，以阴爻而居阴位，可谓当位而正；九五居外卦之中，以阳爻而居阳位，亦是当位而正。故《彖》传释此卦曰："《家人》，女正位乎内，男正位乎外。男女正，天地之大义也。"[①] 意思是说，女子在家庭之内是正位，男子在家庭之外是正位，而男女都摆正了位置，便是天经地义了。显然，这正是对中国古代男主外、女主内家庭模式的生动描绘。

《周易》时代，母权制虽已被推翻，"女性的具有世界历史意义的失败"[②] 也已成为定局，但女性在家庭中却还保持着一定的地位。其时，负有获得生活来源之责的丈夫与负责经营家务的妻子，虽有内外分工的不同，但对于一个家庭来说，却是同样重要的。而这种继女性主宰一切之后所出现的男女分工，对于幸福家庭的建立乃至社会的稳定和发展，更具有十分积极的意义。再后，男外女内的家庭分工模式又演化为男耕女织的自给自足的家庭结构，从而成为中国几千年封建社会超常稳定的基石。而男外女内也便成了中国传统家庭的一种重要家规和家风。今天，仍有人在倡导女性回到家中，但已算不上什么创新，仅是对《周易》时代家庭分工的回归罢了。

还要指出的是，《周易》时代的家庭虽有男女分工之不同，但日常主持家务的却还是女性，而主妇的是否称职更直接关系到家庭成员的幸福指数。故《家人》作为讲家庭问题的专卦，其卦辞即云"利女贞"，意思是说利于妇女的贞问（或释为利于女子守正道，亦可通）。而主妇如何才能称职呢？接下来的初九与六二两爻便进一步加以申述。

---

① 徐子宏译注：《周易全译》，贵州人民出版社 1991 年版，第 198 页。

② 恩格斯：《家庭、私有制和国家的起源》，《马克思恩格斯选集》第 4 卷，人民出版社 1972 年版，第 52 页。

初九爻辞云：“闲有家，悔亡。”句中的“闲”字，或释为闲暇，或释为防闲，然细绎文义，“闲”字实有“习”义，即后世之“娴”字，闲习家事之义。“有”，于。“悔亡”，即无悔。爻辞的意思是说，主妇如能娴熟家务，便无可悔之事。旧时女子出嫁之前，母亲常先教以家务之事，其目的便是要让她们一旦为人之妇，便能娴习家事。而后世之所谓“七出”，虽被封建礼教作为丈夫遗弃妻子的七种借口，然溯其来源，最早亦当与妻子的不习家务有关。

六二爻辞又云：“无攸遂，在中馈，贞吉。”“遂”，借为坠，失也。“中馈”，家中饮食之事，代指妇女家务。意思是说，妇女在家中操办饮食，料理家务，没有失职，这是吉利的征兆，亦即幸福家庭的气象。此承初九爻而言之。主妇既然能娴习家务，自然不会失职。不过，作为阴爻而居阴位，六二爻也还有另外一重含义，那就是《象》传所说的：“六二之吉，顺以巽也。”[①]“巽”，谦逊。意思是说，六二居九三之下，象征妇人对丈夫顺从而又谦逊。此即后世所说的“夫妇顺”之义。阳刚阴柔，夫妇和顺，这对一个家庭来说，自然是吉利和幸福的。而这样的家规与家风在中国被保持了数千年之久，当不是没有道理的。

二曰忧患意识。这是自家庭成员的精神状态而言。九三爻辞云：“家人嗃嗃，悔，厉，吉。妇子嘻嘻，终吝。”“嗃嗃”，通嗷嗷。《说文解字》：“嗷，众口愁也。”[②]“嘻嘻”，骄佚嘻笑之状。此爻列举了两类不同的家庭精神风貌：前者是贫困之家，众口嗷嗷待哺，哀号愁叹，但他们的日子虽暂时过得艰苦，却由于随时都保持着忧患意识，最终可脱贫致富，由艰难而转为吉利。后者是富贵之家，骄奢淫逸，妻室儿女只知道嬉笑作乐，到头来反倒会生计艰难。为什么会有这样两种截

① 徐子宏译注：《周易全译》，贵州人民出版社 1991 年版，第 200 页。
② 许慎：《说文解字》，中华书局 1963 年版，第 34 页上栏。

然不同的结局呢？《象》传解说道："家人嗃嗃，未失也；妇子嘻嘻，失家节也。"[①]意思是说，贫困之家虽日子过得艰苦，但没有丧失优良家风；而富贵之家虽一时富有，然其家庭成员忘乎所以，嘻嘻作乐，已丧失了家节。"家节"即家风。后世之所谓"家风""家教"，实滥觞于此。而《周易》时代的人们又崇尚什么样的家风呢？联系本爻所列举的第一种情况来看，当为随时都能保持忧患意识的家风。

所谓"忧患意识"，既是一种精神状态，更是一种前瞻性思维，即通常所说的"居安思危"。最早的忧患意识当源于《周易》。《系辞下》曰："作《易》者，其有忧患乎？"[②]孔颖达《周易正义》对此解释说："若无忧患，何思何虑？不须营作。今既作《易》，故知有忧患也。"[③]而作《易》者忧患什么呢？不外三个方面：即忧患宇宙之无穷、人生之有限，忧患时局之多艰、环境之不适，忧患人类对大自然的认识即"究天人之际"永无止境。这种忧患意识后来亦被推及社会及家庭。《家人》九三便是最早讲家庭忧患的。到了孟子，又将忧患意识推及人生，即所谓"生于忧患而死于安乐"[④]。然无论人生还是家族，由俭入奢易，而由奢入俭难，故孟子遂发出了"君子之泽五世而斩"[⑤]的感叹。这实在是很值得当今的"官二代"或"富二代"们深思的。

三曰和谐是福。《家人》卦在历述了男女正位、主妇称职并强调了家庭成员应保持良好的精神状态之后，于六四爻遂下断语曰："富家，大吉。"这是对前几爻的总结。"富"，借为福。《诗经·大雅·召旻》

① 徐子宏译注：《周易全译》，贵州人民出版社 1991 年版，第 200 页。

② 徐子宏译注：《周易全译》，贵州人民出版社 1991 年版，第 384—385 页；王弼注：《周易正义》，孔颖达疏，李申、卢光明整理，吕绍纲审定，北京大学出版社 1999 年版，第 312 页。

③ 王弼注：《周易正义》，孔颖达疏，李申、卢光明整理，吕绍纲审定，北京大学出版社 1999 年版，第 313 页。

④ 杨伯峻译注：《孟子译注》，中华书局 1960 年版，第 298 页。

⑤ 杨伯峻译注：《孟子译注》，中华书局 1960 年版，第 193 页。

"维昔之富不如时",《郑笺》"富,福也"[①]可证。故所谓"富家",即幸福之家。此爻的意思是说,具备了上述条件的家庭便是福家,亦即幸福之家了。

此义自卦象亦可以明之。前已言之,《家人》卦是由内卦离与外卦巽所组成,而巽为风,离为火,内火外风,风助火势,相辅相成,象征日子过得红红火火。这样的家庭当然是幸福的。

这里值得注意的是,所谓"内火外风",既指主内的妻子与主外的丈夫的相互配合与协调;同时,又指家庭本身与外部环境的和谐一致,共生共荣。人是一切社会关系的总和,家庭是构成社会的最基本的单位。家庭的幸福与否,实与社会环境密切相关。《周易》的作者已经认识到,要建设幸福的家庭,除了家庭本身的努力外,还应得到外力的相助,即社会大环境的促成。只有家庭内外和谐,"内火外风",才能使日子越过越红火。这一点,在改革开放后的今天更得到了证实。

四曰敬祖善奴。在中国早期的家庭观念中,祖先与奴仆也属于家庭成员。这就是《家人》卦中为何还要提及祖先与俘虏的原因。

《家人》九五曰:"王假有家,勿恤,吉。"这里的"王",据郭沫若说其"职掌是管家政和祭祀的"[②]。"家"指家庙,祭祀祖先的场所。"假",格,到。"有",于。爻辞的意思是说,王到家庙中祭祀祖先,祖先会给全家带来幸福,无须忧虑,是吉利的。在古人的观念中,家庭是由祖先留下来的,故祖先与家庭密不可分,即使是去世的祖先也仍为家庭之一员。古代关于"尸"的设立,便是基于这样的观念。《仪礼·士虞礼》"祝迎尸",郑玄注:"尸,主也。孝子之祭,不见亲之形

① 毛亨传:《毛诗正义》,郑玄笺,孔颖达疏,龚抗云、李传书等整理,刘家和审定,北京大学出版社 1999 年版,第 1268 页。

② 郭沫若:《中国古代社会研究》,人民出版社 1954 年版,第 38 页。

象，心无所系，立尸而主意焉。”[①] 又，《礼记·曾子问》：“祭成丧者必有尸。尸必以孙，孙幼则使人抱之。”[②] 古代常以死者之孙为“尸”，以象征其神灵，并代其受祭。可见，在古人的心目中，死去的祖先是通过“尸”以与生者交流，并继续作为家庭成员的。后世之“尸”虽为神主、画像所代替，然由此所开启的尊祖敬宗、慎终追远的孝道却一直延续下来，并成为中国孝文化的源头。

《家人》上九又曰：“有孚威如，终吉。”“孚”，俘虏，与《萃》初六的“有孚不终”之“孚”同义。“威如”，愤怒反抗貌。这是说，抓到的俘虏，开始还在反抗，后来便顺服了，最终的结果是吉利。《周易》时代的家庭奴隶主要源自俘虏，俘虏一经归顺，便为奴隶，并随即成为家庭的一员。这在其他国家，也有类似的情况。正如恩格斯在《家庭、私有制和国家的起源》中所说，家庭这个词“在罗马人那里，它起初甚至不是指夫妻及其子女，而只是指奴隶”[③]。马克思也指出：“现代家庭在萌芽时，不仅包含着奴隶制，而且也包含着农奴制，因为它从一开始就是同田间耕作的劳役有关的。”[④] 奴隶既要做家务，又要从事田间劳作，这与后世大户人家的长工颇相类似。而如何善待奴隶，并使其由对抗而转“吉”，也就成为家规与家教的一项重要内容了。

总之，《周易·家人》卦的卦、爻辞虽只有寥寥 48 字，但却为我们勾勒出了一幅中国早期家庭的蓝图。这对于我们深入研究中国家庭的起源、演变以及家规、家风的建立与完善，应是具有重要意义的。

---

① 《仪礼注疏》，郑玄注，贾公彦疏，彭林整理，王文锦审定，北京大学出版社 1999 年版，第 803 页。

② 《礼记》，陈澔注，上海古籍出版社 1987 年版，第 110 页。

③ 恩格斯：《家庭、私有制和国家的起源》，《马克思恩格斯选集》第 4 卷，人民出版社 1972 年版，第 53 页。

④ 恩格斯：《家庭、私有制和国家的起源》，《马克思恩格斯选集》第 4 卷，人民出版社 1972 年版，第 53 页。

至于《周易》时代的家规与家风，有些要素虽已过时，但有些则直到今天仍有其参考价值。例如，必要的家庭分工，充分发挥妇女在持家方面的作用，以及孝文化的延续与忧患意识的保持等，倘要建立现代的幸福家庭，都是不能忽视的。

2014 年 5 月

《诗经·小雅》与《周易》卦爻辞之比较

《诗经·小雅》与《周易》卦爻辞之间有相异也有相似，对此进行比较，无疑将有助于《诗》《易》的深入研究。鉴于人们对两者之间的相异已经注意较多，本文只打算谈谈它们的相似之处，并由此而对《易经》的制作年代等问题提一点自己的看法。

一

《小雅》和卦爻辞之间的相似之处，从思想内容上来说，主要表现为强烈的忧患意识。

《三百篇》中，反映忧患意识最多、最充分的要数《小雅》了。像《小雅》中的《节南山之什》《谷风之什》《甫田之作》等组诗，可以说几乎无处不流露出一种沉郁悲愤的忧患意识。《周易·系辞下》亦云："作《易》者，其有忧患乎？"[①] 孔颖达《周易正义》解释说："若无忧患，何思何虑？不须营作。今既作《易》，故知有忧患也。"[②] 这是符合

---

① 徐子宏译注：《周易全译》，贵州人民出版社 1991 年版，第 384—385 页；王弼注：《周易正义》，孔颖达疏，李申、卢光明整理，吕绍纲审定，北京大学出版社 1999 年版，第 312 页。

② 王弼注：《周易正义》，孔颖达疏，李申、卢光明整理，吕绍纲审定，北京大学出版社 1999 年版，第 313 页。

实际情况的。64卦中，不仅《需》《遁》《睽》《蹇》《损》《困》等卦中充满着忧患，就在其他一些表现幸运和得志的卦中，也不同程度地夹杂着忧患意识。而有意思的是，《小雅》和卦爻辞所表现的忧患内容及其所使用的词句也是十分相近的。

先看对于天道的忧患：

昊天不佣，降此鞠讻。
昊天不惠，降此大戾。

——《节南山》

浩浩昊天，不骏其德。
降丧饥馑，斩伐四国，

——《雨无正》

旻天疾威，敷于下土。

——《小旻》

悠悠昊天，曰父母且。
无罪无辜，乱如此怃。
昊天已威，予慎无罪。
昊天泰怃，予慎无辜。

——《巧言》[①]

《小雅》作者对于“昊天”，或斥责，或讥讽，或怨忧，或担心，表现出一种极大的不满情绪。再来对照卦爻辞。卦爻辞中“天”字共出现五次，除《大有》九三“公用享于天子”之“天子”指周王，《睽》六三“其人天且劓”之“天”应解作“颠”外，其余三处为：

① 朱熹集注：《诗集传》，赵长征点校，中华书局2011年版，第169、176、181、187页。

不明，晦。初登于天，后入于地。

——《明夷》上六

以杞包瓜，含章，有殒自天。

——《姤》九五

翰音登于天，贞凶。

——《中孚》上九①

这三处的“天”，无论说太阳升天也好，匏瓜自天而落也好，鸡（翰音）飞上天也好，皆是指自然的、无意志的“天”，这一点与前引《小雅》句中之有意志的“天”有所不同；但如仔细体味，其中也隐含着古人的某种忧患心理。古人喜欢光明而惧怕黑暗，而《明夷》之卦象即为上坤下离，是日没入地中之象，故古人于太阳升天则乐，太阳入地则忧。匏瓜（包瓜）为古代婚姻合卺之礼所用，匏瓜“陨自天”，犹言天上掉下个媳妇来，这显然是不现实的，故只会徒增悲戚而已。至于鸡飞上天，与狗窜鸱鸣一样，更是一种令人担忧的不吉之兆了。

其实，卦爻辞中对天道的忧患，更主要的还表现为对一些天体变化及自然现象的忧惧，诸如日食、雷电，火灾等，这是对于“天”的更为具体的感触。如：

日昃之离，不鼓缶而歌，则大耋之嗟。

——《离》九三

丰其蔀。日中见斗。往得疑疾。有孚发若。

——《丰》六二②

① 徐子宏译注:《周易全译》，贵州人民出版社1991年版，第197、240、333页。

② 徐子宏译注:《周易全译》，贵州人民出版社1991年版，第164、299页。

这两条爻辞所表现的都是对于日食的恐惧。前一条所言为日偏食，后一条所言为日全食。《春秋》庄公二十五年、三十年及文公十五年都说："日有食之，鼓、用牲于社。"[①]故日食出现，"不鼓缶而歌"便会有灾难降临，令人不安。而日食发生时，只见星斗，不见太阳，连走路的人都被吓呆，亦即所谓"往得疑（痴）疾"，这又是多么令人惊骇的景象呀！再如：

> 震索索，视矍矍，征凶。震不于其躬，于其邻。无咎，婚媾有言。
>
> ——《震》上六
>
> 突如其来如，焚如，死如，弃如。
>
> ——《离》九四[②]

前一条爻辞讲打雷时人们小心谨慎的样子，后一条爻辞讲突然发生的一场大火给人们带来的灾难，都令人战战兢兢，忧心忡忡。对自然现象的惊惧实质上也反映了人们对天道的忧患，这一点，卦爻辞的作者与《小雅》作者的心理是一致的。

再看对朝政的忧患。《小雅》中的作品大部分产生于西周中期以后，尤其是厉、宣、幽三代。其时周室衰微，朝政日非，内忧外患交迫，正义之士对于国家的现状及其未来无不心怀忧虑：

> 赫赫师尹，民具尔瞻。
> 忧心如惔，不敢戏谈。
> 国既卒斩，何用不监。

---

① 杨伯峻编著：《春秋左传注》，中华书局1981年版，第231、246、608页。

② 徐子宏译注：《周易全译》，贵州人民出版社1991年版，第279、165页。

……

忧心如酲，谁秉国成？

不自为政，卒劳百姓。

——《节南山》[①]

诗人对“秉国成”之太师尹氏的误国殃民进行了强烈的谴责，并对国家的前途忧心如焚。而当时朝政的情况又是怎样的呢？《青蝇》说“谗人罔极，交乱四国”[②]，《北山》说“大夫不均，我从事独贤”[③]，《正月》说“忧心惨惨，念国之为虐”[④]，《十月之交》说“四国无政，不用其良……无罪无辜，谗口嚣嚣”[⑤]。而对于朝臣的劳逸不均，苦乐不匀，《北山》更有着形象的描述：

或燕燕居息，或尽瘁事国。

或息偃在床，或不已于行。

或不知叫号，或惨惨劬劳。

或栖迟偃仰，或王事鞅掌。

或湛乐饮酒，或惨惨畏咎。

或出入风议，或靡事不为。[⑥]

这样毫无秩序的朝政怎能不令人担忧呢？类似的忧患，卦爻辞中也可以见到。《讼》初六说：

---

① 朱熹注：《诗集传》，赵长征点校，中华书局 2011 年版，第 167—169 页。

② 朱熹注：《诗集传》，赵长征点校，中华书局 2011 年版，第 216 页。

③ 朱熹注：《诗集传》，赵长征点校，中华书局 2011 年版，第 199 页。

④ 朱熹注：《诗集传》，赵长征点校，中华书局 2011 年版，第 173 页。

⑤ 朱熹注：《诗集传》，赵长征点校，中华书局 2011 年版，第 174—176 页。

⑥ 朱熹注：《诗集传》，赵长征点校，中华书局 2011 年版，第 200 页。

不永所事，小有言，终吉。[①]

这是说人们都不安心生产，社会上已开始议论纷纷了。再如《履》六三：

眇能视，跛能履。履虎尾，咥人，凶。武人为于大君。[②]

独眼龙而看东西，跛子而走路，以致踩着了老虎尾巴而被咬，这就如同无治国之才能的武人却做了国君一样危险。这显然是令人提心吊胆的事。再如《讼》上九：

或锡之鞶带，终朝三褫之。[③]

国君无能，委任官职也是混乱不堪，变化无常，以致一天之内三赐三夺。由于君臣昏乱，朝政不修，整个国家就像系在一根柔弱的苞草或桑枝上一样危险，所以卦爻辞的作者不得不痛心疾首地喊出："其亡，其亡，系于苞桑。"（《否》九五）[④]而面对朝政的现状，贵族们不是"赍咨涕洟"（《萃》上六）[⑤]，就是赶快隐遁起来，《遁》卦所表现的就是贵族的隐遁思想。《蛊》上九则索性提出了"不事王侯，高尚其事"[⑥]的口号。可见当时的人们对朝政已完全丧失了信心。

《小雅》和卦爻辞的忧患意识，还表现为对人生前途未卜、祸福无常、动辄得咎的隐痛和担忧。

---

① 徐子宏译注：《周易全译》，贵州人民出版社 1991 年版，第 43 页。

② 徐子宏译注：《周易全译》，贵州人民出版社 1991 年版，第 63 页。

③ 徐子宏译注：《周易全译》，贵州人民出版社 1991 年版，第 45 页。

④ 徐子宏译注：《周易全译》，贵州人民出版社 1991 年版，第 75 页。

⑤ 徐子宏译注：《周易全译》，贵州人民出版社 1991 年版，第 246 页。

⑥ 徐子宏译注：《周易全译》，贵州人民出版社 1991 年版，第 106 页。

《小弁》的作者曾反复喊出“心之忧矣，云如之何”“我心忧伤，惄焉如擣”“假寐永叹，维忧用老”“心之忧矣，疢如疾首”“心之忧矣，不遑假寐”“心之忧矣，宁莫之知”“心之忧矣，涕既陨之”[①]，一篇之中，“忧”字出现七次，可见其忧患之深。再如《正月》的首章：

正月繁霜，我心忧伤。
民之讹言，亦孔之将。
念我独兮，忧心京京。
哀我小心，癙忧以痒。[②]

诗人内心感到孤独、忧郁、悲伤，如病缠身，而这种忧伤又无法为外人道，因为偷听的耳朵随时都可能贴在墙上：“君子无易由言，耳属于垣。”[③]诗人只觉得天地间像是一个大的罗网，而人心更是险恶难测：

谓天盖高，不敢不局。
谓地盖厚，不敢不蹐。
维号斯言，有伦有脊。
哀今之人，胡为虺蜴！

——《正月》[④]

不得已，人们只好“战战兢兢，如临深渊，如履薄冰”[⑤]般过着提心吊胆的日子。

卦爻辞中也能令人体会到人生的不幸。《剥》上九所反映的是农民

---

① 朱熹注:《诗集传》，赵长征点校，中华书局2011年版，第184—186页。
② 朱熹注:《诗集传》，赵长征点校，中华书局2011年版，第170页。
③ 朱熹注:《诗集传·小弁》，赵长征点校，中华书局2011年版，第186页。
④ 朱熹注:《诗集传》，赵长征点校，中华书局2011年版，第171—172页。
⑤ 朱熹注:《诗集传·小旻》，赵长征点校，中华书局2011年版，第182页。

受贵族剥削的情况：

硕果不食，君子得舆，小人剥庐。[①]

劳动者不能享受自己的劳动果实，却被征调去为贵族造车子，并离开了自己的草房（即所谓“剥庐”）。《蹇》六二所反映的是王臣处境的艰难：

王臣蹇蹇，匪躬之故。[②]

王臣处境非常困难，但并不是他咎由自取，而是周围环境所迫。更有甚者，人有时还要遭受刑罚，并被关进监狱，如《困》初六所描述的：

臀困于株木，入于幽谷，三岁不觌。[③]

“困于株木”即被棍子所打，“入于幽谷”即进监狱。挨了刑杖，再被关进监狱，三年都不见天日。这样的日子也委实令人忧伤。而受刑之后接踵而来的又常常是妻离子散：

困于石，据于蒺藜，入于其宫，不见其妻。

——《困》六三[④]

这里的“困于石”，有人说是被石头绊了一跤，实则“石”即“嘉石”。《周礼》大司寇之职，“以嘉石平罢民，凡万民之有罪过而未丽于

① 徐子宏译注：《周易全译》，贵州人民出版社 1991 年版，第 130 页。
② 徐子宏译注：《周易全译》，贵州人民出版社 1991 年版，第 211 页。
③ 徐子宏译注：《周易全译》，贵州人民出版社 1991 年版，第 253 页。
④ 徐子宏译注：《周易全译》，贵州人民出版社 1991 年版，第 255 页。

法而害于州里者，桎梏而坐诸嘉石，役诸司空”[①]。嘉石设于朝门左边当众之地。“困于石”即被绑在嘉石上示众。“蒺藜”亦指监狱。此人经示众、拘禁而被释放出来后，老婆早都跑了。

总之，无论是对天道、朝政还是人生，《小雅》和卦爻辞都表现出一种强烈的忧患意识。这种意识既来源于作者自身的深切体会，同时也有着强烈的时代色彩和社会责任感。这是未雨绸缪的先知者的感觉，也是历史、现实与理想三者在他们身上交互作用的结果。当然，从作品本身来看，《小雅》作者的忧患似乎更深切一些。

二

从思维特征上来看，由于《小雅》和卦爻辞都去古未远，所以都还保存有一定程度的原始思维痕迹。具体说，便是思维的具象性、跳跃性和神秘性。

先看具象性。《小雅》和卦爻辞所描绘的事物，许多都是人们所习见的自然景物，或与人的衣食住行相关的具体事物，诸如日月、云雨、山野、河水、幽谷、鸣泉、松竹、茅茹、苞桑、女萝、瓠瓜、薇蕨、梅杞、棠棣、黍稷、牛马、羊犬、鸣雁、黄鸟、鸳鸯、仓庚、狐兔、鲂鲊、家人、妇子、丘园、户庭、束帛、鼎爵、干肉、酒食等等。而其思维的方式，也明显带有形象思维的特点。先看卦爻辞：

> 龙战于野，其血玄黄。
>
> ——《坤》上六[②]

---

① 林尹注译：《周礼今注今译》，书目文献出版社 1985 年版，第 364 页。

② 徐子宏译注：《周易全译》，贵州人民出版社 1991 年版，第 21 页。

贲于丘园，束帛戋戋。

——《贲》六五

羝羊触藩，不能退，不能遂。

——《大壮》上六

小狐汔济，濡其尾。

——《未济》卦辞[①]

这些卦辞或爻辞，几乎都可以构成一幅幅鲜明生动的画面。这里有龙（神化的蛇）在田野中搏斗而血流遍野的壮观景象，也有求婚者来到装饰一新的女方家园献上一束布帛的欢快场面；有公羊撞击篱笆角被卡住后进退失据的难堪，也有小狐狸过河湿了尾巴的未能如愿。作者所要表达的意思，诸如贵族争斗、男就女婚、畜牧中遇到的困难以及事物的相互转化等，就是通过这样一些鲜明生动的画面表现出来的。这种借助形象思维来表达思想、感情的手法，《小雅》中更为常见：

鹤鸣于九皋，声闻于野。
鱼潜在渊，或在于渚。

——《鹤鸣》

秩秩斯干，幽幽南山。
如竹苞矣，如松茂矣。

——《斯干》

有豕白蹢，烝涉波矣。
月离于毕，俾滂沱矣。

——《渐渐之石》[②]

---

① 徐子宏译注：《周易全译》，贵州人民出版社1991年版，第125、186、344页。

② 朱熹注：《诗集传》，赵长征点校，中华书局2011年版，第159、164、230页。

牂羊坟首，三星在罶。

——《苕之华》[1]

鹤鸣鱼潜，是对贤者身隐而令誉远扬的写照；面山临水，竹苞松茂，是对周王营建宫室选地的颂扬；大雨滂沱，猪亦涉水而逝，则人民之被水灾而几为鱼鳖可知；母羊头大，罶中无鱼，动物尚饥，而人何以堪？凡此，皆不见抽象的论说，而仅借助形象表达出来。

其次是跳跃性。由于远古人们的思维尚不够缜密，其跨度比后人要大得多，所以思维就出现了"跳跃"。这在后人来说是很不习惯的，但在《小雅》和卦爻辞的时代，却属正常现象。如：

拔茅茹，以其汇，贞吉。

——《泰》初九

介于石，不终日，贞吉。

——《豫》六二

不出门庭，凶。

——《节》九二

月几望，马匹亡，无咎。

——《中孚》六四[2]

按照《周易》的说法，爻辞的前半部分为"象辞"，后半部分为"占辞"，而占辞即是根据象辞所得出的结论。但拿今天的逻辑推理来衡量，两者之间似乎还缺少一中间环节。换言之，象辞与占辞之间在思维上已出现了跨度。例如，《泰》初九说拔茅茹要按照它的种类来分

① 朱熹注：《诗集传》，赵长征点校，中华书局 2011 年版，第 231 页。

② 徐子宏译注：《周易全译》，贵州人民出版社 1991 年版，第 68、94、326、332 页。

辨，这样才吉利，其象辞与占辞之间便看不出有什么必然的联系。同样，夹在石缝中不到一天与“贞吉”(《豫》六二)、“不出门庭”与“凶”(《节》九二)、马匹在月亮正圆的时候奔驰与“无咎”(《中孚》六四)，如没有逻辑推理上的中间环节，都很难发生什么联系。

这种思维上的跨越性，在《小雅》中也有很明显的例子：

有杕之杜，其叶萋萋。
王事靡盬，我心伤悲。

——《杕杜》

菁菁者莪，在彼中阿。
既见君子，乐且有仪。

——《菁菁者莪》

蓼蓼者莪，匪莪伊蒿。
哀哀父母，生我劬劳。

——《蓼莪》

交交桑扈，有莺其羽。
君子乐胥，受天之祜。

——《桑扈》

鸳鸯于飞，毕之罗之。
君子万年，福禄宜之。

——《鸳鸯》

营营青蝇，止于樊。
岂弟君子，无信谗言。

——《青蝇》[①]

① 朱熹注:《诗集传》，赵长征点校，中华书局2011年版，第141、150、192、213、214、216页。

《杕杜》中棠梨的绿叶萋萋、生长茂盛与官差的没完没了实在看不出有什么联系。《菁菁者莪》与《蓼莪》开头，一写莪蒿，一写青蒿，两物本自相类，但却引出了不同的话题：一言君子之“乐且有仪”，一言父母生我之劬劳。《桑扈》与《鸳鸯》开篇，一写斑鸽之往来飞翔、羽翼鲜亮，一写鸳鸯之比翼齐飞而被网罗捕掩，而两者所要告诉人们的却是一致的意思，即“君子乐胥”和“君子万年”。至于《青蝇》中的青蝇之落于篱笆更无法令人联想到信不信谗言的问题。《小雅》在思维上的这种跨越性给后来的说《诗》者带来了极大的困惑，同时也留有了无限的余地。人们把类似于卦爻辞中象辞的部分称作“他物”，把类似于占辞的部分称作“所咏之辞”；而“先言他物以引起所咏之辞”即是所谓的“兴”。由今观之，无论“象”“占”也好，还是“兴”也好，皆应是古人跨越性思维的产物。

再次是思维的神秘性。由于《小雅》和卦爻辞在思维方面已将自然界和人类社会的若干不同质、不同态的事物联系在一起，又由于潜意识的大量介入，所以皆表现出相当的神秘性。这是人类思维尚不够缜密和明晰的神秘，也是对于事物的本质和相互间联系未能揭露的神秘。我们不妨将两者所具有的共同的“神秘”色彩放在一起进行比较：

包有鱼，无咎。

——《姤》九二

包无鱼，起凶。

——《姤》九四

贯鱼以宫人宠，无不利。

——《剥》六五[①]

---

① 徐子宏译注：《周易全译》，贵州人民出版社1991年版，第238、239、130页。

其钓维何？维鲂与鲔。
维鲂与鲔，薄言观者。

——《采绿》

牧人乃梦：众维鱼矣，旐维旟矣。
大人占之：众维鱼矣，实维丰年。

——《无羊》[①]

这是一组有关鱼的爻辞和歌词。显然，《小雅》和卦爻辞时代的人们对鱼都比较感兴趣。厨房有鱼就平安无事，无鱼则凶。宫人会因射中鱼而被宠幸，怨女会因相伴情人去钓鱼而喜悦，甚至连牧羊人做梦也会梦见许多的鱼。这种对于鱼的喜爱心理，无疑已带上了一定的神秘色彩。至其底蕴，则虽经闻一多等先生的不断探索（认为与爱情和生殖有关），也还很难说就已发覆。时至今日，“年年有鱼（余）”仍是许多农村都喜欢张贴的年画。还值得注意的是，《无羊》中“大人占之”的一段话，实际上已类于《易经》中的占辞，对于我们探讨《小雅》和卦爻辞在思维方式上的联系，具有十分重要的意义。

再看一组与爱情和婚姻有关的神秘词语：

以杞包瓜，含章，有陨自天。

——《姤》九五

舆说辐，夫妻反目。

——《小畜》九三

归妹以娣。跛能履。

——《归妹》初九[②]

---

① 朱熹注：《诗集传》，赵长征点校，中华书局2011年版，第226、167页。
② 徐子宏译注：《周易全译》，贵州人民出版社1991年版，第240、58、293页。

喓喓草虫，趯趯阜螽。
未见君子，忧心忡忡。
既见君子，我心则降。

——《出车》

皎皎白驹，食我场苗。
絷之维之，以永今朝。

——《白驹》

白华菅兮，白茅束兮。
之子之远，俾我独兮。

——《白华》[①]

《易经》的三条爻辞讲的是婚姻，《小雅》的三段歌词讲的是恋爱，两者都带有一定的神秘色彩。举行婚礼用的匏瓜突然从杞树上掉下来，这会不会预示着上天将给人一个好媳妇？而大车的两个轮子忽然脱掉一个，又会不会预示夫妻将要反目和分手？这是典型的潜意识在起作用。今人也有类似的心理，如"做梦娶媳妇"，或因打碎某一件物品而产生联想等，只是不肯说出来罢了。至于姐姐出嫁妹妹也要一同随嫁，经典作家虽从社会和婚姻发展史的角度作出了解释[②]，但这样做就如同使瘸子能走路一样，其道理又何在，也还是不能明白。《小雅·出车》是男思女，《白驹》和《白华》是女悦男；前者以草虫和蝗子起兴，后两者以白驹食苗和白茅束菅起兴，也皆有一定的神秘性。如果说蝗子纷纷可以被用来象征子女众多，那么，白驹食嫩苗是否为男女性行为的隐指？而白茅括白菅作为恋人间的信物，又是否会象征爱情的纯洁和缠绵？这些，虽经笺注家的不断解诂，也仍令人有扑朔迷离之感。

---

① 朱熹注：《诗集传》，赵长征点校，中华书局 2011 年版，第 140、162、228 页。

② 参见恩格斯：《家庭、私有制和国家的起源·家庭》，《马克思恩格斯选集》第 4 卷，人民出版社 1972 年版，第 45 页。

这不能不说还是古人的神秘性思维在起作用。

《小雅》与卦爻辞的作者在思维方式上的相似，不但说明了它们的制作年代相去不远，而且还告诉人们，它们的作者群也极可能是同一类型的人物。

三

《小雅》与卦爻辞在语言风格、表现手法及美学特征上也有其相似之处。

从语言风格上来看，首先值得注意的是歌谣风味。《小雅》中的民歌自不必说，就是贵族文人的作品，有不少也在尽量模仿民歌的情调。如被《诗序》称为“大夫刺宣王”的《白驹》，就颇具民间情歌的风味。此诗第一章已见前引，现引其第二章：

> 皎皎白驹，食我场藿。
> 絷之维之，以永今夕。
> 所谓伊人，于焉嘉客。
>
> ——《白驹》[①]

诗意说，小白马驹吃了我场圃中的豆叶，我要将它拴住，以长度今宵。所说的这个人啊，将是这里的嘉客。抛开其寓意不说，这是一首多么情真意切的爱情歌谣啊！再如被《诗序》称作“太子之傅作”的《小弁》，其中也有这样的一章：

---

① 朱熹注：《诗集传》，赵长征点校，中华书局 2011 年版，第 162 页。

菀彼柳斯，鸣蜩嘒嘒。
有漼者渊，萑苇淠淠。
譬彼舟流，不知所届。
心之忧矣，不遑假寐。[①]

茂密的柳林里，知了在不停地鸣叫着，深深的潭水旁也长满了芦苇，而自身却像船儿一样在漂流，内心充满忧伤。其模仿民歌可谓十分到家。再如“大夫刺幽王”的《四月》，也分别以“四月维夏，六月徂暑”“秋日凄凄”“冬日烈烈”[②]起兴，表现出十足的民歌风味。

卦爻辞中的韵文约占三分之一，其中也有不少的短歌，有些还可能是直接取材于民歌。爻即谣。爻辞中的不少短歌都是可以与《小雅》中的民歌相媲美的，有些句子甚至可以互换。如《中孚》九二：

鹤鸣在阴，其子和之。
我有好爵，吾与尔靡之。[③]

公鹤在树荫里鸣叫，雌鹤在欢乐地和唱。我有醉人的美酒，要与你共饮。这是一首举行婚礼时唱的民歌，男欢女乐的高兴气氛洋溢其中，与前引《小雅·鹤鸣》皆以鹤鸣起兴，而又有异曲同工之妙。再如《明夷》初九：

明夷于飞，垂其翼。
君子于行，三日不食。[④]

① 朱熹注：《诗集传》，赵长征点校，中华书局 2011 年版，第 185 页。
② 朱熹注：《诗集传》，赵长征点校，中华书局 2011 年版，第 196 页。
③ 徐子宏译注：《周易全译》，贵州人民出版社 1991 年版，第 331 页。
④ 徐子宏译注：《周易全译》，贵州人民出版社 1991 年版，第 194 页。

明夷鸟垂翅而飞，而君子却在饿着肚皮走路，三天没有吃到东西。以鸟起兴，人鸟映衬，上下对比，表现出行役人的劳苦，也是一首绝好的民歌。又如《归妹》上六：

女承筐，无实；
士刲羊，无血。[①]

虽语言简古，但音节和谐，生动有姿，亦应是民歌中的佳作。

其次，语句的简短而洗练，描写的生动而形象，也是卦爻辞和《小雅》在语言上的共同风格。如写家人生活的情态，《家人》九三曰："家人嗃嗃""妇子嘻嘻"[②]，《棠棣》曰"妻子好合，如鼓瑟琴"[③]。写人的悲苦，《离》六五曰"出涕沱若，戚嗟若"[④]，《雨无正》曰"鼠思泣血，无言不疾"[⑤]。写人心的险恶，《颐》六四曰"虎视眈眈，其欲逐逐"[⑥]，《正月》曰"哀今之人，胡为虺蜴！"[⑦]这些描写都是运用切当的词汇，铸成简短洗练的语句，以绘出生动的形象。

从表现手法来说，无论赋、比、兴，还是夸张、对比、说理、抒情，在《小雅》与卦爻辞中都有大量的运用。值得注意的是，有时两者所使用的兴象还是一致的。除前引《中孚》九二和《小雅·鹤鸣》皆以鹤鸣取象或起兴外，《易经》的《渐》与《小雅》的《鸿雁》也是可以对读的。《渐》卦六爻都是用鸿雁进到不同的地方以喻人们所处的不同环境，如"鸿渐于干""鸿渐于磐""鸿渐于陆""鸿渐于木""鸿

---

① 徐子宏译注：《周易全译》，贵州人民出版社 1991 年版，第 296 页。
② 徐子宏译注：《周易全译》，贵州人民出版社 1991 年版，第 200 页。
③ 朱熹注：《诗集传》，赵长征点校，中华书局 2011 年版，第 134 页。
④ 徐子宏译注：《周易全译》，贵州人民出版社 1991 年版，第 165 页。
⑤ 朱熹注：《诗集传》，赵长征点校，中华书局 2011 年版，第 178 页。
⑥ 徐子宏译注：《周易全译》，贵州人民出版社 1991 年版，第 150 页。
⑦ 朱熹注：《诗集传》，赵长征点校，中华书局 2011 年版，第 172 页。

渐于陵”“鸿渐于阿”[①]等。而《小雅·鸿雁》三章也分别以“鸿雁于飞，肃肃其羽”“鸿雁于飞，集于中泽”“鸿雁于飞，哀鸣嗷嗷”[②]起兴。再如《大过》的两条爻辞：

九二：枯杨生稊，老夫得其女妻。

九五：枯杨生华，老妇得其士夫。[③]

枯杨树，生幼芽，老头子娶个女娇娃。枯杨树，开花朵，老太婆嫁个少年哥。[④]其起兴之灵巧，形象之生动贴切，比起《小雅》中的《白驹》等有名的爱情诗来，一点也不逊色。

至于叙事、说理与抒情的手法，《小雅》中多用，而卦爻辞中也不少概见，如：

丰其屋，蔀其家，窥其户，阒其无人，三岁不觌。

——《丰》上六

大君有命，开国承家。小人勿用。

——《师》上六

得敌，或鼓，或罢；或泣，或歌。

——《中孚》六三[⑤]

第一例叙述人去屋空的景象，第二例说明不任用小人的道理，第三例抒发打败敌人之后各种人的不同心情，皆具有相当灵巧的表现手法。

① 徐子宏译注：《周易全译》，贵州人民出版社 1991 年版，第 287—290 页。

② 朱熹注：《诗集传》，赵长征点校，中华书局 2011 年版，第 157 页。

③ 徐子宏译注：《周易全译》，贵州人民出版社 1991 年版，第 154、155 页。

④ 此处采用高亨的译文，见高亨：《周易杂论》，齐鲁书社 1979 年版，第 64 页。

⑤ 徐子宏译注：《周易全译》，贵州人民出版社 1991 年版，第 302、50、332 页。

卦爻辞与《小雅》在美学上所表现出的共同特征是古朴的美、流动的美和朦胧的美。这与其作者所处的时代、思维特点以及作品的表现手法都是不无关系的。

卦爻辞中有不少爻辞都能令人感到一种古奥、简朴的美：

舍尔灵龟，观我朵颐。

——《颐》初九

鸿渐于阿，其羽可用为仪。

——《渐》上九

密云不雨，自我西郊。

——《小过》六五[①]

第一例说，你放着美味不食，却来羡慕我张嘴吃东西。话说得多么通俗、直率而又幽默，宛如两位古人在面对面地调侃一般。第二例说鸿雁飞下了山，它的羽毛可以作舞蹈的道具，也能令人联想到古人头戴鸿羽翩翩起舞的葛天氏之乐的场面。第三例之“密云不雨”一词，至今仍被人们应用着，更可见其魅力之永久。《小雅》中虽有些刺诗的时代色彩比较强烈，但也不乏古朴的篇章。如：

幡幡瓠叶，采之亨之。
君子有酒，酌言尝之。
有兔斯首，炮之燔之。
君子有酒，酌言献之。

——《瓠叶》[②]

① 徐子宏译注：《周易全译》，贵州人民出版社 1991 年版，第 148、290、338 页。
② 朱熹注：《诗集传》，赵长征点校，中华书局 2011 年版，第 230 页。

两位老朋友，采来瓠瓜的嫩叶，再烤上一只兔子，同饮美酒，共诉衷肠，这是多么古朴的生活，又是多么美妙的画面！

思维的跳跃性和神秘性又造成了《小雅》和卦爻辞的流动美与朦胧美。流动美是一种动态的美，它虽然有赖于思维的跳跃，但却能使感情灵动飞扬。如《贲》卦的两爻：

贲如皤如，白马翰如。匪寇，婚媾。

——《贲》六四

贲于丘园，束帛戋戋。吝，终吉。

——《贲》六五[①]

热热闹闹的队伍里，有身着鲜艳服装的青年人，也有须发皆白的老人，只见小伙子骑着白马在飞奔。他们不是强盗，而是去迎亲。到了姑娘家门前，女方已装饰得喜气洋洋。男方献上一束布帛作为彩礼，但礼物太薄，受到了冷遇，后经斡旋，婚事终于顺利。爻辞将人们感情的先后变化及起伏波动，形象地表现出来；而最后又统一于婚礼的喜庆之中，从而产生出一种流动的美感。《小雅》中的《菁菁者莪》《蓼莪》《桑扈》等篇，在美学上也都具有这样的特点。

朦胧美在《国风》的一些诗篇（如《蒹葭》《月出》等）里曾有着生动的体现。《小雅》中，较能体现这种朦胧美的则要数《鹤鸣》《白驹》《无羊》《隰桑》诸首。尤其是《鹤鸣》，可以说是与《蒹葭》不同的另一种类型的朦胧诗。兹将其全诗抄出：

鹤鸣于九皋，声闻于野。
鱼潜在渊，或在于渚。

---

① 徐子宏译注：《周易全译》，贵州人民出版社 1991 年版，第 125、125 页。

乐彼之园，爰有树檀，其下维萚。
它山之石，可以为错。

鹤鸣于九皋，声闻于天。
鱼在于渚，或潜在渊。
乐彼之园，爰有树檀，其下维榖。
它山之石，可以攻玉。[①]

此诗据《诗序》说是“诲宣王”。然所诲何事？不得而知。或曰喻求贤，但诗中只言鹤鸣、鱼潜，而贤人之思想、面目亦不可睹，只能凭人去想象。方玉润说此诗“其词意在若隐若现，不即不离之间，并非有意安排，所以为佳”[②]，陈子展也说此诗“结构独特，使人不易捉摸主题”[③]，都道出了此诗朦胧的特点。

《周易》中的有些爻辞也具有这种朦胧的特点。如《需》上六：

入于穴，有不速之客三人来，敬之，终吉。[④]

“穴”即穴居野处的穴。而三位“不速之客”都是些什么人呢？他们为什么要进到别人的“穴”里？主人又为何要“敬”他们？这些都是些朦朦胧胧的事象。又如《睽》上九：

睽孤，见豕负涂，载鬼一车：先张之弧，后说之弧。匪寇，

① 朱熹注：《诗集传》，赵长征点校，中华书局2011年版，第159页。
② 方玉润：《诗经原始》，中华书局1986年版，第375页。
③ 陈子展：《诗经直解》，复旦大学出版社1983年版，第616页。
④ 徐子宏译注：《周易全译》，贵州人民出版社1991年版，第40页。

婚媾。往，遇雨，则吉。[1]

此爻有人说是写旅人出游，也有人说是写抢婚或迎亲。但一头猪趴在泥地里是什么意思？一车“鬼”又是些什么？也还是说不清楚。不过，从整条爻辞来说，又确实能带给人一种朦胧、神秘的美感。

《小雅》与卦爻辞在语言风格、表现手法及美学特征上的若干相似，也为我们深入研究《诗》《易》提供了一条新的思路。

四

在经过了上述的比较之后，现在该谈一谈对有关问题的几点看法了：

一是《周易》卦爻辞的制作年代问题。目前，学术界对《周易》卦爻辞的写作年代大体有着西周初年、西周末年及战国初年几种说法。鉴于卦爻辞与《小雅》在忧患意识、思维方式及文学和美学特征诸方面的相似，两者的制作年代当不会相去太远。又鉴于《小雅》的忧患意识较卦爻辞更明确（已涉及个人）、更强烈，其文学和美学水平也较后者稍有提高，则《周易》的制作年代又当稍稍早于《小雅》。具体说，当在西周厉、宣之际，不会晚到幽王或平王东迁。当然，这里指《周易》的最后编定时间。在此之前，作为《周易》卦爻辞来源的一部分民歌，可能早已在社会上流传了。

二是卦爻辞和《小雅》中的一部分诗歌的来源问题。窃以为，《小雅》与卦爻辞中的相当一部分诗歌都有着一个共同的来源，那就是当时社会上流行的民歌和知识分子的作品。后来这些歌谣一部分被收入《易》中，一部分被收入《诗》中。故两者之间虽有着编定时间先后的

① 徐子宏译注：《周易全译》，贵州人民出版社 1991 年版，第 207 页。

区别，而其思想内容、思维方式及文学和美学特征又是十分相近的。

三是卦爻辞及《小雅》作品的作者群问题。从其忧患意识而言，当是对周王朝的命运非常关心而又与周王朝有着密切关系的宗室成员或政府官员；从其文学修养而言，又当是具有相当文化水平的知识分子，亦即人们通常所说的“士”。

末了还可一提的是，《诗》《易》作为中国文化的重要来源和载体，虽被历代的治“经”者们长期分而“治”之，其实它们之间的关系倒是很密切的。

1995 年 8 月

诸葛亮与《周易》

近年来，学术界对诸葛亮思想的研究不断深入。但有一个问题却一直被忽视，那就是诸葛亮与《周易》的关系。1994 年 10 月 6 日在山东沂南举行的全国第八次诸葛亮学术讨论会上，展示了陈立夫先生为大会的题词："明易先知"。然陈先生虽指出诸葛亮的"先知"与"明易"有关，亦未遑论之。基于此，本文便来谈谈这个问题。

过去，人们总以为诸葛亮崇尚法家和黄老思想，而对《易》学不感兴趣。但事实却并非如此。据笔者的研究，诸葛亮与《易》学的关系，至少可以表现在以下五个方面：

一是诸葛亮曾为成都升盘山之南的司马季主墓建碑并作碑铭。其铭文曰：

> 玄漠太寂，混合阴阳。天地交泮，万品滋彰。先生理著，分别柔刚。鬼神以观，六度显明。[①]

所谓"先生理著"之"理"，即《易》理。据《史记·日者列传》记载，楚人司马季主"游学长安，通《易经》"，曾率弟子三四人，"卜于长安东市"。当时的中大夫宋忠、博士贾谊观其"辩天地之道，日月

① 诸葛亮：《司马季主墓碑铭》，《诸葛亮集》，中华书局 1960 年版，第 53 页。

之运，阴阳吉凶之本”，“列吉凶之符，语数千言，莫不顺理”，皆为叹服。[①]此亦即诸葛亮铭文中所谓“混合阴阳。天地交泮……分别柔刚。鬼神以观，六度显明”之义也。是诸葛亮亦深知《易》理者。

二是诸葛亮之治国和用兵，十分注重天、地、人的综合考察，而《周易》之精髓便是将天、地、人视为一个整体，从而将许多不同质、不同态的事物联系在一起，以探讨其运行的规律。《周易·系辞上》曰：“《易》与天地准，故能弥纶天地之道。仰以观于天文，俯以察于地理，是故知幽明之故。……与天地相似，故不违。知周乎万物，而道济天下，故不过。”[②]20世纪80年代国际上开始兴起的“天地生综合研究”，正是在《周易》的这种启发下而展开的。而早在1700多年前的诸葛亮就已经注意及此，并开始熟练地运用这一原理了。诸葛亮言治国，将“务天”“务地”“务人”三者统观[③]；诸葛亮治军，“审天地之道，察众人之心”[④]。诸葛亮还提出，最好的将领即“天下之将”，应“上知天文，中察人事，下识地理，四海之内，视如室家”[⑤]；要“顺天、因时、依人以立胜”[⑥]。而什么是用兵之道中的“天、地、人”呢？诸葛亮具体解释道：

> 夫行兵之势有三焉：一曰天，二曰地，三曰人。天势者，日月清明，五星合度，彗星不殃，风气调和。地势者，城峻重崖，洪波千里，石门幽洞，羊肠曲沃。人势者，主圣将贤，三军由礼，士卒用命，粮甲坚备。善将者，因天之时，就地之势，依人之利，

---

① 司马迁：《史记》，裴骃集解，司马贞索隐，张守节正义，中华书局1959年版，第3215—3216页。

② 徐子宏译注：《周易全译》，贵州人民出版社1991年版，第353页。

③ 诸葛亮：《便宜十六策·治国》，《诸葛亮集》，中华书局1960年版，第60—61页。

④ 诸葛亮：《便宜十六策·治国》，《诸葛亮集》，中华书局1960年版，第67页。

⑤ 诸葛亮：《将苑·将器》，《诸葛亮集》，中华书局1960年版，第79页。

⑥ 诸葛亮：《将苑·智用》，《诸葛亮集》，中华书局1960年版，第84页。

> 则所向者无敌，所击者万全矣。[1]

这真是将《周易》天、地、人综合一体的思想发挥得淋漓尽致了。诸葛亮的“达治知变，正而有谋”[2]，以及用兵的“见机而作”[3]，实与他能娴熟地运用《易》理有关。进一步说，诸葛亮的军事学乃是成功地将《易》理用于军事的一个范例。

三是诸葛亮的“淡泊”“宁静”之说，除学者们已指出的与道家有关外，亦与《易》理若合符契。诸葛亮讲“静”，不单是讲“养心之静”和“治学之静”，更不是一味求“静”；而是静中寓动，以静求动，动静相辅而相成。袁准《诸葛公论》说：“亮之行军，安静而坚重；安静则易动，坚重则可以进退。”[4]这可以说是道出了诸葛亮所谓“静”的实质。而对动静关系的这种论述，早在《周易》中便已经提出来了，即《周易·系辞上》所谓“夫乾，其静也专，其动也直，是以大生焉。夫坤，其静也翕，其动也辟，是以广生焉”，“天下之动，贞夫一者也”。[5]

四是从传世的诸葛亮的有关著作来看，其中不但涉及《易》理，也透露出诸葛亮对卦象占筮的熟知。如《阴符经注》云：

> 天垂象，圣人则之，推甲之，画八卦，考蓍龟，稽律历，则鬼神之情，阴阳之理，昭著乎象，无不尽矣。八卦之象，申而用之，六十甲子，转而用之，神出鬼入，万明一矣。[6]

---

① 诸葛亮：《将苑·兵势》，《诸葛亮集》，中华书局 1960 年版，第 91 页。
② 傅玄：《傅子》，载《诸葛亮集》，中华书局 1960 年版，第 122 页。
③ 诸葛亮：《将苑·将器》，《诸葛亮集》，中华书局 1960 年版，第 79 页。
④ 陈寿：《三国志·诸葛亮传》，裴松之注，中华书局 1971 年版，第 934 页。
⑤ 徐子宏译注：《周易全译》，贵州人民出版社 1991 年版，第 355、371 页。
⑥ 诸葛亮：《阴符经注》，《诸葛亮集》，中华书局 1960 年版，第 59 页。

所谓“八卦之象，申而用之”，当然是指《周易》的占筮方法。又如诸葛亮的《便宜十六策·察疑》云：“故圣人不可以意说为明，必信夫卜，占其吉凶。《书》曰：‘三人占，必从二人之言。’”其所引《书》，即《尚书·洪范》，原文是：“立时人作卜筮，三人占，则从二人之言。”[①]盖古者卜筮必询之三人，如《左传·哀公九年》之“占诸史赵、史墨、史龟”[②]，而各人的判断却未必相同，故常从其二人相同者。此亦即后世之所谓“三占从二也”。

五是著名的诸葛亮的《八阵图》，也是在八卦及《易》理的基础上推演而成的。《三国志·蜀志·诸葛亮传》云：“亮长于巧思，损益连弩，木牛流马，皆出其意；推演兵法，作八阵图，咸得其要云。”[③]郦道元《水经注·江水》也引诸葛亮的话说：“八阵既成，自今行师，庶不覆败。”[④]可见，诸葛亮的《八阵图》并非子虚乌有，而是曾经存在的。

其实，所谓《八阵图》，即古时作战的一种战斗队形及兵力部署图。诸葛亮的原“图”虽不见，然有传说为诸葛亮练兵遗址的所谓“八阵图垒”。据《水经注·江水》载，这种“图垒”皆垒细石为之[⑤]，共有三处。一在陕西沔县（今名勉县），见《水经注·沔水》；一在四川奉节县（今属重庆市），见《水经注·江水》及《晋书·桓温传》、《太平寰宇记》一四八；一在四川新繁县，见《太平寰宇记》七二引李膺《益州记》。而尤以在奉节者最为著名。奉节原为古鱼复县，治所在今奉节东白帝城，三国时刘备改名永安，唐改称奉节。诸葛亮八阵图垒据传就在永安宫南江滩上。兹据唐李筌《太白阴经》、李靖《问对》诸书所记以及近人的推演[⑥]，将诸葛亮的《八阵图》示意如下：

① 李民、王健：《尚书译注》，上海古籍出版社2004年版，第225页。
② 杨伯峻编著：《春秋左传注》，中华书局1981年版，第1653页。
③ 陈寿：《三国志·诸葛亮传》，裴松之注，中华书局1971年版，第927页。
④ 《诸葛亮集》，中华书局1960年版，第208页。
⑤ 郦道元：《水经注校证》，陈桥驿校证，中华书局2007年版，第777页。
⑥ 参见《孙子学刊》1994年第9期封底。

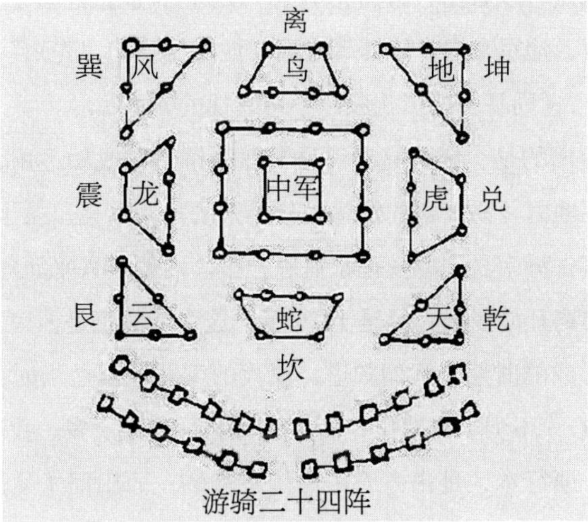

图 10 诸葛亮创制《八阵图》

《八阵图》分别以天、地、风、云、龙、虎、鸟、蛇命名，加上中军共是 9 个大阵。中军由 16 个小阵组成，周围八阵则各以 6 个小阵组成，共计 64 个小阵。八阵中，天、地、风、云为“四正”，龙、虎、鸟、蛇为“四奇”。另外，尚有 24 阵布于后方，以为机动之用。

《八阵图》的特点，正如李靖《问对》所指出的，是“大阵包小阵，大营包小营，隅落钩连，曲折相对”，“内圆外方”[①]；而其构想，则与《周易》是分不开的。八阵的排列，实际是一幅《文王八卦方位图》(又称《后天八卦方位图》)。八阵中的每一阵都由 6 小阵组成，又是本之《周易》别卦的六爻。八阵加中军的总共 64 个小阵，也与《周易》别卦的 64 卦相合。至于《八阵图》的奇正之法，即杜牧之《孙子注》所说的“奇亦为正之正，正亦为奇之奇，彼此相穷，循环无穷”[②]，则更是《易》理在布阵中的具体应用了。

---

① 《诸葛亮集》，中华书局 1960 年版，第 212—213 页。

② 《诸葛亮集》，中华书局 1960 年版，第 212 页。

综上五点可以看出，诸葛亮不但“明易”，而且还善于将《易》理运用于治国、治军和自身修养等方面。他的智慧和“先知”，除了其自身的条件外，《周易》的影响应是不可忽视的。

还要指出的是，诸葛亮对《易》理的精熟和成功运用，实与汉代尤其是琅邪地区《易》学的发达是分不开的。诸葛亮出生于琅邪阳都，即今之山东省沂南县砖埠乡孙家黄疃一带。而他于兴平元年（194）随叔父诸葛玄离开故乡时，已是14岁了，这个年龄正是他束发授书和人生观开始形成的时期。我们知道，汉代的琅邪地区是当时全国最大的《易》学中心，不但易家辈出，而且《易》学流派众多。我们今天所见的《周易》通行本，是由齐人田何传下来的，而田何《易》学即得自琅邪东武孙虞。此后，田何又传《易》于东武王同（子中），王同著《易传》，时淄川杨何、广川孟但、鲁周霸、莒衡胡、齐即墨成、临淄主父偃皆受《易》于王同，大行于时。汉代《易》学立于学官的有三大家，即施、孟、梁丘，其中的“梁丘”即梁丘贺、梁丘临父子，便是琅邪诸县（诸葛亮祖籍）人。琅邪学者王吉又遣其子王骏从临受学。“施”（雠）派《易》学的主要传人也有琅邪人鲁伯和邴丹。此外，汉代流行于民间的《易》学还有两大家，即费直和高相，而琅邪王璜则是费直《易》学的嫡传。费直长于卜筮，无章句，徒以《彖》传、《系辞》、《文言》等解说上、下经，王璜皆能传之。试想，处在这样一种浓厚的《易》学氛围中，素有“逸群之才，英霸之气”，“长于巧思”的诸葛亮[①]，即使只是耳濡目染，也定会受其影响，何况诸葛氏家族对学术问题的关心还是有传统的。

当然，汉人言《易》，多取象占。即使是三国时的吴人虞翻，所走的也还是这种路子。虞翻著《易传》并为孙权占筮出关羽将战败被

---

① 陈寿：《三国志·诸葛亮传》，裴松之注，中华书局1971年版，第930、927页。

杀之事[①]，然于治国治军却少有建树。而诸葛亮就不同了，他读书虽只“观其大略”，但却善于把握《易》理，并能灵活运用，从而为《易》学的发展开创了一种新的局面，走出了一条新的路子——当今《易》学的研究正是沿着这条道路在前进。

1995 年 3 月

① 陈寿：《三国志·诸葛亮传》，裴松之注，中华书局 1971 年版，第 1320 页。

《聊斋志异·恒娘》与《周易·恒》卦

《聊斋志异》的作者蒲松龄精于《易》理。其子蒲箬所作《柳泉公行述》称“我父邃于《易》理”[1]，蒲箬等所作《祭父文》亦谓其父“天性嗜书，故垂老不倦。即《易》卜术数，亦必手录一卷，删去繁芜，归于简奥，遂成不朽之书”[2]。蒲松龄的《易》学造诣亦在其小说创作中体现出来，《聊斋志异》中的《恒娘》篇便是一个典型的事例。该篇的创作虽有一定的现实生活为依据，但在很大程度上是对《周易·恒》卦卦理的发挥，或者说是《恒》卦之《易》理的形象化与实际应用。

一

先看《周易·恒》卦的卦画及卦爻辞：

䷟恒：亨，无咎，利贞。利有攸往。

初六：浚恒，贞凶，无攸利。

九二：悔亡。

---

① 盛伟编：《蒲松龄全集》，学林出版社 1998 年版，第 3441 页。

② 盛伟编：《蒲松龄全集》，学林出版社 1998 年版，第 3441 页。

九三：不恒其德，或承之羞，贞吝。

九四：田无禽。

六五：恒其德。贞，妇人吉，夫子凶。

上六：振恒，凶。[①]

《周易·恒》卦向被认为是讲婚后爱情问题的专卦。《周易·序卦》云："夫妇之道不可以不久也，故受之以《恒》。《恒》者，久也。"[②]可见，《恒》卦所讲的是夫妇相处如何恒久，也就是《周易·系辞下》所说的"《恒》，德之固也"[③]。具体说，该卦是由上卦震与下卦巽相叠而成。从自然现象来看，震为雷，为动，巽为风，为入，喻义风雷涤荡，宇宙变化常新。自人类社会而言，则震为阳，为男，巽为阴，为女，喻义阳上阴下，男尊女卑。作《易》者认为，自然界的风雷变化与人世间的男尊女卑都是永恒不变的真理，故名其卦曰《恒》。

又，下卦之巽又可训为逊，即顺。上卦之震为动。故此卦作为讲婚后爱情问题的专卦，其卦理之一便是"巽而动"（《恒》卦《彖》传）[④]，即要求夫妇相处既和顺，又须富有变化，只有这样夫妻关系才能永久。

卦理之二则是阴阳和谐，刚柔相应。《彖》传释此卦曰："恒，久也。刚上而柔下，雷风相与，巽而动，刚柔皆应，恒。"[⑤]所谓"刚柔皆应"，是指该卦六爻之中，初六与九四、九二与六五、九三与上六，爻位既相应，而其爻之阴阳又相反。阳刚阴柔，故曰"刚柔皆应"。这从自然界来说，可使"天地之道恒久而不已也"[⑥]；而从夫妻关系而言，则

---

① 徐子宏译注：《周易全译》，贵州人民出版社1991年版，第172—176页。

② 徐子宏译注：《周易全译》，贵州人民出版社1991年版，第409页。

③ 徐子宏译注：《周易全译》，贵州人民出版社1991年版，第385页。

④ 徐子宏译注：《周易全译》，贵州人民出版社1991年版，第172页。

⑤ 徐子宏译注：《周易全译》，贵州人民出版社1991年版，第172页。标点有改动。

⑥ 徐子宏译注：《周易全译》，贵州人民出版社1991年版，第172页。

要求阴阳和谐，刚柔相应，即丈夫作为阳应刚，妻子作为阴应柔。这也是夫妻相处的永恒之道。

接下六爻，便从正反两个方面来阐明如何持之以恒（即爱情永久）的道理。大致可有三层意思：

一是探讨爱情不能持久的原因，即初六所说的“浚恒”[①]，以及九三所说的“不恒其德”[②]。“浚恒”为“恒浚”之倒言，即不停地深挖。初六爻辞说这预示着“贞凶，无攸利”[③]。为什么呢？《象》辞释曰：“浚恒之凶，始求深也。”[④]意思是说，深挖不止之所以会带来凶险，是因为一开始即深求恒道。联系到夫妻相处，有的人一开始就只知道无休止地去享受爱情资源，而不知循序渐进，不知经营，更不知常新，结果爱情便出现了危机。这岂不就是“浚恒之凶”吗？所谓“不恒其德”，即不能永久保持自己的德行。九三爻辞认为，这样做“或承之羞”[⑤]，即时或蒙受耻辱。《象》辞进一步指出，“不恒其德，无所容也”[⑥]，即不能保持其德行，还会落到无所容身的地步。联系到婚姻来说，则男性之“不恒其德”或导致其喜新厌旧；而女性之“不恒其德”或表现为婚后不注意自己的容止，以及处事不顾及丈夫的感受等。不过女性“不恒其德”的危害性似乎更大些，爻辞所谓“或承之羞”，《象》辞所谓“无所容也”，多半都是在指女性。

由于“浚恒”与“不恒其德”，所以无论男性还是女性，都不能从婚姻中获得享受，故九四爻辞遂曰“田无禽”[⑦]，即狩猎毫无收获（古人常以食鱼和狩猎喻男女性爱）。

---

① 徐子宏译注：《周易全译》，贵州人民出版社 1991 年版，第 174 页。
② 徐子宏译注：《周易全译》，贵州人民出版社 1991 年版，第 175 页。
③ 徐子宏译注：《周易全译》，贵州人民出版社 1991 年版，第 174 页。
④ 徐子宏译注：《周易全译》，贵州人民出版社 1991 年版，第 174 页。
⑤ 徐子宏译注：《周易全译》，贵州人民出版社 1991 年版，第 175 页。
⑥ 徐子宏译注：《周易全译》，贵州人民出版社 1991 年版，第 175 页。
⑦ 徐子宏译注：《周易全译》，贵州人民出版社 1991 年版，第 175 页。

二是阐明“妇人吉”即女性获得永久爱情的途径，那就是六五爻辞所指出的“恒其德”[①]。“恒其德”一方面是指女性的“从一终也”（《恒》六五《象》传）[②]，另一方面也指女性在婚后能永久保持自己的魅力。这里的“德”，实际是泛指女性的德、言、容、工。女性既能从一而终，又能长久保持自己的魅力，不因婚姻与年龄而衰减，自然会博得丈夫永久的爱。

三是提醒婚姻中的人们性爱应有节制，过犹不及，物极必反。这就是上六所说的“振恒，凶”[③]。“振恒”即“恒振”之倒言，久动不息之义。它与初六所说的“浚恒”一样，都会带来凶险。因为爱情是一项终生的工程，必须张弛有度，合乎中庸，这样才能长久。后人所谓“两情若是久长时，又岂在朝朝暮暮”[④]，似得此中要义。

总之，《周易·恒》卦作为讲婚后爱情的专卦，其所揭示的爱情要义有三：一是“巽（顺）而动”，即夫妇相处应和顺而又富有变化，始终保持一种新鲜感；二是刚柔相应，阴阳和谐，不可发生错位；三是张弛有度，不失中庸。而女性要获得爱情永恒的最佳做法则是“恒其德”，即永远保持自己的魅力。那种不知经营与保鲜，只顾一味享受婚姻资源者，到头来其爱情必将会产生危机。

二

现在我们来看看蒲松龄是如何运用《周易·恒》卦的原理，来创

---

① 徐子宏译注：《周易全译》，贵州人民出版社 1991 年版，第 176 页。

② 徐子宏译注：《周易全译》，贵州人民出版社 1991 年版，第 176 页。

③ 徐子宏译注：《周易全译》，贵州人民出版社 1991 年版，第 176 页。

④ 秦观：《鹊桥仙·纤云弄巧》，载龙榆生编选：《唐宋名家词选》，上海古籍出版社 1980 年版，第 138 页。

作其小说《恒娘》的。

《恒娘》的故事并不复杂。它说的是都城中有一位洪大业，娶妻朱氏，“姿致颇佳，两相爱悦”[①]。后来洪将婢女宝带纳为妾，遂嬖妾而疏妻。朱氏“不平”，以致“反目”，并因此便向其邻居狄姓商人之妻恒娘诉说，恒娘遂教以爱情争夺之术。

首先，恒娘向朱氏指出，造成这种后果的原因是其“自疏”。朱氏“朝夕而絮聒之，是为丛驱雀”，是她自己的行为引起了丈夫的反感，并将丈夫推向了妾的一边。接着，恒娘便授以分三步走的“固宠”策略：

第一步：“其归益纵之”，即继续纵容丈夫嬖幸其妾。朱氏遵从恒娘之谋，不但没有与丈夫大闹一通，反而“益饰宝带，使从丈夫寝。洪一饮食，亦使宝带共之”。其间，丈夫亦偶向朱氏提出性爱要求，而“朱拒之益力”。于是，夫、妾“共称朱氏贤”。

第二步：月余后，恒娘又教朱氏“毁若妆，勿华服，勿脂泽，垢面敝履，杂家人操作”。朱氏从之，不但穿起打补丁的旧衣，还“故为不洁清”，每日除纺绩外不问他事。丈夫怜之，“使宝带分其劳，朱不受，辄叱去之”。

第三步：又月余，恒娘教朱氏尽去敝衣，从头到脚打扮得焕然一新，并“揽镜细匀铅黄”，“又代挽凤髻，光可鉴影”。朱氏以一个光彩照人的女子形象出现在丈夫面前。但恒娘又嘱朱氏一见丈夫，“即早闭户寝，渠来叩关，毋听也。三度呼，可一度纳”。朱氏遵教，一连两晚，都早早入房阖扉，丈夫叩门，均拒而不纳。至第三晚，始勉强纳之。而此时的丈夫，“灭烛登床，如调新妇，绸缪甚欢，更为次夜之约”。朱不许，仅“以三日为率”。半月后，恒娘谓朱氏曰：“从此可

---

① 蒲松龄：《铸雪斋抄本 聊斋志异 · 恒娘》，上海古籍出版社 1979 年版，第 621—624 页。以下引文皆出自此书。

以擅专房矣！”

此后，恒娘又因朱氏“虽美，不媚也”，再教以媚术，举凡“秋波送娇”“瓠犀微露”之类皆娴习之。“至于床笫之间”，也能“随机而动之”。于是“洪大悦，形神俱惑，唯恐见拒”，“竟不能推之使去”。“而洪视宝带益丑，不终席，遣去之”。宝带怨谤，洪则“渐施鞭楚”。至此，朱氏又复为丈夫所宠爱矣。

故事虽带有男尊女卑与妻妾争宠的意味，不无消极成分；但所涉及的女子为争得永久爱情而做的努力，却与《周易·恒》卦若合符契，颇能发人深思。朱氏爱情之所以会出现危机，表面看是因为第三者（妾）的插足，而实际则是她凭借自己的“姿致颇佳”，只知道一味享受婚后的“爱悦”，却忘记了对爱情的继续经营和常励常新；待到丈夫嬖妾疏己，也只知道“不平”和“反目”，不知道设法去保持自己的魅力。这岂不是《恒》卦所说的“浚恒”与“不恒其德”？而恒娘为朱氏所提供的方略，虽步骤有三，其实质亦不离《恒》卦“巽（殚）而动”及“恒其德”之要义。恒娘不让朱氏与丈夫发生冲突，并继续纵容丈夫嬖幸其妾，这是其“顺”；恒娘教朱氏故意弊衣垢面，这是一“动”（一次变化）；恒娘又教朱氏装扮得崭然一新，这是再“动”（二次变化）；恒娘再教朱氏以媚术，令其顾盼生姿，这是三“动”（三次变化）。有了这一“顺”、三“动”，安能不“刚柔皆应”？夫妇之道安能不恒久也！

至于恒娘教朱氏保持魅力即“恒其德”之法，则是充分利用了“人情厌故而喜新，重难而轻易”的特点，亦即今人所说的距离产生美的法则。常言道：“妻不如妾，妾不如婢，婢不如妓，妓不如偷，偷得着不如偷不着。”妾，婢、妓之所以对某些男子有吸引力，仅仅是因为一时的新鲜感且得之不易的缘故，并非因为她们都比妻好。相对于妻而言，妾、婢、妓的优势只在于距离之远。恒娘深谙于此。所以，她一方面让朱氏保持容貌的常新并培养其摄人心魄的“媚”力；一方面却又让朱氏与丈夫保持一定的距离，在性爱上加以节制，使她在丈夫的眼中随时都如“新至”。这与《恒》上六所阐明的“振恒，凶”的原理又是一致的。

质言之，恒娘所教朱氏之方略，其原理实本之《周易·恒》卦，而其要义又在于“动”，即变化。《周易·系辞》云：“日新之谓盛德，生生之谓《易》。”[①] 又云：“《易》，穷则变，变则通，通则久。”[②] 观朱氏之“爱情保卫战”，岂不是沿着由“穷”而“变”，由“变”而“通”，又由“通”而“久”的轨迹在进行的吗？而其“变”的内涵则是“日新”，亦即“盛德”，亦即永久魅力的保持。

三

《恒娘》作为《聊斋志异》中的名篇之一，其写作手法曾备受历代评论者的赞赏；但对于篇中恒娘教朱氏的“容身固宠”之术，却多持贬斥的态度。有人甚至认为这“是使妻道下侪于娼妓之道”[③]。蒲松龄本人对此似乎也不欣赏，并将其比之为“古佞臣事君”。但由今观之，恒娘之术虽不无消极的方面，然对眼下那些年轻的夫妇们来说，却仍不失其警示的意义。时至今日，妾制早已被废除，但“二奶”又应运而生，并在危害着一个个原本幸福的家庭。面对“第三者”的侵入，当今的年轻主妇们为巩固其婚姻与家庭，除了法律的手段外，难道不可以从恒娘之“术”中借鉴些什么吗？如：

当“风起于青蘋之末”时，不是怨怒，更不是反目，而是反思自

---

① 徐子宏译注：《周易全译》，贵州人民出版社1991年版，第354页。

② 徐子宏译注：《周易全译》，贵州人民出版社1991年版，第374页。

③ 聂绀弩：《〈聊斋志异〉关于妇女的解放思想及其矛盾》，载山东大学蒲松龄研究室编：《蒲松龄研究集刊》第一辑，齐鲁书社1980年版，第28页。

己是否犯了“自疏”的毛病，并首先从改变自身做起；

懂得改变自身的要领是常新和保鲜，即从容貌尤其是精神气质上保持永久的魅力，亦即《恒》卦所说的“恒其德”；

懂得“刚柔相应”，学会以柔克刚，“不战而屈人之兵”，而不是以硬碰硬，以强对强；

“知其雄，守其雌”[①]，动而有节，张弛有度，让距离产生美。

凡此，既是恒娘之“术”，也是《恒》卦之理；既是对世俗人情的洞悉，又是对《周易》文化的应用。至于其中的消极成分，弃置不用可也。

最后，还有一点也需要指出，那就是《聊斋志异》小说创作题材的来源。传统的说法是，《聊斋》故事主要源于现实生活、民间传说，并借鉴了魏晋志怪及唐传奇等历代的文学作品（也有人指出曾借鉴过有关的佛教著作）。今观《恒娘》，则主要是对《周易·恒》卦之《易》理的发挥。而发挥《易》理的恒娘在篇末又道出了自己的真实身份：“妾乃狐也。”原来恒娘其人实际上并不存在，而所谓恒娘之“术”，乃是蒲老先生的夫子自道，是他根据《恒》卦《易》理而演绎出的一篇故事。这种援《易》理而入《聊斋》小说的作法，对久赴考场不售的蒲松龄来说虽不无调侃的意味，但却向当今的《聊斋》研究者们提出了一个新的命题，那就是传统的经书也可以成为《聊斋》故事的一个来源。这是蒲松龄的大胆尝试，同时也是中国小说史上的首创。

2013 年 4 月

---

① 任继愈译著：《老子新译》，上海古籍出版社 1985 年版，第 120 页。

古代文化要义解读

谈谈中国人的传统美德

1988年1月，全世界的诺贝尔奖获得者（75人）在巴黎开会，会后发表了一个破天荒的宣言，其中说："如果人类要在21世纪生存下来，就必须回顾2500年去吸取孔子的智慧。"所谓"孔子的智慧"，就是中华文化的核心和精华。

文化是一个民族的血脉和人民的精神家园，而道德则是其中一个很重要的方面。国之本在民，而民之本在德。道德力量至今仍是国家发展、社会和谐、人民幸福的重要因素。所谓"核心价值观"，实际也就是一种德，即个人之德与国家、社会之德。所以，中共中央办公厅、国务院办公厅近日又印发了《关于实施中华优秀传统文化传承发展工程的意见》，而其中的一项重要内容便是要传承"中华传统美德"。

应该说，中国人的道德观念是经历了一个历史的演变过程的：

最早是舜之"孝"。《史记·五帝本纪》云："舜年二十以闻孝"，"天下明德皆自虞帝始。"[①]

稍后是孔子之"仁"与"四德"即孝、悌、信、忠。孔子曰："仁者安仁。"[②]孔子又说："孝，德之始也；弟，德之序也；信，德之厚

---

① 司马迁：《史记》，裴骃集解，司马贞索隐，张守节正义，中华书局1959年版，第33、43页。

② 杨伯峻译注：《论语译注》，中华书局1980年版，第35页。

也；忠，德之正也。参也中夫四德者矣哉！”[①]

再后是孟子的“仁义”。孟子曰：“亦有仁义而已矣。”[②]

再后是汉代的“五常”，即仁、义、礼、智、信。《汉书·礼乐志》载刘向议：“由不习五常之道也。”[③]颜师古注：“五常，仁、义、礼、智、信，人性所常行之也。”[④]《白虎通·情性》：“五性者何谓？谓仁义礼智信也。”[⑤]

再后是民国初年的“八德”即孝、悌、忠、信、礼、义、廉、耻。1912年民国政府颁令，将“八德”即“孝、悌、忠、信、礼、义、廉、耻”作为立国之本。其中的“孝悌忠信”源于“四德”；“礼义廉耻”又称“四维”，源于《管子·牧民》：“四维（礼义廉耻）不张，国乃灭亡。”[⑥]

再后是孙中山所提出的“八德”，即忠孝、仁爱、信义、和平。

再后是南京政府的“四维”“八德”。“四维”即礼义廉耻，“八德”即忠孝、仁爱、信义、和平。孙中山去世后，南京政府在“八德”中又加入“四维。”

其实，按照中国人几千年来所形成的共识，中国人的传统美德最主要的可以概括为四个方面，这就是孝悌、仁义、诚信、礼让。以下分别言之：

一、孝悌

中国传统文化最重孝悌，历代统治者也无不标榜以孝治天下。西

---

① 王聘珍：《大戴礼记解诂》，王文锦点校，中华书局1983年版，第110页。
② 杨伯峻译注：《孟子译注》，中华书局1960年版，第1页。
③ 班固：《汉书》，颜师古注，中华书局1962年版，第1034页。
④ 班固：《汉书》，颜师古注，中华书局1962年版，第1035页。
⑤ 参见陈立：《白虎通疏证》，吴则虞点校，中华书局1994年版，第381页。
⑥ 黎翔凤：《管子校注》，梁运华整理，中华书局2004年版，第3页。

晋的开国皇帝司马炎要征李密出来做官，李密内心不愿意，便写了一篇《陈情表》，用孝作理由来加以拒绝，司马炎也便奈何他不得。综观中华家教，虽内容十分丰富，但首要的还是以孝悌为中心的伦理教育。这是为什么呢？因为它关乎一个家庭的和谐。孝是对父母和长辈要尊敬，这是纵向的；悌是对兄长要尊敬，这是横向的。这就好比函数上的纵横坐标，纵横把握好了，孝悌做到了，一个家庭便会和谐。而家庭是社会的细胞，家庭和谐了，整个社会也就和谐了。孔子的弟子有若说："孝弟（悌）也者，其为仁之本与！"[①]就是这个意思。

那么，何谓"孝"呢？孔子曰："夫孝，德之本也，教之所由生也。"[②]又曰："夫孝，天之经也，地之义也，民之行也。"[③]具体说，有三种含义，或曰三个层次，即养、敬、继。

一曰孝养。《说文解字》："孝，善事父母者，从老省，从子，子承老也。"[④]《孝经》上说：

> 孝子之事亲也，居则致其敬，养则致其乐，病则致其忧，丧则致其哀，祭则致其严。[⑤]

意思是说，孝子侍奉自己的双亲，家居要表示尊敬，赡养要使其安乐，得了疾病要有忧心，去世要表示哀悼，祭祀要肃穆。这就叫"善事父母"。

---

① 杨伯峻译注：《论语译注》，中华书局 1980 年版，第 2 页。

② 《孝经正义》，李隆基注，邢昺疏，邓洪波整理，钱逊审定，北京大学出版社 1999 年版，第 3 页。

③ 《孝经正义》，李隆基注，邢昺疏，邓洪波整理，钱逊审定，北京大学出版社 1999 年版，第 19 页。

④ 许慎：《说文解字》，中华书局 1963 年版，第 173 页下栏。

⑤ 《孝经正义》，李隆基注，邢昺疏，邓洪波整理，钱逊审定，北京大学出版社 1999 年版，第 38 页。

二曰孝敬。《论语·为政》记孔子的话说：

> 今之孝者，是谓能养。至于犬马，皆能有养。不敬，何以别乎？①

孔子把对父母的尊敬看得格外重要，认为这是人与犬马的区别。他还进一步指出，子女侍奉父母，最难的是经常保持愉悦的容色，即所谓“色难”。因为有深爱者才有婉容，而仅仅做到“有事弟子服其劳，有酒食，先生馔”②，是不能被称为孝的。联系到我们今天，要对父母尽孝，也不光是能赡养就行了，还要对父母表示出足够的尊敬，要常回家看看，要多与父母说说话，在父母面前表现得和颜悦色，让父母感觉到你的孝敬之意。这也就是民间所说的孝顺。否则，即使让父母吃得再好，穿得再好，也还不能算完全尽孝。

三曰孝继。《中庸》曰：

> 夫孝者，善继人之志，善述人之事者也。……敬其所尊，爱其所亲，事死如事生，事亡如事存，孝之至也。③

所谓“继志”，即继承父母的遗志；所谓“述事”，即完成父母的未竟事业。一个人，只有实现父母的遗愿，为父母和家族争光才算是最高层次的孝。而古代逢年过节必迎亡灵回家，并以亡者之孙为“尸”的做法④，既体现了“事死如事生，事亡如事存”的理念，同时也是意在提醒后人不忘“继志”与“述事”。

---

① 杨伯峻译注：《论语译注》，中华书局 1980 年版，第 14 页。

② 杨伯峻译注：《论语译注》，中华书局 1980 年版，第 15 页。

③ 朱熹：《四书章句集注·中庸章句》，中华书局 1983 年版，第 27 页。

④ 参见《礼记》，陈澔注，上海古籍出版社 1987 年版，第 110 页。

当然，孝悌也并非一味地服从，父亲、兄长错了，儿女、弟弟照样可以劝谏。《孝经》上说："父有争子，则身不陷于不义，故当不义，则子不可以不争于父"，"从父之令，又焉得为孝乎"？[①]这是说，孝不但要"敬"，而且遇有不义，也还要"争"。争的目的是不让父亲"陷于不义"，这是对父亲最大的孝。倘遭父母责打该怎么办呢？轻则受之，重则逃之。逃的目的乃是不陷父母于悔恨和不义，也体现了对父母的孝。孔子就是这样教导他的学生曾参的。[②]

那么，什么又是不孝呢？《孟子·离娄上》云："不孝有三，无后为大。"[③]汉代的赵岐对此注释说：

> 于礼有不孝者三，谓阿意曲从，陷亲不义，一不孝也；家贫亲老，不为禄仕，二不孝也；不娶无子，绝先祖祀，三不孝也。[④]

这是说不孝有三种表现，一是陷亲于不义，让父母的名声受损；二是家贫亲老不出去找工作，让父母的生活得不到保证；三是不娶无子，断了先人的香火。这最后一条在20世纪的"批林批孔"运动中曾遭受过激烈的批判，但我们如仔细想一下，则孟子说的并不错。试想，假如人类都停止了自身的生产，那还靠什么去创造物质文明和精神文明呢？《孟子·万章上》云："男女居室，人之大伦也。"[⑤]今人也把婚姻称作"大事"，不是没有道理的。

在《孟子·离娄下》中，孟子又举出了五种不孝的表现：

---

① 《孝经正义》，李隆基注，邢昺疏，邓洪波整理，钱逊审定，北京大学出版社1999年版，第48页。

② 详见《孔子家语·六本》，北京燕山出版社2010年版，第77页。

③ 杨伯峻译注：《孟子译注》，中华书局1960年版，第182页。

④ 杨伯峻译注：《孟子译注》，中华书局1960年版，第182页。

⑤ 杨伯峻译注：《孟子译注》，中华书局1960年版，第209页。

> 世俗所谓不孝者五：惰其四支，不顾父母之养，一不孝也；博弈好饮酒，不顾父母之养，二不孝也；好货财，私妻子，不顾父母之养，三不孝也；纵耳目之欲，不顾父母戮，四不孝也；好勇斗狠，以危父母，五不孝也。[①]

第一种不孝是四肢懒惰，游手好闲，不管父母的生活；第二种不孝是好下棋喝酒，不管父母生活；第三种不孝是好钱财，偏爱妻子儿女，不管父母的生活；第四种不孝是放纵自己的欲望，使父母因此遭受耻辱；第五种表现是逞勇好斗，危及父母。五种当中，前三种是“不养”；后两种是让父母遭受精神上的耻辱或者生命的威胁，亦即“不敬”。这都是今人应引以为戒的。

前面说过，中国传统文化之所以注重孝悌，首先是为了求得家庭的和谐。其次，还要看到，和谐的家庭也是培养治国之才的摇篮。在家孝，居官必定忠。与兄弟姐妹相处和谐，到了社会上也必定能与同事关系和谐。我们交朋友，也要本着这一条。假如一个人对自己的父母不孝，却对你很好，这样的人千万不可交。

二、仁义

仁是儒家学说的核心，也是传统文化的精华。仁的本质是爱人。孔子在回答弟子问仁时也说“爱人”。如果说孝悌是讲家庭内部的友爱，那么仁便是讲社会成员之间的友爱了，目的在求社会的和谐。

仁既是一种美德，又是一种精神境界。这一思想最早源自原始社会，当时人与人之间互相平等，互相友爱。故《说文解字》上说：“夷俗

① 杨伯峻译注：《孟子译注》，中华书局 1960 年版，第 200 页。

仁。”[①] 古代东方之人叫“夷”（今山东地区“人”字的发音即是“夷”之声转），而那时候的东夷人都充满着友爱精神。后来，随着社会的发展和竞争的日益激烈，有些人为了生存，唯利是图，尔虞我诈，便不那么友爱了。于是孔子便起来大力提倡仁，说“志士仁人，无求生以害仁，有杀身以成仁”[②]，并把仁作为做人的最高标准和儒家学说的核心精神。

由今观之，儒家所谓“仁”，虽内涵很多，但不外有两重意思：一是教人如何做人；二是教人如何爱人。

先说做人。儒家认为，做人应当做一个真正的人、高尚的人，一个脱离了低级趣味的人。这种人便是“仁人”，或称“君子”，也就是我们通常所说的好人。而只有先学会做人，做一个好人，然后再去做官，才能成为一个好官，干群关系也才能和谐。今天，我们有些人把这种关系搞颠倒了，往往还没有学会做人，就先去做官，这怎么能不出问题呢？有些人本来素质极差，甚至从本质上说就不是好人，让他去做官，难免不贪污腐败。

那么，中国传统文化认为怎样才能做一个“仁人”呢？主要有五个方面：

一是要有人的品格。即孔子所说的，宁可“杀身成仁”，也不要“求生以害仁”；也就是孟子所说的“舍生而取义”。作为“仁人”，为了坚持自己的理想和信仰，为了捍卫自己高尚的人格，就是献出生命也在所不惜。过去战争年代，国民党方面说殉职是“成仁”，共产党方面说殉职是“就义”，实际上都是从孔孟那里来的。陈毅元帅《梅岭三章》诗云：“取义成仁今日事，人间种遍自由花。”把两者都综合到一起了。

二是要有人的尊严。孔子说“三军可夺帅也，匹夫不可夺志也。”[③]

---

① 许慎：《说文解字》“羌”字条下云：“夷俗仁，仁者寿。”（许慎：《说文解字》，中华书局1963年版，第78页下栏）

② 杨伯峻译注：《论语译注》，中华书局1980年版，第163页。

③ 杨伯峻译注：《论语译注》，中华书局1980年版，第95页。

孟子也说“士可杀而不可辱”[①]。革命烈士则称“人不能低下高贵的头颅”。这都是说做人要有尊严，既不能做他人（包括达官、情妇及恶势力）的奴隶，也不能做金钱的奴隶。人在社会上应当昂首挺胸、堂堂正正地做人。

三是要有人的责任。人作为社会的一分子，应对社会尽自己的责任，要以天下为己任，即所谓“天下兴亡，匹夫有责”，“先天下之忧而忧，后天下之乐而乐”。凡遇到不仁不义的事情，要挺身而出，即孔子所说的“见义不为，无勇也”[②]。意思是说，眼见应该挺身而出的事情，却袖手旁观，这是怯懦和不负责任的表现。

四是要有人的修养。人之所以为人，就是因为人已经脱离了食与色的动物性本能，而具有人的修养。孔子说：“能行五者于天下为人仁矣。”哪五者呢？即“恭、宽、信、敏、惠”[③]五种修养，也就是庄重、宽厚、诚实、勤敏、慈惠。为什么能行于天下呢？因为“恭则不侮，宽则得众，信则人任焉，敏则有功，惠则足以使人”[④]。意思是说，人庄重了就不致遭受侮辱，宽厚就会得到大家的拥护、群众关系好，诚实就会得到别人的任用并被委以重任，勤敏就会提高工作效率，慈惠就能够使唤人、领导人。在今天看，这些修养也都不过时。无论做领导还是做群众，只要具备了这五点，不但自身可以行得通，而且人与人之间的关系也会非常和谐。

五是要有人的操守。孔子说：“君子固穷，小人穷斯滥矣。”[⑤]意思是说，君子越是陷于穷困的境地，越能坚持自己的操守；而小人，一旦到了穷困之时便无所不为（乱了套了）。孟子也说：“穷则独善其身，

---

① 参见《礼记正义》，郑玄注，孔颖达疏，龚抗云整理，王文锦审定，北京大学出版社 1999 年版，第 1582 页。

② 杨伯峻译注：《论语译注》，中华书局 1980 年版，第 22 页。

③ 杨伯峻译注：《论语译注》，中华书局 1980 年版，第 183 页。

④ 杨伯峻译注：《论语译注》，中华书局 1980 年版，第 183 页。

⑤ 杨伯峻译注：《论语译注》，中华书局 1980 年版，第 161 页。

达则兼善天下。”[①] 意思是说，人在政治上没有出路的时候就把自己约束好，不乱来；而一旦仕途得意，就按自己的主张兼而把天下搞好。这就是说，作为一个仁人君子，无论穷达，无论得意与不得意，都要坚持自己的操守，既不随波逐流，也不破罐子破摔。

再说爱人。前面说过，“仁”的核心就是爱人，它叫人一切从爱出发，在家爱父母兄弟，出门爱社会成员。应该说，中国传统文化的这种爱心是非常博大的。孔子的高足子夏就说过：“四海之内，皆兄弟也。”[②] 过去翻译《共产党宣言》，有人就主张将“全世界无产者联合起来”一句译成“四海之内皆兄弟”。还有孟子也说过：“老吾老，以及人之老；幼吾幼，以及人之幼。”[③] 即敬爱自己的老人，推而及之，也敬爱别人的老人；爱护自己的子弟，推而及之，也爱护他人的子弟。这是何等博大的胸怀！孙中山先生所提倡的“博爱”，就是导源于孟子的这一思想。不仅如此，儒家的仁爱精神还表现为对他人的充分理解、尊重与扶助，这就是孔子所说的“己所不欲，勿施于人”[④]，“己欲立而立人，己欲达而达人”[⑤]。人与人相处，不但要做到自己所不喜欢的东西不能强加于人，而且自己要站得住也要让别人站得住，自己要发达也要让别人发达。这样的精神与品质，在商品经济发达的今天，对于维护社会的稳定与和谐，更显得格外重要。我们今天要发扬传统文化的仁爱精神，就是要养成自己的爱心，爱岗敬业，尊敬父母师长，团结同志，爱国家，爱人民，让社会充满了和谐，让世界充满了爱。1993年国际上通过的《全球伦理宣言》中所提出的四条“金规则”，即本之孔子的这一思想。而孔子“己所不欲，勿施于人”的名言，也被镌于

---

① 杨伯峻译注：《孟子译注》，中华书局 1960 年版，第 304 页。
② 杨伯峻译注：《论语译注》，中华书局 1980 年版，第 125 页。
③ 杨伯峻译注：《孟子译注》，中华书局 1960 年版，第 16 页。
④ 杨伯峻译注：《论语译注》，中华书局 1980 年版，第 123 页。
⑤ 杨伯峻译注：《论语译注》，中华书局 1980 年版，第 65 页。

联合国大楼之上。

这里顺便再说一句，仁既是儒家做人的最高标准，同时也能给人带来一种精神上和身体上的愉悦。孔夫子所说的“仁者不忧”[①]、“仁者乐山”[②]、“仁者寿”[③]，便是他的夫子自道。今天的人们正可以从中受到一些启发。

总之，仁是做人的最高境界，是高度自觉性的。假如做不到仁，那便用礼（社会行为规范）来约束，再不行就用法律条文硬性规定，而有法不执行，便要动用刑罚了。这样便形成了“仁—礼—法—刑”的顺序。中国历来的统治者都是先教化而后法制、外儒内法、霸王道杂用之，就是这个道理。

传统文化中与“仁”相联系的还有“义”。如果说“仁”的着眼点是人与人之间的关系，那么“义”的着眼点则是人与物之间的关系。即所谓“君子爱财，取之有道”。有道便是义，无道便是不义。人应该见利思义，而不是见利忘义。孔子说“君子义以为上”[④]，“君子喻于义，小人喻于利”[⑤]。即君子看重和懂得的是义，小人只懂得利。孔子还说：“富与贵是人之所欲也，不以其道得之，不处也。”[⑥]“不以其道”即不义，“不处”就是不接受。孔子又说：“不义而富且贵，于我如浮云。”[⑦]在孔子看来，靠不正当的手段得来的富贵，如同浮云一般，没有什么意思。

孟子对“义”更为看重，他认为人只有“仁”是不够的，也还需要“义”，两者可以相辅相成，即所谓“仁义”，而“仁义”便是孟子学说的核心。孟子到处讲道德，说仁义，他呼吁“为人臣者怀仁义以

---

① 杨伯峻译注：《论语译注》，中华书局 1980 年版，第 95 页。
② 杨伯峻译注：《论语译注》，中华书局 1980 年版，第 62 页。
③ 杨伯峻译注：《论语译注》，中华书局 1980 年版，第 62 页。
④ 杨伯峻译注：《论语译注》，中华书局 1980 年版，第 190 页。
⑤ 杨伯峻译注：《论语译注》，中华书局 1980 年版，第 39 页。
⑥ 杨伯峻译注：《论语译注》，中华书局 1980 年版，第 36 页。
⑦ 杨伯峻译注：《论语译注》，中华书局 1980 年版，第 71 页。

事其君，为人子者怀仁义以事其父，为人弟者怀仁义以事其兄”[①]。孟子不像孔子那样“三月无君，则皇皇如也”[②]，他是一个有火气的傲然儒者（中国知识分子的傲劲就来源于孟子），可与国君分庭抗礼，说话时锋芒毕露，常常将诸侯王逼得“顾左右而言他”。他不但将孔子的仁由道德范畴推进到政治范畴，即所谓“仁政”，还提出人与人之间既要讲仁爱，而行动又要符合道义。他说：“仁，人心也；义，人路也。”[③]他认为仁是人的心，义是人的路。他还谴责那些丧失了良心而不去找回的人，说有些人自己的鸡和狗丢失了便晓得去寻找，而自己的良心丧失了却不晓得去找回，真是太可悲了！

自从孟子之后，仁义便成了中国传统道德的一个重要范畴。后世评价一个人立身行事，都要看他是否仁义。文天祥死后，他的妻子在他身上发现了一首遗诗，其中写道：“孔曰成仁，孟曰取义。惟其义尽，所以仁至。”《三国演义》中有“三绝”，关羽即被称作“义绝”（其他两绝是“智绝”诸葛亮、“奸绝”曹操），后世商家常常供奉关羽，就是看中了他的“义”。“义”的原则更被许多企业作为处事的准则，无论是企业与企业之间，还是企业内部老板与员工、员工与员工之间，都要本着一个“义”字，即要讲正义、道义、信义、情义。大义凛然、深明大义、义字当先的人常常受人尊敬，而背信弃义者则被斥为小人，不会再有人与他来往。

三、诚信

儒家认为，诚是君子的品性。诚是仿效天的，因为天最诚，日月

① 杨伯峻译注：《孟子译注》，中华书局 1960 年版，第 280 页。
② 杨伯峻译注：《孟子译注》，中华书局 1960 年版，第 142 页。
③ 杨伯峻译注：《孟子译注》，中华书局 1960 年版，第 267 页。

星辰在天，人皆见之，无所隐瞒。人也应当像天那样，以诚相见。《论语·子张》记载孔子弟子子贡（端木赐）的话说：“君子之过也，如日月之食焉；过也，人皆见之；更也，人皆仰之。”[①]这就是说，人有了过失或改正了错误，也应当像日食和月食那样，完全暴露在人间，而不应该遮遮掩掩，文过饰非。这用今天的话来说，就是要有透明度。国家的政策，凡关乎老百姓的，要有透明度；一个单位内部，无论考核、奖惩、福利还是职务的升降，凡关乎单位成员的，也应当有透明度。暗箱操作是不坦诚的，所以会受到大家的谴责，而且也影响到单位和社会的和谐。

儒家还认为诚是人修养的出发点。孔子强调“修已以安百姓”[②]，而如何“修已”呢？孔子弟子曾参在《大学》中为我们列出了八个条目，即“格物、致知、诚意、正心、修身、齐家、治国、平天下”[③]。其中前五条是“内圣”，是讲人的超凡入圣即人格修养的问题；后三条是“外王”，即讲改造社会的问题。八条中最关键的是“修身”，而修身最重要的又是“诚意”。人要没有诚意，什么都做不好，所以我们常常说要开诚心，布公道。只有出以诚心，才能办事公正，才能赢得大家的称赞。

今天我们要建设和谐社会，要搞好人际关系，也要强调“诚”字。具体说便是自身要坦诚，对人要真诚，做事要专诚，团结要精诚。

与“诚”相联系的还有一个“信”字。“信”是信用。因为只有诚才能取信于人，所以人们往往将“诚信”连称。分而言之，则诚是内心的品性，而信是外在的表现形式。儒家认为，无论个人还是国家，都要讲求信用，无信不立。孔子多次讲过要“主忠信”[④]、“言而有

---

① 杨伯峻译注：《论语译注》，中华书局 1980 年版，第 203 页。

② 杨伯峻译注：《论语译注》，中华书局 1980 年版，第 159 页。

③ 参见朱熹：《四书章句集注·大学章句》，中华书局 1983 年版，第 3—4 页。

④ 杨伯峻译注：《论语译注》，中华书局 1980 年版，第 6 页。

信”[①]、“敬事而信”[②]、“朋友信之”[③]、“人而无信，不知其可”[④]。他甚至把信看得比生命还要重要。《论语·颜渊》中记载了子贡与孔子的一段对话，当时子贡问孔子如何治理国家，孔子说了三条，即“足食，足兵，民信之矣”[⑤]。子贡问，如迫不得已去掉一条，应该先去掉哪一条？孔子说“去兵”，即去掉军备。子贡又问，迫不得已再去掉一条应该去哪一条？孔子说“去食”，即去掉粮食。孔子最后说：“自古皆有死，民无信不立。”[⑥]他认为信是最主要的，如果人民对政府缺乏信心，国家是站不起来的。

政府要讲诚信，社会成员的交往也要讲诚信。可以说，诚信是社会交往的基本原则，也是维护社会秩序和连接人际关系的纽带。只要社会成员做事情都能讲信用，重然诺，不欺诈，不撒谎，那么整个社会也就和谐了。

四、礼让

中国人尤其重视礼仪，因而中国又被称为礼仪之邦。孟子说：“人之所以异于禽兽者几希，庶民去之，君子存之。”[⑦]《礼记·曲礼上》也说：“鹦鹉能言，不离飞鸟；猩猩能言，不离禽兽。今人而无礼，虽能言，不亦禽兽之心乎？”[⑧]可见，有礼与无礼，是区别人与动物的重要标志。

---

① 杨伯峻译注：《论语译注》，中华书局 1980 年版，第 5 页。
② 杨伯峻译注：《论语译注》，中华书局 1980 年版，第 4 页。
③ 杨伯峻译注：《论语译注》，中华书局 1980 年版，第 52 页。
④ 杨伯峻译注：《论语译注》，中华书局 1980 年版，第 21 页。
⑤ 杨伯峻译注：《论语译注》，中华书局 1980 年版，第 126 页。
⑥ 杨伯峻译注：《论语译注》，中华书局 1980 年版，第 126 页。
⑦ 杨伯峻译注：《孟子译注》，中华书局 1960 年版，第 191 页。
⑧ 《礼记》，陈澔注，上海古籍出版社 1987 年版，第 2 页。

而什么是“礼”（禮）呢？《说文解字》：“禮，履也，所以事神致福也。从示，从豊，豊亦声。”[①] 王国维《观堂集林·释礼》：“豊象二玉在器之形，古者行礼以玉……又推之而奉神人之事通谓之礼。”[②] 从文字上来看，“禮”字是由两部分组成的，左边是“示”，右边是“豊”。“示”来源于古代的灵石文化，古人认为石是有灵的，所以神话中的“女娲补天”用的便是石头。古人死了之后，他的后代便将血滴在一块大石头上，这块石头就有了灵，称为“灵石”。再后演变为供桌，即“示”。所以，凡与祭祀有关的字都带“示”部，如祭、祀、祈、祷、神、禮等。“豊”则是“二玉在器之形”，是两串玉石盛在一个祭器中。因为古人行礼用玉，祭祀也用玉，所以“禮”字的本意便是敬神，引申以为对人也要尊重，再引申以为人的社会行为的准则、规范、仪式。所以孔子说：“不学礼，无以立。”[③]《礼记·曲礼》也说：“道德仁义，非礼不成。”[④]

为何“非礼不成”呢？我们知道，人的本身是具有两重性的：作为生物的一种，他具有动物性；作为社会的成员，他又具有社会性。古人所谓“性善论”或“性恶论”，即是由此而产生的。如图 11 所示：

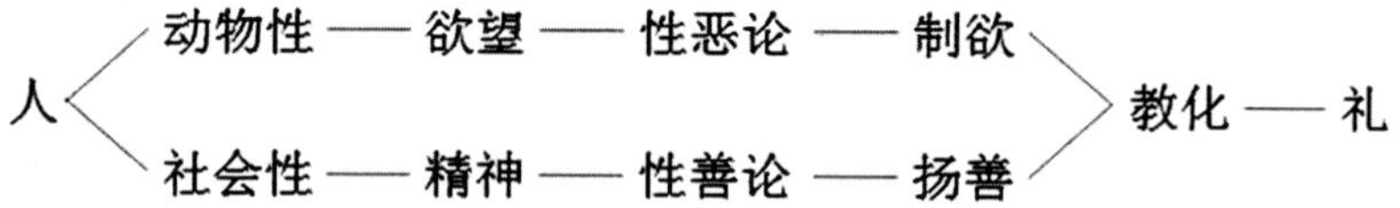

图 11 人性演化示意图

无论“性善论”还是“性恶论”，都主张通过学习、教育以达到教化的目的，而这种教化就是“礼”。所以说“道德仁义，非礼不成”。这也

① 许慎：《说文解字》，中华书局 1963 年版，第 7 页下栏。
② 王国维：《观堂集林》，中华书局 1959 年版，第 291 页。
③ 杨伯峻译注：《论语译注》，中华书局 1980 年版，第 178 页。
④ 《礼记》，陈澔注，上海古籍出版社 1987 年版，第 2 页。

就是直到今天，我们仍在用“知书达礼”来衡量一个人的文明程度的原因。

而“礼”作为一种社会道德及人的行为规范，作为人的文明程度的标志，其实质是什么呢？《论语·学而》记有子的话说：“礼之用，和为贵。”①《礼记·曲礼上》亦曰：“礼尚往来，往而不来，非礼也；来而不往，亦非礼也。”又曰：“夫礼者，自卑而尊人。”②可见，礼的本质是有来有往，即一种和谐。而只要能做到“自卑而尊人”，便能够保持人际关系的和谐了。

研究中国礼仪最权威的著作是“三礼”，即《周礼》《仪礼》《礼记》。“三礼”中对各种礼仪都做了规定，而且非常具体，非常细致。而礼仪虽多，概括起来只有八种即所谓“八纲”：“冠、昏，丧、祭，乡、射，朝、聘”。“冠”即加冠礼，亦即成人之礼；“昏”即婚礼；“丧”即丧葬之礼；“祭”即祭祀之礼；“乡”即乡饮酒礼；“射”即射箭比赛之礼；“朝”即朝见天子之礼；“聘”即诸侯间的聘问之礼，亦即今之社交礼仪。以下摘要介绍：

1. 冠礼

古代男子到了20岁要行冠礼，举行一个仪式，请来宾给加冠、取字，以示成人。冠又称“元服”，不是一般的帽子，而是成年人的标志。《礼记·曲礼上》：“人生十年曰幼，学；二十曰弱，冠。”③又曰：“男子二十，冠而字。”④为何要取字呢？《颜氏家训·风操》云：“名以正体，字以表德。”⑤行了冠礼后，除君主、父辈、师长及自称外，其他

---

① 杨伯峻译注：《论语译注》，中华书局1980年版，第8页。
② 《礼记》，陈澔注，上海古籍出版社1987年版，第2页。
③ 《礼记》，陈澔注，上海古籍出版社1987年版，第3页。
④ 《礼记》，陈澔注，上海古籍出版社1987年版，第8页。
⑤ 颜之推：《颜氏家训集解》，王利器集解，上海古籍出版社1980年版，第98页。

人皆不得直呼其名。冠礼是由氏族社会之“成丁礼”演化而来的，是氏族公社中男女青年进入成年阶段的必经礼仪。那时候成年人的标志也许还不是冠，可能是用树枝或兽皮编成的一个圈，套在头上。有这样标志的人就可以参加劳动和战斗，享有氏族成员的权利和义务；没有这种标志的人还属于未成年人，不能参加劳动和战斗。可见，冠礼的实质，一是保护未成年人，二是让成年男子时刻意识到自己的社会责任。此礼至魏晋以后停用了。但近年来各地为 18 岁以上的青年男女所举行的成人礼，实际又成为古代冠礼的一种延续，只是不加冠而已。这对于唤起当代青年的社会责任心是很有好处的。

2. 射礼

射礼即古代朝廷及乡中定期举行的射箭比赛礼仪。古人重射，古代国学教学生的“六艺”（即礼、乐、射、御、书、数[①]）中就有“射”这一科目。为什么呢？因为射可以培养君子的品格，可以让人严格要求自己。孔子说：“君子无所争，必也射乎！”[②]《中庸》记孔子的话说：“射有似乎君子，失诸正鹄，反求诸其身。”[③]《礼记·射义》亦云：“故事之尽礼乐而可数为以立德行者莫若射，故圣王务焉。”[④]这是说，“射”不会引起纷争，即使射不到靶子上，也怨不得别人，只能从自身去找原因。这种礼仪既可以“尽礼乐”，又可以“立德行”，所以很被古人所看重。我们今天虽不会再举行射礼了，但这种不怨天、不尤人，遇事严格要求自己的精神，还是应该培养的。大家都能严格要求自己，人与人之间的关系也就和谐了。

---

① 参见孙诒让：《周礼正义》，王文锦、陈玉霞点校，中华书局 1987 年版，第 1010 页。
② 杨伯峻译注：《论语译注》，中华书局 1980 年版，第 25 页。
③ 朱熹：《四书章句集注·中庸章句》，中华书局 1983 年版，第 24 页。
④ 《礼记》，陈澔注，上海古籍出版社 1987 年版，第 331 页。

3. 乡饮酒礼

这是一种以敬老尊贤为宗旨的礼仪，于每年的正月十五和十月初一举行两次。礼仪由州县地方长官主持，设主、宾、僎、介四种席位。“主”即州守或县令，席位在东南方向，主人的位置；“宾”又称大宾，选地方上年高德劭及致仕者为之，席位在西北，位最尊；“僎”以州县副职充任（清代则以地方上年高有德望者充任），位东北，辅主人行礼；“介”又称介宾，即次一等的宾，位西南。届时先要举行一系列的礼仪（清代还要读律令及歌《鹿鸣》），然后再饮酒、叙齿、敬贤。此礼自先秦一直延续至清末，对淳化社会风俗曾起到过一定的作用。

4. 婚礼

中国的传统婚礼中始终贯穿了一种尊坤意识。这种意识一方面是原始母系氏族社会习俗的遗存，同时，更是中庸之道对男尊女卑关系的一种有意调节。

首先，中国传统婚礼中的每一个环节，如纳采、问名、纳吉、纳征、请期、亲迎，都贯穿了对女性的尊崇。纳采即男方派媒人向女方表达求婚之意，问名即女方接受男方的礼物后再由男方去请问女方的姓名及生辰，纳吉即男方卜得吉兆后复派使者往告女方，纳征即男方派人送彩礼至女家以表示婚姻的成立，请期即男方择定婚期后备礼向女方征求意见，亲迎即结婚之日由男方亲自带人备礼至女方迎亲。在这些礼仪环节中，男性与男方往往表现得十分周至、卑下，而女性与女方则高高在上，处处被尊崇着。这种对女子的可谓绝无仅有的礼遇，实际是对男权社会中男尊女卑思潮的一种纠偏，亦即中庸之道对两性关系的双向调节。

其次，在婚礼时间的选定上，也体现出“阳下阴”的尊坤意识。

《白虎通·嫁娶》云："婚姻者，何谓也？昏时行礼，故谓之婚也。"① 又说："所以昏时行礼何？示阳下阴也。婚亦阴阳交时也。"② 黄昏为阴、阳相交之时，婚姻为男女结合之礼。"阳下阴"即男下女。故古代规定于"阳下阴"的黄昏之时举行婚礼，除了有对青年男女黄昏时分相亲相爱习俗（即所谓"月上柳梢头，人约黄昏后"）的制度上的固定外，实寓有"男下女"的含义。

再次，古代婚姻对彩礼的规定，也体现出中庸之道"过犹不及"的内涵。彩礼是婚姻的见证，不能没有；但过重的彩礼则不但会加重男方的负担，还会伤及婚姻本身。既不能"过"，又不能"不及"，那么究竟应该以多少为宜呢？《周礼·地官·媒氏》规定："凡嫁子娶妻，入币纯帛无过五两。"③ 古者布帛二丈为一端，二端为匹，匹亦称两。故所谓"五两"，即五匹（周代一匹约当今之 9.2 米）。这是朝廷规定的最高限额。至于"六礼"中男方每次所持礼物，则多为雁（唯"纳征"时用玄纁、束帛、俪皮等）。《仪礼·士昏礼》："昏礼。下达，纳采用雁。"郑玄注："用雁为挚者，取其顺阴阳往来。"④ 可见，古人对彩礼的选择，既考虑到一定的实用价值（如有限的布帛），又注重其象征意义（如雁、俪皮），二者兼顾，可谓深得中庸之道合理、合情、和谐之旨。

5. 丧祭之礼

此礼既要求对死者充分地寄托哀思，又不能伤及生者的身体，因此就需要对丧祭时间的长短及表达方式，都把握一个合适的度。

先说丧礼。《礼记·杂记下》："子贡问丧，子曰：'敬为上，哀次

---

① 参见陈立：《白虎通疏证》，吴则虞点校，中华书局 1994 年版，第 491 页。

② 参见陈立：《白虎通疏证》，吴则虞点校，中华书局 1994 年版，第 492 页。

③ 林尹注译：《周礼今注今译》，书目文献出版社 1985 年版，第 144 页。

④ 《仪礼注疏》，郑玄注，贾公彦疏，彭林整理，王文锦审定，北京大学出版社 1999 年版，第 60 页。

之，瘠为下。颜色称其情，戚容称其服。'" [1]《礼记·丧服四制》亦云："三日而食，三月而沐，期而练，毁不灭性，不以死伤生。" [2] 这里，已为服丧者规定了一条基本原则，那就是"敬为上，哀次之，瘠为下"；既要哀，又须"毁不灭性，不以死伤生"。而如何把握这其中的"度"呢？《礼记·丧服四制》明确提出：

> 始死，三日不怠，三月不解，期悲哀，三年忧，恩之杀也。圣人因杀以制节，此丧之所以三年，贤者不得过，不肖者不得不及。此丧之中庸也，王者之所常行也。[3]

子女为父母服三年之丧，既能充分地表达丧亲之痛，又不至于毁伤身体，这便是丧礼中的中庸之道。故孔子说："子生三年，然后免于父母之怀。夫三年之丧，天下之达丧也。" [4]

其实，所谓"三年之丧，二十五月而毕"。据《礼记集说》引石梁王氏曰："二十四月再期，其月余日不数，为二十五月。" [5] 这实际上也是在尽量缩短服丧的时间。而且，即使在二十五月期间，服丧者倘有疾病，也还是可以变通的。《礼记·杂记下》记孔子的话说：

> 身有疡则浴，首有创则沐，病则饮酒食肉。毁瘠为病，君子弗为也。毁而死，君子谓之无子。[6]

既要服丧，又要爱护自己的身体，不可"毁瘠为病"，这便是中国传统

---

① 《礼记》，陈澔注，上海古籍出版社 1987 年版，第 232 页。
② 《礼记》，陈澔注，上海古籍出版社 1987 年版，第 339—340 页。
③ 《礼记》，陈澔注，上海古籍出版社 1987 年版，第 339—340 页。
④ 《礼记》，陈澔注，上海古籍出版社 1987 年版，第 315 页。
⑤ 《礼记》，陈澔注，上海古籍出版社 1987 年版，第 314 页。
⑥ 《礼记》，陈澔注，上海古籍出版社 1987 年版，第 235 页。

丧礼的基本特征。

祭礼也是同样。《礼记·祭统》云："祭者，所以追养继孝也。"又云："养则观其顺也，丧则观其哀也，祭则观其敬而时也。"[①] 而所谓"时"，即是指祭祀的次数既不能"数"，也不能"疏"，应该恰到好处。正如《礼记·祭义》所说："祭不欲数，数则烦，烦则不敬；祭不欲疏，疏则怠，怠则忘。"[②] 而如何才能做到不烦、不忘呢？这又需要把握一个合适的"度"。古代所制定的春、夏、秋、冬"四时之祭"，便是既不"数"又不"疏"的祭祀之礼。而这一礼仪之所以被延续了两千多年，不是没有道理的。

6. 聘礼

聘，问也，互相访问之义。原指诸侯间派大夫互相访问，后世再参以乡曲之礼，遂成为通常的社交之礼。主要包括称谓、座次及会客等一系列礼仪。

先说称谓。人在社会上交往，首先遇到的便是称呼的问题。称呼不得体，或者把别人的名字念错了，就会失礼。清代科举考试，有位考官点名，将"鍚荼壶"（yáng tú kǔn）误读为"锡茶壶"，将"乐乐乐"（yuè yào lè）误读为（le le le），结果贻笑大方。某大学有位研究生写信，称自己的导师为"先师"；还有一位学生写信给老师说："我很荣幸能成为您的足下。"这都是很不得体的。先师者，已故之师也，不能用于活人。"足下"是同辈间的敬称，不是学生对老师的称呼，更不能宣称自己是别人的"足下"。

那么，如何才能做到称谓得体呢？古人在这方面是有一套严格的规定的，在此不能详述。这里我只想谈谈在今天的社交领域里仍被遵

---

① 《礼记》，陈澔注，上海古籍出版社 1987 年版，第 266 页。
② 《礼记》，陈澔注，上海古籍出版社 1987 年版，第 256 页。

循的敬称与谦称问题。

传统文化中，一般称平辈曰足下、阁下、仁兄、先生或公，称对方亲属曰令尊（令严）、令堂（令慈）、令兄、令叔、令郎（令公子）、令爱（令媛）、令亲家、令夫人等，称自己的老师曰师、先生、夫子等，称自己的学生曰弟、君、生等，称自己的同学曰学长兄、砚兄、师兄等。这些都是敬称。而对外人称自己的亲属则曰家父（家严）、家母（家慈）、家叔、家兄、舍弟、舍妹、舍侄、小女、小儿、犬子等。这些都是谦称。对外人称自己的配偶也应是谦称。如称妻子曰内子、内人、贱内、拙荆，称丈夫曰外子、良人、夫君等。但值得注意的是，谦称只能由自己来称，别人不能称；敬称也只能由别人称，而自己则不能称。倘有谁别出心裁地称“你家父”或“你内子”“你外子”，那只会令人反感。同样，对外人称自己的父亲曰“我令尊”，或称自己的妻子曰“我夫人”（古代只有一、二品官员的妻子才能称夫人），也会贻笑大方。为防闹出笑话，有一句话可以记住，即“家大、舍小、令他人”。意思是说，对外人称呼自己家中辈分高或年龄大者应在称谓上加一“家”字，称辈分低或年龄小者加一“舍”字；而称呼他人的亲属，则无论什么人都应在称谓上加一“令”字。这样称呼，即使在今天也还是很得体的。

再说座次。古代朝廷、讲堂皆以南面为尊。即君主坐北朝南，故称“南面称王”；大臣面朝北参见君王，故称“北面称臣”。老师南面授课，学生北面受学。

家庭之中，汉代以前，堂上以南面为尊，室中以东向为尊。如“鸿门宴”中的座次就是以东向为尊。汉以后会见宾客，则是宾在西（右）、主人在东（左），即所谓“东家”“西宾”。古人所谓“分宾主坐下”，即是这样的坐法（客在主之右首）。今天也是同样。

如是室内宴会，则根据房间形状及开门的位置而定。一般来说，面朝门者为尊，尊者之左为二号，尊者之右为三号，余以此类推。面对尊者为末座，陪客者也（埋单者）。

古人车上座次的排列略有不同。古代为马车，故御者居中，主帅居左，警卫居右（又称车右）。因御者左手并辔，右手挥鞭，故须居中。今之轿车，则司机旁是保镖位置，司机后是首长位置，保镖后面是秘书位置。

至于左右位置的尊卑问题，则不同的时代又有不同的规定。周代，诸侯朝见天子，其座次以左为尊；到了战国，又转以右为尊。如《史记·廉颇蔺相如列传》中便说："既罢归国，以相如功大，拜为上卿，位在廉颇之右。"① 秦至西汉仍是右尊、左卑。《史记·陈丞相世家》记："孝文帝乃以绛侯（周）勃为右丞相，位次第一；（陈）平徙为左丞相，位次第二。"②

东汉至唐宋，座次基本上以左为尊。这种情况一直持续至南宋末年。元朝曾一度以右为尊，但到了明初，旋即又恢复了以左为尊的习俗。早在朱元璋即皇帝位的前一年（1637）十月，即"令百官礼仪尚左。改李善长左相国，徐达右相国"③。清代仍是尚左，其六部中的左侍郎较右侍郎地位为高。此后，这种尚左的习俗便一直延续到了今天。

最后谈谈会客。古代到别人家里去做客，是有若干讲究的。现按照时间的先后，将古代文献（主要是"三礼"）中有关会客的注意事项，逐条排列如下：

> 将上堂，声必扬。户外有二屦，言闻则入，言不闻则不入。
>
> ——《礼记·曲礼上》④

---

① 司马迁：《史记》，裴骃集解，司马贞索隐，张守节正义，中华书局1959年版，第2443页。

② 司马迁：《史记》，裴骃集解，司马贞索隐，张守节正义，中华书局1959年版，第2061页。

③ 张廷玉等：《明史·太祖本纪》，中华书局1974年版，第16页。

④《礼记正义》，郑玄注，孔颖达疏，龚抗云整理，王文锦审定，北京大学出版社1999年版，第36页。

这是说在进入主人家的大门时，必定要先发出一种声音，以让主人知道是来客了。古代多半是用清嗓子的方式以让主人闻知，如京剧舞台上所表现的那样。决不能无声无息地闯到别人家里，去做不速之客，那是很不礼貌的。今天则可以通过敲门或按门铃的方式以告诉主人有客人来到。这种做法也适用于夫妻之间，丈夫在进入内室时也应先发出一种声音以让妻子知道。《韩诗外传》中曾记载孟子突然进入内室，发现妻子箕踞（一种很不雅观的坐姿），于是向母亲请求休妻。而孟母则引《礼记》的“将上堂，声必扬”以批评孟子“入户不有声，令人踞而视之，是汝无礼”。为何“户外有二屦”，又“言闻则入，言不闻则不入”呢？ 这是因为古人一般脱屦（即鞋子）于外，唯长者可脱屦于内，户外既有二屦，则并户内之长者，共三人矣。三人所言而不闻于外，必是密谋，故外人不宜妄入也。

> 将入户，视必下。入户奉扃，视瞻毋回。户开亦开，户阖亦阖。有后入者，阖而勿遂。
>
> ——《礼记·曲礼上》[1]

这是说入门时视线应往下，不能举目，以免给人造成趾高气昂的感觉。入门时还要两手当心，如奉扃（门的开关）然，看东西也不要目光来回游移，以防干人之私。门原来是开着的仍要开着，原来是阖着的仍要阖着，必须尊重主人的习惯。最后一个进门的也不要把门关死，以示不拒绝后面的来客。

> 凡与客入者，每门让于客。客至于寝门，则主人请入为席。

---

① 《礼记正义》，郑玄注，孔颖达疏，龚抗云整理，王文锦审定，北京大学出版社 1999 年版，第 36 页。

> 然后出迎客，客固辞，主人肃客而入。
>
> ——《礼记·曲礼上》[1]

所谓“让于客”，就是让客人先入。但是到了寝室门口，主人则要先进去收拾一下（象征性的），然后再让客人进入，以示对客人的尊重。清代大臣在参见皇帝时往往先要象征性地掸一掸衣袖，也是这个意思。如客人不肯先入，那么主人就肃拜以请，一同进入。

> 室中不翔，并坐不横肱。授立不跪，授坐不立。
>
> ——《礼记·曲礼上》[2]

行而张拱曰“翔”，即两只胳膊像鸟的翅膀一样上下翻动，这样的动作在室内是不允许的。“横肱”即将两只胳膊横过来，一人占两个人的地方，这样就会妨碍并坐者，也是不礼貌的。古人一般席地而坐，坐时脚后跟与臀部接触，称为“居”；如上身挺直，则称为“启”或“跪”。进门后主人让你坐下，你就不要站着了，这样既比较舒服，也是尊重主人的意愿。此时千万不要故作客套，说什么“我站着就行了”，那样会让主人不高兴的。俗话说“站客难待”，便是这个意思。

> 将即席，容毋怍，两手抠衣，去齐尺。衣毋拨，足毋蹶。先生书策琴瑟在前，坐而迁之，戒勿越。虚坐尽后，食坐尽前。
>
> ——《礼记·曲礼上》[3]

---

① 《礼记正义》，郑玄注，孔颖达疏，龚抗云整理，王文锦审定，北京大学出版社 1999 年版，第 38 页。

② 《礼记正义》，郑玄注，孔颖达疏，龚抗云整理，王文锦审定，北京大学出版社 1999 年版，第 41 页。

③ 《礼记正义》，郑玄注，孔颖达疏，龚抗云整理，王文锦审定，北京大学出版社 1999 年版，第 44—46 页。

就座时应注意自己的容仪，不能表现出愧怍的样子。两手应将长衣轻轻撩起至离地一尺而坐，以免不小心踩到自己的衣服上而摔倒。还要整理好前面的衣襟，勿使披散。坐下后足也不要抖动，那样会失容的。倘遇先生的书籍琴瑟在前面，千万不要跨越，应坐下后再跪而迁移之。虚坐尽量往后，表示谦虚；吃饭时尽量靠前，以防止饭渣弄脏了席子。

> 毋侧听，毋噭应，毋淫视，毋怠荒。游毋倨，立毋跛，坐毋箕，寝毋伏。敛发勿髢，冠毋免，劳毋袒，暑无褰裳。
>
> ——《礼记·曲礼上》[①]

侧耳以听非但不恭，而且易生刺探别人隐秘之嫌。“噭应”即大声呼叫，“淫视”即目不转睛地看某一件东西，“怠荒”谓容止纵慢，都有违礼仪。还有在室内走动时不可表现出倨傲的样子，站立时不可偏任一足（即稍息状），坐时不可两腿向前状如簸箕，睡觉时不可趴伏着。还要把头发收敛好，勿使披散。而且古人的冠不同于帽子，它是成年男子的标志，故不可以随便免冠。做客时还不要袒胸，大热天也不要把下身的裳（秦汉之前男女皆着裳）撩起来。

> 请业则起，请益则起。父召无“诺”，先生召无“诺”，“唯”而起。
>
> ——《礼记·曲礼上》[②]

会客期间，无论向老师请教学业还是向他人请教问题，都应该上身挺

---

① 《礼记正义》，郑玄注，孔颖达疏，龚抗云整理，王文锦审定，北京大学出版社 1999 年版，第 48—49 页。

② 《礼记正义》，郑玄注，孔颖达疏，龚抗云整理，王文锦审定，北京大学出版社 1999 年版，第 46 页。

直，表示敬意。倘遇父亲或老师召唤，也不要慢条斯理，光答应不行动，而应当说“是”，同时上身挺直。“诺”仅是漫应之，“唯”则是照办的意思，两者有所不同。

> 毋抟饭，毋放饭，毋流歠。毋咤食，毋啮骨，毋反鱼肉，毋投与狗骨。毋固获，毋扬饭。饭黍毋以箸。毋嚃羹，毋絮羹，毋刺齿，毋歠醢。客絮羹，主人辞不能亨。客歠醢，主人辞以窭。
>
> ——《礼记·曲礼上》①

“抟饭”即使劲盛饭，“放饭”谓食而无节，“流歠”即饮之而流于外，皆为不雅的吃相，应该避免。“咤食”谓以舌口中作声，会被主人当作饭食不可口，故吃饭时不可发出声音。“啮骨”即啃骨头，古人认为在宴会上啃骨头形象不佳，且易发出声音，也不要这样做。自己吃过或夹过的鱼肉不要再返回到盘子里去，那样很不卫生。也不要把吃余的骨头扔给狗，那是贱主人之物，且两狗相争会影响人的情绪。“固获”谓必欲取之，即几次三番地要取得某一块食物，这会给人留下贪得的形象，夹菜时不可如此。“扬饭”谓以手散其热气，急欲求食之状，也是要不得的。“嚃”即尝，“絮”即调，对于主人端上来的羹（古代的羹里面是有肉或菜的），客人不宜先尝或随便加以调和，甚至说三道四。如有的客人不自觉，提出不合理要求，则主人便以不能烹饪为辞婉拒。“醢”即肉酱，古代宴席上一般是不上肉酱的，这是因为子路死后曾被剁为肉酱，此后孔子便不再食肉酱的缘故。若客人提出要歠醢，则主人可以贫困乏味为辞拒绝。至于在席间“刺齿”（即剔牙），古人一直以为是不雅的，更不要有这样的举动。

---

① 《礼记正义》，郑玄注，孔颖达疏，龚抗云整理，王文锦审定，北京大学出版社 1999 年版，第 61 页。

共食不饱，共饭不泽手。

尊客之前不叱狗。让食不唾。

——《礼记·曲礼上》[1]

共食而求饱，非谦让之道也。“共饭不泽手”是说与人一起吃饭手上不可有汗泽（即脏手），因为古时吃米饭是用手抓，颇似今天新疆人之手抓饭，如果手脏了，别人会讨厌的。中国人到了汉代才开始普遍使用箸，即筷子。尊客之前叱狗，会引起客人的多心，应避免。主人让吃的食物不要唾弃，否则会有鄙恶主人馔食之嫌。

燕侍食于君子，则先饭而后已。

——《礼记·少仪》[2]

侍坐于君子，君子欠伸，撰杖屦，视日早暮，侍坐者请出矣。

——《礼记·曲礼上》[3]

“先饭”即先尝食，并以此劝客人下箸。“后已”即最后停止，无论有多少客人，也无论客人进食速度是如何慢，主人总应该是最后一个吃完的。切不可在客人没有吃完之前，自己先放下碗筷，弄得客人很不好意思。倘是做客于有一定身份、地位和学问的“君子”之家，则看到“君子”有下列举动之一者，即应告辞：一是“欠伸”，即伸懒腰，这说明主人已经累了，不能再继续陪客了。二是“撰杖屦”，即摸拐杖，找鞋子，这说明主人有事要外出。三是“视日早暮”，即看看太阳

① 《礼记正义》，郑玄注，孔颖达疏，龚抗云整理，王文锦审定，北京大学出版社 1999 年版，第 61、47 页。

② 《礼记正义》，郑玄注，孔颖达疏，龚抗云整理，王文锦审定，北京大学出版社 1999 年版，第 1039 页。

③ 《礼记正义》，郑玄注，孔颖达疏，龚抗云整理，王文锦审定，北京大学出版社 1999 年版，第 48 页。

到什么时候了，犹如今日的看表，这说明会客时间长了，主人已有厌倦之意。

这些礼仪，虽有的已经过时，但有些对今人的社交往来仍有一定的参考意义。

与礼相联系，中国传统美德中还有一种是“让”，又称“礼让”“谦让”“敬让”。早在《周易》的《谦》卦中就有“谦谦君子”[①]的爻辞，意思是说，人只有谦让了再谦让，才是君子风度。并认为“鸣谦”（明智的谦让）、“劳谦”（勤劳而谦让）者最终都会吉利。孔子也提倡礼让，并倡导以礼让治国。他说：“能以礼让为国乎？何有？不能以礼为国，如礼何？”[②]意思是说，以礼让治国有什么难的，如不能以礼让治国，光讲些礼的仪节又有什么用呢？而孔夫子自己的为人也是“温、良、恭、俭、让”[③]，所以他对子路的“其言不让”才会“哂之”[④]。自古以来，谦让一直被中国人当作一种美德。“融四岁，能让梨”的故事[⑤]，可谓妇孺皆知。京剧《将相和》中蔺相如的谦让也是人们所赞许的。[⑥]保留至今的安徽桐城“六尺巷”以及张英“让他三尺又何妨”的家书，则是礼让美德的又一个典型事例。在“六尺巷”的东出口处有一块石碑，上面就写着“礼让”二字。而从中纪委监察部官网廉政文苑栏目于2014年11月7日所发表的《让人三尺又何妨——安徽桐城“六尺巷”的启示》一文，以及该文对“六尺巷”所作的文字和图片介绍，还可以看出，这种礼让精神在为官修德方面所具有的重要意义。

---

① 徐子宏译注：《周易全译》，贵州人民出版社1991年版，第89页。

② 杨伯峻译注：《论语译注》，中华书局1980年版，第38页。

③ 杨伯峻译注：《论语译注》，中华书局1980年版，第6页。

④ 杨伯峻译注：《论语译注》，中华书局1980年版，第119页。

⑤ 参见范晔：《后汉书》，李贤等注，中华书局1965年版，第2261页。

⑥ 参见司马迁：《史记》，裴骃集解，司马贞索隐，张守节正义，中华书局1959年版，第2443页。

当然，谦让品德是要靠礼来维系的，礼的“自卑而尊人”[①]便是谦让的前提与基础。表面上看，谦让是“降低”了自我，甚至失去了一些物质利益；但实际上却守住了底线，即中国人的传统美德。而由谦让而形成的人际和谐以及社会和谐，更对中华民族凝聚力的形成产生了深远的影响。

以上是对中国传统美德的几个主要范畴所作的简要介绍，当然不是全部。至于理解的不当之处，尚请方家正之。

2014年12月

① 《礼记》，陈澔注，上海古籍出版社1987年版，第2页。

中国古代家教的内容、方法与特点

中国的家庭教育源远流长。《周易》中的《家人》《渐》《蛊》《节》等卦，便是最早讲家庭问题的。这样说来，则中国有文字记载的家教历史，便已有3000多年了。之后，先秦的礼法，汉代的家法，六朝以后出现的家训、家规、家仪，以及近人有关家庭教育的论述，自然都属家教的范畴。此外，尚有散见于经、史、子、集之中的大量有关家教的名言、名篇、佳事、懿行，有的虽不以“家训”名，但无疑也应属于中华家教宝库的组成部分，可称之为中华民族的一份极其丰厚而又珍贵的文化遗产！

综观数千年来的中华家教，其主要内容大致有三个方面：

一是以“孝悌”为中心的伦理教育，目的在求家庭的和谐。中国人很早即已认识到和谐对一个家庭的重要性，孔子弟子有若所谓“孝弟也者，其为仁之本欤”[①]的观点，即是此种认识的反映。儒家极力推崇的“中庸之道”，体现在家庭关系中，实际也是一种和谐。当然，孝悌也并非一味的服从，父亲错了，儿子照样可以劝谏。《孝经·谏诤章》说：“父有争子，则身不陷于不义，故当不义，则子不可以不争于父”，“从父之令，又焉得为孝乎？”[②]倘只是强调了“从”的一面，而

---

① 杨伯峻译注：《论语译注》，中华书局1980年版，第2页。

② 《孝经正义》，李隆基注，邢昺疏，邓洪波整理，钱逊审定，北京大学出版社1999年版，第48页。

未注意到也还有“争”的一面，这就不完全符合古代家教关于“孝”的要求了。

除孝悌外，历代家教还认为，作为“五伦”之一的夫妻关系也应该是和谐的。其协调的办法是：男主外，女主内。这样的思想在《周易》的《家人》卦中已经明显地表现出来。此虽在一定程度上限制了女性活动的范围，但作为一个家庭，一定的分工还是必要的。至于君、臣之间的“忠”与朋友之间的“信”，历代家教内容中也都有所涉及。忠君既与爱国相连，自然未可全非；而交友既然关系子弟在社会上的成长，也不能不予重视。这就是君臣、朋友之道虽是走出家庭以外的事，而亦被历来家教所重视的原因。

二是以勤俭为主的个人品德教育，目的在求子弟的健康成长。勤以防堕，俭以养廉。勤俭是一个人成长的最主要的品德要求。故古往今来的许多家庭都视勤俭为传家宝。而所谓“勤”，并不单指辛勤力作，更主要的是一种精神状态。唯勤能奋，唯勤致祥。所谓“俭”，则与“约”相联系。一个人如能处处节俭，则必事事能约束自己，不会肆意妄为，即使仕宦于社会，也定能保持廉洁。相反，在家奢华，则为官也必定腐败。然而，由俭入奢易，而由奢返俭难。故俭约品德的培养，必须从小开始，从衣、食、住、行等家庭日常生活入手。前人所谓“衣不寒者令人贱，食不饥者令人恶”[①]，实在是至理名言。

除勤、俭外，被历代家教列为子弟修养要素的，尚有明志、慎言、戒戏、节欲、制怒诸端。立志当存高远，且须强毅，否则便难免于下流。所以凡为家长者都时时提醒子弟这一点。然而，“非淡泊无以明志”，故除节俭外，慎言、戒戏、节欲、制怒也都应是“淡泊”的一些方面，而为“立志”所必需。

三是以耕读为主的处世方式教育，目的在求家族的稳固、持久。

---

① 张石民:《示子弟》,《其楼文集》卷四。

翻开古代家教的历史，几乎没有哪一位有眼光的家长不对子弟进行这方面的教育。宦者如疏广、陆游、杨继盛，学者如郑玄、孙奇逢、张尔岐等，都不厌其烦地强调这一点。据说曾国藩还曾写过一幅“书蔬鱼猪，早扫考宝”的屏语，赠给他的四弟澄侯以明“家教”。[①]20世纪40年代，山东诸城张氏家祠的大门上尚保留着这样一副对联：“大河以上无地不耕，宜麦、宜粱、宜菽；片碣之前有经可读，学《诗》、学《易》、学《书》。”谓其祖训，世代遵循罔替。实则已成为中国人几千年耕读生活的生动写照了。

中国是一农业国，主要靠种田为生；但同时又是一个以儒学为统治思想的国家，有着长久的“学而优则仕”的传统。这便是以耕读为主的处世方式的社会及政治背景。而从事耕读者，边读书，边种田，进可以应科举以出仕，光耀门庭；退可以力田以为生，抚保妻子；可出可伏，可显可隐；实在是一种最稳妥不过的处世方式了。当然，这还只是问题的一个方面。另一个方面，更多的家长们教子弟读书，倒并不尽是为了做官，主要还是为了做人。正如郑板桥所说：“读书中举中进士做官，此是小事，第一要明理做个好人。”[②]孙奇逢也说，他希望儿孙读书，是“为端人，为正士，在家则家重，有国则国重。所谓添一个丧元气进士，不如添一个守本分平民”[③]。所以，从孔子的教独生子孔鲤学《诗》、学《礼》，到叶梦得的教子弟“旦必读书”[④]，再到王守

---

① 曾国藩：《与澄侯四弟书》，《曾国藩家书》，钟叔河整理校点，湖南大学出版社1989年版，第338页。

② 郑燮：《潍县署中与舍弟墨第二书》，上海古籍出版社编：《郑板桥集》，上海古籍出版社1979年版，第16页。

③ 孙奇逢：《孝友堂家训》，载张崇琛主编：《中华家教宝库》，吉林人民出版社1993年版，第653页。

④ 叶梦得：《石林家训》，载张崇琛主编：《中华家教宝库》，吉林人民出版社1993年版，第380页。

仁的《客座祝文》[①]、张侗的《入泮诲言》[②]，无不是将读书与做人联系在一起的。

由今观之，单以耕读教子弟自然已不合时代潮流；但将读书与各自的业务以及做人相联系，则仍不失为家教的一项重要内容。

历代家教中，为完成上述三方面的教育内容而采取的一些方法，也是很值得今人借鉴的。约略言之，亦有三点：

一是普遍教育与针对性教育的结合。所谓“普遍性教育”，即是“孝悌”“勤俭”“耕读”，这是每个子弟都必须接受的，也是就一般情况而言的；而所谓“针对性教育”，则因人而异。历代不少有眼力的家长，往往根据子弟的天赋、资质、爱好，而随时调整培养方向与要求，且往往能收到良好的效果。孔夫子的因材施教主张，虽从孔鲤身上看得不明显，但却由他教的学生中体现出来了。颜渊的德行、子路的为政、子贡的辞令、子夏的文学，都可以说是夫子因材施教的结果。项羽的学书不成去学剑，又转而学“万人敌”，最后终成叱咤风云的英雄，也是与其叔父项梁的及时调整培养目标分不开的。即在科举盛行的时代，也并不是每位家长都要子弟去应科举。如果说张尔岐要求子弟“朴者力田，聪明者读书”[③]，其确定专业方向的依据还未尽科学的话，那么许相卿的论述则是很可以说明问题的了。许氏说：“子弟性资拙钝，莫将举业久担，早令练达公私百务。大都教子正是要渠做好人，不是定要渠做好官。农桑本务，商贾末业，书画医卜，皆可食力资身。人有常业，则富不暇为非，贫不至失节。”[④]这较之时下那些不顾子女条

① 参见张崇琛主编：《中华家教宝库》，吉林人民出版社 1993 年版，第 543 页。

② 张侗：《其楼文集》卷六，载张崇琛主编：《中华家教宝库》，吉林人民出版社 1993 年版，第 693—694 页。

③ 张尔岐：《蒿庵先生手书遗嘱》，载张崇琛主编：《中华家教宝库》，吉林人民出版社 1993 年版，第 674 页。

④ 许相卿：《许云邨贻谋》，载张崇琛主编：《中华家教宝库》，吉林人民出版社 1993 年版，第 556 页。

件，专以升学为子女唯一归宿的家长们来说，无疑要高明多了。历代还有不少著名的科学家、文学家，他们的成就也是跳出了科举和经学的樊篱之后取得的，且大都与家长们的针对性培养是分不开的。

二是身教与言教的结合。历代家教重言教，但更重身教。《白虎通》云："父子者，何谓也？父者，矩也，以法度教子。"[①] 既然教子以法度，则为父者自当遵守法度。《老子》云："不言之教，无为之益，天下希及之。"[②] 所谓"不言之教"，即是以自身的行为所进行的潜移默化的教育。身教是柔的，而这种身教却能令天下最难教育的人感化，这便是老子所倡导的"天下之至柔驰骋天下之至坚"[③]。古来善为家教者都懂得这个道理。所以他们要子弟贤，自己且须先贤；要子弟廉洁自己先须廉洁。陶侃之母湛氏封鲊返书责子，拒收官物，故陶侃终成名臣[④]；颜真卿要子孙为政恪守职责，而自身先不避贬谪[⑤]。包拯一生刚正不阿，痛惩贪官，故其能刊石东壁，垂诏后世："子孙仕宦有犯赃滥者，不得放归本家；亡殁之后，不得葬于大茔之中。"[⑥] 杨继盛疏劾严嵩，直声震朝野，故其在遗书中能要求儿子"做官必须正直忠厚"，并希望妻子"死有重于泰山"。凡此，皆足为今之言家教者法。若以己之昏昏，欲令子弟昭昭，那是万不可能的。庸者如刘表父子之为"豚犬"，厉者如严嵩父子之荒淫误国，适足贻后人之讥而已。

三是训诫与引导的结合。凡善教子弟者，并非只是一味的训诫，也很注意对子弟的循循善诱。孟母"断织"，曾子"杀猪"，都是因势利导，诱使儿子勤学向善。而叔术见盱与夏父两个孩子吃饭争食，便

---

① 陈立：《白虎通疏证》，吴则虞点校，中华书局1994年版，第376页。

② 任继愈译著：《老子新译》，上海古籍出版社1985年版，第154页。

③ 任继愈译著：《老子新译》，上海古籍出版社1985年版，第154页。

④ 参见房玄龄等：《晋书·陶侃母湛氏传》，中华书局1974年版，第2512页。

⑤ 颜真卿：《颜鲁公文集·与绪汝书》，载张崇琛主编：《中华家教宝库》，吉林人民出版社1993年版，第286页。

⑥ 包拯：《家训》，载张田编：《包拯集》，中华书局1963年版，第136页。

立即意识到“小争食，长必争国”，于是及早采取了措施。[①] 齐田稷母则不但拒绝儿子的非法收入，而且还借机对为官的儿子进行廉洁奉公的教育，更可谓是训诫与引导相结合的良好范例了。[②] 还有宋代的苏轼，其教诲晚辈也总是持宽容通达的态度，多鼓励引导，少谴责教训，并允许子侄比较自由地发展个性。

实际上，训诫与引导的结合，正反映了为家长者严与慈的一致。俗谓严父、慈母，而《墨子》则云：“父子相爱则慈孝，兄弟相爱则和调。”[③]《韩诗外传》亦云：“为人父者，必怀慈仁之爱以畜养其子。”[④] 是为人父者亦不必严若秋霜，苟能严格要求，则在态度上实不妨令子女有如坐春风之感。所谓“棍棒底下出孝子”，仅是后人的托辞而已，并不为历代著名家教者所认可。例如，汉代的韩婴就说过“冠子不詈，髦子不笞”[⑤] 的话。鲁迅先生之“无情未必真豪杰，怜子如何不丈夫”，则更将此中要义一语道破了。

中国家教除在内容与方法上有着与他国、他民族不同的一些方面外，即在规律上，也有值得探讨的特点：

一曰系统性。中国人历来把家庭作为一个总揽万事的大系统来看待的，在一定程度上来说，每个家庭就是一个小社会，每位家长就是一个“总统”。尤其在长期的封建社会中，家庭既承担着人口生产的任务，又负责物质生产的计划、组织与实施；既要抚养、教育子女，又须安置、照顾老人；既抓农、副业生产等经济基础，又抓伦理、道德、意识形态等上层建筑。在一些大家庭中，还要注意人际关系的协调与

---

① 参见公羊寿传：《春秋公羊传注疏》，何休解诂，徐彦疏，浦卫忠整理，杨向奎审定，北京大学出版社 1999 年版，第 539—540 页。

② 刘向：《列女传》卷一《母仪传》，载张涛：《列女传译注》，山东大学出版社 1990 年版，第 49—50 页。

③ 孙诒让：《墨子间诂》，孙启治点校，中华书局 1986 年版，第 95 页。

④ 韩婴：《韩诗外传集释》，许维遹校释，中华书局 1980 年版，第 270 页。

⑤ 韩婴：《韩诗外传集释》，许维遹校释，中华书局 1980 年版，第 270 页。

财务制度的严密以及分配制度的合理等。基于此，中华家教的内容也便无所不包。大到“孝悌”“勤俭”“耕读”，小到书、蔬、鱼、猪、竹头、木屑，皆有论及。故《孝经》上说：“居家理，故治可移于官。”[①]言理家有方，其经验亦可推及于为官。中国古代有不少名宦就是由这种“小社会”而走上大社会的。例如，春秋时代的冀缺，就是因为处理家庭关系得当而被臼季推荐给国君为官的。[②]在一定意义上可以说，理家便是治理社会的演习，家教便是社会教育的前奏；正是一个又一个的家庭，才为中华民族培养了一批又一批的治世之才。当然，封建家庭形成一个系统之后，也有其封闭、固守及束缚人才的局限，这一点也是必须指出的。

二曰连贯性。西方世界，子女稍稍长大，父母便准其独立，而对子女的一切也便不再干涉。中国的家庭则不然。从子女的出生（甚至包括怀胎）直至老死，只要父母或长辈健在，就要对他们负责到底。这种家教的连贯性，是任何其他民族所难以相比的。隋代有一位郑善果，为官已经“位至方伯”，然每坐堂理事，“母恒坐胡床，于障后察之”。闻其剖断合理，即大悦；若行事不允，或妄嗔怒，即终日不食，并痛加斥责。[③]这位母亲的家教方法虽还可以商量，然其一贯到底的负责精神实在令人敬佩！又如中国人的命名，一般是父亲进行的，而父亲在为子女命名的同时，也往往将自己的希望与要求寄寓其中，如屈伯庸之于屈平、苏洵之于苏轼与苏辙即是。而为人子女者，辄思其命名之意而一贯遵行之，实际已成为一种终身性的家教了。

三曰传承性。与文化传承性一样，中华家教也具有传承的特点。

---

① 《孝经正义》，李隆基注，邢昺疏，邓洪波整理，钱逊审定，北京大学出版社1999年版，第46页。

② 事见《左传·僖公三十三年》，载杨伯峻编著：《春秋左传注》，中华书局1981年版，第501页。

③ 事见《隋书·列女传》，魏徵等：《隋书》，上海古籍出版社1986年版，第216页中、下栏。

而中华民族悠久的历史，又为这种传承性增加了古老的色彩。有些家族的家风、家教，甚至可以由先秦一直传到近代。这在世界文化史上怕也是绝无仅有的。像孔子的“不学诗，无以言”“不学礼，无以立”[①]，诸葛亮的“非淡泊无以明志，非宁静无以致远”[②]，杜甫的“诗是吾家事”[③]，包拯的“子孙仕宦有犯赃滥者，不得放归本家”[④]，其教诲所及，均非一代。又，民间有所谓“清白家风”“梨园世家”“仁义胡同”者，少数民族亦有“尚武之家”，溯其始，亦皆有所自。而家风之一经形成，又会成为一种无言的教诲、无形的凝聚力量。这便是历代先贤临终之前，别的事情可以不顾，但都要给子孙留下遗教的奥妙了。

以上是对中国古代家教内容、方法与特点的简要概括和论述。可以看出，家教作为中国传统文化的重要组成部分，即在今天，其中的许多内容也并没有过时。我们应该对这一份宝贵的文化遗产倍加珍惜。

1993 年 6 月

① 杨伯峻译注：《论语译注》，中华书局 1980 年版，第 178 页。

② 诸葛亮：《戒子书》，载张连科、管淑珍校注：《诸葛亮集校注》，天津古籍出版社 2008 年版，第 109 页。

③ 杜甫：《宗武生日》，载中华书局编辑部点校：《全唐诗》第四册，卷二三一，中华书局 2013 年版，第 2533 页。

④ 包拯：《家训》，载张田编：《包拯集》，中华书局 1963 年版，第 136 页。

谈谈孔子的教学方法

孔子是中国古代伟大的教育家，他首创私塾，“有教无类”，加之学费又非常低廉（仅十条干肉），从而培养了大批的学生。孔子办学，虽不曾将教育当作“产业”，但他一人招收的学生就达三千之多（这个数字在今天也是惊人的），而且学制也不限于四年，许多学生一旦及门，便终生接受其教诲。孔子死后，弟子代代相传，不少都成为中国文化的精英，其影响一直达于当代，并远播海外。可以说，在中国教育史上，还没有哪一位伟人能和孔子相比，后世称其为“大成至圣先师”，应是当之无愧的。

孔子在教育方面所取得的伟大成就，除了其人格的魅力、思想的精髓及知识的渊博外，也与他完美的教学方法是分不开的。具体来说，孔子在教学方法上主要是善于处理六个方面的关系：

一是教与学的关系。在汉字中，“教”与“学”（斆）本是同源字，是同一事物紧密相关的两个方面。《说文解字》：“教，上所施，下所效也。”[①] 可见，教是指教师与学生两方面的活动。由“教”又滋生出一个“斆”字，《说文解字》云：“斆，觉悟也，从教。”[②] 秦以后，斆写作学。而所谓“觉悟”，也就是“上所施，下所效”的意思。用今天的话

① 许慎：《说文解字》，中华书局 1963 年版，第 69 页下栏。

② 许慎：《说文解字》，中华书局 1963 年版，第 69 页下栏。

来说，教与学实是对立统一的辩证关系。因此，在教的同时，就应该顾及学的方面，教师不能只顾自己念讲义，而不去看学生“觉悟”了没有。

应该说，在处理教与学的关系方面，孔子是充分体现了教学一体思想的。他对自己教学对象的学习和接受情况是完全掌握的。例如他整天和颜回讲学，颜回却从不提反对意见和疑问，像个愚人。但孔子知道，颜回“退而省其私，亦足以发，回也不愚”①。孔子也知道弟子们的悟性是有差别的，“回也闻一以知十，赐也闻一以知二”②，而能听他说话始终不懈怠的，也就只有颜回一人③。“回也，其心三月不违仁”④，至于其他学生嘛，仁只是短时期偶然想起一下罢了。当然，学生一旦“觉悟”，孔子也能随时察觉。如子贡“告诸往而知来者”，孔子便高兴地说：“赐也，始可与言《诗》已矣！”⑤子夏从《诗经·卫风·硕人》对美女的描写而联想到礼乐的产生，孔子也兴奋地说：“起予者商也！始可与言《诗》已矣。”⑥

对于学生的性情禀赋和日常生活，孔子也了如指掌，不管别人问到哪一位弟子，他都能脱口而谈。如季康子向他打问仲由、端木赐、冉求的情况，他不假思索便说“由也果”，“赐也达”，“求也艺”⑦，即子路果敢决断，子贡通情达理、冉有多才多艺。他还说过“柴也愚，参也鲁，师也辟，由也喭”⑧的话，意即高柴愚笨，曾参迟钝，颛孙师偏激，仲由鲁莽，表现出对各位弟子习性的深知。对学生的课外生活，

---

① 杨伯峻译注：《论语译注》，中华书局 1980 年版，第 16 页。

② 杨伯峻译注：《论语译注》，中华书局 1980 年版，第 45 页。

③《论语·子罕》：“子曰：‘语之而不惰者，其回也与？’”（杨伯峻译注：《论语译注》，中华书局 1980 年版，第 93 页）

④ 杨伯峻译注：《论语译注》，中华书局 1980 年版，第 57 页。

⑤ 杨伯峻译注：《论语译注》，中华书局 1980 年版，第 9 页。

⑥ 杨伯峻译注：《论语译注》，中华书局 1980 年版，第 25 页。

⑦ 杨伯峻译注：《论语译注》，中华书局 1980 年版，第 58 页。

⑧ 杨伯峻译注：《论语译注》，中华书局 1980 年版，第 115 页。

孔子也无不知晓。他不但知道颜回“一箪食，一瓢饮，在陋巷，人不堪其忧，回也不改其乐”[①]，而且还知道子贡不安本分，去囤积投机，猜测行情每每猜中，发了大财，即所谓“赐不受命，而货殖焉，亿则屡中”[②]。对一些身处逆境的学生，孔子更是关怀备至。弟子公冶长含冤坐牢，孔子认为“非其罪也”[③]，并把女儿嫁给他。冉伯牛患了绝症，孔子亲自看望，还来不及进屋便在窗外握着学生的手说：“斯人也而有斯疾也！”[④]连连叹息。颜渊去世，孔子极其悲痛地说：老天爷要我的命呀！老天爷要我的命呀！别人劝其节哀，他说：我不为这样的人伤心，还为什么人伤心呢！[⑤]

图12 曲阜孔庙藏明代石刻：《孔子杏坛礼乐图》

---

① 杨伯峻译注：《论语译注》，中华书局1980年版，第59页。

② 杨伯峻译注：《论语译注》，中华书局1980年版，第115页。

③ 杨伯峻译注：《论语译注》，中华书局1980年版，第42页。

④ 杨伯峻译注：《论语译注》，中华书局1980年版，第58页。

⑤《论语·先进》：“颜渊死，子曰：‘噫！天丧予！天丧予！’”“颜渊死，子哭之恸。从者曰：‘子恸矣！’曰：‘有恸乎？非夫人之为恸而谁为！’”（杨伯峻译注：《论语译注》，中华书局1980年版，第112页）

正因为孔子既教书，又教人，将教与学融为一体，所以不但师生间关系和谐融洽，其教学质量也是很高的，“受业身通者七十有七人，皆异能之士也”[①]，对中国文化的传播做出了杰出的贡献。

二是“有教无类”与因材施教的关系。用今天的话来说，便是普遍性教育与针对性教育的关系。

首先，孔子是主张全民教育的，他明确提出“有教无类”[②]，即人人他都可以教育，没有年龄、贫富、地域的区别。在孔门弟子中，既有小于夫子4岁的秦商、小于夫子6岁的颜由，也有小于夫子53岁的公孙龙（子石）、小于夫子54岁的叔仲会（子期），学生间的年龄差距达50岁。甚至还有父子同列孔子之门者，如颜由、颜回父子，曾皙、曾参父子，都曾先后成为孔子的学生。从地域而言，孔子学生的来源除了齐、鲁外，还有宋、卫、陈、蔡、秦、楚、吴、越等地，几乎遍及全国。如子路是卞（属卫）人，子贡、子夏、高柴是卫人，司马耕是宋人，颛孙师（子张）是陈人，言偃是吴人，秦祖是秦人，公孙龙（子石）是楚人，漆雕开是蔡人。而且，学生的家庭出身及经济状况也各不一样，其中既有鲁大夫孟僖子之子孟懿子、卫将军弥牟之子弥兰，也有“贱人”出身的仲弓；有家累千金的子贡、乘肥马衣轻裘的公西赤，也有居藜藿穷巷的原宪、身陷囹圄的公冶长 。以相貌论，有长得像孔子的有若，也有长不盈五尺的高柴、状貌甚恶的澹台灭明。凡此，孔子皆一视同仁，纳为弟子。

其次，弟子入室后孔子又能根据他们的不同特点有针对性地进行教育，即所谓“因材施教”。孔子承认人的天赋禀性是有差别的，所以他的因材施教首先是根据人的资质和文化水平而定，即所谓“中人以上，可以语上也；中人以下，不可以语上也”[③]。意思是说，中等水平以

---

① 司马迁：《史记》，裴骃集解，司马贞索隐，张守节正义，中华书局1959年版，第2185页。

② 杨伯峻译注：《论语译注》，中华书局1980年版，第170页。

③ 杨伯峻译注：《论语译注》，中华书局1980年版，第61页。

上的人，可以告诉他高深学问；中等水平以下的，不可以告诉他高深学问。有些弟子虽然人很聪明，但孔子也要等他们在某些方面有所“觉悟”之后，才开始给他们讲授有关的学问。如孔子之为子贡、子夏讲授《诗经》便是。至于日常授课，那更是具有极强的针对性。如同样是问“仁”，针对不同的弟子，孔子便有不同的解答。颜渊问仁，孔子说“克己复礼为仁”[①]；仲弓问仁，孔子说“己所不欲，勿施于人”[②]；司马牛问仁，孔子说“仁者，其言也讱”[③]；樊迟问仁，孔子说“居处恭，执事敬，与人忠”[④]；子贡问仁，孔子说“事其大夫之贤者，友其士之仁者”[⑤]；子张问仁，孔子说“能行五者（恭、宽、信、敏、惠）于天下为仁”[⑥]。为何会有如此不同的答案呢？主要是针对各人的不同特点而言的。颜渊、仲弓德行好，孔子就正面回答他们；司马耕（子牛）“多言而躁”[⑦]，孔子就让他说话迟钝些（即讱）；樊迟想学稼圃，孔子不赞同，就让他注重礼义忠信；子贡好议论人，“喜扬人之美，不能匿人之过”[⑧]，孔子就让他多向贤士大夫学习，以加强自身修养；子张欲求闻达干禄，孔子就让他养成能行于天下的五种品德。夫子之用意，可谓深矣！

正是由于孔子既“有教无类”又因材施教，所以他不但有弟子三千，也培养出了一大批学有专长的杰出人才。如德行好的有颜渊、闵子骞、冉伯牛、仲弓，擅长言语交际的有宰我、子贡，善于办理政事的有冉有、子路，熟悉古代文献的有子游、子夏等。[⑨]这些人才既是

---

① 杨伯峻译注：《论语译注》，中华书局1980年版，第123页。
② 杨伯峻译注：《论语译注》，中华书局1980年版，第123页。
③ 杨伯峻译注：《论语译注》，中华书局1980年版，第124页。
④ 杨伯峻译注：《论语译注》，中华书局1980年版，第140页。
⑤ 杨伯峻译注：《论语译注》，中华书局1980年版，第163页。
⑥ 杨伯峻译注：《论语译注》，中华书局1980年版，第183页。
⑦ 司马迁：《史记》，裴骃集解，司马贞索隐，张守节正义，中华书局1959年版，第2214页。
⑧ 司马迁：《史记》，裴骃集解，司马贞索隐，张守节正义，中华书局1959年版，第2201页。
⑨《论语·先进》：“德行：颜渊、闵子骞、冉伯牛、仲弓；言语：宰我、子贡；政事：冉有、季路；文学：子游、子夏。”（杨伯峻译注：《论语译注》，中华书局1980年版，第110页）

孔子的高足，又是中国文化的精英。

三是学与思的关系。在这方面，孔子提出了一个著名的论点，即“学而不思则罔，思而不学则殆”[①]，意思是说，只读书而不去思考就会受骗，只是空想而不去读书便会缺乏信心。孔子认为，学与思二者必须兼顾，不能有所偏废，否则便很难学有所成。应该说，这是古今有关学与思关系的最辩证、最正确的理解。

先说学。孔子是以《诗》《书》《易》《礼》《春秋》《乐》六经为课本来教学生的，要提高学生的知识水平和培养学生的综合素质，这些文献是不能不读的。所以孔子非常鼓励学生读书。例如他劝学生学习《诗经》时说：“小子何莫学夫诗？诗，可以兴，可以观，可以群，可以怨。迩之事父，远之事君；多识于鸟兽草木之名。”[②]意思是说，读《诗经》可以培养人的联想力，可以提高对事物的观察力，可以锻炼合群性，可以学会讽刺的方法。运用其中的道理近可以侍奉父母，远可以服侍君王；而且还能多多认识鸟兽草木的名称。在孔子眼中，《诗经》简直就是一部百科全书。几千年后，人们对《诗经》所进行的综合研究，其开先河者便是孔子。其他各经，在先秦来说，也都是最重要的典籍。正如荀子在《劝学》中所说：“《礼》之敬文也，《乐》之中和也，《诗》、《书》之博也，《春秋》之微也，在天地之间者毕矣。”[③]孔子还根据自己读书的体会谆谆告诫学生，要“兴于《诗》，立于礼，成于乐”[④]，即通过学《诗》以使人振奋，通过习礼使人在社会上站得住，通过音乐使所学得以完成。这与西人培根所说的“读史使人明智，读诗使人灵秀，数学使人精细，物理学使人深沉，伦理学使

① 杨伯峻译注：《论语译注》，中华书局 1980 年版，第 18 页。
② 杨伯峻译注：《论语译注》，中华书局 1980 年版，第 185 页。
③ 王先谦：《荀子集解》，沈啸寰、王星贤点校，中华书局 1988 年版，第 12 页。
④ 杨伯峻译注：《论语译注》，中华书局 1980 年版，第 81 页。

人庄重，逻辑修辞则使人善变”[①]，可谓同得读书之要妙。

再说思。孔子之“思”，一是要学生深入思考文献的文化蕴含，不能只停留在表面的理解；二是要学生思考如何联系实际，学以致用。例如，孔子曾多次同学生讨论《诗经》，并谈了自己的认识，他说：“《诗》三百,一言以蔽之，曰：思无邪。”[②]他认为《诗经》的文化精神就是思想纯正。他还通过对《诗经》首篇《关雎》的分析来阐明这一观点，说：“《关雎》，乐而不淫，哀而不伤。”[③]在他的启发下，弟子们也纷纷谈了对《诗经》有关篇章的理解，如子贡对“如切如磋，如琢如磨”[④]句（《卫风·淇奥》）的认识，子夏对“巧笑倩兮，美目盼兮，素以为绚兮”[⑤]句（《卫风·硕人》）的认识，都能“举一隅而以三隅反”。对《尚书》的研读也是同样。当子张谈到《无逸》中所记载的殷高宗守孝，住在凶庐，三年不言一事时，孔子立即引导他说：“不仅殷高宗如此，古人都这样，国君死了，继承的君王皆三年不问政治，各部的官员听命于宰相。”[⑥]

而且，孔子还要求学生在理解文献的基础上，尽量将书本知识转化为实际工作的能力。这也是“思”的一个重要方面。他告诫弟子：“诵《诗》三百，授之以政，不达；使于四方，不能专对；虽多，亦奚以为？”[⑦]意思是说，虽然熟读《诗经》三百篇，但交给他政治任务却办不通，让他出使外国又不能独立地去谈判，这样的人即使书读得再多，又有什么用处？

---

① 培根：《培根随笔集》，曹明伦译，北京燕山出版社 2000 年版，第 197 页。

② 杨伯峻译注：《论语译注》，中华书局 1980 年版，第 11 页。

③ 杨伯峻译注：《论语译注》，中华书局 1980 年版，第 30 页。

④ 杨伯峻译注：《论语译注》，中华书局 1980 年版，第 9 页。

⑤ 杨伯峻译注：《论语译注》，中华书局 1980 年版，第 25 页。

⑥ 《论语·宪问》：“子张曰：‘《书》云：“高宗谅阴，三年不言。”何谓也？’子曰：‘何必高宗？古之人皆然。君薨，百官总己以听于冢宰三年。’”（杨伯峻译注：《论语译注》，中华书局 1980 年版，第 158 页）

⑦ 杨伯峻译注：《论语译注》，中华书局 1980 年版，第 135 页。

总之，在孔子认为，“终日不食，终日不寝，以思，无益，不如学也”[①]；而只学不思，又会被古人牵着鼻子走，即孟子所说的“尽信《书》，则不如无《书》”[②]。所以只有学而思，思而学，学思结合，才是唯一正确的读书方法。

四是温故与知新的关系。孔子说：“温故而知新，可以为师矣。”[③]这里含有两方面的意思：其一，复习旧的功课，便可以帮助理解新的内容，因为学习总有一个循序渐进的过程；其二，“温故”也指对已有知识和前人研究成果的掌握，“知新”则指新的发现和新的见解。孔子认为，只有教育学生全面了解某一学科的基础知识和学术进展情况，用今天的话来说便是要“进到学术前沿”，才能在此基础上有所发现，有所创新。这在今天，也仍不失为治学的至理名言。谁违背了它，都会受到惩罚。那些基础不牢便急于创立新说的人，要么其结论如空中楼阁，一推便倒；要么就是重复别人旧说，造成浪费。近年来学术研究上所出现的低水平重复问题，究其实，正是违背了孔子的这一教导。

孔子自己则为后人树立了一个“温故而知新”的榜样。例如，当子张问他十世以后之礼是否可以预知时，他便说道：“殷朝沿袭夏朝的礼仪制度，所废除的，所增加的，是可以知道的；周朝沿袭殷朝的礼仪制度，所废除的，所增加的，也是可以知道的。那么假定有继承周朝而当政的，就是此后一百代，也是可以预先知道的。”[④]熟悉历代礼制的损益情况便可以知道未来礼制的演变，这便是孔子“温故而知新”方法在礼制研究上的具体运用。

---

① 杨伯峻译注：《论语译注》，中华书局1980年版，第168页。

② 杨伯峻译注：《孟子译注》，中华书局1960年版，第325页。

③ 杨伯峻译注：《论语译注》，中华书局1980年版，第17页。

④《论语·为政》：“子张问：‘十世可知也？’子曰：‘殷因于夏礼，所损益，可知也；周因于殷礼，所损益，可知也。其或继周者，虽百世，可知也。’”（杨伯峻译注：《论语译注》，中华书局1980年版，第21—22页）

而如何“温故而知新”呢？孔子强调“学而时习之”[①]，即要经常地温习和实习，因为有些课程如“礼”（各种仪节）、“乐”（音乐）、“射”（射箭）、“御”（驾车）等，也是需要实习的。在不间断的温习中巩固和创新，这便是孔子教学生的基本治学方法。用孔子弟子子夏的体会来说就是，“日知其所亡，月无忘其所能”[②]，即每天知道所未知的，每月复习所已能的。

五是讲授与答疑的关系。孔子教学，主要是大班授课与个别辅导答疑两种形式。在讲授中，孔子总是尽可能多地教给学生一些知识，而对于自己还没有搞懂的事情，则轻易不下结论，宁肯存疑，这便是孔子在教学上所一贯主张的“多闻阙疑”[③]原则。

据《论语·述而》所记，孔子主要以“文、行、忠、信”[④]四种内容教学生。其所谓“文”即历代文献，所谓“行”即包括射、御、数等在内的社会实践。孔子在授课时，不但做到了“诲人不倦”，而且也能毫无保留。他曾对学生说：“你们这些学生以为我有所隐瞒吗？我对你们是没有隐瞒的。我没有一点不向你们公开，这就是我孔丘的为人。”[⑤]他是这样说的，也是这样做的。即使“厄于陈蔡”，他的心中也仍然想着那些尚留在老家的学生们，急着要回去给他们上课，并不时地念叨着：“归与！归与！吾党之小子狂简，斐然成章，不知所以裁之。”[⑥]

在辅导答疑方面，孔子更体现了中国传统的教学方法。《礼记·学

---

① 杨伯峻译注：《论语译注》，中华书局1980年版，第1页。

② 杨伯峻译注：《论语译注》，中华书局1980年版，第200页。

③ 杨伯峻译注：《论语译注》，中华书局1980年版，第19页。

④ 《论语·述而》：“子以四教：文，行，忠，信。”（杨伯峻译注：《论语译注》，中华书局1980年版，第73页）

⑤ 《论语·述而》：“子曰：‘二三子以我为隐乎？吾无隐乎尔。吾无行而不与二三子者，是丘也。’”（杨伯峻译注：《论语译注》，中华书局1980年版，第72页）

⑥ 杨伯峻译注：《论语译注》，中华书局1980年版，第51页。

记》云："善待问者如撞钟，叩之以小者则小鸣，叩之以大者则大鸣，待其从容，然后尽其声。"[①]孔子就是小叩小鸣、大叩大鸣的。这样的例子在《论语》中几乎随处可见。如孔子到了卫国，冉有替他驾车，孔子边走边说："好稠密的人口！"冉有接着问道："人口已经众多了，又该怎么办呢？"孔子说："让他们富裕起来。"冉有又问："富裕之后又该怎么办？"孔子说："教育他们。"[②]随着冉有提问的不断升级，孔子的回答也越来越深刻。再如子贡请问怎样才可以叫作"士"，孔子说"行己有耻，使于四方，不辱君命。可谓士矣。"子贡请问次一等的要求，孔子说："宗族称孝焉，乡党称弟焉。"子贡又问再次一等的，孔子说："言必信，行必果。"最后当子贡问到"今之从政者何如"时，孔子便直截了当地说出了自己的看法："噫！斗筲之人，何足算也！"[③]真是越提问到最后，回答便越加精彩。

当然，孔子对于自己没有研究的问题也决不会强不知以为知的。他严格遵守"知之为知之，不知为不知"的原则。他说：有的人不懂装懂，我是没有这种毛病的。[④]例如当樊迟向他请教有关种地和种菜的事情时，他便很坦率地说"吾不如老农"，"吾不如老圃"。[⑤]再如卫灵公请教有关军队布列之法，孔子也直言不讳地回答说："俎豆之事，则尝闻之矣；军旅之事，未之学也。"[⑥]

而尤值得称道的是，孔子无论上课还是答疑，都非常注意方式方

---

① 《礼记正义》，郑玄注，孔颖达疏，龚抗云整理，王文锦审定，北京大学出版社 1999 年版，第 1067 页。

② 《论语·子路》："子适卫，冉有仆。子曰：'庶矣哉！'冉有曰：'既庶矣，又何加焉？'曰：'富之。'曰：'既富矣，又何加焉？'曰：'教之。'"（杨伯峻译注：《论语译注》，中华书局 1980 年版，第 136—137 页）

③ 杨伯峻译注：《论语译注》，中华书局 1980 年版，第 140 页。

④ 《论语·述而》："子曰：'盖有不知而作之者，我无是也。多闻，择其善者而从之；多见而识之；知之次也。'"（杨伯峻译注：《论语译注》，中华书局 1980 年版，第 73 页）

⑤ 杨伯峻译注：《论语译注》，中华书局 1980 年版，第 135 页。

⑥ 杨伯峻译注：《论语译注》，中华书局 1980 年版，第 161 页。

法，循循善诱，从而让学生在轻松愉快的气氛中学到了知识，懂得了深奥的道理。如一次子路、曾皙、冉有、公西华等侍坐，孔子先是和蔼地启发他们谈了各自的抱负和志愿，然后再加以点评，并提出自己的意见。这样，弟子们不但了解了老师的志愿，也懂得了为国以礼、为人要谦逊的道理。而对于“其言不让”的子路，孔子虽不赞成他的自负和粗率，但出于爱心，也仅是微微一笑，而让学生自己去觉悟罢了。[①]

六是言传与身教的关系。孔子在教学中既重言传，又重身教，他将这两者结合得完美无缺。

首先，孔子既以学问教人，又以道德教人，并在人格上给学生树立了一个光辉的典范。孔子说：“君子不重，则不威；学则不固。”[②]他将庄重的人格、威严的仪表与学习的能否巩固联系在一起。而如何做到威严而不凶猛呢？孔子说：“君子正其衣冠，尊其瞻视，俨然人望而畏之，斯不亦威而不猛乎？”[③]在学生的心目中，孔子也确实是既威严肃穆而又温厚可亲的。学生们说他“温而厉，威而不猛，恭而安”[④]，子夏更称孔子有三变：“望之俨然，即之也温，听其言也厉”[⑤]。

其次，在治学方面，孔子也处处以身作则。他没有“意”“必”

---

① 《论语·先进》：“子路、曾皙、冉有、公西华侍坐。子曰：‘以吾一日长乎尔，毋吾以也。居则曰：“不吾知也！”如或知尔，则何以哉？’子路率尔而对曰：‘千乘之国，摄乎大国之间，加之以师旅，因之以饥馑，由也为之，比及三年，可使有勇，且知方也。’夫子哂之。‘求，尔何如？’对曰：‘方六七十，如五六十，求也为之，比及三年，可使足民。如其礼乐，以俟君子。’‘赤，尔何如？’对曰：‘非曰能之，愿学焉。宗庙之事，如会同，端章甫，愿为小相焉。’‘点！尔何如？’鼓瑟希，铿尔，舍瑟而作。对曰：‘异乎三子者之撰。’子曰：‘何伤乎？亦各言其志也。’曰：‘莫春者，春服既成；冠者五六人，童子六七人，浴乎沂，风乎舞雩，咏而归。’夫子喟然叹曰：‘吾与点也！’三子者出，曾皙后。曾皙曰：‘夫三子者之言何如？’子曰：‘亦各言其志也已矣！’曰：‘夫子何哂由也？’曰：‘为国以礼，其言不让，是故哂之。’”（杨伯峻译注：《论语译注》，中华书局1980年版，第118—119页）

② 杨伯峻译注：《论语译注》，中华书局1980年版，第6页。

③ 杨伯峻译注：《论语译注》，中华书局1980年版，第210页。

④ 杨伯峻译注：《论语译注》，中华书局1980年版，第77页。

⑤ 杨伯峻译注：《论语译注》，中华书局1980年版，第201页。

“固”“我”[①]的毛病，常能闻善而从。他虽然学问渊博，但还是坚持“三人行，必有我师焉：择其善者而从之，其不善者而改之”[②]。他入太庙，也总是“每事问”[③]，虚心向别人请教。他还曾向老子问礼，向郯子问官，向苌弘问乐，向师襄学琴。直到晚年，他仍是学而不厌，不知老之将至，“读《易》，韦编三绝”[④]。孔子这种好学的精神也深深地感染了他的学生们，我们看《论语》中所记，凡孔门弟子相聚，几乎都是在探讨学问，有些已经肄业的学生也仍然不时地来向孔子请教问题。

再次，孔子与学生之间始终都保持着一种亲密无间的关系，这既有利于身教，也利于言教。学生可以“当仁，不让于师”[⑤]，向孔子提出不同意见，甚至是尖锐批评。如孔子去见卫灵公夫人南子，子路不满之色便溢于言表，逼得孔子连连向天发誓：“予所否者，天厌之！天厌之！”[⑥]孔子有时也同学生们开开玩笑，调侃几句。如一次孔子来到子游作县长的武城，闻弦歌之声，便莞尔而笑曰：“割鸡焉用牛刀？”意思是说，治理这样一个小地方，用得着教育吗？不料子游马上就把老师的话顶了回去，说：“以前我听老师说过，做官的学习了就会有仁爱之心，老百姓学习了就容易听指挥。”于是孔子赶紧说道：弟子们，言偃（子游）的话是对的，我刚才的那句话不过是同他开了个玩笑罢了。[⑦]在其乐融融的气氛中，学生们既感受到了夫子的和蔼可亲，又再一次地聆听了老师的教诲。

---

① 杨伯峻译注：《论语译注》，中华书局 1980 年版，第 87 页。

② 杨伯峻译注：《论语译注》，中华书局 1980 年版，第 72 页。

③ 杨伯峻译注：《论语译注》，中华书局 1980 年版，第 28 页。

④ 司马迁：《史记》，裴骃集解，司马贞索隐，张守节正义，中华书局 1959 年版，第 1937 页。

⑤ 杨伯峻译注：《论语译注》，中华书局 1980 年版，第 170 页。

⑥ 杨伯峻译注：《论语译注》，中华书局 1980 年版，第 64 页。

⑦《论语·阳货》：“子之武城，闻弦歌之声。夫子莞尔而笑，曰：‘割鸡焉用牛刀？’子游对曰：‘昔者偃也闻诸夫子曰：“君子学道则爱人，小人学道则易使也。”’子曰：‘二三子！偃之言是也。前言戏之耳。’”（杨伯峻译注：《论语译注》，中华书局 1980 年版，第 181—182 页）

总之，正是由于孔子正确地处理了以上六个方面的关系，所以他在创立私塾的同时，也在教学方法上为后世树立了典范。而这些教学方法在经过了 2000 多年的检验后，直到今天也仍然是值得我们借鉴的。

2003 年 6 月

谈谈孔子的养生之道

孔子活了73岁，这在人的平均年龄只有三四十岁的春秋时期，应算是高寿了。而且，直到晚年，孔子的身体也还硬朗，思维也很清晰，71岁时还在作《春秋》。他虽然自叹“甚矣吾衰也”，也只是久“不复梦见周公”[①]而已，未见有什么大病。那么，孔子是如何养生的呢？概言之，主要有三个方面：

一、健康的饮食

常言道，病从口入。孔子的养生，首先是从对饮食的把关入手。具体地说，有“九不食”。据《论语·乡党》记，孔子的“九不食”是：

> 食饐而餲、鱼馁而肉败，不食。色恶，不食。臭恶，不食。失饪，不食。不时，不食。割不正，不食。不得其酱，不食。……沽酒市脯不食。不撤姜食，不多食。[②]

---

① 杨伯峻译注：《论语译注》，中华书局1980年版，第67页。

② 杨伯峻译注：《论语译注》，中华书局1980年版，第102—103页。

粮食霉烂发臭、鱼和肉腐败，孔子不吃。食物的颜色难看或味道难闻，孔子不吃。反季节的蔬菜即所谓“不时”之物（也有人释“不时”为不到吃饭之时），孔子更不吃。即使是正常的食物，如不按一定方法砍割的肉（即“割不正”），或烹调不当的食品（即“失饪”），或没有调味的酱醋佐餐，或从集市上买来的酒和肉干，孔子也不吃。而且，每次吃完饭，姜不能撤除，他还要再吃一点，但吃得不多。可以看出，孔子对食物的选择是十分严格的，也是符合现代的卫生标准的。尤其是对反季节食物的抵制，更是具有超前的意识。至于食姜的习惯，与时下流行的“冬吃萝卜夏吃姜”的说法，也颇相吻合。

除“九不食”外，孔子在饮食上还有三项原则，也皆见于《论语·乡党》：

一是“食不厌精，脍不厌细”①。所谓“精”，是指对食物加工得精；所谓“细”，是指对鱼和肉切得细。这样做有助于食物的消化和吸收。过去曾有人据此得出孔子生有胃病的结论，那不过是调侃之词罢了，我们从文献上并未见有孔夫子患胃病的记载。即使是周游列国期间，“厄于阵蔡”，绝粮七日，弟子饥馁皆病的情况下，孔子也依然讲颂、弦歌不止。这不能不说是得益于他平时对身体的养护。

二是“肉虽多，不使胜食气”②。“食气”即谷物做的饭料。这是说，席上的肉再多，吃它也不应该超过主食。这是非常有科学道理的。中华民族历来都是以谷物为主要食物的，其身体的消化功能也适应了这一特点。倘多食肉类，要么超出其消化能力，如《黄帝内经》所说：“饮食自倍，肠胃乃伤”③；要么造成肥胖，并诱发各种疾病，如《吕氏春秋》所说：“肥肉厚酒，务以自强，命曰烂肠之食。”④而孔子早在两

① 杨伯峻译注：《论语译注》，中华书局 1980 年版，第 102 页。
② 杨伯峻译注：《论语译注》，中华书局 1980 年版，第 102 页。
③ 郝易整理：《黄帝内经·素问·痹论》，中华书局 2011 年版，第 86 页。
④ 许维遹：《吕氏春秋集释》，梁运华整理，中华书局 2009 年版，第 17 页。

千多年前，就已经自觉地遵循以食谷物为主的饮食原则了。

三是“唯无量酒，不及乱”[①]。“乱”者，神志昏乱也。适当地喝一点酒对身体是有益的，但不能喝到神志昏乱的程度。在《论语·子罕》中，孔子还说过“不为酒困”[②]的话，也是同样的意思。后世的诸葛亮在他的《又诫子书》中，曾对孔子的这一饮酒原则作过阐释。他说：

> 夫酒之设，合礼致情，适体归性，礼终而退，此和之至也。主意未殚，宾有余倦，可以至醉，无致迷乱。[③]

所谓“合礼致情”，是指酒的社交功能而言；所谓“适体归性”，是指酒的养生功能而言。而无论就何种功能而言，饮酒的最高境界都是“和”，即人际关系的和谐与自己身心的和谐。倘一“及乱”，则酒的和谐境界全无。这就是孔子饮酒而“不及乱”的要义。

人的生病大都与饮食、冷暖、情志有关，把住了饮食之关，便是筑成了防御疾病的第一道屏障，同时也打下了增强体魄的良好基础。

二、良好的生活习惯

孔子良好的生活习惯，首先表现在他的日常起居上。孔子在社交场合虽然“正其衣冠，尊其瞻视，俨然人望而畏之”[④]，但在家闲居时却

---

① 杨伯峻译注：《论语译注》，中华书局 1980 年版，第 102 页。
② 杨伯峻译注：《论语译注》，中华书局 1980 年版，第 92 页。
③ 张连科、管淑珍校注：《诸葛亮集校注》，天津古籍出版社 2008 年版，第 111 页。
④ 杨伯峻译注：《论语译注》，中华书局 1980 年版，第 210 页。

是很随意的，用他自己的话来说便是“寝不尸，居不客”[①]。“寝不尸”即睡觉时不能像挺尸那样仰面朝天，而应侧卧，腿略弯曲，这与今天医家所提倡的睡姿是一致的。“居不客”则是说闲居不能像在外做客或在家接待客人时那样拘谨，而应该把自己放松。放松成什么样子呢？“子之燕居，申申如也，夭夭如也”[②]，即很整齐，又很和乐而舒展的样子。身体的放松有利于缓解肌肉的疲劳，并可加速血液的流动，对人的健康很有好处。孔子还说他“食不语，寝不言”[③]，即吃饭的时候不交谈，睡觉的时候不说话，这也是一种很好的习惯。因为边吃饭边说话，食物还来不及细嚼便下咽，会增加胃肠的负担。睡觉前交谈也容易令人兴奋，造成失眠。

其次是穿衣。孔子的着装很有讲究，会随着季节、场合的不同而变更，各种衣饰的搭配也很注意。如《论语·乡党》所记：

> 君子不以绀緅饰，红紫不以为亵服。当暑，袗絺绤，必表而出之。缁衣，羔裘；素衣，麑裘；黄衣，狐裘。亵裘长，短右袂。必有寝衣，长一身有半。狐貉之厚以居。……斋，必有明衣，布。[④]

孔子时代，黑色是礼服的颜色，所以近于黑色的“绀”（约为天青色）和“緅”（约为铁灰色）都不能用来做衣服的缘饰。红和紫是贵重的颜色，也不能用来做平常居家的衣服。暑天，为了透凉，孔子要穿粗的或细的葛布单衣；冬季，为了保暖，则着衣和裘，且两者的颜色还要相配。由于古人是反穿皮袄，所以黑色的衣要配紫羔的裘，白色的衣要配麑裘，黄色的衣要配狐裘。这样既暖和，又美观。孔子居家所穿

① 杨伯峻译注：《论语译注》，中华书局 1980 年版，第 107 页。
② 杨伯峻译注：《论语译注》，中华书局 1980 年版，第 67 页。
③ 杨伯峻译注：《论语译注》，中华书局 1980 年版，第 104 页。
④ 杨伯峻译注：《论语译注》，中华书局 1980 年版，第 99—101 页。

的裘也要做得稍长一些，且右边的袖子略短，这是为了劳作的方便。至于睡觉的被即所谓“寝衣”，为了舒适与保暖，其长度更达到了他本人身高的一又二分之一。据《史记·孔子世家》记载，孔子的身高为九尺六寸，约当今之2.2米（春秋时一尺约为23厘米），这样，孔子的被便要长到3.3米了。还有，孔子的坐垫是用狐貉的厚毛做成的，其斋戒沐浴时穿的浴衣则是用布做的。总之，在着衣方面，孔子既求符合礼仪，又要自己觉得舒适，冷暖相宜。

图13　吴道子画孔子像

再次是生活的恬淡。孔子虽然精神世界非常丰富，但物质生活却是十分清淡的。他“饭蔬食饮水，曲肱而枕之，乐亦在其中矣”[①]。即使是吃粗粮，喝冷水，弯起胳膊当枕头，他也感到十分快乐。他还说“君子食无求饱，居无求安”[②]，即作为君子，饮食不要求饱足，居住也不要求安适，而应把主要精力放到学问的增进上。此虽说的是“君子”，但他自己就是这样做的。他用“发愤忘食，乐以忘忧，不知老之将至”[③]来总结自己的“为人”，便是明证。大约在春秋时期，以药养生的习俗即已形成，而孔子对此则不以为然。据《论语·乡党》记，一次季康子给孔子“馈药”，大约是所谓补药之类，而孔子出于礼貌，虽“拜而受之”，却说：“丘未达，不敢尝。”[④]这与今天那些乱服保健品者，其智愚实不可同日而语。

---

① 杨伯峻译注：《论语译注》，中华书局1980年版，第70—71页。

② 杨伯峻译注：《论语译注》，中华书局1980年版，第9页。

③ 杨伯峻译注：《论语译注》，中华书局1980年版，第71页。

④ 杨伯峻译注：《论语译注》，中华书局1980年版，第105页。

三、高尚的道德

据《中庸》记载，孔子说“大德……必得其寿”[①]，《大学》也说“富润屋，德润身”[②]。可见“德”与人的健康长寿是息息相关的。而与孔子的长寿有着直接关系的道德元素，则主要是以下三点：

一曰“仁者寿”。孔子说：“智者乐水，仁者乐山。知者动，仁者静。知者乐，仁者寿。”[③]“仁”是孔子学说的核心，同时也是中华传统美德的重要组成部分。而“仁”的内涵虽然很多，但主要的还是“爱人”[④]。孔子从爱出发，主张“己所不欲，勿施于人”[⑤]，“己欲立而立人，己欲达而达人”[⑥]。他认为人与人之间相处，不但要做到自己所不喜欢的东西不能强加于人，而且自己要站得住也要让别人站得住，自己要发达也要让别人发达。这是何等博大的胸怀，又是多么高尚的爱心呀！鉴于此，前一句话便作为中国的名言而被镌刻在联合国大厦之上，以供全世界的人们学习。而“仁”既是做人的最高标准，同时也是一种崇高的精神境界，人一旦进入了这样的境界，不但精神上可以得到升华，就在身体上也可以获得舒展与愉悦，从而却病延年。这也就是《黄帝内经》上所说的“正气存内，邪不可干”“精神内守，病安从来”[⑦]之意。

二曰“不忧不惧”。孔子说：“君子不忧不惧。”[⑧]又说“仁者不

---

① 朱熹：《四书章句集注·中庸章句》，中华书局1983年版，第25页。

② 朱熹：《四书章句集注·大学章句》，中华书局1983年版，第7页。

③ 杨伯峻译注：《论语译注》，中华书局1980年版，第62页。

④ 杨伯峻译注：《论语译注》，中华书局1980年版，第131页。

⑤ 杨伯峻译注：《论语译注》，中华书局1980年版，第166页。

⑥ 杨伯峻译注：《论语译注》，中华书局1980年版，第65页。

⑦ 高士宗：《黄帝内经素问直解》，孙国中、方向红点校，学苑出版社2001年版，第512、3页。

⑧ 杨伯峻译注：《论语译注》，中华书局1980年版，第124页。

忧，知者不惑，勇者不惧”[①]。实际上这都是他的夫子自道。从医学上来说，人有七情，即喜、怒、忧、思、悲、恐、惊，而忧愁被认为是伤肺的，恐惧被认为是伤肾的，都于身体不利。孔子为何能做到“不忧不惧”呢？他说：“内省不疚，夫何忧何惧？”[②]意思是说，自己问心无愧，哪里还有什么忧愁和恐惧呢！是的，孔子一生，无论对民族、对家国、对亲朋、对弟子，都可以说是问心无愧的，所以他也不曾有过“忧”和“惧”。即使在周游列国途中，与弟子习礼大树下，宋国的司马桓魋欲杀孔子，拔其树，孔子也泰然说道：“天生德于予，桓魋其如予何？”[③]

三曰人生“三戒”。孔子说：“君子有三戒：少之时，血气未定，戒之在色；及其壮也，血气方刚，戒之在斗；及其老也，血气既衰，戒之在得。”[④]这“三戒”既是修德的座右铭，同时也是养生的至理名言。因为人在少年之时，身体、生理发育尚未完全成熟，如迷恋色情，放纵欲望，只会给身体带来损伤，甚至造成终身的遗憾，所以此时一定要戒“色”。壮年了，“血气方刚”了，又往往会一时性起，与人打斗，轻则肢体损伤，重则造成残疾，所以此时要戒“斗”。到了老年，一切器官、功能都处于衰弱状态，此时的人已经经不起折腾，倘贪得无厌、患得患失、殚精竭虑，只会催生各种疾病，从而加速衰老与死亡。所以人到了老年，决不可贪求名誉、地位与财货，只能让生命在平淡与自然中得以延伸，如同一条潺潺溪流缓缓汇入大海那样。

最后，顺便谈谈孔子之死。据《史记·孔子世家》记载，孔子卒于鲁哀公十六年（前479）四月己丑[⑤]，上距其出生的鲁襄公二十一

① 杨伯峻译注：《论语译注》，中华书局1980年版，第155页。
② 杨伯峻译注：《论语译注》，中华书局1980年版，第124页。
③ 杨伯峻译注：《论语译注》，中华书局1980年版，第72页。
④ 杨伯峻译注：《论语译注》，中华书局1980年版，第176页。
⑤ 司马迁：《史记》，裴骃集解，司马贞索隐，张守节正义，中华书局1959年版，第1945页。

年（前 551，此依《公羊》《穀梁》说），得年 73 岁。又据崔述《洙泗考信录》考证，周历之四月己丑，实当夏历之二月十一日。这就是说，孔子去世的准确时间为公元前 479 年的夏历二月十一日。依孔子的身体状况，他似乎还应再活得更久些，无奈他去世前的三四年间所发生的一系列事件，已无情地摧毁了他的健康。他 70 岁时，儿子孔鲤死；71 岁时，最优秀的弟子颜回死；72 岁时，爱徒子路又战死。他们的死，都给孔子带来了极大的悲痛。如颜回死，孔子不但"哭之恸"，而且还连连说："天丧予！天丧予！"[①]。用今天的话来说便是："老天爷要我的命呀！老天爷要我的命呀！"又据《礼记·檀弓》记载，子路死，被剁成肉酱，报信的人一告知孔子，孔子立刻命人将家中的一罐肉酱倒掉了，从此不再食肉酱。[②]可以想见，孔子内心的伤痛是多么的深重啊！

不仅如此，鲁哀公十四年（前 481）即孔子 71 岁时的"西狩获麟"，也给相信天命的孔子带来了又一次的打击。是年春，孔子正在作《春秋》，忽然传来消息，说有人在鲁城西面的"大野"打猎，获一怪兽。孔子视之为麟，并喟然长叹曰："吾道穷矣。"遂停止了《春秋》的写作。此事据《史记·孔子世家》《集解》引何休的解析说："麟者，太平之兽，圣人之类也。时得而死，此天亦告夫子将殁之证。"[③]麟出而死，即是"夫子将殁之证"，这怎能不令孔子哀叹呢！

果然，就在"获麟"后的第三年，也就是子路死后的第二年（子路死于鲁哀公十五年的闰十二月）夏历二月，孔子便生病了。这年的二月五日，他还能"扶杖逍遥于门"[④]，并接见了子贡，又对子贡说了昨

---

① 杨伯峻译注：《论语译注》，中华书局 1980 年版，第 112 页。

② 参见《礼记正义》，郑玄注，孔颖达疏，龚抗云整理，王文锦审定，北京大学出版社 1999 年版，第 174 页。

③ 司马迁：《史记》，裴骃集解，司马贞索隐，张守节正义，中华书局 1959 年版，第 1942 页。

④ 司马迁：《史记》，裴骃集解，司马贞索隐，张守节正义，中华书局 1959 年版，第 1944 页。

晚所做的一个有关死亡的梦，但七天后便去世了。

可以看出，孔子的死，与其晚年在精神上所遭受的一系列伤痛和打击是分不开的。孔子虽然一生问心无愧，“无忧无惧”，但人非草木，孰能无情！常人如此，圣人亦复如此。

2017 年 8 月

谈谈儒家的“慎独”精神

“慎独”是儒家人生修养的重要方法，也是衡量一个人道德水准的重要标志。而作为中国传统文化的一个组成部分，“慎独”精神对中国历代的廉政建设又起过十分重要且不可替代的作用。因此，深入探讨“慎独”精神的产生及其文化蕴涵，对于现代人的完美人格养成及其廉政建设，应是不无意义的。

一

“慎独”一词首见于《礼记》中的《大学》与《中庸》两篇。《大学》云：

> 所谓诚其意者，毋自欺也。如恶恶臭，如好好色，此之谓自谦。故君子必慎其独也！[①]

又云：

① 朱熹：《四书章句集注·大学章句》，中华书局1983年版，第7页。

小人闲居为不善，无所不至；见君子而后厌然，揜其不善，而著其善 。人之视己，如见其肝肺然，则何益矣。此谓诚于中，形于外。故君子必慎其独也。①

《中庸》云：

天命之谓性，率性之谓道，修道之谓教。道也者，不可须臾离也，可离非道也。是故君子戒慎乎其所不睹，恐惧乎其所不闻。莫见乎隐，莫显乎微，故君子慎其独也。②

《大学》之言“慎独”是从“诚其意”出发的，意谓自修者欲“诚其意”，“勿自欺”，知为善以去恶，从而得到自我满足，并成为君子，就必须“慎其独”。而小人则与之相反，他们闲居独处时无所不为，而一旦见到君子便将不好的一面掩藏起来，仅将好的方面示人。但这种掩盖是无益的，人们一眼便可以看到他的内心。所以，要做一个“诚于中，形于外”的君子就必须“慎其独”。《大学》从正反两个角度所反复强调的“慎其独”，其所谓“独”，实有两个方面的意思：一是“人所不知而己所独知之地也”③；二是“他人所不及知而己独知之者”④。什么意思呢？前者是指一个人处于独居的境地，后者是指一个人的内心有不为他人所知的思想；前者所强调的是独自的空间，后者所强调的是独自的意念。而君子对此两者都要“慎”。既要在独处的时候从行动上自觉地严于律己，又要将内心深处所出现的一些有悖于君子人格的思想苗头及时拨正。合而言之，即是“诚于中，形于外”。而

---

① 朱熹：《四书章句集注 · 大学章句》，中华书局 1983 年版，第 7 页。
② 朱熹：《四书章句集注 · 中庸章句》，中华书局 1983 年版，第 17 页。
③ 朱熹：《四书章句集注 · 大学章句》，中华书局 1983 年版，第 7 页。
④ 朱熹：《四书章句集注 · 大学章句》，中华书局 1983 年版，第 7 页。

这个“外”即外在的表现，既有在大庭广众之下的人与人相处，又有不为人所见的独处，当然后者是更重要的，也是更难做到的。这就是《大学》要反复强调“慎其独”的原因。

《中庸》则是从“性”“道”“教”的角度来谈“慎独”，而所着重者又是“道”。“道”，路也。引申以为人们必须遵循的人生准则。作为君子，即使在人们看不见、听不到的情况下也要保持戒慎，在隐蔽之处和细小的事情上也不可有离道的表现，这就要求君子必须“慎其独也”。用朱熹的话来说便是，“遏人欲于将萌，而不使其滋长于隐微之中，以至离道之远也”[①]。

《大学》和《中庸》言“慎独”，虽一本之“诚中”，一本之“遵道”，然都是教人在独处的时候严格要求自己，谨慎地对待自己的所思所行，既不做有违道义的事情，也不让有违道德和人类良心的邪念产生。这种“慎独”的精神经后儒的播扬，其内涵又不断丰富，不但成为一种修身的方法，更升华为一种高尚的情操和人生美好的精神境界，其影响一直延续于后世。

二

作为中国传统文化要素之一的“慎独”精神，其对中国人的完美人格养成起到了不可忽视的作用。具体说有三个方面：

一是对不良行为的抵制。这主要是指一个人在面对外界的诱惑如权、钱、色时，能够不为所动，从而避免不良行为的发生。一个人外表行为的发生，主要取决于其内心的意念；只要内心坚定了，确实做到“诚于中”，遵乎道，而不是自欺欺人，那么，他的外表行为一定

① 朱熹：《四书章句集注·中庸章句》，中华书局1983年版，第18页。

是合乎君子人格的。当然这种对不良行为的抵制在大庭广众之下是比较容易做到的，而关键是自己独处之时的表现。这就需要具有“慎独”精神了，因为“慎独”所凸显的正是人的自我约束能力。

举例来说吧。东汉时有位杨震，是个明经博览的儒学大师，曾被诸儒称为“关西孔子杨伯起”。据《后汉书》记载，一次，杨震在赴任途中道经昌邑（今山东省金乡县西北），其原来的学生王密时为昌邑令，“至夜怀金十斤以遗震”，且云“暮夜无知者”。杨震峻却之，并厉声曰：“天知，神知，我知，子知。何谓无知！”学生惭愧而出。可以说，杨震的“四知”正是对儒家“慎独”精神的最好诠释。由此也可以看出，“慎独”并非静态的意念自守，而是与外在的各种诱惑所进行的正义的较量和意志的考验。而一旦具备“慎独”精神了，不良行为便会远离自身，自己的完美人格也就得以养成。

二是对道德原则的自律。如果说对不良行为的抵制还仅限于个人的明哲保身的话，那么对道德原则的自律则已推及社会，即将社会的正义要求内化为自身的行为习惯。人是一切社会关系的总和。而道德则是人的社会行为规范。社会是复杂的，既有美，也有丑；既有光明，也有黑暗；既有正义，也有邪恶。“慎独”精神从道德自律的层面而言，便是要求人们发扬美的，揭露丑的；维护正义，鞭挞邪恶；从而让人们看到光明，看到希望，而不惧怕黑暗。在这里，发扬美的往往是比较容易做到的，而揭露和批判丑恶，则被许多人视为畏途。但对于一个诚心“慎独”、敢于坚持道德自律的人来说，则是义不容辞的。

也来举一个例。明朝嘉靖间有一位杨继盛，考中进士后曾累官至兵部员外郎，然因谏开马市及劾大将军仇鸾而被贬为狄道县（今甘肃省临洮县）典史。后仇鸾奸情败露而死，嘉靖皇帝思继盛之言，曾于嘉靖三十一年（1552）一岁之中，四迁其官，最后任职兵部武选司员外郎。而令继盛“骤贵”者，除嘉靖皇帝外，当时执政的大学士严嵩也起了一定的作用。然因杨继盛素谙奸相严嵩之为人，所以就任之后非但不表谢意，反而写出了著名的《请诛贼臣疏》，对严嵩提出弹劾。[①]这在一般人来说似乎不好理解，但却是符合儒家“慎独”精神的，因为对奸邪的揭露和批判，正是道德自律者的责任，亦即孔子所说的“见义不为，无勇也”[②]。而杨继盛所留下的那副“铁肩担道义，疏（一作辣）手著文章”的著名联语，正是他道德自律的生动写照。

三是对精神境界的升华。如果说对不良行为的抵制是“慎独”的外表显现，对道德原则的自律是“慎独”的理性自觉的话，那么，作为“慎独”的最高境界则是人的精神升华。

精神境界的高低往往决定着人格的高下。一个人出身有差异，能力有大小，际遇有穷达，但只要能本之“慎独”的精神，“穷则独善其身，达则兼善天下”[③]，“富贵不能淫，贫贱不能移，威武不能屈”[④]，其精神境界便是高尚的，而这样的人也就是君子了。反之，不能坚守“慎独”的人，得志猖狂，失志妄为，即使官再高，业再大，也仍是小人。孔子所谓“君子固穷，小人穷斯滥矣”[⑤]，正是在精神境界的高低上对君子和小人所作的区分。

古今由“慎独”而使精神境界升华者也不乏其人，唐代的杜甫便是其中的一个。杜甫虽未至高官，且其一生颠沛流离，艰苦备尝，但作为一个“奉儒守官”并深谙儒家“慎独”精神的诗人，其精神境界却是十分高尚的。进一步说，他的精神境界还要高过一般的儒者。例如，杜甫不管穷达，都要兼善天下。他不但在意气风发时要“致君尧舜上，再使风俗淳”[⑥]，就是到了穷困潦倒时也要“穷年忧黎元，叹息肠

---

① 事见《明史·杨继盛传》，张廷玉等：《明史》，中华书局1974年版，第5535—5542页。

② 杨伯峻译注：《论语译注》，中华书局1980年版，第22页。

③ 杨伯峻译注：《孟子译注》，中华书局1960年版，第304页。

④ 杨伯峻译注：《孟子译注》，中华书局1960年版，第141页。

⑤ 杨伯峻译注：《论语译注》，中华书局1980年版，第161页。

⑥ 杜甫：《奉赠韦左丞丈》，载高步瀛选注：《唐宋诗举要》，上海古籍出版社1978年版，第40页。

内热”[1]。他即使在“幼子饥已卒”[2]的情况下，仍是“默思失业徒，因念远戍卒”[3]。儒家倡导“己欲立而立人，己欲达而达人”[4]。杜甫虽然未“立”，更未能“达”，甚至连自己所居住的茅屋也被秋风所破，但他所想到的却是“安得广厦千万间，大庇天下寒士俱欢颜”[5]。这已不单是对不良行为的抵制和对道德原则的自律，而是一种更自觉、更高尚的精神境界了。而这种精神境界的形成，虽与其出身及经历有关，但也反映出他对儒家“慎独”精神的坚守。

质言之，“慎独”精神可以从外在表现、理性自觉及精神境界三个方面来养成人的完美人格。而这种完美人格也就是儒家所津津乐道的君子。显然，儒家的“慎独”既不同于道家的“坐忘”，也不同于佛家的“坐禅”。作为一种修身方法，“慎独”精神是积极的、入世的、利他的，是将自己的身心与客观世界紧密相连的，因而也是应该值得肯定的。

三

现在来谈谈“慎独”精神对廉政建设的意义。

中国传统文化认为，高尚人格是为官之前提。换言之，一个人应该先学会做人，然后再去做官，这样的官才是好官，反之则是贪官

---

① 杜甫:《自京赴奉先县咏怀》，载高步瀛选注:《唐宋诗举要》，上海古籍出版社 1978 年版，第 46 页。

② 杜甫:《自京赴奉先县咏怀》，载高步瀛选注:《唐宋诗举要》，上海古籍出版社 1978 年版，第 47 页。

③ 杜甫:《自京赴奉先县咏怀》，载高步瀛选注:《唐宋诗举要》，上海古籍出版社 1978 年版，第 47 页。

④ 杨伯峻译注:《论语译注》，中华书局 1980 年版，第 65 页。

⑤ 杜甫:《茅屋为秋风所破歌》，载高步瀛选注:《唐宋诗举要》，上海古籍出版社 1978 年版，第 227 页。

或酷吏。而“慎独”精神恰恰是要教人做一个“诚于中，形于外”的君子，即好人。一个人如果做官前能“慎独”，做官后仍能坚持“慎独”，那么这样的官便是清官，这样的从政也便是廉政了。

所谓“廉政”，一般多指勤政爱民与清正廉洁，而其最高境界则是高风亮节。以下便分别谈谈“慎独”精神与这三者的关系。

先说勤政爱民。政治是管理众人之事，而众人便是民。因此，勤政与爱民实际上是一回事，即要求为官者应为民众谋福祉，而且还要勤勤恳恳。正如毛泽东同志曾经说过的，政治路线确定之后，干部就是决定的因素。同样，为民的宗旨确定之后，为官者也就是决定的因素了。各级官员，无论方面大员还是下层胥吏，他们或独处一方，或各司其事，爱民宗旨的落实，实际全靠他们的主观努力。而官员主观能动性的发挥又与“慎独”精神是分不开的。在这里，“慎独”精神既要求官员们无忘为民的宗旨，又要求官员们夙夜匪懈，勇于承担起为民的责任，以不负国家的委托和自己的良心。历代许多为民众所爱戴的官员就是这样做的。

就拿苏轼来说吧，他自21岁举进士，26岁开始做官以来，虽基本上没有交过什么好运，然其为民的宗旨却是一贯坚守的，而且从不懈怠。他在密州积极组织灭蝗并抚养弃孩数千人，在徐州亲率民众抗洪救灾，在杭州组织疏浚西湖，在颍州谏开丈八沟以阻止害民工程，在扬州提出六项减免积欠和缓交积欠的建议，在惠州用陶管引蒲涧山滴水岩之水以供广州居民饮用，即使在登州仅居官五天也要上书朝廷乞罢登莱榷盐。他的这种“视民如视其身”[①]的做法，纯属发自内心的“至诚”[②]，亦即“诚于中，形于外”的“慎独”精神的体现。

再说清正廉洁。所谓“清正”，是指心意清而作风正；所谓“廉

① 苏轼：《既醉备五福论》，《苏轼文集》卷二，孔凡礼点校，中华书局1986年版，第51页。

② 苏轼：《既醉备五福论》，《苏轼文集》卷二，孔凡礼点校，中华书局1986年版，第51页。

洁”，是指洁身自好，拒腐不沾。这就要求为官者既要在行动上抵制不良行为的诱惑，不谋一己之私；同时其内心深处又须明如镜，清如水，不生任何杂念。这对官员来说，是要经历严峻考验的。因为各级官员，尤其是“一把手”，他们的工作都具有相对的独立性，在很多情况下往往是一个人说了算，这样一来，他们的任何杂念、任何不良行为，不但会招致工作上的失误，也将使他们的人格蒙受耻辱。即使一时能“揜其不善而著其善”，但充其量也不过是内小人而外君子而已，而且终究还是会败露的。只有始终坚守“慎独”精神者，才能真正做到清正廉洁，从而不辱自己的人格和使命。

清代乾隆朝的名相刘统勋就是这样的一位官员。刘统勋曾被乾隆皇帝称为“真宰相”[①]，他的为官，除了帮助皇帝决疑定计、治水安民以及按事明断、严惩贪官外，很主要的一个特点便是清正廉洁。据昭梿《啸亭杂录》(卷二)记，有位任巡抚的“世家子”年底派人致送千金，刘统勋正色对来人说：“汝主以世谊通问候，其名甚正。然余承乏政府，尚不需此，汝可归告汝主，赠诸故旧之贫窭者可也。”[②]又有贵郎昏夜叩门，欲有所馈，刘统勋索性拒而不见。次早至政事堂，呼其人至，责曰：“昏夜叩门，贤者不为。汝有何禀告，可众前言之，虽老夫过失，亦可箴规也。”吓得其人“嗫嚅而退”。[③]他虽贵为“阁老”，然平日生活也极其简朴。据王培荀《乡园忆旧录》(卷二)记，刘统勋“官愈尊而贫如故，第宅不修，车马不饰。贵后，老仆犹呼十二叔，有教以呼大人者，公闻大怒。……尝因籍没，无家资，耕田四驴入官。后命赏还家产，四驴在县已饿毙，县令买四健驴以偿”[④]。正是基于此，

① 《清史稿・刘统勋传》，中华书局 1977 年版，第 10466 页。

② 昭梿：《啸亭杂录》，何英芳点校，中华书局 1980 年版，第 49—50 页。

③ 昭梿：《啸亭杂录》，何英芳点校，中华书局 1980 年版，第 50 页。

④ 王培荀：《乡园忆旧录》，蒲泽校点，严薇青审定，齐鲁书社 1993 年版，第 90、106 页。

所以他死后又被乾隆帝誉为“终身不失其正”[①]，并不待礼部议，直接赐其谥号曰“文正”[②]。他家的堂号也被称为“清爱堂”。

最后谈谈官员的高风亮节，这是为官的最高境界。一个官员，无论职位高低，只要能秉持“慎独”精神，养成完美人格，并将这种人格外现为官格，那么他的高风亮节便可以昭著于世了。三国时期的诸葛亮就是这方面的典范。

诸葛亮曾位至蜀汉丞相，刘备死后，又摄一国之政，可谓权大无比了。然他“专权而不失礼，行君事而国人不疑”[③]。为什么呢？就因为他能做到“慎独”。他不但淡泊名利，拒受“九锡”，拒不“晋爵称王”，而且遇事还能引咎自责，甚至自请处分，自贬官级。他对部下完全出以公心，赏罚分明，“善无微而不赏，恶无纤而不贬”[④]，以致连受处分者都毫无怨言。他对子弟严格要求，其嗣子诸葛乔自东吴入蜀后，即令其督兵传运粮草于谷中，并最终以身殉职（死时年仅25岁）。[⑤]他对自己的财产也完全透明，其“随身衣食，悉仰于官，不别治生”[⑥]，即除官方的供给外，再未经营任何产业，也没用其他的经济来源。更为难得的是，他还主动公布了自己的家产，即“桑八百株，薄田十五顷”[⑦]。这在1700多年前的蜀国，充其量也不过是一份中人之产。但就是对这样一份家产，他临终之前还提出了处置的原则：“臣死之日，不使内有余帛，外有赢财。”[⑧]即除了子弟衣食之外，其“余饶”部分全部上交国家。这种由官员主动申报财产的做法，直到今天仍难以实行，

① 《清史稿·刘统勋传》，中华书局1977年版，第10467页。
② 王培荀：《乡园忆旧录》，蒲泽校点，严薇青审定，齐鲁书社1993年版，第108页。
③ 陈寿：《三国志·诸葛亮传》，裴松之注，中华书局1959年版，第934页。
④ 陈寿：《三国志·诸葛亮传》，裴松之注，中华书局1959年版，第934页。
⑤ 陈寿：《三国志·诸葛亮传》，裴松之注，中华书局1959年版，第931页。
⑥ 陈寿：《三国志·诸葛亮传》，裴松之注，中华书局1959年版，第927页。
⑦ 陈寿：《三国志·诸葛亮传》，裴松之注，中华书局1959年版，第927页。
⑧ 陈寿：《三国志·诸葛亮传》，裴松之注，中华书局1959年版，第927页。

而 1700 多年前的诸葛亮就已经这样做了。仅此一点，便足以成就诸葛亮的高风亮节。

总之，“慎独”精神作为修身方法，它与作为思维方式的中庸之道一样，同为儒家的看家本领，也同为中国传统文化中的精华。今天，面对越来越纷繁的客观世界和无处不在的诱惑，“慎独”精神更显得格外重要。我们应该继承这一宝贵的文化遗产，并让它在人格修养和廉政建设方面发挥出应有的作用。

2013 年 3 月

中庸之道及其当代价值

提起中庸之道，很多人往往会将它与折中调和、不偏不倚、不左不右、不说好也不说坏的老好人思想以及与世无争、不求进取的人生哲学联系在一起。尤其在20世纪的“批林批孔”运动中，中庸之道更被当作批判的重点，以致到了今天，在有些人的心目中，“中庸之道”仍然是一个贬义词。其实，这样的认识是很不正确的。实事求是地说，中庸之道不但是孔门的看家本领，同时也是人生处世的真谛，更是社会发展所应遵循的准则。我们今天要坚持科学发展观，要建设和谐社会，都是可以借鉴中庸之道的。换言之，中庸之道是中国传统文化中的一处亮点，是中国古人留给我们的一笔宝贵的文化遗产。

一、作为孔门看家本领的中庸之道

谓中庸之道为孔门的看家本领，其说来自宋代的大理学家程颐。程颐在为《四书·中庸》第一章所作的“提示”中说：

> 此篇乃孔门传授心法，子思恐其久而差也，故笔之于书，以授孟子。其书始言一理，中散为万事，末复合为一理。放之则弥六合，卷之则退藏于密，其味无穷，皆实学也。善读者玩索而有

得焉，则终身用之，有不能尽者矣。[①]

所谓“心法”，是指口授心得的方法，非笔墨所能尽传。而中庸之道便是孔门靠口授而传于后代的一种心法。只是到了孔子的孙子子思那里，担心年代久了传授会有差错，所以才把它整理成书，并经子思的学生又传给了孟子。程颐还认为，《中庸》一书意味无穷，都是实实在在的学问，可用于实践，而这种学问是人一辈子也用不完的。

那么，何谓“中庸之道”呢？所谓“中”，即正的意思；所谓“庸”，即常的意思（也有人释“庸”为用）。而所谓“中庸之道”，即中正之常道，也就是人们经常遇到的、时时应遵守的一些普遍的道理。“中庸”既是孔门所创立的一种伦理道德学说，同时又是孔门处理大小一些事情的原则和方法论，故于孔门具有非同一般的意义。孔子说：“中庸之为德也，其至矣乎！民鲜久矣。”[②]又说：“君子中庸，小人反中庸。”[③]可见，在孔子认为，中庸是一种最完美的道德，它甚至已成为区分君子与小人的标准。但能够做到中庸的人却实在太少了。在孔子心目中，只有远古的圣君舜能做到这一点，还有孔子的高足颜回也能“择乎中庸”[④]，并时时服膺它。

下面我们便来看看孔子所说的“中庸”即中正之常道的具体内涵。《论语·先进》记：

子贡问：“师与商也孰贤？”子曰：“师也过，商也不及。”曰：“然则师愈与？”子曰：“过犹不及。”[⑤]

---

① 朱熹：《四书章句集注·中庸章句》，中华书局1983年版，第17页。
② 杨伯峻译注：《论语译注》，中华书局1980年版，第64页。
③ 朱熹：《四书章句集注·中庸章句》，中华书局1983年版，第18页。
④ 朱熹：《四书章句集注·中庸章句》，中华书局1983年版，第20页。
⑤ 杨伯峻译注：《论语译注》，中华书局1980年版，第114页。

此记孔子弟子子贡与老师的一段对话。子贡问孔子：“颛孙师（子张）和卜商（子夏）两个人，哪个要强一些呢？”孔子回答：“颛孙师做起事来有些过分，而卜商做起事来常常达不到。”子贡又问：“那么，是否可以说颛孙师要好一些呢？”孔子肯定地说：“做事情过了头和达不到，同样是不可取的。”

图 14　曲阜孔庙藏明代石刻：孔子在鲁桓公庙中观欹器而论中庸之道

这就是人们常说的“过犹不及”。而“过犹不及”便是孔子中庸思想的精髓。当年鲁桓公庙中有个欹器，虚则倾斜，水满则覆，只有当水注入到一定程度时才能保持正的姿态。孔子即以此来向弟子们讲解“过犹不及”的道理。

我们知道，人们在处理各种事情的时候，不外有三种情况：一是做过了头；二是未能达到；三是恰到好处。而孔子的中庸之道便是要追求这种恰到好处的效果，要把握事物发展的最佳状态。也就是说，处理任何事情都要把握一个“度”，既不能过分也不能达不到；只有“适度”了，才能叫“中庸”，事情也才能做得好。孔子便把这种最合适的“度”，也就是处理各类事情的最佳做法，称作“中”。而这个“中”，当然不是正中间，不是半斤八两（十六两制），不是绝对平均，它应该是一个求得事物各方面平衡的平衡点。找到这个平衡点了，事物便能够平衡与和谐。

举例来说，这好比用旧式的杆秤来称东西（将重量用长度来显示，这是中国人的一大发明）。秤杆的一头是物体，一头是秤砣，人们手提称系，靠移动秤砣的方式来使这两者保持平衡。根据物体的重量，秤砣也许会偏左，也许会偏右，但最终总能找到一个平衡点。而一旦这种平衡达成了，则不但物体与秤砣间和谐了，买者与卖者间的关系也就和谐了。这就是中庸之道。倘没有这种平衡，则买者与卖者间便会发生争执，不可能和谐了。可见，所谓“中庸”，便是根据事物的客观情况，通过不断的调整以求得一种平衡；而这种平衡既不是搞平均主义（如同将秤砣直接放在秤杆中间一样），也不是一成不变的，它应该是一种动态的平衡。显然，要做到中庸，必须反对三种倾向，即“过”“不及”还有折中。

再以数学上的“黄金分割”为例来说。所谓“黄金分割”，是说将一条直线分为两部分，要使其中一部分对于全部的比，等于其余一部分对于这部分的比。这样的比例关系容易给人以美感。例如图画的构图、报纸的排版、公园的建造，以及工艺美术或日用品的长度与宽度之比，实际上都遵循着“黄金分割”的原则。倘非如此，人们就会觉得不美。比如一个茶杯，假如高度与宽度比例失调，便会很难看。今人通过计算得知，这种比值大约为 0.618。具体说，大致以 2:3 或 3:5 或 5:8 或 8:13 为恰到好处，而这样的比值便是事物比例的最佳方案。换言之，即合乎“中庸”了。如果有谁将这种比例的关系随意改动，则无论是比值大于 0.618，还是小于 0.618，其产生的效果都是不美的。这也就是孔子所说的“过犹不及”。这种“黄金分割”方法还被运用于“优选法”。其所谓“优选”，实际上也是要以合乎“中庸”为优。

类似的事例还有很多。比如我们配眼镜，也是要适“度”，度数高了不行，度数低了也不行，只有恰如其分，才能达到最佳效果。再如人的饮食营养，也有个“度”的问题。营养不良，面黄肌瘦，固然容易得病；而营养过剩，引起肥胖，也会给人带来各种疾病（如高血压等）。这就是“过犹不及”。又如医生给病人治病，自然要对症下药，但下药的分量却是因人而异的，尤其是中药方，一味药用到几钱，那是大有讲究的，分量轻了，不能治病，分量过了又会产生副作用，甚至还会起到相反的作用。比如单味的黄芪，一次用量少于 10 克会升血压，而多于 10 克，则又会降血压了。诸如此类的例子，在我们的日常生活中经常见到，这也说明了中庸之道的“实学”性质。

如何才能达到“中庸”呢？《论语・子罕》中记载了孔子的做法：

子曰：“吾有知乎哉？无知也。有鄙夫问于我，空空如也。我叩其两端而竭焉。”①

孔子说：“我有知识吗？没有哩。有一个庄稼汉来向我请教问题，我本是一点也不知道的。但我从他所提问题的两端去盘问他，得到了正确的结论，然后告诉他。”在孔子认为，“叩其两端而竭焉”便是达到“中庸”的最佳途径。而所谓“叩其两端”，就是说在解决问题时，先要看它的首尾，或者说先研究它的正反两个方面，先预计到它的两个极端即“过”与“不及”，然后再由两头往中间靠，经过不断的调整，以求得一个最佳方案。这有点类似于今天文艺比赛的评分。评分时往往有多个评委打分，但为了公平合理，必须去掉一个最高分，去掉一个最低分，然后将其余的分数相加再除以其余的人数，这样才能得出一个比较正确的结论。在这里，最高分便是“过”，最低分便是“不及”，两者都是不可取的。再比如我们开会研究问题，有时往往是两种意见争持不下，会议出现僵局。这时候主持会议的人就要注意了，要

① 杨伯峻译注：《论语译注》，中华书局 1980 年版，第 89 页。

分析哪种意见是“过”，哪种意见是“不及”，然后“叩其两端”，提出一个相对合理而又双方都能接受的方案来。外交谈判也是如此，也是先“叩其两端”，即明确双方的利益所在，然后逐步由两头往中间靠拢，最后找一个平衡点，达成一个双方都能接受的协议。这个平衡点即是中庸。国际上都说中国人很善于谈判，我想这应该与中国人长期受中庸思想的影响有关吧！

为了能确保达到“中庸”，与“叩其两端”相联系，孔子还提出了“攻乎异端”的主张。《论语·为政》记孔子的话说：“攻乎异端，斯害也已。”[①]意思是说，批判那些不正确的议论，祸害就可以消灭了。在这里，“异端”不是指不同的学说，因为孔子在时，诸子百家还没有出现，所以“异端”只能是指那些不正确的议论，即在处理问题时那些“过”与“不及”的偏于两端的议论。由于这些议论影响着人们的正确思维，妨碍“中庸”，所以必须先将其廓清。

后世也有这种情况。例如20世纪50年代的“大跃进”，当时就有两种“异端”：一种是“人有多大胆，地有多大产”，这是“过”；一种是“小脚女人走路”，这是“不及”。但遗憾的是，当时“攻乎异端”的人只批判了后一种倾向，而没有批判前一种倾向，结果助长了浮夸风，并最终导致了“大跃进”造成的损害。如果要总结教训，未能坚持中庸之道应该算是一条。

以上就是作为孔门看家本领“中庸之道”的主要内容。其实，中庸之道的形成也是经历了一个很长的过程的。早在五帝时期，尧、舜、禹就以“允执其中”作为治世的理念。《论语·尧曰》记：

> 尧曰：“咨！尔舜！天之历数在尔躬，允执其中。四海困穷，

---

① 杨伯峻译注：《论语译注》，中华书局1980年版，第18页。

天禄永终。”舜亦以命禹。[①]

尧告诫舜，让舜“允执其中”，而舜也以同样的话告诫禹。所谓“允执其中”，即诚实地保持着那正确的做法。据孔子说，舜后来的确是做到了。《中庸》记：

子曰：“舜其大知也与！舜好问而好察迩言，隐恶而扬善，执其两端，用其中于民，其斯以为舜乎！”[②]

孔子说：“舜可以算是一个有大智慧的人了。舜喜欢向别人请教又善于体察一些浅近之言，包涵别人的短处而阐扬别人的长处，能把握过与不及两个方面，将正确的意见施行于民，这就是舜之所以能成为舜的原因吧！”

《孟子·离娄下》还记孟子的话说：“汤执中。”[③]可见，商汤也坚持了“执中”的原则。

周初，周公在《尚书·酒诰》中又提出了“作稽中德”[④]的思想。“作”，即行事，“稽”，《广雅·释诂》及王念孙《疏证》训为合[⑤]；而“作稽中德”即行事正确，合于中德。周公的出发点虽意在告诫康叔不要饮酒过分，但实际上已成为“中庸”思想的滥觞，并影响到了此后的孔子。

孔子的“中庸”思想到了他的孙子子思那里又有所发展。《中庸》说：

---

① 杨伯峻译注：《论语译注》，中华书局 1980 年版，第 207 页。

② 朱熹：《四书章句集注·中庸章句》，中华书局 1983 年版，第 20 页。

③ 杨伯峻译注：《孟子译注》，中华书局 1960 年版，第 191 页。

④ 曾运乾：《尚书正读》，中华书局 1964 年版，第 175 页。

⑤ 王念孙：《广雅疏证》，钟宇讯点校，中华书局 1983 年版，第 64 页上栏。

> 喜怒哀乐之未发，谓之中；发而皆中节，谓之和。中也者，天下之大本也；和也者，天下之达道也。致中和，天地位焉，万物育焉。[①]

意思是说，喜怒哀乐的情感尚未表现出来的时候叫“中”，表现出来而又合乎常理叫“和”；“中”是天下的根本，“和”是天下的普遍原则。达到了“中和”的境界，一切便会处于和谐之中，天地万物都能各得其所。显然，子思已将孔子的“中庸”又发展为“中和”，由道德说与方法论又引申为宇宙观了。

由“允执其中”到“作稽中德”，再到“中庸”与“致中和”，这便是孔门“中庸之道”的渊源及其发展轨迹。而后世的孔氏家族便是靠了这样的处事原则来应对他们所遇到的一切问题，从而使其家族在无数次的政权更迭中保持着自己的特权与地位。例如，清人入主中原后，原本重“夷夏之大防”的孔氏家族，却能同时赢得清朝政权与汉族知识分子这对立的两者的认可，从而继续保有其家族的利益与荣誉，这便不能不说是得益于“中庸之道”了。

二、中庸之道是处理人的本身及人与人关系的准则

按照中国传统医学的观点，人体必须保持阴阳平衡，否则便会生病。例如，一旦阳盛便会出现身热喜凉、狂躁不宁、面色潮红、口唇燥裂、口干烦渴、小便短赤、舌质红绛、苔色黄腻等症状；一旦阴盛则会出现面色苍白、形寒肢冷、心腹冷痛、大便溏泻、口唇青紫、小便清长、舌淡苔白等症状。一般地说，阳盛的热证，要选用寒凉的药

① 朱熹：《四书章句集注·中庸章句》，中华书局1983年版，第18页。

物以清热；阴盛的寒症，要选用温热的药物以祛寒。而无论“清热”还是“祛寒”，都要适可而止、恰到好处，否则便会走向反面，又出现了新的阴阳失调。这里就有一个中庸之道的“度”的问题了。而且，有些虚热火旺的症状（如手足心热、口舌生疮），看起来像是阳盛，实际是阴虚；有些虚寒的症状（如自汗、虚喘），看起来是阴盛，实际是阳虚。对于前者，就不能清热，而应该滋阴；对于后者，也不能祛寒，而应该补阳。这就是《黄帝内经》所说的“治寒以热，治热以寒”，“盛则泻之，虚则补之”。[①]而“泻”到什么程度，“补”到什么程度，都必须以人体的阴阳平衡为准则。有些人盲目乱补，以为凡补药都是好的，结果成了孔子说的“过犹不及”，旧病未好，新病又添。可见，中庸之道对人的养生也是具有指导意义的。

再如劳逸结合的问题。有些人只知道拼命工作，天天熬夜，结果闹得疾病缠身，甚至英年早逝；有些人则怕苦怕累，只知道保命，到头来一事无成。如何处理好劳与逸的关系？这里边也有一个“度”的问题。我们应该根据各人自己的情况（包括不同的年龄段），将劳与逸的关系调整到一种最佳的状态，而这种最佳状态便是中庸。

还要看到，人的本身也是有两重性的，即动物性与社会性。这两者是并存的，既矛盾斗争，又对立统一，并在矛盾斗争中推动社会的发展。人是由动物进化而来的，动物的一些欲望如食欲、性欲，都还在人身上保存着。正如《礼记·礼运》所说：“饮食男女，人之大欲存焉。”[②]《孟子》书中也引告子的话说：“食色，性也。”[③]而人又是社会化的人，都生活在一定的社会之中，所以人又是有思想和精神的。两者缺一不可。假如只有社会性，没有动物性，单纯为某种理念而活，冻

① 郝易整理：《黄帝内经·素问·至真要大论》，中华书局2011年版，第174、177页。

② 《礼记正义》，郑玄注，孔颖达疏，龚抗云整理，王文锦审定，北京大学出版社1999年版，第689页。

③ 杨伯峻译注：《孟子译注》，中华书局1960年版，第255页。

死、饿死也不起来改变现状，那社会就不会有变革，不会有进步，甚至人类也不能继续繁衍。假如只有动物性，没有社会性，人便单纯为食、色而生存，成了赤裸裸的动物，社会就会大乱。所以人身上的动物性与社会性必须和谐统一。而人身上的动物性究竟应占多大比重？社会性又占多大比重？这里又有一个“度”的问题了。有些人贪污腐败，胡吃海喝，淫乱不堪，这说明他们身上的动物性比重已经太大了。换言之，是往动物方面回归了。一般地说，在社会安定时期，人的社会性比较明显；而当社会变革时，人的动物性就突显出来了。如何正确地处理好这两者之间的关系，使其保持和谐平衡的状态，又必须借助中庸之道。

这里还涉及一个人格修养的问题。儒家认为修养最好的人方可称为“君子”，而什么样的人才能称得上是“君子”呢？《论语·雍也》记孔子的话说：

> 子曰：“质胜文则野，文胜质则史。文质彬彬，然后君子。”[①]

意思是说，朴实多于文采，就未免粗野；文采多于朴实，又未免虚浮。只有文采和朴实配合适当，才能算是君子。这里，孔子所谓“文质彬彬”，是要求人既文雅又朴实（这与后来以“文质彬彬”为文雅有礼有所不同），而文雅与朴实在一个人的身上如何和谐统一，“文”与“质”两者之间的“度”又如何把握，也要靠中庸之道来加以调适。

以上说的是中庸之道与人体本身的关系。下面再谈谈中庸之道在处理人与人关系方面的指导意义。

人是一切社会关系的总和。如何处理好人与人之间的关系，包括亲情关系、友情关系、爱情关系，以及上下级间的关系、同事间的关

---

① 杨伯峻译注：《论语译注》，中华书局 1980 年版，第 61 页。

系、邻里间的关系，实在是一门大学问。这一系列的关系对中国人来说，似乎又显得格外重要。如果说西方文明所注重的是人与物之间的关系，阿拉伯文明所注重的是人与神之间的关系，那么中国人所最注重的便是人与人之间的关系了。

人与人之间究竟应该保持多大距离？记得鲁迅先生在一篇文章中曾举过一个豪猪的例子。豪猪身上长满了刺，它们怕冷，冬天要挤在一起取暖。但距离远了，相互间借不着热气；距离近了，它们身上的刺又会扎着彼此的身体。于是经过不断的调整之后，终于找到了一个合适的距离，既能互相取暖又不会伤害到对方。这个合适的距离也就是中庸之道所说的最佳状态。人与人之间的关系也有这个问题。不同的人之间相处虽情况不尽一致，但有一个原则却是必须遵循的，那就是既不能太过疏远，也不能太过亲密，更不能搞零距离。太过亲密是“过”，太过疏远是“不及”，“过犹不及”，两者都不可取。我认识一对邻居，是两对年轻的夫妻，比邻而居，关系亲密得不得了，一家做饭常请另一家去吃，一家出门常将自家的钥匙留给另一家。但到最后却闹得视如仇敌。为什么呢？因为有一次出门的一家男主人临时有事返回家中，正好撞见另一家的男主人在自家翻箱倒柜，顿时两家便绝交了。这就是关系太亲密了，结果受到了对方的伤害。

在单位里与上下级和同事相处，也有这个问题。你表现得太强势了，咄咄逼人，关系当然处不好。那么谦虚一些呢？谦虚自然是好的，但有些人过于谦虚了，又变成虚伪，也会招致别人的反感。只有恰如其分，各方面的关系才能处得好。这便需要经过不断的调整，最终使自己达到中庸的状态，即自强与谦虚的和谐统一。《易传》上说：“天行健，君子以自强不息”[1]，“地势坤，君子以厚德载物”[2]，就是这个意

---

① 徐子宏译注：《周易全译》，贵州人民出版社 1991 年版，第 3 页。
② 徐子宏译注：《周易全译》，贵州人民出版社 1991 年版，第 18 页。

思。太极图则是对这种对立统一关系的最好说明。

夫妻间的关系也是同样。应该说，夫妻双方各自都允许保留一定的空间甚至是一些隐私，但究竟以多大的“度”为适宜？空间和隐私保留多了，往往会被对方怀疑为不忠；而保留少了，让对方一览无余，久而久之又容易产生审美疲劳。人们常说距离产生美，但夫妻间到底应保持多大的距离才能产生持久的美感？这只能靠“执其两端”（夫妻各为一端）而不断求其“中”，才能达到双方都认可的最佳状态。今人把这一过程称作“磨合”，而所谓“磨合”，即是达到中庸的一种途径。

在人际交往方面，饮酒当然是免不了的。但如何通过饮酒以和谐身心，并进一步达到人际关系的和谐，也必须遵循中庸之道。酒是很奇特的东西，它既是一种物质，同时又是一种文化的载体。中国人饮酒的历史已有五千年之久。最早是自然发酵的果酒，仰韶文化时期就有了。稍后是黄酒，即榨制酒，龙山文化时期也有了。至于白酒即蒸馏酒，李时珍说起源于元代，也有人说可能更早，但证据不足。从历史上来看，人们对待酒的态度也不尽一致。商代的暴君殷纣王是纵酒的，《史记·殷本纪》记其饮酒的情形：

> 以酒为池，悬肉为林，使男女裸，相逐其间，为长夜之饮。[①]

殷不久便灭亡了。周初，周公总结殷亡的教训，认为纵酒是殷灭亡的重要原因，于是下令周的官员均不得饮酒。他的小弟弟康公到殷商故地（今河南省淇县一带）去就任卫国的国君，临行前他还特地写了一篇《酒诰》以告诫他。其中写道：

> 厥或告曰：“群饮。”汝勿佚，尽执拘以归于周，予其杀。又

① 司马迁：《史记》，裴骃集解，司马贞索隐，张守节正义，中华书局1959年版，第105页。

惟殷之迪，诸臣惟工，乃湎于酒，毋庸杀之，姑惟教之。[①]

周的官员饮酒要全部抓起来，送到国都杀掉，这禁酒的决心不能说不大了。至于周公又允许殷商的旧臣及手工业者饮酒，那则是出于政治的目的，让“殷顽”们在酒中沉沦，从而丧失反抗的能力。这就如同日本人殖民统治台湾时期的有条规定：日本人抽大烟要坐班房，台湾人抽大烟让他们抽去。显然，后者是从前者受到启发的。此亦可见，日本人对中国文化的研究是下了功夫的。三国时期的曹操和刘备也都主张禁酒。曹操说酒可以亡国，孔融反对，说女人也可以亡国，为何不禁婚姻？曹操说不过他，便找个借口将他杀了。刘备不但禁酒，而且连藏有酿具者也要治罪，他的部下简雍便同他开了一通玩笑，终于使他原谅了藏酿具者。

由今观之，无论纵酒还是禁酒，都是有失偏颇的，都不符合中庸之道。比较而言，只有诸葛亮的主张最为可取。他在《又诫子书》中说：

夫酒之设，合礼致情，适体归性，礼终而退，此和之至也。主意未殚，宾有余倦，可以至醉，无致迷乱。[②]

意思是说，设酒宴客，是为了合乎礼节，表达感情，从而使身心舒适，以恢复人的本性。而礼节尽到，客人退席，这便是最大的和谐与快乐了。倘主人的情意未尽，客人也还没有到疲倦的程度，可以继续饮至酒醉，但不能醉到神志不清的地步。诸葛亮所注重的是饮酒的养生功能及人际关系的和谐效应，而在“度”上的把握既不“过”，又没有

① 曾运乾：《尚书正读》，中华书局1964年版，第180页。

② 张连科、管淑珍校注：《诸葛亮集校注》，天津古籍出版社2008年版，第111页。

“不及”，十分恰当地引导人们进入饮酒的最佳状态。这与宋人邵雍所说的“美酒饮教微醉后，好花看到半开时”，可谓同得饮酒之最高境界，也同得中庸与“致中和”之要义。

总起来看，中庸之道在处理人际关系方面的意义，在于它力求获得一种和谐与平衡。但中庸之道却并不主张泯灭人的个性，相反，它主张多样性的统一。孔子说：“君子和而不同，小人同而不和。”[①]君子虽然个性各不相同，但在一起却能处得很和谐；而小人表面上抱成一团，暗地里却勾心斗角，关系并不和谐。中庸之道所追求的就是君子的境界，即多样化的和谐统一。

三、中庸之道可以把握社会和谐发展的平衡点

我们今天要建设和谐社会，所谓“和谐”，就是各方面关系的平衡。而中庸之道就是要启示我们去有意识地把握这种平衡的平衡点，

现代社会越是发展，越是需要保持平衡。这就如同火车的运行一样，越是提速，越要保持平衡，越要保证安全。火车不提速，便不能提高运输效率；但速度过快，又容易带来安全隐患。如何做到既高速又安全，这就需要在速度与安全之间找到一个平衡点。换言之就是，火车究竟以每小时运行多少公里为最合适？运输部门经过精心计算得出了数据，而这一数据就是速度与安全之间的平衡点，就是火车运行的最佳状态，也就是中庸之道的具体体现。

社会发展也是同样。社会越是发展，就越要注意协调好各方面的关系，以使整个社会保持和谐与平衡。例如经济发展与环境保护及生态平衡的关系，经济效益与社会效益的关系，经济发展的指数与物价

① 杨伯峻译注：《论语译注》，中华书局 1980 年版，第 141 页。

上涨率的关系，东西部发展的关系，城乡发展的关系，以及人民收入上的贫富关系等，都需要不断地加以调整和平衡。而如何才能找准平衡点，则是可以借鉴中庸之道的。

先看经济发展与环境保护的关系。这个问题过去未能引起人们的足够重视，等到不良后果产生了，这才开始正视。例如捕鱼问题，改革开放之初，山东沿海的许多渔民都是靠捕鱼富起来的，但到了20世纪90年代中期，就打不到多少鱼了。我在烟台海边曾亲眼看见许多渔民整夜出海打鱼，但到了第二天凌晨回来，打到的鱼也不过十几斤、二十几斤而已。渔民常常为此而叹息。为什么呢？因为无休止地捕捞，近海的鱼几乎都打光了。而且渔网的孔也越来越小，连很小的鱼都不放过。这真是断子绝孙的做法。现在听说觉悟了，要实行“休渔”，即一年中有几个月不许出海，待到鱼长大些，繁殖多了，再进行捕捞。

其实，我们的古人很早就认识到这一点了，他们很会处理渔猎与生态平衡、眼前利益与长远利益的关系。早在周初，周文王就曾告诫他的儿子姬发（即后来的武王），对于山林不能随便砍伐，川泽中的鱼鳖不能随便捕捞，对鸟卵及幼兽也不能随便攫取。[①]《礼记·月令》中也有类似的规定。《孟子·梁惠王上》还记孟子的话说：“不违农时，谷不可胜食也；数罟不入洿池，鱼鳖不可胜食也；斧斤以时入山林，材木不可胜用也。”[②]可见古人的环境保护意识之强。

在环保方面，由于经济发展而造成的环境污染（包括空气污染），一直是一个很突出的问题。发展是第一要义，不发展就不能创造物质基础；但发展又要以人为本，任何妨害人类健康的发展都要受到制约。如何做到既发展经济，又能将环境污染减少到最低程度，这又是需要

① 黄怀信、李懋镕、田旭东：《逸周书汇校集注》，李学勤审定，上海古籍出版社1995年版，第253页。

② 杨伯峻译注：《孟子译注》，中华书局1960年版，第5页。

借助中庸之道来解决的问题。

与此相联系的，还有一个经济效益与社会效益的关系问题。有些企业只顾赚钱，而不顾他们的产品出来以后社会效益如何。最近石家庄的“三鹿奶粉”事件便是一个典型的例子。还有一些出版社靠出版一些思想、格调不健康的书籍来赚钱，它们的企业效益上去了，但却对广大读者造成了毒害。有些出版社虽然出的是名著，但粗制滥造，错误百出，实际也产生了不良的社会效应。如何将经济效益与社会效益统一起来，这里面便有一个统筹兼顾的问题，也有一个最佳方案的问题了。

经济发展指数与物价上涨率的控制，更是中庸之道在国民经济发展中的具体运用。温家宝总理在十一届全国人大的报告中指出，既要发展经济，又要扼制物价上涨，这就必须在两者之间找出一个平衡点。而这个平衡点便是 2008 年经济发展指数为 8%，物价上涨率为 4.8%。这也就是中庸之道所要求达到的最佳方案。当然，所谓“最佳”，也只是一个动态的概念，在实际运行中还要通过微调（如调整银行存贷利率及出台有关政策），以不断地保持这种动态平衡。

至于东西部之间的差距、城乡之间的差距，以及不同人群收入之间的差距，究竟应该保持在一个什么样的比例才算合适，这也是一个需要“叩其两端”以求其中才能解决的问题。可以说，目前的状态叫“失中”，即未能达到中庸。主要是三种差距都太大。当然，要消灭差距是不现实的，也是不符合中庸之道的，但缩小差距应该是可能的。假如这些差距长期得不到调整，或者说未能调整到一个各方都能接受的合适的“度”，那么社会就会失去平衡，建设和谐社会的意愿也不能真正实现。中央提出的科学发展观即平衡发展观与和谐发展观，既是针对当前社会发展的实际情况的，同时也是对孔子中庸思想最好的继承与发展。

四、中庸之道是通往高明境界的最佳途径

《中庸》中有一句很精辟的话，那就是“极高明而道中庸”[①]。冯友兰先生认为这句话道出了中国文化的根本特点。实际上这句话的意思是说，要达到高明的境界，必须通过中庸的途径。这是非常有道理的。

以盖高楼为例来说吧。楼层每加高到一定的程度，就必须先测量一下它是否平衡。假如底下已经倾斜了，上面还在继续加高，那肯定是要倒塌的。也就是说，只有经过不断的平衡，基础才能牢固，高楼也才能盖起来。

其实，无论做什么事情，都是同样的道理。大到社会发展，小到一个人事业的兴旺，如要达到高明的境界，都必须不断地加以调整与平衡。这种调整与平衡就是“道中庸”，即经过中庸的途径。一个人无论从政还是搞技术、办企业，都想步步高升，都想达到事业的高峰，正如常言所说，不想当元帅的士兵不是好士兵。但在通往高峰的路上却要随时注意调整自己，既要保持自己心身的平衡，也要保持与周围环境及周围人的平衡，否则你便很难继续上升。这就如同登山一样，上到一定的高度就必须先停一段时间，让身体适应一下，还要看看路线是否可靠，脚下会不会有雪崩。办企业也是如此。企业做到一定的规模，也要注意平衡各方面的关系，如供需关系、领导与员工之间的关系、企业效益与职工收入间的关系等。如果不注意随时调整，只顾一门心思往大里做，那就势必会垮下来。这样的例子实在太多了。体育界的“马家军”之所以轰动一时后就解体了，也是由于教练只顾提高成绩，未能及时调整与运动员之间的关系所致。教练要懂得中庸之道的话，也许“马家军”还不会解体。当官也是同样。我们国家为何

① 朱熹：《四书章句集注·中庸章句》，中华书局1983年版，第35页。

在提拔干部上要坚持一步一个台阶，也是要让这些干部每提升一步都有一个适应的过程，都有一个不断调整与平衡的过程。这就是中庸之道。假如违背了中庸之道，比如有些领导是“坐直升飞机”上来的，那多半都没有好的结果，更谈不上达到事业的顶峰了。

当前我们国家为何要提出科学发展观？为何要强调建设和谐社会？就是因为改革开放后我们在经历了一个高度发展的时期后，也必须进行必要的调整与平衡。这一步工作做好了，才能往更高处攀登，这也就是我们通常所说的可持续发展。而这样的做法正是“极高明而道中庸”，正是将中国传统文化精神成功运用于当代的范例。

总之，中庸之道绝不是消极的，更不是糟粕，它是中国传统文化的精华。而随着时代的发展，中庸之道还必将不断地显示出它宝贵的文化价值。

2008 年 9 月

老子思想的当代价值

老子思想是中华文化的精华之一，是典型的东方智慧。老子不但是中国的，也是世界的；老子思想不但是历史的，也对解决现实问题有着实际的指导意义。具体说，老子思想的当代价值主要表现在以下几个方面：

一、尊重客观规律

老子思想的核心是“道”，“道”在《五千言》中共出现 74 次。

对于老子之“道”，有人认为是纯精神性的，甚至将其比作黑格尔的“绝对精神”；有人认为是物质性的，是化生万物的基础。应该说，老子之“道”是精神性与物质性兼而有之的，这与老子哲学的含混性及其本身所包含的唯心与唯物两种趋向是一致的。具体来说，老子认为宇宙生成之前“道”就存在，如他说：“有物混成，先天地生。寂兮寥兮！独立不改，周行而不殆。可以为天下母。吾不知其名，字之曰道，强为之名曰大。”（25 章）[①] “道常无名。”（32 章）[②] “无，名天地之

① 任继愈译著：《老子新译》，上海古籍出版社 1985 年版，第 113—114 页。
② 任继愈译著：《老子新译》，上海古籍出版社 1985 年版，第 130 页。

始。”（1 章）[①] 又云“天之道”“人之道”（77 章）[②]。在这个意义上说，“道”是精神性的，或曰客观规律，故老子亦称“道”为“无”。但这个“视之不足见，听之不足闻，用之不足既”（35 章）[③] 的“无”和“道”，却又是生成天地万物的总根源，即原始材料，又叫作“大”或“朴”，即“道生一，一生二，二生三，三生万物”（42 章）[④]，隐然似万物之宗。这样说来，“道”又成了物质性的东西。所以说“道”是精神性、物质性兼具的，是物质基础的“气”及其变化法则的统一。

图 15　赵孟頫画老子像

这里值得注意的是作为客观规律的“道”，它已排除了一切的神或上天的意志，它只是物的自然法则，即老子所说的“道法自然”（25 章）[⑤]。老子号召人们遵守这种变化发展的自然法则，并说“侯王若能守之，万物将自化”（37 章）[⑥]。显然，老子的“守道”与我们今天所说的尊重客观规律，其精神是一脉相承的。倘再细绎之，则又包含了这样几层意思：

一是提示人们既要尊重事物存在的客观性，又要遵循事物发展的规律性。老子说：“五色令人目盲；五音令人耳聋；五味令人口爽。”

---

① 任继愈译著：《老子新译》，上海古籍出版社 1985 年版，第 61 页。标点有改动。
② 任继愈译著：《老子新译》，上海古籍出版社 1985 年版，第 226—227 页。
③ 任继愈译著：《老子新译》，上海古籍出版社 1985 年版，第 136 页。
④ 任继愈译著：《老子新译》，上海古籍出版社 1985 年版，第 152 页。
⑤ 任继愈译著：《老子新译》，上海古籍出版社 1985 年版，第 114 页。
⑥ 任继愈译著：《老子新译》，上海古籍出版社 1985 年版，第 139 页。

（12章）[①]这是说，无论“色”、“音”还是“味”，在现实世界中都是客观存在的。对此，人们不能无视它，而只能“惟道是从”（21章）[②]，“执古之道以御今之有”（14章）[③]，即遵循其内在的、本来的规律。这就告诉人们，事物发展的规律性是不以人的意志为转移的，人们不能违背它，也不能改变它，只能遵循它；而遵循客观规律，便是人类一切活动取得成功的关键。无论社会变革、科学研究，还是企业经营、经济发展，概莫能外。

二是提示人们，由于“道法自然”，所以要利用自然，就是要利用自然的法则。以水为例，人们要利用水，就是要利用水往下流或滴水穿石的原理。当然，人们也可以在自然物中注入人为的努力以期达到改造自然的目的，但这种人为的努力也必须顺应事物的客观特性即自然法则。如要引水上山，人们可以逐级提升，但在每一个台级上，则仍然要保证水往下流，否则便达不到目的。推而广之，任何违背客观规律的事情都不会成功。20世纪的“大跃进”便是一个典型的例子。记得当时曾有一种口号，叫作“人有多大胆，地有多大产”，完全置农作物的生长规律于不顾，结果只能事与愿违。

三是提示人类对自己的各项活动必须随时进行检讨和总结，随时做出调整，以保证自己的行为能符合客观规律。老子告诉人们，依“道”而行，“道冲，而用之或不盈”（4章）[④]；违“道”，则“天地不仁，以万物为刍狗”（5章）[⑤]。意思是说，要遵照客观规律办事，作为客观规律的“道”虽不可见，却会产生出无限的作用；为所欲为，肆意妄行，则大自然是不讲仁慈的，必定会给予惩罚。这与我们今天所

① 任继愈译著：《老子新译》，上海古籍出版社1985年版，第84页。
② 任继愈译著：《老子新译》，上海古籍出版社1985年版，第104页。
③ 任继愈译著：《老子新译》，上海古籍出版社1985年版，第90页。
④ 任继愈译著：《老子新译》，上海古籍出版社1985年版，第68页。
⑤ 任继愈译著：《老子新译》，上海古籍出版社1985年版，第70页。

提倡的一切从实际（事物的客观性）出发、实事求是（遵照客观规律）的原则是一致的。

二、关注生态平衡

与儒家的注重人际关系有所不同，道家更关注人与自然的关系。用今天的话来说，就是道家更强调天人和谐，更注重保持生态平衡。司马迁在《报任安书》中提出要“究天人之际”[①]（即探讨人与自然的关系），主要也是受了道家思想的影响（其父司马谈曾著《论六家要旨》，最推崇道家）。老子及其道家的生态平衡观，其要义有三：

其一，老子主张天与人是一体的。老子说：“人法地，地法天，天法道，道法自然。”（25章）[②]实际已将人、地、天都在“道”的支配下统一起来了，人、地、天只不过是“道”的不同表现形式而已。老子的后学庄子更明确说“天地与我并生，而万物与我为一”[③]。老庄认为，自然与人类原本是合一的、和谐的，只是由于人类放纵自己的欲望，并且出于对知识、能力的盲目乐观而任意行事，才破坏了这种天与人的和谐。因此老庄主张消除一切人为的建构，让人类充分回到自然的怀抱，以恢复天人关系的和谐。这对增强人们的环保意识，无疑是具有启示意义的。

其二，老子的“道法自然”还进一步启发人们去对自然进行研究，从而开创了科学的智慧论，使生态平衡建立在对自然理性研究的基础上。儒、道虽都主张天人和谐，但儒家是由人文而及天道，而道家则是发天道以建人文。也就是说，道家是以自然规律作为其思想体系的基础，而儒家则是用人伦关系以去推论天道。简言之，儒家是人文主

---

① 班固：《汉书》，颜师古注，中华书局1962年版，第2735页。

② 任继愈译著：《老子新译》，上海古籍出版社1985年版，第114页。

③ 郭庆藩：《庄子集释》，王孝鱼点校，中华书局1961年版，第79页。

义，道家是自然主义。儒家的重心是纲常伦理，即仁义礼智信；道家的重心是“道”，即自然规律。可见，道家的视野比儒家更开阔，它已突破了伦理学的狭隘，而把目光引向了人世以外的自然，并启发人们去重视对自然的探讨，从而在一个更宽广的背景下去审视人与自然的关系，以获得生态平衡。应该说，在生态平衡的一点上，老庄站得比儒家更高。因为儒家的环保意识仅是从自身利益出发去考虑的，而老庄的环保意识则是从哲学和科学的高度去考虑的。

其三，老子的“生生不息”思想即“生成论”，既是对宇宙万物基本特征的认识，同时又是从宇宙生成的角度来对生态进行把握。老子云：“道生一，一生二，二生三，三生万物。”（42 章）[①] 用今天的话来说便是，“道”产生统一的事物（有人将“一”表述为太极），统一的事物分裂为对立的两个方面（或谓即“两仪”），对立的两个方面产生新生的第三者，新生的第三者产生千变万化的东西。这正是以生生不息为宇宙万物基本特征的“生成论”。它与宇宙起源的“构成论”，即认为宇宙是由各种基本要素的分离与组合所构成的理论是不同的。而当代最新科学研究的成果，已说明了“构成论”的不足取与“生成论”的普遍意义。例如，宇宙学与微观物理学都已充分证明了宇宙及其基本粒子是生成的，而不是构成的。老子关于宇宙生生不息的动态流程的论述，与此十分接近。而老子从宇宙生成的高度来对生态进行的把握，更是达到了当时人类生态理论的巅峰。

三、提升领导艺术

司马谈《论六家要旨》：“道家无为，又曰无不为，其实易行，其

① 任继愈译著：《老子新译》，上海古籍出版社 1985 年版，第 152 页。

辞难知。其术以虚无为本，以因循为用。无成势，无常形，故能究万物之情。”[①]

《汉书·艺文志》：“道家者流，盖出于史官，历记成败存亡祸福古今之道，然后知秉要执本，清虚以自守，卑弱以自持，此君人南面之术也。”[②]

两者皆认为道家是一种“术”，即统治者的权术，用今天的话说，便是领导艺术。而司马迁在《史记》中将老子与韩非同列一传，也是出于这样的考虑。老子和韩非实质上都是在为统治者提供一种统治之“术”，所不同的是，老子之“术”是“无为而无不为”（48章）[③]，而韩非之“术”是用“法”和“势”作保证的中央集权。二者殊途同归，最后的目的都是为了“君人南面”，并有效地维护其统治。

老子“无为而无不为”之“术”对于儒家事必躬亲的领导艺术而言，实际是一种提升，具体说又有如下一些要义：

其一，所谓“无为”，首先是不可妄为。他告诫领导者应顺乎自然，尊重客观规律，应正视被管理者的实际，而不可超越现实和客观规律去妄为。领导者所制定的政策，既不能超前，也不可滞后。领导者要善于利用对象（人）固有的特性和规律去领导它（他），管理它（他）。这样，看起来领导者似乎并没有多少作为，即“无为”，但各项工作却都顺其自然地做好了，即“无不为”。

其二，君无为而臣有为。这是一种高屋建瓴的领导艺术。老子认为，在上者只需“秉要执本”（抓住要害和关键）即可，日常应“清虚以自守，卑弱以自持”，不必事事躬亲，也不要表现出一种强硬的姿态，所管的事情越少越好，态度越卑弱越好。因为每个人都不是全才，管的事情多了，反倒会暴露出自己的弱点，从而令部下有机可乘；而

① 司马迁：《史记》，裴骃集解，司马贞索隐，张守节正义，中华书局1959年版，第3292页。
② 班固：《汉书》，颜师古注，中华书局1962年版，第1732页。
③ 任继愈译著：《老子新译》，上海古籍出版社1985年版，第163页。

态度太强硬了，也难免会有行不通的时候，从而令部下习以为常，不把你当一回事了。而少管事，高高在上，含而不露，引而不发，部下便摸不清你的底细，也不知你有多大本事，从而人人小心谨慎，兢兢业业，把各自分管的工作做好。而每个局部的工作都做好了，也就等于全局的事情都做好了。这样，看起来一把手无为，实际上却是无不为，即老子所说的"无为而无不为"。而且，这种充分放手发挥部下及各部门作用的做法，即韩非所说的"下君尽己之能，中君尽人之力，上君尽人之智"[①]，还能更好地调动每个人的积极性，从而使工作做得更为出色。反之，"儒家则不然，以为人主天下之仪表也，主倡而臣和，主先而臣随，如此则主劳而臣逸"[②]，事情反而做不好了。

其三，有所不为才能有所为。无论国家还是企业，其人力、财力、物力都是有限的。因此，领导者在决策的时候，不能事事都想做，而应该先选一些最主要、最关键、最能成功的事来做，对其他事情则应果断地弃去。这样看起来"有所不为"，实际上关键的事情做好了，也就是"有为"了。一个人也是同样，其一生的时间、精力都有限，所以，只有大胆地放弃若干事情，才能使自己的智慧和力量在某一点上爆发出来，从而取得事业的成功。

其四，领导者要把握好行使权力之"度"。在实际工作中，领导者的发号施令是免不了的。但这种权力的行使，也应该有一个"度"。老子曰："治大国若烹小鲜。"（60 章）[③] 其字面的意思是说，治理一个大国要像煎一条小鱼那样。但更深微的含义，即是告诫领导者应把握好行使权力之"度"。具体说：一是要保持政策的连续性，不反复，不折腾。"烹小鲜"不能翻来覆去地煎，那样会将鱼翻烂。一个国家、一个单位的政策也不能反复多变，尤其是领导者不能凭借自己手中的权力

① 梁启雄：《韩子浅解》，中华书局 1960 年版，第 450 页。

② 司马迁：《史记》，裴骃集解，司马贞索隐，张守节正义，中华书局 1959 年版，第 3289 页。

③ 任继愈译著：《老子新译》，上海古籍出版社 1985 年版，第 189 页。

去随意改变，甚至朝令夕改，那样会令国民和部下无所适从，不知所措，整个国家或单位也就“烂”了。正如《韩非子·解老》所云：“烹小鲜而数扰之则贼其泽，治大国而数变法则民苦之。”①二是不扰民。烹鱼不能烦扰，治民也是同样的道理。那种有了一点权力便对民众指手画脚，甚至事无巨细都要干涉的扰民行径，正是老子所深恶痛绝的。唐代柳宗元的《种树郭橐驼传》便是对官员扰民的形象写照，可谓深得老子之意。

简言之，无论“多变”还是“烦扰”，都是领导者行使权力的失“度”，也都是领导者对“无为而无不为”之“术”未能深入理解所致。

四、优化经营策略

老子思想可以用为后世经营策略者，主要是相反相成之道，它与儒家的相辅相成不同。其中最富有启发性的几点是：

一曰不争之争。老子提倡“不争之德”（68 章）②。他说：“天之道，不争而善胜。”（73 章）③又说“圣人之道，为而不争”（81 章）④，“以其不争，故天下莫能与之争”（66 章）⑤。可见老子所谓“不争”，实际上是一种不争之争，是以不争的姿态出现，从而达到大争和争胜的目的。具体说又有两层意思：

首先，在争的思路上，老子着眼于“为”，而不是“争”，即所谓“圣人之道，为而不争”。因此，老子反对事事必争、时时必争，而主

---

① 梁启雄：《韩子浅解》，中华书局 1960 年版，第 152 页。
② 任继愈译著：《老子新译》，上海古籍出版社 1985 年版，第 210 页。
③ 任继愈译著：《老子新译》，上海古籍出版社 1985 年版，第 219 页。
④ 任继愈译著：《老子新译》，上海古籍出版社 1985 年版，第 235 页。
⑤ 任继愈译著：《老子新译》，上海古籍出版社 1985 年版，第 205 页。

张先培植自己的实力，先增强与人相争的资本与力量。他以“天之道”为例，说明只要自身强大，就会“不争而善胜”的道理。太阳、月亮并没有与谁争光，但它们当然地会成为最亮的天体。人事也是一样。只要自身的力量能够积聚到足够强大，一旦面临竞争，便可争无不赢。这也就是孙子所说的“不战而屈人之兵”之义。

其次，在争的方式上，老子主张出奇制胜，后发制人。对于竞争目标，不要一开始就做出争的姿态，更不要像别人一样抢先而上。要冷眼静观，等待时机，待到别人争得精疲力竭甚至两败俱伤的时候，再出其不意地介入，在别人毫无防备的情况下奔向目标，这样，最后的赢家便非己莫属了。假如一开始即做出一种争的姿态，反倒会引起别人的注意和提防，不易出奇制胜了。这也就是老子所说的“以其不争，故天下莫能与之争”。

二曰“柔弱胜刚强”。老子说“柔弱处上”（76章）①，“守柔曰强”（52章）②，又说“弱者道之用”（40章）③。他还以水为例，说“天下莫柔弱于水，而攻坚强者莫之能胜”（78章）④，由此他得出一个结论：“柔弱胜刚强”（36章）⑤。其实，老子所谓“柔弱”，并非指软弱无力，而是指一种柔性、韧性和毅力。从做人方面来说，“人之生也柔弱，其死也坚强”（76章）⑥。意思是说，人刚生出来身体柔弱，但充满了生命力；待到身体僵硬了，则已死亡。因此，做人不能个性太强，锋芒太露，棱角太明，否则易于受到损伤，即后人所说的“木秀于林，风必摧之；堆出于岸，流必湍之”⑦。只有那些外似柔弱，而底蕴深厚，富于

---

① 任继愈译著：《老子新译》，上海古籍出版社1985年版，第225页。
② 任继愈译著：《老子新译》，上海古籍出版社1985年版，第173页。
③ 任继愈译著：《老子新译》，上海古籍出版社1985年版，第148页。
④ 任继愈译著：《老子新译》，上海古籍出版社1985年版，第228页。
⑤ 任继愈译著：《老子新译》，上海古籍出版社1985年版，第138页。
⑥ 任继愈译著：《老子新译》，上海古籍出版社1985年版，第224页。
⑦ 李康：《运命论》，载萧统编：《文选》第53卷，上海古籍出版社1986年版，第2302页。

韧性的人，才更有耐受力，其生机才更长久。

对一个企业来说也是如此。有些企业看似弱小，但由于它底蕴深厚，富有韧性，故常常能经得起风险，颠扑不破。而有些貌似强大的企业，由于底蕴不足，又缺乏雌守精神，只知一味进取，大开大合，则很容易破产。有些国有企业被一些小型私营企业所兼并和收购，便是“柔弱胜刚强”的明证。“柔弱之道”还启示经营者在从事经营时，应具有善良、宽厚、平实、谦逊的品格，而不要采取霸道的做法。霸道可称雄于一时，但绝不能持久。只有诚心待人，外示柔顺，才可以信誉卓著，从而使企业的发展立于不败之地。而当一个企业遇到困难和曲折时，“柔弱之道”的韧性和毅力更显得格外重要，当此之时，柔弱者往往能起死回生，而刚强者则易折而难复。这也就是老子所说的“坚强者死之徒，柔弱者生之徒”（76 章）[①]。

三曰致虚守静。老子主张“致虚极，守静笃”（16 章）[②]，又说“归根曰静”（16 章）[③]，“清静为天下正”（45 章）[④]，“牝常以静胜牡”（61 章）[⑤]。细绎其义，老子所谓“虚”，就是要避实就虚，正如庄子通过“庖丁解牛”的故事所阐明的那样。庖丁之刀之所以用了 19 年而不卷刃，“所解数千牛矣，而刀刃若新发于硎”，就是因为他不像一般厨师那样用刀去“割”、去“折”（砍），而是“解”。他的理论是：“彼节者有间，而刀刃者无厚，以无厚入有间，恢恢乎其于游刃必有余地矣。”[⑥]原来庖丁的刀是在找骨与肉之间的空隙，找空当，钻空子，避实（骨头）就虚（空隙），所以才不会卷刃。由此庄子认为，人生处世，也应当学会避实就虚，不要去硬碰硬，这样才能免受伤害，才能长生久视。

① 任继愈译著：《老子新译》，上海古籍出版社 1985 年版，第 225 页。
② 任继愈译著：《老子新译》，上海古籍出版社 1985 年版，第 94 页。
③ 任继愈译著：《老子新译》，上海古籍出版社 1985 年版，第 95 页。
④ 任继愈译著：《老子新译》，上海古籍出版社 1985 年版，第 158 页。
⑤ 任继愈译著：《老子新译》，上海古籍出版社 1985 年版，第 192 页。
⑥ 郭庆藩：《庄子集释》，王孝鱼点校，中华书局 1961 年版，第 119 页。

从经营策略上来说，所谓“避实就虚”，一是在经营业务的选择方面，不要赶浪头，不要看见别人经营什么自己就经营什么，不要去抢热点；而应该选择那些眼下还不是太热，但未来会热起来的项目。而一旦自己所经营的业务成为热点之后，又要赶紧退出，再考虑眼下不是太热，而未来又会热起来的新的项目。当年的陶朱公范蠡就是靠这种经营策略发了大财的。质言之，就是经营者不要为求眼前小利而让市场牵着鼻子走，而应该根据事物发展的规律，走在市场的前面，去发大财。二是在市场竞争中，避免以实击实，避免硬碰硬，而应该以实击虚，用自己的长处和优势去力克对方的短处和劣势。这就必须做到，既要善于估量自己之“实”，也要善于发现对方之“虚”，学会“以无厚入有间”，从而使自己在市场竞争中“游刃有余”。

老子所谓“静”，即心静。心静一方面是指少私寡欲，虚静养生，淡泊处世；另一方面，也包含有静中寓动，以静求动，以静制动，动静相反而相成之意，即诸葛亮所说的“非宁静无以致远”。实际上，“静”既是一种精神境界，也是智慧和力量的源泉。古人所谓“每临大事有静气”，说的就是“静”可以让人保持平稳的心态、清醒的头脑，从而产生出战胜困难的智慧和力量。

在经营活动中，所谓“静”，就是在面对竞争时，要保持清醒的头脑，善于静观，善于等待时机，善于以不变应万变，不要轻易动心；而一旦瞅准时机，又要果断利落地出手，之后再回复到“静”的状态。

虚静之道作为经营策略，也还有另外一种含义，那就是在经营活动中，不要为求物欲而失去了自我，不要被私心吞没了良知，不可让邪念充满自己的头脑。经营中既要采取正当的手段，而所得财富也应回报社会，回归于自然。企业家本人，事业再成功，物质利益再丰厚，也要“致虚极，守静笃”，在心灵上始终保持一种虚静状态。在中国历史上，越是聪明的人，越是事业成功的人，内心越是宁静，生活越是淡泊。诸葛亮就是其中杰出的代表。这一点，很值得当代的成功人士深思。

此外，老子之“道”与《易传》的尊阳卑阴观念不同，它具有明显的阴性特征，即尚阴观念，或曰雌守观念，亦即老子所说的“知其雄，守其雌”（28章）[①]。老子甚至还说：“谷神不死，是谓玄牝。玄牝之门，是谓天地根。”（6章）[②]其所谓“谷神”，即虚空之神，亦即“道”；其所谓“玄牝”，即象征了深远的看不见的生产万物的生殖器官，而这种雌性的生殖器官便是天地的根源。显然，老子对“道”的阴性特征的弘扬及其尚阴观念的确立，不但对传统的“尊阳卑阴”价值观具有纠偏作用，为反权威思潮及平等思想（男女平等、上下平等）提供了理论依据；而且对形成中华民族性格中的理性、机智、含蓄、大度的一面，也起了诱导作用，从而为中华民族精神的和谐做出了贡献。这也可以视为老子思想当代价值的一个重要方面。

总之，老子作为道家学说的创始人，其思想与孔子所创立的儒学一样，都为中国传统文化的形成做出了巨大贡献，也都为当前世界范围内所遇到的两大难题，即生态的失衡及人际关系的紧张，提供了解决问题的思路和策略。1987年美国总统里根在其《国情咨文》中，即引用了老子“治大国若烹小鲜”的名言，以强调其保持政策连续性的重要意义。当今老子已走向世界，老学已成为一门常新之学。而作为老子故乡的人们，既要不断地弘扬老学，同时也应加强对老学应用的研究，让老子思想永放光芒。

2012年10月

① 任继愈译著：《老子新译》，上海古籍出版社1985年版，第120页。
② 任继愈译著：《老子新译》，上海古籍出版社1985年版，第72页。

老子“治大国若烹小鲜”发微

“治大国若烹小鲜”[①] 是《老子》一书中的名言警句，它不但对老子思想进行了集中、深刻、形象的表述，同时又集哲理性与实用性于一体，具有十分深远和广泛的意义。正如诗无达诂一样，《老子》书中的许多名言警句，包括“治大国若烹小鲜”一语，也是值得人们从多角度、多层次去深入理解的。

一

古今对老子“治大国若烹小鲜”一语的解读，大都集中在“不扰民”一点上。如《韩非子·解老》云：

> 工人数变业则失其功，作者数摇徙则亡其功。……故以理观之，事大众而数摇之则少其功，藏大器而数徙之则多败伤，烹小鲜而数扰之则贼其泽，治大国而数变法则民苦之。是以有道之君贵静，不重变法。故曰：“治大国若烹小鲜。”[②]

---

① 任继愈译著：《老子新译》，上海古籍出版社 1985 年版，第 189 页。

② 梁启雄：《韩子浅解》，中华书局 1960 年版，第 152 页。

韩非子指出，正如“烹小鲜而数扰之则贼其泽（即失去其光润的鳞次）”一样，治理一个大国而政策反复无常，也会令民众无所适从，深受其苦。这就是韩非子所理解的“治大国若烹小鲜”的道理。此后的《老子》研究者们也常常遵从韩非的这一见解。如晋代的王弼释此句曰“不扰也”，宋代的苏辙在《老子解》中更进一步发挥说：

> 烹小鲜者不可扰，治大国者不可烦。烦则人劳，扰则鱼烂。圣人无为，使人各安其自然，外无所烦，内无所畏，则物莫能侵，虽鬼无所用其神矣。①

韩非认为烹小鲜而数扰之则“贼其泽”，苏辙认为“扰则鱼烂”，虽其程度有深浅之不同，然都以此句的蕴义为“治大国者不可烦”。直到清初的傅山，仍在其《读老子》中说：“治大国若烹小鲜，不多事琐碎也。”②

实际上，老子关于治国不可扰民的主张，乃是源自他的“无为”思想，即在上者应“处无为之事，行不言之教”（2章）③，只有这样，才能以“无为”的姿态来达到“无不为”的目的，即所谓“无为而无不为”（48章）④。这道理自然是十分深刻的。至于以烹鱼言治国的妙喻，则更对后世产生了深远的影响。近人马其昶曰：“《毛传》云：‘烹鱼烦则碎，治民烦则散。知烹鱼则知治民矣。’义本《老子》。”⑤看来以烹鱼喻治国，在秦汉间人那里已成为常用的比喻，而其义实本于《老子》。再后，更有不少的政治家，运用类似的比喻来阐述老子的这一主张。如唐代柳宗元的《种树郭橐驼传》便以种树为例，同样

---

① 冯振：《老子通证》，无锡民生印书馆民国二十四年版，第38页

② 傅山：《霜红龛文》，劳柏林点校，岳麓出版社1986年版，第274页。

③ 任继愈译著：《老子新译》，上海古籍出版社1985年版，第64页。

④ 任继愈译著：《老子新译》，上海古籍出版社1985年版，第163页。

⑤ 转引自冯振：《老子通证》，无锡民生印书馆民国二十四年版，第37页。

阐明了“不害其长”、不事苛扰的居官理民之道。时至今日，这种为政“不扰民”以及治大国须保持政策连贯性的思想，已越来越成为进步政治家的理念和制定政策的出发点，而“烹鱼”“种树”之类的喻义也早已深入人心。甚至连美国总统里根在其1987年的《国情咨文》中也引用了“治大国若烹小鲜”的名言，以强调其保持政策连续性的重要意义。

二

应该说，老子“治大国若烹小鲜”中的“不扰民”之义是客观存在的。但是，倘要深入探讨，则其中所包含的微义尚不止此，至少以下两点是不容忽视的：

一是相济互补、和谐统一的思想。凡烹鱼，鱼总是要有的，但光有鱼却是不够的，还必须有各种各样的佐料。而将鱼与各种不同的佐料放在一起烧制，从而烹出味道鲜美的鱼来，这便是多样性的和谐统一了。老子善以水为喻，而且也说过“鱼不可脱于渊”（36章）[①] 之类的话，所以他应该懂得如何烧鱼的，因而其“治大国若烹小鲜”中包含了多样性和谐统一的道理，当是十分自然的。

其实，早在春秋时期，与老子差不多同时的晏婴，即以烹鱼为例，来谈“同”与“和”即多样性和谐统一的命题了。当齐侯问晏婴“和”与“同”有什么不同时，晏婴便告诉他：

> 和如羹焉，水、火、醯、醢、盐、梅，以烹鱼肉，燀之以薪，宰夫和之，齐之以味，济其不及，以泄其过。君子食之，以平其

① 任继愈译著：《老子新译》，上海古籍出版社1985年版，第138页。

> 心。君臣亦然。……是以政平而不干，民无争心。……声亦如味，一气，二体，三类，四物，五声，六律，七音，八风，九歌，以相成也；清浊、小大，短长、疾徐，哀乐、刚柔，迟速、高下，出入、周疏，以相济也。……若以水济水，谁能食之？若琴瑟之专一，谁能听之？[①]

晏婴认为，烹鱼肉必须加上水和醋、盐、梅等调料一起放在火上煮，然后由“宰夫和之，齐之以味，济其不足，以泄其过”，才能做出可口的羹来。声音也是同样的道理，要演奏出美妙的乐曲，清浊、大小、短长、疾徐、哀乐、刚柔、高下等要素的“相济”当是必要的。但正如“以水济水”无人会食用一样，若琴瑟只弹奏单一的曲调，也是无人去欣赏的。由此，晏婴得出了一个结论：“君臣亦然。”什么意思呢？就是说，治国也需要各种因素的“相济”和互补，也需要倾听各种不同的意见。可以看出，在以烹鱼喻治国这一点上，晏婴的观点与老子的观点倒是十分接近的。

倘再上溯，则西周时的太史史伯早已有过类似的论述了。史伯在为郑桓公分析天下大势时说：“夫和实生物，同则不继。……是以和五味以调口，刚四肢以卫体，和六律以聪耳，正七体以役心，平八索以成人，建九纪以立纯德，合十数以训百体。……声一无听，物一无文，味一无果，物一不讲。”[②]史伯也认为，任何事情的成功，都是建立在多样性和谐统一的基础上。这道理其实也很简单，因为品类太单一了，连后代都无法产生（即所谓“同则不继”），更不要说会有什么动听的音乐、多彩的物体、美味的果实，和可供比较的事物了。老子曾为周守藏室之史，而且其著书也经常从前人的见解和古文献中吸取有用的

---

① 杨伯峻编著：《春秋左传注》，中华书局1981年版，第1419—1420页。

② 《国语》，上海师范大学古籍整理组校点，上海古籍出版社1978年版，第515—516页。

东西，所以对史伯的这番话他是不会不知道的。而从史伯至晏子、老子的类似论述（后两者还使用了相同的“烹鱼”的比喻）中，更可以看出西周至春秋间，人们对多样性和谐统一即“和”这一命题的关注。

不过，老子之“和”，较史伯与晏婴之“和”还是又向前发展了。首先，老子将“和实生物”发展到“万物负阴而抱阳，冲气以为和”（42章）[①]，将阴阳两气互相交冲而形成的“和气”（或谓均衡和谐的状态）视为事物产生的根据和基础，把“和”视为“道”生万物的一个重要环节，从而将不同事物产生的原因和过程更加深刻地揭示出来。其次，老子由多样性事物的和谐进一步集中概括为阴阳之和谐，从而使“和”这一思想由具象升华为抽象。再次，在相济互补、和谐统一的多种事物中，老子又意识到其中必有一种是起主导作用的。例如烹鱼，佐料虽多，但鱼总是占着主导的地位。阴与阳之间，老子也是更强调阴的。

二是要准确把握各种事物融合过程中的“度”，即所谓“守中”。烹鱼是一种过程，具体地说是将鱼与各种佐料如醋、盐、梅等和水合在一起，然后放在火上烧制的过程，其最终的结果是各种要素的和谐统一，即美味的鱼。倘若在这一过程中，各种要素不能协调和谐、有机统一，那么就无法得到美味的鱼。因此，烹鱼过程中的火候掌握是至关重要的。火候不足，各种要素的潜能无法充分发挥与融合，鱼的味道固然不佳；而火候太过，鱼被煮烂，佐料变质，鱼也不能成其为美味。因此，要将鱼烹得恰到好处，美味可口，就必须准确地把握烹鱼过程中的火候即“度”。

治大国也像烹鱼一样。要使各种复杂的矛盾取得平衡，要将各种不同的事物协调一致，并使之共生共存、互相促进，也需要把握和谐统一过程中的“度”。既不要不到位，也不要太过分，即所谓“过犹不及”。这一思想在后来曾被孔子概括为“中庸”。朱熹《论语集注》

---

① 任继愈译著：《老子新译》，上海古籍出版社1985年版，第152页。

云：“中者，无过无不及之名也。”[①]这就是说，为达到一定的目的，在实现的过程中，既不能“过”，也不能“不及”，正确的做法应该是把握住“中”，即恰如其分，恰到好处。

应该说，孔子“中庸”之道的提出，既是对尧、舜以来“允执其中”思想的继承[②]，也与前述史伯、晏婴及老子所论述的“和”是分不开的。由于客观事物的多样性和复杂性，所以必须重视“和”，即“和而不同”与“和实生物”；而要实现“和”，则最好的途径便是“中”。具体到老子来说，他既明确地提出“多言数穷，不如守中”（5章）[③]的思想，同时又通过“治大国若烹小鲜”这一妙喻，十分深刻而形象地阐明了“守中”的道理。当然，老子的“守中”是哲理性与实用性（主要是治国）兼有的，而孔子则将“中”发展为儒家的最高道德标准，即“中庸之为德也，其至矣乎”[④]，这一点还是有所不同的。

三

总之，老子“治大国若烹小鲜”一语所包含的蕴义是十分丰富的，其道理也是非常深刻的。它既生动深刻地阐明了老子“无为而无不为”（48章）[⑤]以及“和之至”（55章）[⑥]与“守中”的基本思想，同时也提出了十分具体的治国主张。在老子认为，治国既不能扰民，同时也要注意各种因素的相济，照顾到各方面的利益，从而把握好统治之“度”。而作为在上者，尤其不能一意孤行，为所欲为，失去了做事的分寸。

---

① 朱熹：《四书章句集注·论语集注》，中华书局 1983 年版，第 91 页。
② 参见杨伯峻译注：《论语译注》，中华书局 1980 年版，第 207 页。
③ 任继愈译著：《老子新译》，上海古籍出版社 1985 年版，第 71 页。
④ 杨伯峻译注：《论语译注》，中华书局 1980 年版，第 64 页。
⑤ 任继愈译著：《老子新译》，上海古籍出版社 1985 年版，第 163 页。
⑥ 任继愈译著：《老子新译》，上海古籍出版社 1985 年版，第 179 页。

如果说这些思想在“治大国若烹小鲜”中还是以喻义的形式委曲表达的话，那么在他的另外一些言论中便直言不讳了。如他对统治者扰民的谴责是：

信不足焉，有不信焉。

——17 章

大制不割。

——28 章

不欲以静，天下将自定。

——37 章

法令滋彰，盗贼多有。

——57 章[①]

即是说，因为统治者不值得信任，所以才会有不信任的事情发生；最完美的管理应是不出于勉强；统治者根绝欲望，天下将自然稳定；法令越森严，盗贼反倒越多。这说得再明确不过了：最好的管理应是顺应民意，不加勉强。如统治者为了一己之私欲，用苛烦的法令来干扰和束缚人民，那么，他们非但得不到人民的信任，甚至还会制造出更多的盗贼。接着看老子对和谐相济思想的论述：

天之道，其犹张弓与？高者抑之，下者举之，有余者损之，不足者补之。天之道，损有余而补不足，人之道则不然——损不足以奉有余。

——77 章[②]

---

① 任继愈译著：《老子新译》，上海古籍出版社 1985 年版，第 97、122、140、184 页。

② 任继愈译著：《老子新译》，上海古籍出版社 1985 年版，第 226—227 页。

所谓“天之道”，也就是老子的思想。老子认为应该减少有余以用来补给不足，这样才能达到人与人之间的和谐。而当时的社会现实却正相反——偏要剥夺不足的，以用来供给有余的人。如此则只能是贫富差距越来越悬殊，穷苦人的利益得不到关注，社会便永远不可能和谐有序了。为此，老子还进一步揭露当时社会的种种不和谐景象：

> 朝甚除，田甚芜，仓甚虚，服文彩，带利剑，厌饮食，财货有余，是谓盗芋。
>
> ——53 章[①]

一方面是农田很荒芜，食库十分空虚；一方面却是统治者住着美好的宫室，穿着锦绣衣服，佩带锋利的宝剑，吃着精美的食物，占有着多余的财富。这种极不和谐的社会现象，对一个“大国”来说，的确是十分可怕的，难怪老子径称这些统治者为强盗头子（“盗芋”）了。再看老子对统治者过度行为的警告：

> 强梁者不得其死。
>
> ——42 章
>
> 民不畏威，则大威至。
>
> ——72 章
>
> 民不畏死，奈何以死惧之？
>
> ——74 章
>
> 民之饥，以其上食税之多，是以饥。
>
> ——75 章[②]

---

① 任继愈译著：《老子新译》，上海古籍出版社 1985 年版，第 175 页。

② 任继愈译著：《老子新译》，上海古籍出版社 1985 年版，第 153、216、220、222 页。

统治者盘剥无度，肆意妄为，自以为“强梁”，到头来却不得好死。当他们的压迫到了一定限度，即人民不怕威力的时候，那么可怕的事就要发生了。到了那时，再用死来吓唬他们也是无济于事的。可见，老子是坚决反对统治者走向极端的。

四

最后还要指出的是，老子之所以要用“烹小鲜”来喻“治大国”，实与他的整体思想特征有关。老子思想具有明显的阴性特征，即尚阴观念，或曰雌守观念。他不但提出“知其雄，守其雌”（28章）[①]，甚至说“牝常以静胜牡”（61章）[②]、“谷神不死，是谓玄牝。玄牝之门，是谓天地根”（6章）[③]，而且还一再强调“柔弱者生之徒”（76章）[④]、“弱者道之用”（40章）[⑤]、“柔弱胜刚强”（36章）[⑥]、“天下之至柔，驰骋天下之至坚”（43章）[⑦]。又由于水与鱼都具有阴柔的品性，所以老子也常用水及鱼来阐明“道”。如“上善若水，水善利万物而不争”（8章）[⑧]、“天下莫柔弱于水，而攻坚强者莫之能胜”（78章）[⑨]、“鱼不可脱于渊”（36章）[⑩]、“治大国若烹小鲜”（60章）等。这样一来，不但加深了人们对老子“道”的阴性特征的理解，同时也使《老子》一书具有了鲜明

---

① 任继愈译著：《老子新译》，上海古籍出版社1985年版，第120页。
② 任继愈译著：《老子新译》，上海古籍出版社1985年版，第192页。
③ 任继愈译著：《老子新译》，上海古籍出版社1985年版，第72页。
④ 任继愈译著：《老子新译》，上海古籍出版社1985年版，第225页。
⑤ 任继愈译著：《老子新译》，上海古籍出版社1985年版，第148页。
⑥ 任继愈译著：《老子新译》，上海古籍出版社1985年版，第138页。
⑦ 任继愈译著：《老子新译》，上海古籍出版社1985年版，第154页。
⑧ 任继愈译著：《老子新译》，上海古籍出版社1985年版，第76页。
⑨ 任继愈译著：《老子新译》，上海古籍出版社1985年版，第228页。
⑩ 任继愈译著：《老子新译》，上海古籍出版社1985年版，第138页。

的文学色彩。但正如一切形象都大于思维一样，《老子》一书中的有些形象（包括“治大国若烹小鲜”），也遂令后人很难用现代的思维方式和明晰的语言来准确地加以表述了。但是，从另外一面来说，这却是老学万古常新之妙。

2006 年 11 月

地域文化摭谈

“宋人”现象与中国传统文化中的地域偏见

中国传统文化中是存在地域偏见的，而这种偏见又早在先秦时期即已形成了，“宋人”现象就是一个典型的例子。本文便试图通过对“宋人”现象的解析，以探讨中国传统文化中地域偏见的有关问题。

一

先秦寓言中，凡言及愚蠢可笑之事，多冠以“宋人”，并由此而形成了一种特殊的文化现象。如：

> 宋人有闵其苗之不长而揠之者，芒芒然归，谓其人曰：“今日病矣！予助苗长矣！”其子趋而往视之，苗则槁矣。
>
> ——《孟子·公孙丑上》[①]
>
> 宋人有善为不龟手之药者，世世以洴澼洸为事。客闻之，请买其方百金。聚族而谋曰：“我世世为洴澼洸，不过数金；今一朝而鬻技百金，请予之。”客得之，以说吴王。越有难，吴王使之将，冬与越人水战，大败越人，裂地而封之。能不龟手，一也；

---

① 杨伯峻译注：《孟子译注》，中华书局1960年版，第62页。

或以封，或不免于洴澼洸，则所用之异也。

宋人资章甫而适诸越，越人断发文身，无所用之。

——《庄子·逍遥游》[①]

宋人有曹商者，为宋王使秦。其往也，得车数乘；王说之，益车百乘。反于宋，见庄子……庄子曰："秦王有病召医，破痈溃痤者得车一乘，舐痔者得车五乘。所治愈下，得车愈多。子岂治其痔邪，何得车之多也？子行矣。"

——《庄子·列御寇》[②]

宋人有耕者，田中有株，兔走触株，折颈而死。因释其耒而守株，冀复得兔，兔不可得，而身为宋国笑。

——《韩非子·五蠹》[③]

宋有富人，天雨墙坏，其子曰："不筑，必将有盗。"其邻人之父亦云。暮而果大亡其财。其家甚智其子，而疑邻人之父。

——《韩非子·说难》[④]

宋人有为其君以象为楮叶者，三年而成。丰杀茎柯，毫芒繁泽，乱之楮叶之中而不可别也。此人遂以功食禄于宋邦。列子闻之曰："使天地三年而成一叶，则物之有叶者寡矣。"

——《韩非子·喻老》[⑤]

宋人有酤酒者，升概甚平，遇客甚谨，为酒甚美，悬帜甚高，然而不售，酒酸。怪其故，问其所知闾长者杨倩。倩曰："汝狗猛耶？"曰："狗猛则酒何故而不售？"曰："人畏焉。或令孺子怀钱挈壶瓮而往酤，而狗迓而龁之，此酒所以酸而不

① 郭庆藩：《庄子集释》，王孝鱼点校，中华书局1961年版，第37、31页。
② 郭庆藩：《庄子集释》，王孝鱼点校，中华书局1961年版，第1049—1050页。
③ 王先慎：《韩非子集解》，钟哲点校，中华书局1998年版，第442—443页。
④ 王先慎：《韩非子集解》，钟哲点校，中华书局1998年版，第93页。
⑤ 王先慎：《韩非子集解》，钟哲点校，中华书局1998年版，第165—166页。

售也。”

——《韩非子·外储说右上》[①]

宋有澄子者，亡缁衣，求之途。见妇人衣缁衣，援而弗舍，欲取其衣，曰：“今者，我亡缁衣。”妇人曰：“公虽亡缁衣，此实吾所自为也。”澄子曰：“子不如速与我衣。昔吾所亡者，纺缁也。今子之衣，禅缁也。以禅缁当纺缁，子岂不得哉？”

——《吕氏春秋·淫辞》[②]

以上孟、庄、韩、吕各家，虽其学术见解及政治主张不尽相同，然在对待宋人的看法上，态度却出奇地一致，即同以宋人为愚人。当然，先秦文中亦有贬低楚人、鲁人之例，但为数不多，而且也不像对待宋人这般鄙视，更没有形成一种普遍的文化现象。这就不得不让我们对“宋人”形象所隐含的微义去进行深入探究了。

二

应该说，“宋人”这一特殊文化现象的形成，有其自身的原因，即宋人传承的殷商文化所具有的古朴、神秘色彩及其推理的不够严密——这在重理性思维的周人看来自然是不合时宜的；但更重要的是与周灭殷的特殊历史背景有关。当周灭殷之初，“殷顽”的势力还是相当强大的，而以周公为代表的周统治者便对“殷顽”采取了三项措施：

一是利用殷人的迷信心理，大力宣扬周受命于天，称周灭商是上

① 王先慎：《韩非子集解》，钟哲点校，中华书局1998年版，第322页。

② 许维遹：《吕氏春秋集释》，梁运华整理，中华书局2009年版，第492页。

天的旨意，以此对殷人进行精神上的恐吓。周武王一进入朝歌，便宣称："膺更大命，革殷，受天明命。"①周公既奉成王之命伐管叔、蔡叔，以殷余民封康叔，也言道："惟是怙冒闻于上帝，帝休，天乃大命文王殪戎殷，诞受厥命越厥邦厥民。"②而成周既成，迁殷顽民于洛，周公更是明确地告诫殷人：

> 尔殷遗多士，弗吊旻天，大降丧于殷。我有周佑命，将天明威，致王罚，敕殷命终于帝。
>
> 肆尔多士，非我小国敢弋殷命。惟天不畀允罔固乱，弼我。我其敢求位，惟帝不畀。惟我下民秉为，惟天明畏。
>
> ——《尚书·多士》③

意思是说，你们这些殷国的遗民时运不佳，上天降给你们丧亡的大祸，我们周国帮助上天行使命令，奉着上天的圣明旨意，用王者的诛罚，命令你们殷王不再为帝。这不是我小小的周国敢夺取殷的大命，是因为上天不把大命给予那些胡作非为的人，所以才辅助我周国。假如上帝不给，我们是不敢求此大位的。我们下民只能秉着圣明威严的上帝的旨意行事。周公言必称上天，句句不离上帝的旨意。事实也证明，这些告诫已给殷人在精神上带来相当大的压力，久而久之，以至连殷人自己也认为"天之弃商久矣"，如有人再要兴商，则是"弗可赦也已"。④

二是针对殷人的反抗，周公果断地进行镇压。成王即位不久，"三监"联合武庚作乱，周公奉命东征，诛武庚，杀管叔，放蔡叔，降霍

---

① 司马迁：《史记》，裴骃集解，司马贞索隐，张守节正义，中华书局1959年版，第126页。
② 李民、王健：《尚书译注》，上海古籍出版社2004年版，第257页。
③ 李民、王健：《尚书译注》，上海古籍出版社2004年版，第305页。
④ 杨伯峻编著：《春秋左传注》，中华书局1981年版，第396页。

叔为庶人。而对于殷之顽民，周公除将相当一部分迁往洛邑外，又将“殷民六族”交伯禽（周公之子）之鲁管理，以“殷民七族”交康叔（周公之弟）之卫管理，以“怀姓九宗”交叔虞（成王之弟）之唐管理。[①] 在平叛的基础上再将殷人分而治之，这样殷顽的反抗势力便被大大地削弱了。

三是在宣传舆论上对殷顽进行丑化和贬低，从而令其丧失人格和号召力，永远不能对周的统治者构成威胁。周公诛杀武庚并平定“三监”后，为了安抚殷人，“乃命微子开代殷后，奉其先祀，作《微子之命》以申之，国于宋。微子故能仁贤，乃代武庚，故殷之余民甚戴爱之”[②]。这样做虽体现了古人“存亡继绝”之义，但客观上也带来了一个新的问题，那就是殷人的大量会集于宋。故微子虽称“仁贤”，而周公还是不能放心。他一方面作《微子之命》以申述其用义，一方面又从根本上大力贬低殷人，从而令殷人丧失人格与威信，再也无法号召民众以反抗周室。应该说，周初统治者在丑化殷人方面是大造过舆论的，我们从周公的几次讲话中已明显可以感觉到。现存《尚书·多士》，便是周公丑化与恐吓殷人的集中表现。而随着时间的推移，“统治阶级的思想”又逐渐成为“统治的思想”，并普及于社会，渗透于民间，最终以寓言的形式被保存在诸子的著作之中。加之先秦时期的宋国已成为“殷顽”的大本营，于是，诸子文中的“宋人”便无不愚蠢可笑了。此与周公在饮酒问题上对殷人的“宽大政策”，可谓相辅相成而又异曲同工。当康叔往殷商旧地卫国就任之初，周公就曾告诫他的这位弟弟说：

厥或诰曰：“群饮。”汝勿佚，尽执拘以归于周，予其杀。又

① 杨伯峻编著：《春秋左传注》，中华书局 1981 年版，第 1536—1539 页。
② 司马迁：《史记》，裴骃集解，司马贞索隐，张守节正义，中华书局 1959 年版，第 1621 页。

惟殷之迪，诸臣惟工乃湎于酒，勿庸杀之，姑惟教之。

——《尚书·酒诰》[①]

周人饮酒要杀头，而为殷商进用过的旧臣及手工业者饮酒，却只要教育一下就算了。这看起来是对殷人的“宽大”，实际上是在纵容殷人沉湎于酒以致不能自拔，让殷人自己丑化其形象而已。

质言之，先秦诸子文中的“宋人”形象之所以愚蠢可笑，主要是与周初统治者对殷人的政策有关。具体说，便是周人为巩固自己的统治而对“殷顽”所进行的人身攻击与形象丑化。由于其时中原各国大都属于周人之后，故“殷顽”最集中的宋国便长期成为人们奚落的对象了，以致连其国君都无能幸免。像“君子不困人于厄，不鼓不成列”的宋襄公[②]，还有那位“盛血以韦囊，悬而射之，名曰‘射天’”的宋王偃[③]，虽其行为不无可笑之处，然正因为他们是宋人，所以才受到了全社会最普遍的讥讽。

再后，社会对宋人的歧视又扩大到了郑人与卫人，如《韩非子》所记郑人与卫人之可笑程度，就不亚于宋人：

郑人有一子，将宦，谓其家曰：“必筑坏墙，是不善人将窃。”其巷人亦云。不时筑，而人果窃之。以其子为智，以巷人告者为盗。

——《韩非子·说林下》[④]

郑人有相与争年者，一人曰：“吾与尧同年。”其一人曰：“我与黄帝之兄同年。”讼此而不决，以后息者为胜耳。

---

① 李民、王健：《尚书译注》，上海古籍出版社2004年版，第277页。

② 司马迁：《史记》，裴骃集解，司马贞索隐，张守节正义，中华书局1959年版，第1626页。

③ 司马迁：《史记》，裴骃集解，司马贞索隐，张守节正义，中华书局1959年版，第1632页。

④ 王先慎：《韩非子集解》，钟哲点校，中华书局1998年版，第196页。

郑县人卜子，使其妻为袴。其妻问：“今袴何如？”夫曰：“象吾故袴。”妻子因毁新令如故袴。

——《韩非子·外储说左上》[①]

卫人有夫妻祷者而祝曰：“使我无故，得百束布。”其夫曰：“何少也？”对曰：“益是，子将以买妾。”

——《韩非子·内储说下六微》[②]

卫人嫁其子而教之曰：“必私积聚，为人妇而出，常也；其成居，幸也。”其子因私积聚，其姑以为多私而出之，其子所以反者倍其所以嫁。其父不自罪于教子非也，而自知其益富。

——《韩非子·说林上》[③]

其中第一则故事与《韩非子·说林》所记的另一则故事，情节几乎完全一样，只是其主人公由“宋人”换成了“郑人”。末一则故事则与《淮南子·泛论》所记内容完全相同，只不过其主人公又换成了宋人。这都是很耐人寻味的。这说明对于可笑之事，无论冠以宋人还是郑人、卫人，社会都已经认可了。

类似的偏见也延及与宋相邻的杞国，“杞人忧天”的故事便是明证。《列子·天瑞》记：

杞国有人忧天地崩坠，身亡所寄，废寝食者；又有忧彼之所忧者，因往晓之曰：“天，积气耳，亡处亡气。若屈伸呼吸，终日在天中行止，奈何忧崩坠乎？”其人曰：“天果积气，日月星宿，不当坠耶？”晓之者曰：“日月星宿，亦积气中之有光耀者，只使

① 王先慎：《韩非子集解》，钟哲点校，中华书局1998年版，第270、277—278页。
② 王先慎：《韩非子集解》，钟哲点校，中华书局1998年版，第246页。
③ 王先慎：《韩非子集解》，钟哲点校，中华书局1998年版，第182页。

坠，亦不能有所中伤。”[①]

杞国有人忧天地崩坠已属可笑，而更有意思的是那位“往晓”者，他竟说出“只使坠，亦不能有所中伤”的话来，更是可笑之极。看来杞国的可笑之人与可笑之事，亦不亚于宋与郑、卫两国。

杞为夏后，宋为殷后，而郑、卫则为姬姓周人所建立的国家。尽管三者的种族来源并不相同，但因为地域的相近，其国人都被当成了奚落的对象。这说明战国时期，随着夏、殷、周民族的逐渐融合，“宋人形象”已由种族歧视进而演变为地域文化偏见了。又由于宋、郑、杞皆在今天的河南省境内，所以这种地域文化歧视最后竟形成了对河南人的歧视。今日社会上某些人对河南人的种种偏见，便是承此而来的。

三

其实，类似的地域文化歧视不仅见于“宋人”，也还见于“巴人”。

巴人原是发源于西北的一个民族，后迁居西南地区。《山海经·海内经》说：“西南有巴国，大皞生咸鸟，咸鸟生乘厘，乘厘生后照，后照是始为巴人。”[②]宋罗泌《路史·后纪》也说：“伏羲生咸鸟，咸鸟生乘厘，是司水土，生后炤，后炤生顾相，降处于巴。”[③]这是说巴人为伏羲氏的一支，而伏羲氏生于成纪，即今甘肃省的天水一带。至于巴人所建的巴国，据郭璞注云，即“今三巴是也”，就是今天的川东鄂西一带。又据《华阳国志·巴志》云：“禹会诸侯于会稽，执玉帛者万国，

① 杨伯峻：《列子集释》，中华书局1979年版，第30—31页。
② 袁珂译注：《山海经全译》，贵州人民出版社1991年版，第334页。
③ 罗泌：《路史·后纪》，四库全书本，卷十。

巴蜀与焉。”[①]可见至迟到夏初，巴人已与中原有交往。迨至商周之际，巴人还曾带着自己的歌舞，参加了周武王伐纣的队伍，这种歌舞就是汉初以来所说的“巴渝舞”。《华阳国志·巴志》对此记载说：“周武王伐纣，实得巴蜀之师，著乎《尚书》；巴师勇锐，歌舞以凌，殷人倒戈。故世称之曰：武王伐纣，前歌后舞也。”[②]周初分封诸侯，周王朝派往巴地的姬姓统治者为子爵，于是其所建之国便被称为“巴子国”。此后历经春秋战国，直到周慎靓王五年（前316），也就是屈原20多岁的时候，巴子国被秦灭亡。

巴子国灭亡后，巴人四散，而尤以逃往东邻楚国者为多。当时楚的都城为郢都（即纪南城），是一座非常繁华的城市，其东南部为宫殿区，东北部为贵族居住区，西南部为冶炼作坊区，只有西部和西北部为居民区。[③]于是，大批的巴人便在城西北的下里居住下来。又由于巴人素善歌舞，这样，郢都的下里遂成为一处巴人的特殊文化区。而他们的原生态歌舞，在“车毂击，民肩摩，市路相排突，号为朝衣鲜而暮衣敝”[④]，其音乐已高度发达的郢都（视曾侯乙墓出土乐器可知），自然是难登大雅之堂的，这便出现了宋玉《对楚王问》所描写的情形：

> 客有歌于郢中者，其始曰《下里》《巴人》，国中属而和者数千人；其为《阳阿》《薤露》，国中属而和者数百人；其为《阳春》《白雪》，国中属而和者，不过数十人；引商刻羽，杂以流徵，国中属而和者，不过数人而已。是其曲弥高，其和弥寡。[⑤]

---

① 常璩撰、刘琳校注：《华阳国志》，巴蜀书社1984年版，第21页。

② 常璩撰、刘琳校注：《华阳国志》，巴蜀书社1984年版，第21页。

③ 以上皆据纪南城考古发掘结果，详见江陵县委员会文史工作组编：《历史文化名城江陵》，1983年4月印刷，第7页。

④ 桓谭：《新论》，上海人民出版社1977年版，第23页。

⑤ 朱碧莲编注：《宋玉辞赋译解》，中国社会科学出版社1987年版，第110页。

在这里,《下里》《巴人》作为《阳春》《白雪》的参照乐曲，已成为低俗文化的代表；而低俗歌曲之用“下里巴人”来命名，则含有对“巴人”的文化偏见了。

不过，楚人对巴人的文化偏见并没有进一步扩展开来，它始终局限于郢都一隅。这一方面是因为逃往郢都的巴人只是众多巴人中的一部分，而他们在巴国本土并未受到歧视；另一方面也因为楚国不久便亡于秦，楚人地位亦与巴人相似，再也无法以大国自居来傲视巴人了。

除宋人与巴人外，中国文化史上的地域偏见后来又发展到“南人”与“北人”间的相互歧视。如孟子便称楚人为“南蛮鴃舌之人”[①]，而南人也常常称北人为“侉子”。直到清代乾隆年间以制举业而负盛名的窦光鼐，在其主持浙江乡试（一说福建乡试）时，仍以“南蛮鴃舌之人”命题，并因此而激起了考生的公愤。据说窦光鼐最后不得不作诗一首令考生用方音诵读，结果无一人能够读得下来，风波才得以平息。此诗即后世曾广泛流传于齐鲁一带的《别蛮诗》[②]，顺便抄在这里：

馆阁居官久寄京，朝臣承宠出重城。
散心萧寺寻僧叙，闲戏花轩向晓行。
情切慈亲催寸草，平抛朋辈劈飘萍。
生身盛世诗书史，蛮貊氓民慕美名。

诗的每一句声母都完全相同，且多卷舌音与切齿音，如同绕口令一般，难怪我们的浙江（或福建）同胞无法以方音读下去了。此事齐鲁间常引为美谈，这自然反映了齐鲁之人对窦光鼐的赞叹及对“南蛮”之人的鄙视；而多次担任过浙江学政与乡试正考官，曾对江浙文化的繁荣

① 杨伯峻译注:《孟子译注》，中华书局1960年版，第125页。
② 张崇玖、窦学义编著:《窦光鼐传》，西泠印社出版社2007年版，第2页。

做出重要贡献的窦光鼐，其内心深处的地域偏见，也应是显见的。

四

中国传统文化中地域偏见的形成，除了前述种族的原因之外，也与中华文化的多元一体相关。

从文化史的角度而言，中华文化是由各种不同的地域文化经长期融合、发展而形成的。无论早期的华夏文化、东夷文化、苗蛮文化，还是稍后的齐鲁文化、燕赵文化、三晋文化、关中文化、宋楚文化、吴越文化、巴蜀文化、岭南文化等，都是组成中华文化的有机成分。而这些区域文化中的有益成分在被融入主流文化之后，其余的部分仍被保留在各个地域文化之中。进一步说，即使在中华文化的主体之中，区域文化的痕迹也不是短时间内就能抹平的。这样就形成了主流文化与地方文化以及各种不同的地域文化并存的局面，于是，地域间的文化偏见便出现了。

再次，中国文化中的地域偏见，也与地理环境及不同地区的民俗和人们的生活习惯是分不开的。这一点，早在汉代的司马迁就已经注意到了，他在《史记·货殖列传》中比较齐、鲁文化的不同特点时说：

> 齐带山海，膏壤千里，宜桑麻，人民多文彩布帛鱼盐。临淄亦海岱之间一都会也。其俗宽缓阔达，而足智，好议论。地重，难动摇，怯于众斗，勇于持刺，故多劫人者。大国之风也。其中具五民。
>
> 而邹、鲁滨洙、泗，犹有周公遗风，俗好儒，备于礼，故其民龊龊。颇有桑麻之业，无林泽之饶。地小人众，俭啬，畏罪远

邪。及其衰，好贾趋利，甚于周人。[①]

正由于齐、鲁地理环境不一样，所以才形成了两地民俗及文化传统之不同。如果说齐地所形成的是一种宽松兼容，“举贤而上功”[②]，具有开放性和革新性的功利型文化传统的话，那么鲁地则形成了重伦理、贵人和，“尊尊而亲亲”[③]，具有质实性、坚守性的道德型文化传统。[④]而这样一来，也便导致了此后的“齐气”与“鲁气”之争。南方文化与北方文化的差异也一样。南方气候温暖，土沃物丰，水光潋滟，人们有闲情逸致以乐其风土，这便养成了尚文的习俗；而北方气候寒冷，土厚水深，谋生较难，故而又形成了尚武的习俗。如以南方之“尚文”鄙视北方之“尚武”，或以北方之“尚武”傲视南方之“尚文”，则便形成了文化上的地域偏见。

时至今日，中国文化中的地域偏见依然存在，而其表现形式也是多种多样的。如何正确地认识与对待中国传统文化中的这种地域偏见，仍是当代文化建设的一个重要课题。

应该说，各种区域文化之间虽有先进与后进之异，却并无高下之分，更无优劣之别。对于组成中华文化的各种地域文化，我们既不能厚此薄彼，更不容加以歧视。任何文化上的地域偏见都是要不得的。而只有消除了文化上的地域偏见，社会也才能真正达到人际关系的和谐。

2007 年 11 月

① 司马迁：《史记》，裴骃集解，司马贞索隐，张守节正义，中华书局 1959 年版，第 3265—3266 页。

② 班固：《汉书》，颜师古注，中华书局 1962 年版，第 1661 页。

③ 班固：《汉书》，颜师古注，中华书局 1962 年版，第 1662 页。

④ 关于齐、鲁文化之不同特点，参见拙文《论琅邪文化》，《兰州大学学报》2004 年第 3 期。

谈谈天水的三国古战场文化

天水在历史上的知名度很高。这一方面是因为天水有着悠久的历史和古老的文化，同时也与它的重要地理位置有关。

天水地区是秦人的发祥地。当年秦的祖先自东方西迁，最早所居住的西垂，即在今礼县的永兴乡及西和县的长道镇一带。后来汉代的西县及三国时的西城也在这一地区。此后，秦的历史上曾出过许多重要的人物，秦王朝最终也统一了中国。而曾为周穆王养马的秦人造父被封于赵城后，天水又成为赵姓的郡望。于是，很多文化名人便自称是天水人。如宋代著名的金石学家赵明诚在泰山上的题词，其落款便是“天水赵明诚”。甚至连金章宗完颜璟见到宋徽宗赵佶所摹的张萱《虢国夫人游春图》，也在上面题曰：“天水摹虢国夫人游春图。”其所谓“天水”，即指宋徽宗赵佶。此后，人们也常以“天水朝”来指代赵宋王朝。如陈寅恪著作中便常称赵宋王朝为“天水一朝”。可见天水的知名度之高了。

从地理位置上来说，天水号称“关中咽喉”、“襟带陇右”、丝路重镇。由于诸葛亮是最早认识到天水战略地位的一位古人，所以，三国时期，围绕天水地区便发生了一系列的战事，并留下了许多古战场，这便形成了天水的三国古战场文化。

说到天水的三国古战场，便不能不提诸葛亮的“六出祁山”。自公元 228 年（蜀建兴六年）至公元 234 年（蜀建兴十二年）的 6 年间，诸葛亮以汉中为基地，先后对曹魏进行过五次北伐，即所谓“六出祁山”。五次北伐为何被称为“六出祁山”呢？那是因为后人将建兴八年即公元230年秋诸葛亮待魏军于城固、赤阪的一次也计算在内了，而这一次魏军虽数道南侵，然皆半途而返，两军并未接触。而5次中，第一、第三和第四次北伐又都是在今天的天水地区进行的，因此，天水便成为三国的重要战场，而诸葛亮也遂与天水结下了不解之缘。

诸葛亮的第一次北伐是在建兴六年（228）春举行的。他先扬声由斜谷道（今陕西省眉县西南）取郿（今陕西省眉县），并使赵云、邓芝为疑军，据箕谷（今陕西省太白县境内），以吸引魏军主力；而自己则身率6万大军进攻祁山，并很快攻占了今甘肃西和、礼县一带的祁山地区，还在祁山堡安营扎寨，设立了他的北伐军指挥部，指挥蜀军继续北进。不久，南安（今陇西县东北）、天水（甘谷县东）、安定（镇原县南）三郡纷纷叛魏归蜀，一时关中为之震动，曹魏朝野恐惧。至此，魏明帝曹睿才恍然大悟，慌忙从洛阳赶到长安坐镇，并派大将张郃率兵抵挡蜀军。于是，蜀魏两军便在“关陇大道”上的军事重镇街

图16　今街亭一角

亭（今秦安县陇城镇），展开了一场殊死决战。但由于镇守街亭的马谡“违亮节度”，“依阻南山，不下据城”，遂使街亭失守，致魏军长驱直入。不得已，诸葛亮只好拔西县民千余家还于汉中。至此，轰轰烈烈的第一次北伐遂以失败告终。这是诸葛亮首次踏上天水大地。

由于第一次北伐的失败，诸葛亮坚持“平取陇右”，先夺取天水然后再从背后包抄魏国的策略，曾遭到很多人的非议。有人甚至认为诸葛亮不纳魏延的“十日出子午谷”之计是“战略之失”，是“心胸偏狭”、妒贤嫉能，更由此而对诸葛亮进行全面否定。这是未能对魏延之计进行认真评估所致。子午谷全长约 700 余里，全是穿行于山谷之中。魏延所带领的 5000 人要边修栈道边行进，十天根本走不出去。两年后魏国的曹真也是由子午谷南侵汉中，结果费时一个多月，才走了一半路程，便是最好的证明。何况曹魏在子午谷北口早已有军队防守，以魏延远来疲惫的区区 5000 人，根本无法与曹魏的重兵抗衡。诸葛亮斥魏延之计“悬危”是有道理的。至于街亭之失，那是因为错用了马谡所致，并非诸葛亮“安从坦道”“平取陇右”战略方针的失误。

诸葛亮再次足履天水地区（还有陇南地区），是在公元 229 年（建兴七年），即他第三次北伐期间。此前，他曾于公元 228 年的冬天出散关（宝鸡市西南大散岭上），围陈仓（今宝鸡市东），举行过第二次北伐，然因粮尽而不得不返。此次，诸葛亮首先派陈式攻打武都（今成县西）、阴平（今文县西北），待曹魏的雍州刺史郭淮欲率众出击时，诸葛亮则领军来到建威（今西和），从而逼迫郭淮退还，让蜀军完全占领了武都、阴平二郡，并拥有了今甘肃东南部及陕西省凤县、略阳等地的广大地区。后主刘禅对这一次的胜利也十分高兴，旋即下诏恢复了诸葛亮的丞相职位（街亭之役后诸葛亮曾上书“自贬三等”）。

公元 231 年（建兴九年）春天，诸葛亮又一次兵出祁山，举行了第四次北伐，也是他第三次踏上天水大地。这一次，诸葛亮以“木牛”（一种灵便的独轮车）运送军粮，首战即打败了西救祁山的魏军郭淮、费曜部，并借机芟割卤城（今盐官）一带的熟麦。魏国派司马懿率军迎战，诸葛亮与司马懿相遇于上邽（今天水市秦州区）之东。但司马懿敛兵依险，不与蜀军交战，诸葛亮只好引兵还保祁山。后司马懿因部下笑他“畏蜀如虎”，才自己率军取中道（赤峪沟往天水镇一道）击亮，而令张郃追蜀军至木门（在今天水市秦州区西南牡丹乡木门村）。木门又称木门道，其地两山夹峙，空谷一线，地形十分险要。诸葛亮撤退时早于木门东山埋有伏兵，待张郃追至，万箭齐发，“飞矢中郃右膝”，遂射杀张郃。与此同时，蜀将魏延、高翔、吴班等也于中道大破魏军，逼使司马懿还保上邽。而正当诸葛亮与司马懿再次对垒上邽之际，蜀中负责运送军粮的李严因害怕粮秣误期而受诸葛亮责罚，竟假传后主刘禅之旨，要诸葛亮回师。加之军中粮草已尽，诸葛亮遂不得不暂时收兵。

此后，建兴十二年（234）春，诸葛亮再率10万大军，由褒斜道出斜谷，占据五丈原（今陕西省眉县西南斜谷口西侧），举行了他生前的最后一次北伐。但在与司马懿对垒百余日之后，即因劳累过度，于这年的八月二十八日病逝于五丈原军中。当然，这已不在天水地区，而是发生于陕西境内的事情了。

综观天水地区的三国古战场，像祁山堡（在今礼县城东23公里的祁山乡）、建威（今西和县城附近）、卤城（今盐官）、天水关（今天水镇北）、木门道（牡丹乡木门村）、西城（礼县永兴乡及西和长道镇一带）、上邽（今天水市秦州区）等地，诸葛亮皆曾亲历，并留下了不少的遗址和传说。如祁山堡附近的“诸葛亮上马石”、“诸葛九寨”（传为蜀兵积土假充粮堆），天水城东陈家磨处的“诸葛军垒”（传为蜀兵每人握一把土堆置而成），及流传于木门村一带的“木门矢髀”故事（传诸葛亮欲射一“马”即司马懿，结果仅得一“獐”即张郃）皆是。至于三国时期的著名战场街亭（今秦安县陇城镇），诸葛亮虽未亲至，但蜀军的首次北伐受挫及孔明的“挥泪斩马谡”，都与街亭之失是分不开的。所以，要追寻诸葛亮与天水的不解之缘，街亭也是不可忽视的。

图 17　祁山堡

天水的三国古战场是一笔宝贵的文化遗产。为了更好地宣扬古战场文化，除了对这些遗址进行有效的保护外，在此我顺便提出两点建议：

一是与陕西有关地区联合，打造一条三国古战场黄金旅游线。如能将天水的祁山堡、街亭与陕西的五丈原、定军山诸葛亮墓等遗址连成一线，我相信一定会吸引很多对三国文化感兴趣的人们。

二是与京剧界联合，打造西城景点。由于京剧《空城计》的播扬，西城的知名度很高。很多京剧的须生名角都因唱《失街亭》《空城计》《斩马谡》而出名，而《失空斩》至今仍是各派须生常演的剧目。中央电视台就曾多次同时播放过马（连良）、谭（富英）、奚（啸伯）、杨（宝森）四大流派的《空城计》，其受众之多是难以估计的。但很多人以为西城是戏曲虚构的，不知道西城乃实有其地，而且就在今天水地区内。倘能在当地选址重建一座影视基地式的西城，我想不但京剧界的艺人们会登城体验一番，就连普通百姓也是喜欢到“城楼观山景”

的。这样一来，又可为三国古战场的黄金旅游线路再增加一处新的亮点。至于诸葛亮的“空城计”究竟有无，学者们尽可以见仁见智，发表自己的意见。反正历史上的西城是一个真实的存在，这是谁也否认不了的。

以上是对天水地区的三国战事及古战场遗址的介绍。下面便来谈谈天水三国古战场文化的弘扬问题。

三国文化的亮点是诸葛亮文化。我们读《三国演义》时便有这样的感觉，读到诸葛亮死后，便觉得索然无味了。天水的三国古战场文化也不例外，也应抓住诸葛亮文化这个亮点。那么，诸葛亮文化都有哪些内涵呢？它与天水又有什么关系？具体说，有五个方面：

一曰高尚的人格。诸葛亮是一个几近完美的历史人物，在他身上体现出了中国人几乎所有的美德，如忠贞、智慧、清正、廉洁、勤奋、俭朴、淡泊、谨慎等。而“忠”与“智”则是他人格最突出的特点。他死后被朝廷谥为“忠武”，又被民间称为“智星”。其所谓“忠”，当然不能排除对君王之忠，但更重要的是他能忠于国家，忠于自己的理想、事业和职守。我们看他直到晚年，为了实现北定中原、统一中国的理想，仍亲自带兵北伐，足履陇原，并最终以身殉职，便可以体会其一腔忠心了。他的“智”，即使剔除其被小说家所夸张的部分，也还是超常的。而更为难得的是，诸葛亮能将“忠”与“智”两者完美地结合起来。他“专权而不失礼，行君事而国人不疑”①，他用自己的忠心和智慧来报效国家，来实现理想，而且“鞠躬尽瘁，死而后已”。为此，他不但摈弃了自己的许多爱好（如音乐、绘画、文学创作及史学研究等），而且还长期夫妻分居，晚有儿息（儿子诸葛瞻出生时诸葛亮已 47 岁了）。诸葛亮之为人，看起来自然平常，实际上难以企及。正如当年蜀汉小吏所说：“诸葛公在日，亦不觉异，自公殁后，未见其

① 陈寿：《三国志 · 诸葛亮传》，裴松之注，中华书局 1959 年版，第 934 页。

比。”[①]宋人罗大经更认为，诸葛亮之为人，“自三代而后，可谓绝无仅有矣”[②]。诸葛亮这种高尚的人格，在我们大力弘扬中华传统美德的今天，仍是值得国人借鉴和学习的。

二曰超常的智慧。诸葛亮智慧之超常是世所公认的。而我们考察其智慧的来源，则不外有四个方面的因素。一是“观其大略”[③]的读书方法。所谓“观其大略”，并非“不求甚解”（陶渊明语），而是一种能抓住书中要义然又不肯死守章句的十分高明的读书方法。事实证明，这样的读书方法既可以将读书与“识时务”联系起来，以强化读书的实用功能；同时也能促进各种思想的比较与融合，从而形成诸葛亮思想的“聚合效应”，并培养其综合素质。二是综合性的思维方式。诸葛亮的思维方式不是一般人的单向思维或定向思维，而是多向思维，或曰综合性思维。这种思维的特点是注重整体意识、前瞻意识和综合意识。20世纪80年代国际上才开始兴起的“天地生综合研究”，与诸葛亮的思维方式可谓一脉相承。三是淡泊宁静的精神境界。所谓“淡泊”，主要是指对自身名利的不刻意追求，对统治者的不趋炎附势，能永远保持一颗纯净的心。在这种心境下，人的聪明才智便会充分地发挥出来。所谓“宁静”，实际也是一种不含任何杂念的精神境界，达到了这样一种境界，便能“致远”，便能对万事万物都有透彻的理解。四是谨慎的处世态度。谨慎可以使思维更加细密，处事更加周全，也是可以出智慧的。

今天，随着互联网时代的到来，人们已经看到，资本的权威正在日益为智慧所取代。当今世界，国家要想强大，人们要想致富，单凭资本的拥有已远远不够，更重要的还要靠自身的智慧。因之，智慧学的研究也便被提上议程。而诸葛亮的超常智慧，恰可为智慧学的研究

---

① 鲁迅:《鲁迅全集》第8卷，人民文学出版社1972年版，第229页。

② 罗大经:《鹤林玉露》乙编卷五。

③ 陈寿:《三国志·诸葛亮传》，裴松之注，中华书局1959年版，第911页。

提供一个范例。

三曰廉政之楷模。诸葛亮的廉政思想与实践，已为中国历代的官员树立了一个光辉的榜样。他不但淡泊名利（如拒受“九锡”），而且对自己工作中的失误还能自行问责，自请处分，并广泛地发动将士对自己提出意见。[①]他廉洁无私，执法如山，对部下赏罚分明，真正做到“尽忠益时者虽雠必赏，犯法怠慢者虽亲必罚”，“善无微而不赏，恶无纤而不贬”。[②]他对子女严格要求，即使对自己的嗣子诸葛乔也不加照顾，“一出祁山”时他令诸葛乔与诸将子弟一起转运粮草于谷中，并殒命于陇原大地。[③]他对自己的财产完全透明，除了官家的俸禄外，没有丝毫的额外收入。他在临终之前给后主刘禅的一封上表，实可视为他对自己家庭财产的一次正式申报。而所谓“桑八百株，薄田十五顷”[④]，在1700多年前的三国时期，充其量也不过是一份中人之产。他还遗命薄葬，“因山为坟，冢足容棺，敛以时服，不须器物”[⑤]。这在厚葬之风盛行的汉末三国时代，真可以说是绝无仅有了。

四曰家教之典范。诸葛亮所留下的《诫子书》与《诫外甥书》，堪为中华家教的宝典，一直影响着后代的人们。《诫子书》着重强调了修身和为学都要静的道理，指出“非宁静无以致远”[⑥]，非宁静不能成就一个人的理想和事业。而诸葛亮所说的“静”，实际是一种不含任何杂念的精神境界。与“静”相反的是“躁”，“躁”既有碍修身，也不能治学，而且容易转化为“淫慢”，终至事业无成。诸葛亮去世时，其子

---

① 诸葛亮：《劝将士勤攻己阙教》，载陈寿：《三国志・诸葛亮传》裴松之注引《汉晋春秋》，第923页。

② 陈寿：《三国志・诸葛亮传》，裴松之注，中华书局1959年版，第934页。

③ 参见拙文《诸葛亮的〈又诫子书〉是写给谁的》，《国文天地》（台北）第14卷第12期（1995年5月）。

④ 陈寿：《三国志・诸葛亮传》，裴松之注，中华书局1959年版，第927页。

⑤ 陈寿：《三国志・诸葛亮传》，裴松之注，中华书局1959年版，第927页。

⑥ 张连科、管淑珍校注：《诸葛亮集校注》，天津古籍出版社2008年版，第109页。

诸葛瞻虽然只有8岁，但从此后他曾官至蜀行都护卫将军并平尚书事，与董厥、樊建一起主持蜀国后期的军政大计，以及在国难当头之际，与其子诸葛尚独冒锋刃、视死如归，终于以身殉国的事实来看，诸葛亮的教诲他应是牢记了。正如晋人干宝所说："瞻虽智不足以扶危，勇不足以拒敌，而能外不负国，内不改父之志，忠孝存焉。"[①]

《诫外甥书》是诸葛亮写给二姐与庞山民的儿子庞涣的，主要谈立志问题。这是诸葛亮在得知姐夫早逝，而外甥适当弱冠之年，正须立志时写下的。诸葛亮告诉外甥，志向应建立在远大的目标之上，要效法先贤，弃绝私情杂念和各种牵累，除去怨天尤人的情绪。只要能做到这些，即使眼下还不能发达，也不必担心事业不会成功。反之，若志向不坚毅，思想境界不开阔，只是碌碌无为地陷在世俗之中，那就将永远沦于凡庸之列。此后，外甥庞涣便谨遵舅氏诸葛亮的教诲，首先从立志做起，并终于事业有成。晋太康中，庞涣已仕至牂牁太守矣。

五曰酒文化要义的阐释。无论古今中外，饮酒在人际交往中都是免不了的。但如何饮酒，却是大有讲究的。殷代的纣王是纵酒的，稍后的周公及三国时期的曹操和刘备都是禁酒的。尤其是刘备，甚至连藏有酿具者都要治罪。这些都有失偏颇。唯有诸葛亮对饮酒的见解是最可取的。他在《又诫子书》中说：

> 夫酒之设，合礼致情，适体归性，礼终而退，此和之至也。主意未殚，宾有余倦，可以至醉，无致迷乱。[②]

这确是一篇讲"酒文化"的绝妙好词。诸葛亮认为酒的功能有二：一是礼仪功能，即"合礼致情"（合乎礼节，表达感情）；二是养生功

---

① 陈寿：《三国志·诸葛亮传》，裴松之注，中华书局1959年版，第932页。

② 张连科、管淑珍校注：《诸葛亮集校注》，天津古籍出版社2008年版，第111页。

能，即“适体归性”（让身体舒适，以恢复人的本性）。而饮酒的最高境界则是“和”，即人际关系的和谐与个人身心的和谐。由此出发，他既不主张纵酒，也不主张禁酒。只是在主人的心意还未尽完，而宾客也还没有疲倦的情况下，可以饮至微醉，但不能“迷乱”，即醉到神志不清的地步。这原本是第一次北伐期间，诸葛亮有感于当时蜀中诸将子弟的饮酒之风而写给其嗣子诸葛乔的一段话，不意竟成了对酒文化要义最经典的阐释，以至我们今天读来犹觉意味深长。

以上是诸葛亮文化内涵的几个主要方面。可以看出，这些内涵的形成大都与天水有着一定的关系。如晚年的北伐所体现出的报国忠心及“鞠躬尽瘁，死而后已”精神，三次兵出陇右所体现出的对天水战略位置重要性的认识，嗣子诸葛乔殒命陇原所体现出的凛然大义，“六出祁山”期间所表现出的战略远见及廉政垂范（如街亭失守后的“自贬三等”及第三次北伐胜利后的拒受“九锡”），还有晚年所写出的家教名篇及酒文化名言等，皆与诸葛亮的天水之缘是分不开的。今天，我们要弘扬天水的三国古战场文化，这些都是不可或缺的。

2018 年 6 月

论琅邪文化

在先秦的地域文化中，齐鲁文化无疑是最为先进的，它在后来被融入官方文化并成为中国文化的主流，绝非偶然。而在秦汉间，随着齐鲁文化的不断交融，山东地区又形成了一种兼得齐鲁文化之长的新的文化形态，即琅邪文化。在中国几千年的历史长河中，琅邪文化的影响同样是不可低估的。

一、琅邪之得名及其地望

琅邪，或作琅玡、琅琊[①]、瑯琊、郎邪，观《孟子》《管子》《山海经》《史记》《汉书》《后汉书》及《说文解字》皆作“琅邪”，知以琅邪为正字。古书言及“琅邪”之处甚多，然其所指，又不外山名、台名、地名及行政区划的名称。

“琅邪”最早当为山名。《山海经·海内东经》：“琅邪台在渤海间，琅邪之东。”[②]郭璞注：“今琅邪在海边，有山嶕峣特起，状如高台。”[③]

---

① 今以琅琊为规范。本文所论，是琅琊文化之沿革与特征，多引旧文，故袭用旧称琅邪。

② 袁珂译注：《山海经全译》，贵州人民出版社1991年版，第263页。

③ 袁珂译注：《山海经全译》，贵州人民出版社1991年版，第267页。

《史记·秦始皇本纪》："（二十八年）南登琅邪，大乐之。"[①]《索隐》引《山海经》之文后曰："盖海畔有山，形如台，在琅邪，故曰琅邪台。"[②]《水经注·潍水》也说："琅邪，山名也。"[③]而山何以名"琅邪"呢？窃以为，此当与山之质地、颜色及形状有关。

琅邪之"琅"即琅玕。《说文解字》曰："琅，琅玕似珠者。"[④]《尚书·禹贡》云"（雍州）厥贡惟球、琳、琅玕"，《孔传》曰"琅玕，石而似珠"。[⑤]是"琅"即"琅玕"，亦即似珠之石。古人常称石之美者曰珠，至其缘由，李时珍说："琅玕，象其声也，可碾为珠，故得珠名。"[⑥]李时珍还说："回回地方出一种青珠，与碧靛相似，恐是琅玕所作者也。"[⑦]美石而可碾以为珠，正如今之蚌壳亦可被碾作"珍珠"一样。又据文献记载，琅玕多为青色，"明莹若珠之色，而状森植"[⑧]，"状如笋，质似玉"[⑨]，故亦被称为青琅玕或青珠。而琅玕丛生又可谓之"珠树"或"珠玕之树"，《列子》（卷五）中就记载蓬莱之山"珠玕之树皆丛生"[⑩]。琅邪与蓬莱同处齐鲁，又皆濒海，其珠玕丛生的景象自是可能的。今观琅邪之山，确是青色森然，奇峰嵯峨，怪石嶙峋，阳光照耀之下，明莹若琅玕美玉也。

---

① 司马迁：《史记》，裴骃集解，司马贞索隐，张守节正义，中华书局1959年版，第244页。

② 司马迁：《史记》，裴骃集解，司马贞索隐，张守节正义，中华书局1959年版，第244页。

③ 郦道元：《水经注校证》，陈桥驿校证，中华书局2007年版，第630页。

④ 许慎：《说文解字》，中华书局1963年版，第13页下栏。

⑤ 孔安国传：《尚书正义》，孔颖达疏，廖春名、陈明整理，吕绍纲审定，北京大学出版社1999年版，第156页。

⑥ 李时珍编纂：《本草纲目》第八卷，刘衡如、刘山水校注，华夏出版社2002年版，第355页。

⑦ 李时珍编纂：《本草纲目》第八卷，刘衡如、刘山水校注，华夏出版社2002年版，第356页。

⑧ 参见苏颂：《图经本草》，转引自李时珍编纂：《本草纲目》第八卷"青琅玕"条，刘衡如、刘山水校注，华夏出版社2002年版第356页。

⑨ 李时珍编纂：《本草纲目》第八卷，刘衡如、刘山水校注，华夏出版社2002年版，第356页。

⑩ 杨伯峻：《列子集释》，中华书局1979年版，第152页。

琅邪之“邪”，《说文解字》未释其义，仅谓琅邪郡之字作“邪”也，以是迄未能有确解。段玉裁《说文解字注》云：

寻周时，琅邪之名未知所解，许君以其字从邑，傅合郡名为释耳。《九经字样》曰：“郎邪，郡名。郎，良也；邪，道也。以地居邹鲁，人有善道，故为郡名。今经典玉旁作良者訛。”未知其说所出。古书绝无作“郎”者，且琅邪齐地，非邹鲁也。……按汉碑琅邪，字或加玉旁，俗字也。[①]

《九经字样》以“地属邹鲁，人有善道”来释琅邪，自然牵附之甚，故段氏不从焉。然段氏虽指出加“玉”旁之“琊”为俗字，亦未说明琅邪究为何义。其实，琅邪之邪本作“牙”，而牙除训“牡齿”[②]外，又有齿形交错之义，“祟牙”“衡牙”“牙旗”皆用其义。窃以为，“琅邪”本作“琅牙”，谓山上琅玕石高低不平，呈锯齿形之分布，后人附会郡名，又加“邑”旁。合而言之，所谓“琅邪山”，实指山之质地为美石，颜色青碧，而山形又嵯峨奇特也。

琅邪台则因山而建，前后共筑两次。第一次为公元前472年（即越王勾践二十五年）越王勾践所筑。《越绝书》卷第八云：

勾践伐吴，霸关东，从琅邪起观台。台周七里，以望东海。[③]

《吴越春秋·勾践伐吴外传》亦云：

（越王勾践二十五年）越王既已诛忠臣，霸于关东，从琅邪起

① 许慎撰，段玉裁注：《说文解字注》，上海古籍出版社1981年版，第298页。

② 许慎：《说文解字》，中华书局1963年版，第45页下栏。

③ 袁康、吴平辑录，俞纪东译注：《越绝书全译》，贵州人民出版社1991年版，第163页。

观台，周七里，以望东海。死士八千人，戈船三百艘。[①]

勾践所筑之台即以琅邪山东峰为台基，台顶周长7里，其目的是要登台回望故国，以寄其情思。253年后，即秦始皇二十八年（前219），秦始皇又来琅邪筑台。《史记·秦始皇本纪》是这样记载的：

（二十八年）南登琅邪，大乐之，留三月。乃徙黔首三万户琅邪台下，复十二岁。作琅邪台，立石刻，颂秦德，明得意。[②]

《水经注·潍水》亦记：

秦始皇二十六年，灭齐以为郡。城即秦皇之所筑也。遂登琅邪大乐之山，作层台于其上，谓之琅邪台。台在城东南十里，孤立特显，出于众山，上下周二十余里，傍滨巨海。秦王乐之，因留三月，乃徙黔首三万户于琅邪山下，复十二年。所作台基三层，层高三丈。上级平敞，方二百余步，广五里。刊石立碑，纪秦功德。[③]

所谓"作层台于其上"，显然是在越王台之上。由于秦台较越台更高，所以其台顶的周长也由原先的7里缩减为5里（即200余步见方）。又据乾隆《诸城县志·古迹考》记，"台下路有三条，阔三四丈，皆人力为之，今仍呼御路"。不过今天的琅邪台已非秦时原貌，据实际测量，台高（含山体）183.4米，台基（含山体）面积5.88平方公里，而台

① 周春生：《吴越春秋辑校汇考》，上海古籍出版社1997年版，第176页。
② 司马迁：《史记》，裴骃集解，司马贞索隐，张守节正义，中华书局1959年版，第244页。
③ 郦道元：《水经注校证》，陈桥驿校证，中华书局2007年版，第630页。

顶周长仅150余米。[①]

图18 1994年重刻秦琅邪刻石碑

至于作为行政区划名称的“琅邪”，则又有邑、都、县、郡、国之不同，其治所也屡有变迁。从现有资料看，最早提到琅邪者为齐桓公（前685年至前643年在位）与齐景公（前547年至490年在位）。《管子·戒》云：

（齐）桓公将东游，问于管仲曰：“我游犹轴转斛，南至琅邪。”[②]

《晏子春秋·内篇》：

（齐）景公出游，问于晏子曰：“吾欲观于转附、朝儛、遵海

① 参见山东省胶南市《琅邪台志》编纂委员会编：《琅邪台志》，齐鲁书社1997年版，第74页。

② 黎翔凤：《管子校注》，梁运华整理，中华书局2004年版，第507页。

而南，至于琅邪，寡人何修，则夫先王之游？”[①]

《孟子·梁惠王下》：

昔者齐景公问于晏子曰：“吾欲观于转附朝儛，遵海而南，放于琅邪……”[②]

桓公、景公所游者自然是琅邪山，但春秋时齐国已在山下置邑，称琅邪邑。东汉赵岐注《孟子》曰：“琅邪，齐东南境上邑也。”[③]朱熹《孟子集注》亦云：“琅邪，齐东南境上邑名。”[④]此邑即今天之胶南市夏河城遗址，位于琅邪山西北10里。此后，越王勾践徙都琅邪，其都址也在这里。秦并六国，设琅邪郡，并改齐国之琅邪邑为琅邪县，其郡、县治所皆在琅邪，即今之夏河城。汉初，琅邪属齐。高帝吕后七年（前181），封营陵侯刘泽为琅邪王，以琅邪为国都。文帝元年（前179）徙刘泽为燕王，而复以琅邪归齐。至文帝三年（前177），复琅邪郡名，仍以琅邪为治所。孝景六年（前151）东武侯郭它有罪弃市，国除，大约就在此后不久，琅邪郡治便由琅邪迁东武（诸城县城）了（或谓宣帝本始四年即公元前70年始因地震而迁东武）。故《汉书·地理志》所记琅邪51县，其首县已为东武。但琅邪县的建制还存在，治所仍在琅邪。新莽天凤元年（14）曾改琅邪郡为填夷。东汉光武帝建武十五年（39）先封皇子刘京为琅邪公，建武十七年（41）又封刘京为琅邪王。刘京于明帝永平五年（62）始就国，其国都也由东武而改

① 孙彦林、周民、苗若素：《晏子春秋译注》，齐鲁书社1991年版，第169页。

② 杨伯峻译注：《孟子译注》，中华书局1960年版，第33页。

③ 赵岐注，孙奭疏：《孟子注疏》，廖名春、刘佑平整理，钱逊审定，北京大学出版社1999年版，第40页。

④ 朱熹：《孟子集注》，齐鲁书社1992年版，第20页。

为莒（今莒县）；数年后，又由莒迁开阳（今临沂市北）。琅邪国前后共传7世，直至建安二十一年（216）“曹操杀琅邪王熙（刘京之七世孙刘熙），国除”①，前后共延续175年，其国都也皆在开阳。其间，刘京之六世孙刘容死后虽有十三年（193—206）“国绝”（王位继承乏人），但琅邪国并未被废除。

魏文帝初年（220），琅邪复为郡。晋武帝立（265），封司马伷为琅邪王，治所仍在开阳，并以东莞郡益其国。伷传子觐，觐传子睿，是为东晋元帝。北魏时琅邪郡治移至即丘（今临沂市东南），隋废。唐代虽曾一度置琅邪郡，属沂州，但规模很小，仅辖5县，且琅邪县也不在其中。再后，琅邪作为郡便不复存在了。至于琅邪县，则时废时置。晋武帝太康十年（289），琅邪县裁入东武县。隋文帝开皇十六年（596），置丰泉县于琅邪旧县，属高密郡；隋炀帝大业三年（607），复改丰泉县为琅邪县。唐高祖武德五年（622），又省琅邪县入诸城县。此后，琅邪作为县也存在了。明洪武年间，为加强海防，曾在琅邪设立夏河寨备御千户所，属灵山卫；灵山卫百户管成又在琅邪故址建夏河城。清雍正十三年（1735），夏河备御千户所裁撤，此后，琅邪便沦为一般村镇，今则为胶南市琅邪镇之镇政府所在地矣。

二、琅邪文化之形成

所谓“琅邪文化”，实际是指琅邪地区即秦汉琅邪郡和琅邪国所辖地域的文化。《汉书·地理志》载西汉琅邪郡51县，大致包括今山东诸城、胶县、即墨、海阳、胶南、五莲、日照、沂水、莒南等地；《后汉书·郡国志》载东汉琅邪国13城，虽原琅邪郡的东部有些地区改属

① 范晔：《后汉书》，李贤等注，中华书局1965年版，第388页。

东莱郡，但其范围又向南扩展到了今莒县、沂南、临沂、苍山等地区。而秦之琅邪郡的领域更广，《汉书·地理志》所载之琅邪、城阳、胶东诸郡，大都在其范围之内。这样说来，所谓“琅邪地区”，约当今之山东半岛东南部，其地北靠沂蒙、泰山，东南濒海，往西则与中原相连。

由于琅邪位于齐、鲁交汇之地，所以这一地区自古以来就形成了一种既不同于齐文化又不同于鲁文化而又兼得齐鲁文化之长的相对独立的文化形态，即琅邪文化。琅邪文化发端于先秦，正式形成于秦汉，此后历经东汉、三国、魏晋，其影响一直达于唐、宋及近代。

与齐鲁文化一样，琅邪文化的形成也是有其特殊的背景和原因的。

一是优越的地理环境及发达的经济。如前所述，琅邪地区背山面海，而山海之间则是广阔的平原或丘陵。它既不像齐国那样有着漫长的海岸线，纯属半岛型地理环境；又不像鲁国那样位于泰山之阳，基本处在内陆之中。这样，琅邪地区一方面能得海上之利，交通便捷；一方面又有着较深的腹地，可提供丰富的物产。

古代，琅邪地区的海上交通是十分方便的。琅邪台以南 3 公里处的琅邪湾，港阔水深，常年不冻，极宜大型船队的停泊，成为先秦至秦汉时期我国的五大港口之一。这里不但可以南通江淮，北抵幽燕，也可联吴越之战舰，片帆达于化外。齐悼公四年（前 485），中国历史上第一次大规模海战——齐吴海战就发生在这一带。而越王勾践迁都琅邪，也是看中了这里的地理位置和优良的港口，因为琅邪与越国间的水上距离很近，越国北上争霸所需的军事物资尽可经海上运输以进行补给。

而作为琅邪腹地的广大地区，又是土沃物丰、人口稠密的。这里不但是全国的重要粮食产地，而且盐铁、纺织、造船、制陶等行业也十分发达。西汉时全国设盐官 38 处，琅邪占三处（海曲、计斤、长广）；设铁官 48 处，琅邪占一处。西汉全盛时琅邪郡共有 228960 户 1079100 人，在当时全国的 103 个郡（国）中，人口算比较多的。东汉全国人口虽然锐减，但琅邪国仍有570967人。加之东汉琅邪国的建立，既省城阳国以其县属，又将东海郡的开阳、临沂等县纳入，从而更密切了琅邪地区与中原的联系。

琅邪地区这种得天独厚的地理条件及其发达的经济，也必然在文化上反映出来。这就使得琅邪人既具有鲁人的质朴好礼，又具有齐人的足智多谋；既重亲亲，又重尊贤；既重农桑，又重工商；既坚定厚重，又视野开阔。

二是东夷文化的深厚积淀及齐鲁文化的交融。齐鲁建国之前，山东一带属东夷文化区。而琅邪地区则是东夷文化的重要源头。东夷人所创造的北辛文化、大汶口文化、龙山文化、岳石文化及进入阶级社会后的青铜文化，在琅邪地区都有着系统的序列和丰富的遗存。作为东夷文化代表的大汶口文化和龙山文化，在琅邪地区的遗址更有上千处之多。如诸城黄华镇的呈子遗址及枳沟镇的前寨遗址、莒县的陵阳河遗址、胶县的三里河遗址、日照的东海峪遗址等，都是一些典型的大汶口文化遗址。日照的两城遗址则是一处典型的龙山文化遗址，并被学术界称为“两城类型”。尤其值得注意的是，许多遗址都表现出明显的文化衔接关系。如呈子遗址中，从新石器时代的大汶口文化、龙山文化、岳石文化直至商周时期，前后延续数千年。前寨遗址中也发现了大汶口文化、龙山文化和岳石文化的三叠层。三里河遗址和东海峪遗址则是大汶口文化与龙山文化的重叠（上层龙山文化，下层大汶口文化）。这些都说明东夷文化在琅邪地区的积累是很深厚的。而从龙山文化遗址墓葬中出土的上百件黑陶高柄杯（俗称蛋壳杯）来看，当时琅邪地区的制陶工艺已达到了全国最高水平。还有凌阳河大汶口文化墓葬里出土的一件乐器笛柄杯，能吹奏出四个不同的乐音，且出现了半音音程，比仰韶文化出土的陶埙发出的乐音还多，音响清脆、优美，悦耳动听，是“迄今已发现的我中华民族最早也是唯一的陶制横吹管乐器”[①]。胶南西寺龙山文化遗址也出土了一件泥质黑陶蚌形响器。至于前寨及凌阳河遗址中发现的大汶口文化时期的陶文，更被学术界认为是中国汉字的雏形。

此外，在临沂市的清泉、莒县的果庄等地还发现了距今7000多年的“北辛文化”遗址，比大汶口文化早1000多年，属新石器时代早期。2001年在诸城朱解镇陆家庄子也发现了距今7000年的新石器时代早期的“后李文化”遗址，其中出土的两件完整的石磨盘为国内所罕见，为研究新石器时代早期琅邪地区人类的生活提供了重要的实物资料。[②]至于旧石器时代遗址，在琅邪地区也有多处发现，如沂水县诸葛镇范家旺村西南山的南洼洞及日照县竹溪村北山和秦家官庄发现的石器，都属于旧石器时代早期的文化遗物。可以说，东夷文化在琅邪地区不但积累深厚，而且也是源远流长的。

从人类社会的发展史来看，大汶口文化应是东夷集团的少昊族文化遗存[③]，而龙山文化则与五帝时代相对应。《孟子·离娄下》云：“舜生于诸冯，迁于负夏，卒于鸣条，东夷之人也。”[④]其所谓“诸冯”，即今诸城市境内的诸冯村[⑤]，恰在东夷文化区内。古代东夷人的势力很大，并分成若干支，而舜族便是其中的一支。琅邪地区的岳石文化则大致与中原地区的夏王朝同时（前2070—前1600），故岳石文化的居民便是夏朝时的东夷族人。据《竹书纪年》记载，这一时期夷人的部落很多，统称“九夷”。商代，东夷人的势力仍然很大，并建立了若干小国，如琅邪地区内的诸（今诸城市枳沟镇乔庄村东）、其（今莒县境内）、曾（今临沂市境内）等，便是当时东夷人所建立的国家。

---

① 曲广义：《笛柄杯音乐价值初考》，《齐鲁艺苑》1986年第5期。

② 韩岗：《诸城古文化遗址考略》，《超然台》2003年第1期。

③ 参见唐兰：《从大汶口文化的陶器文字看我国最早文化的年代》，《光明日报》1977年7月14日。

④ 杨伯峻译注：《孟子译注》，中华书局1960年版，第184页。

⑤ 详见拙文《千年人说诸冯村——寻访虞舜生地》，《人民日报》（海外版）1998年3月27日。

西周初年分封诸侯，山东境内建立了齐、鲁两个大国。而随着以周人为代表的华夏文化与东夷文化的碰撞与融合，山东境内又开始出现了两种不同的文化，即齐文化与鲁文化，并在西周和春秋长达六七百年的时间里沿着各自独特的方向发展。简单地说，两者的差异主要表现为对待东夷文化的不同态度上。齐文化是以东夷文化为主，以周文化为辅形成的，它对东夷文化的态度是“因其俗，简其礼”[①]，即有意识地保留东夷文化并简化其礼仪，从而形成了一种宽松兼容、“举贤而上功”[②]，具有开放性和革新性的功利型文化传统。鲁文化则是以周文化为主，以东夷文化为辅而形成的，它对东夷文化的态度是“变其俗，革其礼”[③]，即对原有的土著东夷文化进行彻底的改造，从而形成了一种重伦理、贵人和，“尊尊而亲亲”[④]，具有质实性、坚守性的道德型文化传统。而此时的琅邪地区一部分属齐，一部分属鲁（还有一小部分属莒），都分别接受了齐鲁文化的不同影响，并在这一地区进行着初步的融合，从而成为日后琅邪文化的前身。

质言之，琅邪地区本来就有着源远流长、深厚发达的东夷文化，而这一文化与同时由西方的炎黄族所创造的华夏文化，都处于当时中国文化发展的领先地位。此后，先是由华夏文化与东夷文化的碰撞与融合产生出齐、鲁文化——这又代表了当时中国文化的最高水平，继而又由齐鲁文化的融合产生出一种新的文化形态即琅邪文化。在这个意义上也可以说，琅邪文化是“强强融合”的产物。明乎此，则对琅邪文化哺育下所涌现出的古今众多文化名人，也便很可以理解了。

三是帝王的多次巡幸及移民的大批会集。从现有资料看，先秦时期，除齐桓公东游南至琅邪、景公遵海而南放于琅邪外，公元前472

① 司马迁：《史记》，裴骃集解，司马贞索隐，张守节正义，中华书局1959年版，第1480页。
② 班固：《汉书》，颜师古注，中华书局1962年版，第1661页。
③ 司马迁：《史记》，裴骃集解，司马贞索隐，张守节正义，中华书局1959年版，第1524页。
④ 班固：《汉书》，颜师古注，中华书局1962年版，第1662页。

年，越王勾践又徙都琅邪，号令秦、晋、齐、楚共同尊辅周室，都琅邪者凡220年（一说93年）。秦统一中国后，始皇帝二十八年（前219），秦始皇东行郡县，南登琅邪刻石纪功；始皇帝二十九年（前218），秦始皇由之罘登琅邪；始皇帝三十七年（前210），秦始皇由左丞相李斯、少子胡亥等随从，第三次巡游琅邪。二世皇帝元年（前209），胡亥东行郡县也到过琅邪，并刻诏书于始皇所立石旁。汉代，汉武帝曾于元封五年（前106）、太始三年（前94）、太始四年（前93）前后三次巡幸琅邪。西汉宣帝和东汉明帝也分别于甘露三年（前51）和永平十五年（72）行幸琅邪。帝王的多次巡幸琅邪，一是为了“东行郡县”，并借此游览观光；二是因为琅邪设有四时祠（琅邪在东方，盖岁之所始），帝王要来此祭祀四时主。但不管是出于何种目的，帝王的巡幸在客观上带来了两种明显的效果，即时代气息的注入及大批移民的会集。随着帝王的到来、京师文化的传入，琅邪人的视野开拓了，他们不断感受着时代的气息，这便促进了琅邪文化与主流文化的接轨。可以说，后世琅邪人常能得风气之先，与此不无关系。而移民的大批会集，则除了直接影响到琅邪地区的人口结构及人口素质外，也对琅邪文化的形成起了促进作用。

应该说，移民的首次汇聚琅邪是从越王勾践的徙都开始的。越国建都琅邪的两百余年间，一定会有许多南方的兵士与民众来琅邪地区定居，并逐渐与本地人融合，从而将越文化的一些要素也融进了琅邪文化之中。此后，始皇二十八年（前219）秦始皇的“徙黔首三万户琅邪台下”，则是又一次大规模的移民。3万户人家至少应有15万口之多，这在秦代全国人口尚不超过2000万的情况下（东汉光武中元二年全国人口才2100万），的确是一个不小的数目。即与西汉琅邪郡的107万人口相比，也占到了其中的七分之一。这些“黔首”大都来自全国各地，其中应不乏像陈胜、吴广那样的英雄。顺便提及的是，西汉末年，琅邪地区也出过两位农民起义领袖即吕母与樊崇，但不知是否为当年那些“黔首”的后裔了。移民的大批会集并与当地居民逐渐融合，既在人口素质上造成了“杂交优势”，同时也将各地的文化传统带到了琅邪，从而在文化上产生出一种“聚合效应”。

概言之，琅邪地区背山面水的自然环境造成了琅邪人既坚定厚重又视野开阔的特点，琅邪地区东夷文化的深厚积累及齐鲁文化的交融孕育出了一种博大深厚而又兼得齐鲁文化之长的文化形态，而帝王的多次巡幸及移民的大量会集又进一步促进了各种文化在琅邪地区的融合。于是，到了秦汉时期，琅邪文化便正式形成了。

三、琅邪文化之特征

秦始皇甫灭六国，即着意对琅邪地区进行经营。他不但裂齐地以为齐、琅邪二郡，而且还多次巡幸琅邪，并增筑琅邪台，刊石立碑，又徙黔首 3 万户于琅邪台下。他的主要目的也许是出于对琅邪地区战略地位的考虑（即通过经营琅邪以掌控“大东”地区），但客观上却促进了琅邪地区文化的融合。到了汉初，不但社会安定，而且统治者又实行与民休息的政策，所以，琅邪地区深厚的文化积淀及长期文化融合的成果便充分地显现出来了。此后，这一文化又进一步发扬光大于东汉、魏晋，遂形成这样一些特征：

一是民风的古朴敦厚然又不乏进取精神。如前所述，琅邪地区是一块古老、富饶却又并不闭塞、保守的土地，而处在山水之间的琅邪人似已深得“乐山”“乐水”之奥妙，他们既仁且智，既坚实又不忘进取，从而在民风上兼得了“齐气”与“鲁气”之长。

琅邪民风的古朴敦厚主要源自东夷文化。“夷俗仁”[①]。齐鲁入主后，

① 《说文解字》“羌”字条下云：“夷俗仁，仁者寿。”（许慎：《说文解字》，中华书局 1963 年版，第 78 页）

齐统治者的“因其俗，简其礼”固然较多地保留了仁的习俗，就是鲁统治者的“变其俗，革其礼”，也始终未能使这一代的民俗完全周化，相反，周人所讲求的礼乐仁义倒成了重礼的周文化与重仁的东夷文化结合的产物。这样一来，仁厚之风便在齐鲁之交的琅邪地区长久地保留下来了。从历史上看，这一带的人民性情之淳厚朴实是有一贯性的，他们不尚浮华，不慕富贵，办事认真求实，待人忠厚有礼。这里既没有齐俗的“夸奢朋党，言与行谬，虚诈不情”[①]，也没有鲁俗的“俭啬爱财，趋商贾，好訾毁，多巧伪”[②]。直到明清，这一带的民风仍是比较朴厚的。明人丁惟宁（丁耀亢之父）万历《诸城县志序》称：“余自束发距垂白，耳目睹记，民物日以熙攘，风俗日以朴茂，野无呰窳之农，市有轻实之贾，礼教信义之风，迄今犹未泯哉。”清代《山东通志·风俗》（卷四十）在谈到诸城一带（包括今之五莲及胶南、莒南的部分地区）的民俗时说：“好学重儒，习礼仪，尚齿让，耻庭讯。女以再醮为辱，丧葬相资，祭祀则宗族少长咸集，犹有古道之遗。”林修竹《山东各县乡土调查录》（民国八年铅印本）也说诸城一带之民情“善良”，“朴厚而柔缓”。

当然，琅邪民风的古朴淳厚并不意味着琅邪人缺乏进取精神。在琅邪文化里，鲁俗的“好儒，备于礼”与齐俗的“宽缓阔达，而足智”[③]都被融入其中，这就促成了琅邪人外朴厚而内多智的性格。这样的气质是极宜于从政或从事艺术创造的。而琅邪人的进取精神在很大程度上也就表现在这两个方面。他们在“耕读”的同时，不但注重日常的学术、艺术修养（即所谓“炕头学”），从而具有多方面的才华；同时也很“识时务”，密切关注着中原的每一次细微变化，而且一有机

① 班固：《汉书》，颜师古注，中华书局1962年版，第1661页。

② 班固：《汉书》，颜师古注，中华书局1962年版，第1663页。

③ 司马迁：《史记》，裴骃集解，司马贞索隐，张守节正义，中华书局1959年版，第3266、3265页。

会便参与其中，表现出强烈的从政意识。汉至三国、魏晋，便是琅邪人从政的高峰期。如王吉、贡禹、梁丘贺、师丹、左咸、王中、王璜、诸葛丰、伏湛、伏恭等，皆为两汉名宦。三国时期，仅诸葛氏一族便有诸葛瑾为吴大将军，诸葛亮为蜀丞相，诸葛诞为魏征东大将军又迁司空，一门三方为冠盖，声名赫赫。两晋时期，以王祥、王览及其后代为代表的琅邪王氏，更是名宦辈出了。至于书法，则王氏家族中的许多人都是擅长的，王羲之不过是其中的一个代表而已。

二是学术思想的兼容性及学风的经世致用。琅邪地区学术思想的主流无疑是儒家思想，而且也出过许多著名的经师，尤其是汉代，可谓名师荟萃。值得注意的是，琅邪地区学术上的门户之见却并不明显，无论齐学、鲁学，还是今文、古文，都可以在这里传播。如传今文《尚书》者有伏氏世家及殷崇，传古文《尚书》者有王璜；传《齐诗》者有伏理、伏湛、伏黯、师丹、皮容，传《鲁诗》者有王扶，传《韩诗》者有王吉；传《公羊春秋》者有王吉、贡禹、王中、公孙文、东门云、左咸、莞路，传《穀梁春秋》者有房凤等。至于《易》学，则汉代立于学官的三大家即施、孟、梁丘，其中的“梁丘”即梁丘贺、梁丘临父子便是琅邪诸县人；“施”（雠）派《易》学的主要传人也有琅邪人鲁伯与邴丹。而民间《易》学的两大家（费直、高相）中，琅邪王璜又是费直《易》的嫡传。

除儒学外，“长于养性”的道家思想及善于治军的法家思想在琅邪一带也有流传。诸葛亮的远祖诸葛丰元帝时为司隶校尉，执法严正，“刺举无所避”，以至京师为之语曰“间何阔，逢诸葛”[①]，其法家思想的影响是显见的。即诸葛亮本人，也曾为后主刘禅“写《申》、《韩》、《管子》、《六韬》”[②]，表现出对各家思想的熟悉。而尤其值得注意的是黄

① 班固：《汉书》，颜师古注，中华书局1962年版，第3248页。

② 《三国志·蜀志·先主传》裴松之注引《诸葛亮集》所载刘备遗诏，见陈寿：《三国志》，裴松之注，中华书局1971年版，第891页。

老思想在琅邪地区的兴起与传播。汉初黄老之学的代表人物盖公就是胶西人，并在琅邪一带讲学。至东坡守胶西时，还曾访盖公的坟墓及子孙，因不可得，遂于密州衙署之中建盖公堂以为纪念。可见黄老之学在这一带的影响之深远了。黄老思想虽源于老子道家，但已对老子的道家作了很多改造，是采集阴阳、儒、墨、名、法各家之精华而形成的，故较之老子道家更具有综合性和现实态度。而这种综合性很强的学术思想在琅邪的兴起，又与琅邪地区学术氛围的兼容性是分不开的。

至于琅邪地区经世致用的学风，则与琅邪人的“识时务”与进取精神联系在一起。琅邪人读书，多半是从书中吸取有益于经国济民的成分，而很少有穷守章句者。如王吉、贡禹、王中等人治《公羊春秋》，就重在领会其“六合同风，九州共贯”的“大一统”思想[①]，并贯穿于各自的政治实践中。诸葛亮读书也是“观其大略”，并不“务于精熟”。即使有些经师，虽学问精深，然其目的也还是“接世”。如《易》学大师梁丘贺便曾成功地为朝廷预测“兵谋”，从而官至太中大夫、给事中、少府，与霍光等 11 人俱图形麒麟阁；贡禹以治《公羊春秋》而官至御史大夫；师丹以治《诗》而官至大司空；王璜更以精通《尚书·禹贡》而提出治河方案，为朝廷所采纳。所以从历史上来看，琅邪地区虽学者林立，但大都已转化为著名的政治家或军事家了，而很少有皓首穷经的经学家。

三是谋略的深远与行动的谨慎。琅邪地区的思想家或政治家，无论从政还是处事，既不像齐人的“夸诈”[②]，也不似鲁人的“龊龊”[③]，他们常好作深层次的思考，表现出深远的谋略。诸葛亮便是其中最有代表性的一位。汉末诸侯纷争，群英并起，应该说其时可供知识分子选择的“老板”是很多的，但诸葛亮却选中了当时尚无立足之地的刘

---

① 班固：《汉书》，颜师古注，中华书局 1962 年版，第 3063 页。

② 班固：《汉书》，颜师古注，中华书局 1962 年版，第 1873 页。

③ 司马迁：《史记》，裴骃集解，司马贞索隐，张守节正义，中华书局 1959 年版，第 3266 页。

备。因为他通过对全局的综合分析和深入思考，已经预计到了天下将要“三分”，而自己只有加入刘备集团，先促其“三分”格局的形成，然后再伺机统一中国，才能实现其“大一统”的愿望。而这样一来，他便有了用武之地，他的人生理想也会随着刘备事业的逐渐兴旺而最终得以实现。倘非如此，则无论选择曹操还是孙权，都只能在既成事实的基础上做些局部的修整工作，而很难有开创性的事业了。这不能不说是一种非常深远的谋略。与此相类的还有西晋末年琅邪王氏族人劝琅邪王司马睿南迁。在历经“八王之乱”后，眼见西晋元气已经耗尽，于是琅邪王氏族人便将希望寄托在了琅邪王司马睿身上。他们不但劝司马睿移镇建业，还举族随琅邪王南迁，这在当时也无疑是一种大胆的决策和深远的谋略。果然，9 年之后（316）西晋灭亡，10 年后（317）司马睿在江南称帝，东晋出现了“王与马，共天下”的局面。而更重要的是，这一次的大规模迁徙，对中国文化的南移和江南的开发都有着不可估量的意义。据《晋书 · 王羲之传》称，元帝之过江与王氏家族的南迁是羲之之父王旷“首创其议”[①]，而《晋书 · 元帝纪》则谓“永嘉初，用王导计，始镇建业”[②]。看来，这种过人的谋略和大规模行动的策划，不可能出自一人，它很可能是琅邪王氏族人集体智慧的结晶。换言之，它是琅邪文化在特定历史条件下的一次闪光。

如果说琅邪人在宏观决策上常常表现出他们的深谋远虑，那么在具体行动上却又是认真稳妥的，所谓“诸葛一生唯谨慎”，便集中体现了琅邪人的这种特点。他们不尚空谈，不图虚名，为了确保目的的实现，宁肯舍近求远也不愿冒险。诸葛亮北伐时为了“十全必克”而绕道陇右，却不纳魏延“十日出子午谷”之计便是明证。当然，一旦琅邪人认为是正确的事情，他们又是非做不可的，决不犹豫，决不退缩。

---

① 房玄龄等:《晋书》，中华书局 1974 年版，第 2093 页。

② 房玄龄等:《晋书》，中华书局 1974 年版，第 144 页。

这种义无反顾、百折不挠的精神曾被有的史学家称作“狂瞽”[①]，而今天则通常被人们誉为“倔强”。而正是这种“倔强”，在琅邪地区的历史上曾成就过多少节操坚劲的刚直之士！颜真卿便是其中的一个。

应该说，琅邪人的谋略深远与他们的综合性思维有关，而综合性的思维方式又与琅邪地区《易》学之风的盛行是分不开的。汉代琅邪地区是中国的《易》学中心，其影响一直延续于后世。直至清代，琅邪地区的文人（如张石民、王劝、丁豸佳等）仍喜欢读《易》。就连现代作家王统照也写过一篇《读〈易〉》的小说，以回忆他少年时代读《易》的情景。《易》学的最大特点是善于将自然界和人世间的一切事物联系起来，并从中探讨其发展和演变的规律。于是，在此种文化氛围中，琅邪地区从知识分子到普通百姓，都在不知不觉中浸染了些《易》的习气，养成了识大体、顾大局的精神。直到近代，这种精神仍能从琅邪人的身上体现出来。至于琅邪人的“谨慎”，则主要受黄老思想影响。黄老思想讲求静中寓动、以静求动、动静相辅而相成，这便养成了琅邪人既坚定厚重又反应灵活的“谨慎”处世态度。

四是以家族为主的文化传承方式。琅邪多世家大族，而琅邪文化的传承便多半是通过这些世家大族来完成的。

琅邪地区有些望族的文化传统可以从两汉一直持续于后代。东武伏氏便是一个典型的例子。今文《尚书》的传人济南伏生（胜），其玄孙伏孺武帝时讲学东武，遂移家琅邪。伏孺曾孙伏理除治《尚书》外，又兼治《齐诗》，曾以《诗》授成帝，并为高密王（刘宽）太傅。伏理之子伏湛，少传父业，教授数百人，光武即位，征拜尚书，又代邓禹为大司徒，封阳都侯。湛弟黯，通晓《齐诗》，曾作《解说》九篇。黯兄子恭（出嗣于黯）少传黯学，太常试以经学，名列第一，明帝永平四年（61）为司空。伏湛玄孙伏无忌亦能传家学，为东汉名儒，曾与

---

① 班固：《汉书》，颜师古注，中华书局 1962 年版，第 3269 页。

黄景、崔寔共撰《汉纪》，又自采古今文献，删著事要，上自黄帝，下尽汉质帝，号曰《伏侯注》。可以说，两汉伏氏家族经为人师，行为仪表，为琅邪文化的传承做出了巨大贡献。再如阳都的诸葛氏，自西汉诸葛丰任司隶校尉开始，中经东汉、三国以迄魏晋、隋唐，其从政（或从军）者可谓代不乏人。除三国时期的诸葛瑾、诸葛亮、诸葛诞分任吴、蜀、魏之高官外，他们的后代子孙中也有不少人从政。如诸葛瑾之子诸葛恪官至东吴大将军，孙权卒后，曾主持朝政；诸葛亮之子诸葛瞻官至蜀行都护卫将军并平尚书事，与董厥、樊建一起主持蜀国后期的军政大计；诸葛诞之子诸葛靓原本为质于吴，不久也成为吴国的大司马。至于诸葛亮及其兄弟的第三代，在入晋后也有不少人出仕。如诸葛亮之孙诸葛京仕晋为郿县令、江州刺史；诸葛诞之孙诸葛恢仕晋为会稽内史、尚书左仆射，诸葛恢之兄诸葛颐亦仕晋为太常卿。曾孙一代中仍有不少人为官。诸葛氏家族这种积极从政的传统及其鞠躬尽瘁、死而后已的高风亮节，也成为琅邪文化中的一处亮点。他如诸县梁丘氏之世代治《易》且其“为人小心周密”[①]，临沂颜氏的好学、尚德及其学风的经世致用，也都为琅邪文化增添了光彩。至于琅邪王氏，自秦末王元避乱于琅邪皋虞（今即墨东北）以来，至西汉宣帝间王吉以通五经而入仕，此后便一直仕宦不断。尤其是西晋王祥、王览的后代（主要王览后代），到了东晋更是名宦如云。王氏的这种以儒学传家并多擅文才、积极入世的精神，直到近代仍可以从政坛和文坛上显示出来。

琅邪家族文化的传承，还表现为家族间的文化交融。某些世家大族往往可以通过联姻或师承关系以兼具他族的某些文化特征。这种交融有时也扩展到琅邪文化圈外，如诸葛氏与司马氏的联姻以及琅邪王氏与江南谢氏、郗氏等的联姻，不但加强了家族间的文化联系，更为

① 班固：《汉书》，颜师古注，中华书局 1962 年版，第 3600 页。

琅邪文化增添了新的内容。至于东汉末年经学大师郑玄的兼综古今、学贯百家，除了其自身的条件外，也与其家族“世与王家相嫁娶”及其先祖郑宾（郑崇父）曾师事贡禹有关[①]。

四、琅邪文化之演变

琅邪文化经先秦时期的孕育，至秦汉间正式形成，在此后两千多年的发展演变过程中，又大致经历了四个时期，即两汉、三国、魏晋南北朝的兴盛期，隋、唐、宋、元的延续期，明、清的复兴期以及近现代的发扬光大期。

汉代，琅邪文化一经形成便放射出灿烂的光彩。这一方面表现为琅邪地区浓厚的学术氛围的形成，如经师的荟萃、方士的齐集、学术思想的融合以及学风的经世致用等；同时，以家族为主的文化传承方式也开始发端了，像琅邪伏氏、梁丘氏、诸葛氏、王氏、邴氏等家族的学术传统及文化风貌，都已基本形成。而随着西汉琅邪郡和东汉琅邪国的建立及境内较长时间的稳定，不但琅邪地区的综合实力得到提升，而且在两汉政治、经济、文化领域所发挥的作用也日益显著（琅邪地区现存的大量汉画像石也证明了这一点），以至连西汉末的赤眉起义与东汉末的黄巾起义都与琅邪人的首倡是分不开的。三国、魏晋南北朝时期，国家虽时分时合，但处在社会纷争形势下的琅邪文化，魅力依然不减。这一时期，不但琅邪人的从政、从军之风空前高涨（例如诸葛氏便“一门三方为冠盖”），而且琅邪人在思维方式、处世态度方面也开始显示出他们自己的特点。诸葛亮便是其中最典型的代表。诸葛亮的综合性思维和深远的谋略，以及处事的谨慎态度，实与琅邪

① 班固：《汉书》，颜师古注，中华书局1962年版，第3254页。

文化的熏陶是分不开的。而西晋末年琅邪王氏族人的力劝司马睿南迁并由此而建立了东晋王朝，形成了“王与马，共天下”的局面，更是琅邪人深谋远虑的集中体现。至于由琅邪大族（如王氏、颜氏、诸葛氏、萧氏、刘氏等）南迁而导致的琅邪文化远播江南，以及这些家族对东晋及南朝政坛的深远影响，还有他们在文学艺术方面所取得的巨大成就，更显示了琅邪文化的辉煌及其强大的生命力。例如琅邪王氏，便不但“公侯世及，宰辅相因”，对东晋政权的嬗递起着举足轻重的作用；而且以王羲之、王献之、王僧虔、僧智永为代表的一大批王氏家族书法家，更对中国的书法艺术做出了杰出的贡献。他如兰陵萧氏（南迁后居南兰陵，即今江苏武进一带）之两次称帝建国（齐、梁）及其家族成员（如萧衍、萧纲、萧绎、萧统等）在诗赋创作方面所取得的突出成就，以及琅邪颜氏家族中以颜之推为代表的北朝人士对儒家传统思想的坚守（视其所著《颜氏家训》可知）与以颜延之为代表的南朝人士的诗歌创作实绩，也都是这一时期中琅邪文化的亮点。

隋、唐、宋、元时期，琅邪地区的行政区划虽屡有变迁，但琅邪文化的内在特质还是延续着。这一方面表现为对传统文化要素的继承，同时，琅邪文化的综合性特征也在与时俱进，并表现出对少数民族文化及外来文化（尤其是佛教）的兼容。继颜之推之后，唐代，琅邪颜氏家族的颜师古（颜之推孙）又以考定《五经》和注释《汉书》而为后儒所尊崇；颜真卿与颜杲卿则为人正直，节操坚劲，而且被称为“颜体”的颜真卿书法，更显示了琅邪人之多才，并成为大唐盛世气象的艺术象征。又据《新唐书·宰相世系表》载，终唐之世，琅邪王氏出仕者也为数甚多。还有唐末五代时期的诸城苏氏家族（苏仲容、苏禹珪父子为代表），也曾以儒学和仕宦闻名于时（苏禹珪曾为五代时汉宰相）。而尤值得注意的是，由于北朝时期琅邪地区长期隶于少数民族政权之下，再加上佛教在这一地区的盛行，所以琅邪文化中也融进了不少佛教文化及少数民族文化的成分，而这一相融的成果到了唐代便明显地表现出来了。琅邪地区不少建于唐代的佛教寺院（如兴建于唐贞观年间的诸城龙兴寺、寿圣寺、玉泉寺及兴建于唐宣宗时期的胶南小珠山朝阳寺等）及石窟造像（如胶南大珠山石窟造像），便是最好的说明。宋代，随着统治者对文治教化的重视，琅邪文化的深厚积淀又结出了新的硕果。像密州赵氏（以赵挺之、赵明诚父子为代表）的仕宦及学术成就，诸城张择端的绘画艺术（有《清明上河图》及《金明池争标图》之作）等，都是这一时期琅邪文化所焕发出的流光溢彩，足可远绍两汉及魏晋。加之苏轼的曾知密州（时密州所辖有诸城、安丘、高密、莒县、胶西五县，治所在诸城），更带动了琅邪地区的学术研究（如苏轼对琅邪刻石的摹刻和赵明诚对琅邪刻石的考证）及文学创作，以致苏轼离开密州后竟发出了“除却胶西不解歌”[①]的感叹。金元时期战争频仍，但琅邪文化的外向型特点却得以显现。例如境内的板桥镇（今属胶州市）及其所属的张仓、梁乡两镇（今胶南境内），便一度成为中国沿海运输和贸易的重要港口，北连京东，南达浙广，东通高丽，对琅邪地区的经济和文化交流起到了重要的推动作用。

明、清是琅邪文化的复兴期。所谓“复兴”，一是学术氛围的空前浓厚。其时琅邪地区文人结社者甚多，著名的如明代隆庆间的“九老会”、万历间的“东武西社”，都汇集了一大批琅邪地区及以外的士大夫和著名学者、艺术家（明代大书法家董其昌即是“东武西社”成员之一），并开晚明“东林”“复社”之先河。清初诸城文人间则有“白莲社”与“鸡豚社”，著名的“山左大社”也有琅邪人（如丁耀亢、丘海石）参与主持。这些文人社团虽带有明显的政治倾向，但主要活动还是学术的切磋与艺术创作的交流。加之明清之际的诸城放鹤村（今枳沟镇普庆村）已成为当时中国北方的一个遗民中心，国内著名文人

---

① 苏轼：《和孔密州五绝・见邸家园留题》，《苏轼诗集》卷十五，王文诰辑注，孔凡礼点校，中华书局 1982 年版，第 729 页。

学者来此者甚多，更促进了这一地区的学术繁荣。今存乾隆《诸城县志》中即著录明清人的著作百余种，这还不算《琅邪诗略》《东武诗存》等汇刻的诗集。二是文化名人辈出，几如群星丽天。其中，既有出类拔萃的政治人才，如翟銮、丘橓、高宏图、臧惟一、臧尔劝、刘棨、刘统勋、刘墉等，也有著名的将领如薛禄；既有学问渊博的学者，如治理学的张石民、王钺，治金石学的刘喜海、王锡棨、李仁煜，也有国内一流的文学家和艺术家，如小说、戏剧方面的丁耀亢，诗歌方面的李澄中、丘海石、丘元武、刘翼明，书法方面的刘墉、徐会沣，绘画方面的法若真、高凤翰，古琴方面的王既甫、王冷泉、王心源。凡此，皆为宇内所推重。三是家族文化的兴盛与传承。明清时期琅邪地区的名家巨族甚多，它们继续担负着文化传承的重任。其中有的家族是从秦汉时期一直延续下来的，如琅邪王氏；有的则是后起之秀，如藏马丁氏与琅邪臧氏及诸城刘氏。琅邪王氏自秦末王元迁居琅邪皋虞（今即墨东北），至其曾孙王吉复迁临沂，其后便出现了以王祥、王览后代为主的庞大的王氏士人集团，王导、王羲之皆其中之佼佼者。王元后代之未迁临沂者则辗转留居于诸城一带，并以城西之小店子为集中居住地（或云城西小店子王氏乃由南方迁来）。明初，琅邪王氏由小店子迁出者三：一往新城，即王渔洋家族；一往诸城相州村，即后来的王统照、王愿坚、王叔铭（曾任国民党政府空军司令）家族；一往诸城营子村（或谓王渔洋家族亦由营子村迁出），即明代的王铨家族[①]。明清时期，除新城王氏号称“四世宫保”且科甲蝉联不绝外，即相州的一支也出过布政使王锳、地理学家王钺，而王钺之子沛憻又曾官至左都御史。琅邪人从政的热情至此仍未衰减。他如藏马丁氏（丁纯、丁惟宁、丁耀亢、丁豸佳）之善于著述（今人或谓《金瓶梅》为丁惟宁所作，可备一说），琅邪臧氏（臧惟一、臧允德、臧振荣、臧

① 参见乾隆《诸城县志》卷三十二。

琮）与诸城刘氏（刘果、刘棨、刘统勋、刘墉、刘镮之、刘喜海）及漕汶张氏（即张宗可一族）之长于仕宦，放鹤张氏（张蓬海、张石民、张子云、张白峰、张中黄）之诗书传家，亦皆为琅邪家族文化中之有代表性者。

近现代以迄当代是琅邪文化的发扬光大期。琅邪文化经过两千多年的发展与演变，至此不但仍为琅邪人所继承，而且其精神亦被发扬光大。其具体表现为：一是爱国主义精神的发扬。无论在反帝反封建的斗争中还是在创建新中国的日子里，琅邪人一直都高扬爱国主义的旗帜，并表现出了极大的奉献精神。从讨袁护国运动到五四运动（包括“还我青岛”的斗争），再到抗日战争和解放战争，琅邪人无不踊跃参加。特别是抗日战争和解放战争，琅邪人（尤其是沂蒙人）几乎竭尽了自己的力量。这不能不说是琅邪文化识大体、顾大局精神的又一次闪光。二是从政、从军传统的继承。从旧民主革命的早期实践者刘大同（曾于清末在吉林安图举义，成立“大同共和国”，后遂有“南有孙中山，北有刘大同”之说）、国民党元老丁惟汾、国民党改组派领袖王乐平、国民党左派领导人路友于（与李大钊一起上绞刑架者），到中国共产党的创始人之一王尽美，以及山东早期的共产党员王翔千、李宇超、孟超，都可谓琅邪人得风气之先的代表。至于这期间涌现出的众多革命军人与革命干部，更体现着琅邪人从政与从军的热情。三是经济实力的提升。琅邪人既正直朴厚又聪明多智，既视野开阔又脚踏实地。这样的个性气质与群体性格，在当今的商品经济大潮中便如鱼得水。改革开放以来琅邪地区（尤其是青岛经济圈）的经济实力之所以大幅度地提升，应与此不无关系。四是艺术创作的繁荣。从现代文坛上的琅邪作家群如王统照、臧克家、王希坚、王愿坚、陶钝、孟超，到演艺界的崔嵬、李仁堂，再到学术界的王献唐、裴溥言（著名《诗经》研究专家、台湾大学教授），再到诺贝尔奖获得者丁肇中，再到王心葵、王燕卿为代表的诸城古琴派，以及琅邪各地涌现出的一大批书画家，谁又能不说琅邪人之多才呢！

总之，由琅邪地区特殊的地理形势及人文环境所形成的琅邪文化，在中国文化中是一个客观的存在。它的形成虽较齐鲁文化为晚，但却兼有了齐鲁文化之长，而且这一文化至今都没有间断。如果说鲁文化的代表人物是文圣孔子、齐文化的代表人物是武圣孙子，那么琅邪文化的代表人物则是中华民族的智星诸葛亮。从这一点上来说，琅邪文化与齐鲁文化一样，对中国文化的影响都是极其深远的。

2004 年 6 月

苏轼“格高千古”的《中秋词》为何诞生在密州

宋神宗熙宁七年（1074）十二月三日，苏轼踏上了密州大地。隔年，即熙宁九年（1076）丙辰的中秋之夜，他便在超然台上写出了传诵千古的名篇《水调歌头·丙辰中秋，欢饮达旦，大醉，作此篇兼怀子由》（以下简称《中秋词》）：

图 19　民国初期尚存的超然台

明月几时有？把酒问青天。不知天上宫阙，今夕是何年。我欲乘风归去，又恐琼楼玉宇，高处不胜寒。起舞弄清影，何似在人间！

转朱阁，低绮户，照无眠。不应有恨，何事长向别时圆？人有悲欢离合，月有阴晴圆缺，此事古难全。但愿人长久，千里共婵娟。[①]

此词主旨各家理解虽不尽相同，但对于词中所表现出的词人超然的精神、高洁的心境、兄弟间深厚的情意，以及丰富的想象和奇妙的艺术构思，却是同声称赞的。此词在中国文学史上的地位，正如宋胡仔《苕溪渔隐丛话》（后集卷三十九）所评：“中秋词，自宋东坡《水调歌头》一出，余词尽废。”[②]王国维《人间词话》也说：“东坡之《水调歌头》（中秋寄子由），则伫兴之作，格高千古，不能以常调论也。”[③]那么，究竟是什么原因令苏轼在密州写出了这样一篇“格高千古”的《中秋词》呢？我想，除了苏轼本身的才华及宋词创作发展的大背景外，密州的文化氛围对苏轼《中秋词》的产生应是一个重要的因素。具体而言，有以下几个方面。

一、密州地区以儒为主、兼容各家的学术氛围是苏轼《中秋词》产生的思想基础

密州地区学术思想的特点是以儒为主，兼容各家。这不但促成了苏轼由单纯的儒家思想进而为儒、释、道的融合，同时也使苏轼由执

① 邹同庆、王宗堂：《苏轼词编年校注》，中华书局2002年版，第173—174页。

② 胡仔纂集：《苕溪渔隐丛话》（后集），廖德明校点，人民文学出版社1962年版，第321页。

③ 施议对译注：《人间词话译注》（增订本），岳麓书社2003年版，第127页。

着的“致君尧舜”而发展到“超然”“自达”。[①]而正是这种超然自达的人生观和高洁脱俗的心境，形成了苏轼《中秋词》的内在精神。

宋代的密州共辖诸城、安丘、高密、莒县、胶西（板桥）五县。其中的大部分地区在历史上都属于琅邪文化区。尤其是州治诸城，在汉代更曾长期作为琅邪郡的郡治（时称东武），一直是当时的学术中心之一。琅邪地区不但学术传统源远流长，而且其学术思想的一个重要特点便是兼容性。

儒学方面，今文《尚书》的传人济南伏生（胜）的玄孙伏孺汉武帝时讲学东武（即今诸城），遂移家于此，其后人伏理、伏湛、伏黯、伏恭、伏无忌等，代为名儒，著述宏富。汉初，《易》学经东武孙虞传至田何。此后立于学官的三大家即施、孟、梁丘，其中的“梁丘”即梁丘贺、梁丘临父子，便是琅邪诸县（县治在今诸城市枳沟镇乔庄村东）人。“施（雠）派”《易》学的传人也有琅邪人鲁伯和邴丹。至于东武人王同直接从田何受《易》而又多授生徒，更使《易》学在这一地区得到了广泛的流传。可以毫不夸张地说，汉代的琅邪地区已成为当时全国最大的《易》学中心。再加上习《诗》之师丹，习《公羊春秋》之贡禹、诸葛丰等，琅邪地区的儒学氛围是十分浓厚的。这种浓厚的学术空气经由汉末的经学大师郑玄又远播于后世。直到宋代，密州的文风仍然很盛。苏轼知密州时期的州学教授赵杲卿（明叔），以及苏轼的好朋友、太常博士乔叙（禹功），都是诸城人。还有那位与苏轼不甚相得的赵挺之，以及比他更晚一辈的诸城文人赵明诚、张择端（《清明上河图》作者），更是学术、艺术史上的赫赫名家。苏辙所谓“至今东鲁遗风在，十万人家尽读书”[②]，正是对密州这种浓厚学术氛围

① 苏轼《薄薄酒》其二：“达人自达酒何功，世间是非忧乐本来空。”转引自李增坡主编：《苏轼在密州》，齐鲁书社 1995 年版，第 201 页。

② 此为原诸城文昌阁魁星楼之额语，诸城先贤李澄中、王赓言皆谓出苏轼弟子由。参见拙文《“东鲁遗风”考》，《超然台》2004 年第 4 期。

的生动写照。

至于佛、道，宋代的密州一带也比较盛行。苏轼《玉盘盂·引》称：“东武旧俗，每岁四月，大会于南禅、资福两寺，以芍药供佛，而今岁最盛，凡七千余朵。”[①]其《雨中花慢》亦云：“闻道城西，长廊古寺，甲第名园。”[②]南禅、资福两处古寺皆在诸城，且佛事甚盛。此外，苏轼居密州期间，还曾根据当地士民要求，迎请沂州马鞍山福寿禅院长老惠皋至诸城石城院开堂说法，并亲撰《密州请皋长老疏》一篇。而从其中所列举的诸城霍郎中、陈郎中、褚郎中、宋驾部、傅虞部、乔太博等名单来看，密州地区热心于佛事者颇不乏其人。道教方面，则诸城西南的九仙山及诸城东南的卢山据云都有“仙人居之”。明阎士选《东坡守胶西集》评苏轼《次韵周邠寄雁荡山图二首》云：“九仙山在诸城，俗传苏氏兄弟九人，于兹山误餐异人哇食，皆升仙去。今山上有升仙桥。”清人查慎行亦引《名胜志》云：“九仙山高耸摩空，常有仙人居之。”[③]而卢山本因秦博士卢敖避居此山而得名，俗传卢敖即于此山得道。九仙、卢山都是苏轼知密州期间时常游历的地方，他在观赏风景的同时，曾受到过某种宗教气氛的熏陶自是可能的。

尤其值得注意的是，对苏轼思想影响很大的黄老之学在密州一带广泛传播。汉初黄老之学的代表人物盖公便是胶西人。《史记·曹相国世家》记曹参曾迎请盖公，并采用其“贵清静而民自定”的“治道”。[④]《史记·乐毅传》“太史公曰”亦称“盖公教于齐高密、胶西，为曹相国师”。[⑤]密州地区既是黄、老之学的发源地，而盖公又曾教于

---

① 《苏轼诗集》卷三十五，王文诰辑注，孔凡礼点校，中华书局 1982 年版，第 680 页。

② 邹同庆、王宗堂：《苏轼词编年校注》，中华书局 2002 年版，第 143 页。

③ 转引自刘尚荣：《〈东坡守胶西集〉初探》，载李增坡主编：《苏轼在密州》，齐鲁书社 1995 年版，第 612—628 页。

④ 司马迁：《史记》，裴骃集解，司马贞索隐，张守节正义，中华书局 1959 年版，第 2029 页。

⑤ 司马迁：《史记》，裴骃集解，司马贞索隐，张守节正义，中华书局 1959 年版，第 2436 页。

高密、胶西一带，则黄老之学在密州一带的传播自不待言。而苏轼守胶西后，知盖公为邦人，遂“师其言”，并修建“盖公堂”，仿曹参而“避正堂以舍盖公”，这既反映了他对前贤的景慕，同时也可看出密州地区黄老之学的氛围对他的影响是很大的。苏轼《盖公堂记》云：“胶西东并海，南放于九仙，北属之牢山，其中多隐君子，可闻而不可见，可见而不可致，安知盖公不往来其间乎？”[①] 盖公的后学们至宋时仍生活于密州一带，是完全可能的。

概言之，密州地区这种以儒为主、兼容各家的学术氛围，对苏轼以综合性为特征的思想的形成，尤其是超然自达的世界观的确立，无疑是起了促进作用的。而超然自达便是苏轼《中秋词》的精神内涵。

二、密州地区古朴、淳厚、豪放的民俗是苏轼《中秋词》产生的情感土壤

宋代的密州地区位于今山东省的中部，北依沂蒙山，南临黄海。这是一块古老而又并不保守的土地。而且，处在山水之间的密州地区的人们，似已深得“乐山”“乐水”之奥妙，其地不但智者与仁者层出不穷，而且在民俗上也一直保持着古朴、淳厚、豪壮的特色。而作为琅邪文化的核心地区，齐俗的“宽缓阔达，而足智”及鲁俗的“好儒，备于礼”[②]，也皆融入了这一地区的民俗之中。

密州地区民俗的这种特点，苏轼是深切地感受到了。如果说苏轼来密州的路上还怀着一种凄凉的心情的话，那么入境之后，在感觉上

---

① 《苏轼文集》卷十一，孔凡礼点校，中华书局 1986 年版，第 347 页。

② 司马迁：《史记》，裴骃集解，司马贞索隐，张守节正义，中华书局 1959 年版，第 3265、3266 页。

便好多了。他在上宋神宗的谢表中说：“入境问俗，又复过于所期。”[①] 待到“处之期年”，他已是“乐其风俗之淳”[②]；而当他将要离开密州时，则更是“二年饮泉水，鱼鸟亦相亲”[③]了。苏轼的这种感受自然是有其亲身的体验为依据的。今天，我们从苏轼在密州的作品中，仍能看出他的这种体验：

一是岁时之俗。典型的如三月上巳的祓禊与流杯。这是一种古老的习俗，源自先秦时的上巳节（《诗经·郑风·溱洧》即咏此），魏以后固定于每年的三月三日。此俗魏晋隋唐时颇盛行，宋以后便比较少见了。而在诸城却仍然被保留着。熙宁九年（1076）三月，苏轼与僚友们在诸城城南的流杯亭便兴致勃勃地举行了一次“流杯”活动，并作《满江红》词以记其事。而且，直到这年的十二月苏轼将要离开密州时，仍对流杯亭恋恋不舍，又作《别东武流杯》诗以寄其情怀。古老的流杯习俗将人与自然和谐地融为一体，令人心旷神怡，这对置身于纷乱现实社会的苏轼来说，无疑是一种精神上的净化与升华。

二是狩猎之俗。这也是一种源于先秦的古老习俗。史载齐人善猎，《诗经·齐风》中便多次描写过狩猎场面。苏轼一生中仅于密州举行过狩猎活动，这不是偶然的，它与密州民间一直盛行的狩猎习俗是分不开的。现存苏轼的诗词中，有数首都写到他在密州的出猎，如《祭常山回小猎》《和梅户曹会猎铁沟》及《江城子·密州出猎》等。从“黄茅冈下出长围”及“千骑卷平冈”的描写来看，当时狩猎的场面是十分壮观的。而居人的“为报倾城随太守”，更反映出民众对太守的拥护及对狩猎活动的浓厚兴趣。在此种浓烈的气氛之中，真难怪诗人要“老夫聊发少年狂”了。狩猎活动反映了密州民俗豪壮的一

① 《苏轼文集》卷二十三，孔凡礼点校，中华书局1986年版，第651页。

② 苏轼：《超然台记》，转引自李增坡主编：《苏轼在密州》，齐鲁书社1995年版，第250页。

③ 苏轼：《留别雩泉》，转引自李增坡主编：《苏轼在密州》，齐鲁书社1995年版，第228页。

面，而苏轼的热心参与，对养成他的达观豪放之情，应是起了一种潜移默化的作用。

三是社交之俗。诸城之俗“好学重儒，习礼义，尚齿让”①，犹有古仁人之风。我们从苏轼在密州的交游情况来看，也的确如此。无论同僚、友朋、文人、员外、百姓，大家都相处得非常和谐。苏轼居密州时，不但与州学教授赵杲卿（诸城人）及在家赋闲的太常博士乔叙（禹功）等过从甚密，诗酒往来，就是与当地的居民，关系也十分亲密。百姓有话常愿跟他说，一会儿告诉他城西的牡丹花开了，一会儿又告诉他东武故城中沟渎圮坏，出乱石无数。老农也常常指点着马耳、常山，与他讲说雨晴。一次，城里的田员外和城外的贺秀才还特地将新开的牡丹花献给他，令他十分感动，并为此写下了《谢郡人田贺二生献花》诗一首。苏轼自称“余性不慎语言，与人无亲疏，辄输写腑脏，有所不尽，如茹物不下，必吐出乃已”②。而来到密州后，“东武拙于藻饰之俗”③，正与他的个性相一致，这使他感到格外亲切。所谓“余既乐其风俗之淳，而其吏民亦安余之拙也”④，正是他与密人和谐相处的真实写照。

民俗是文化的一个重要方面，它是经长期的积淀而形成的。而生活于特定民俗之中的人们，又会自觉或不自觉地受其熏陶，从而影响于自身的素质与创作。苏轼《中秋词》之所以产生于密州，应该说与密州岁时之俗的古朴、自然，狩猎之俗的豪壮、超迈，以及社交之俗的朴野、淳厚，都是不无关系的。

---

① 《山东通志》卷四十。

② 苏轼：《密州通判厅题名记》，转引自李增坡主编：《苏轼在密州》，齐鲁书社 1995 年版，第 373 页。

③ 《永乐大典》卷一万八千二百二十三引《翟忠惠先生集》。

④ 苏轼：《超然台记》，转引自李增坡主编：《苏轼在密州》，齐鲁书社 1995 年版，第 250 页。

三、密州地区盛行的“东州乐府”是苏轼《中秋词》产生的文学氛围

密州地区的民歌，最早可以追溯到舜的时代。孟子云：“舜生于诸冯，迁于负夏，卒于鸣条，东夷之人也。”[①]乾隆《诸城县志·古迹考》亦云：“县人物以舜为冠，古迹以诸冯为首。……城北十五里有村名诸冯。”今诸城市北面确有村名“诸冯”，即孟子所说的舜生地。[②]又据清初诸城学者、诗人张石民《其楼文集·诸冯辨》称：

> 诸城得名，以鲁季孙行父所城诸；所城诸得名，则以诸冯。……相传舜于田时发耜自兹始，于是耕夫馌妇往往述其祖父母曾与大舜皇帝让畔于此。不闻《乐乐之歌》乎？歌云：“我乐乐，尔乐乐，尔我同乐乐。”即欲谱诸熏弦，续《南风》后，未暇也。

《乐乐之歌》音节简单，格调古朴，与传为虞舜时期的《南风歌》和《卿云歌》十分相似，极可能是远古流传下来的歌谣。

汉代，密州地区产生了著名的乐府乐章《东武吟》。《元和郡县志》云：“密州诸城县，本汉东武县也，属琅邪郡，乐府章所谓《东武吟》者也。”东武本山名[③]，即今诸城市古城岭一带。汉立东武县，遂“因冈为城”[④]。后县治移至冈下，东武旧城荒废，被称作古城，即苏轼《后杞菊赋·叙》所说的“日与通守刘君庭式，循古城废圃，求杞菊食之”[⑤]

---

① 杨伯峻译注：《孟子译注》，中华书局 1960 年版，第 184 页。

② 详见拙文《千年人说诸冯村——寻访虞舜生地》，《人民日报》（海外版）1998 年 3 月 27 日。

③ 参见乾隆《诸城县志·山水考》。

④ 郦道元：《水经注校证》，陈桥驿校证，中华书局 2007 年版，第 630 页。

⑤ 《苏轼文集》卷一，孔凡礼点校，中华书局 1986 年版，第 4 页。

的“古城”。

《东武吟》与汉代的《泰山吟》和《梁甫吟》一样，最早都是土风歌谣。郭茂倩《乐府诗集》引左思《齐都赋》注云：“《东武》、《泰山》皆齐之土风，弦歌讴吟之曲名也。”[①] 此曲“古辞”虽不存，然晋代陆机，南朝鲍照、沈约，唐代李白等皆有拟作。直至清初，诸城诗人李澄中尚以《东武吟》为题进行创作，可见《东武吟》曲调在这一带的影响之深远。《东武吟》曲调的特点是悲凉慷慨，即唐刘禹锡在《和董庶中古调散词赠尹果毅》诗中所说的：“昔听《东武吟》，壮年心已悲。”而苏轼守胶西时，既然常与通判刘庭式一起去《东武吟》的发源地“古城”采撷杞菊，想来也不会不领略其风情并受其感染。何况文彦博在寄给他的《寄题密州超然台》诗中还力劝他“勿作《西洲》意，姑为《东武吟》”呢！

宋代，密州地区的诗歌创作仍带有一定的民歌风味。如苏轼在《薄薄酒·引》中所引胶西先生赵明叔的“薄薄酒，胜茶汤；丑丑妇，胜空房”，便是一个典型的例子。赵明叔（杲卿）作为州学教授，是“泮宫先生非俗儒”[②]，其创作尚且如此，而一时风尚可知。而且，就连身为太守的苏轼也不能不受其感染。他不但亲自创作了《薄薄酒》二首，而且其在密州期间所作新词，也常令“东州壮士”歌之。他在熙宁八年（1075）写给鲜于子骏的信中说：

> 近却颇作小词，虽无柳七郎风味，亦自是一家。呵呵。数日前，猎于郊外，所获颇多。作得一阕，令东州壮士抵掌顿足而歌之，吹笛击鼓以为节，颇壮观也。[③]

---

① 郭茂倩：《乐府诗集》，中华书局 1979 年版，第 608 页。

② 苏轼：《送段屯田分得于字》，转引自李增坡主编：《苏轼在密州》，齐鲁书社 1995 年版，第 106 页。

③ 苏轼：《与鲜于子骏》其二，《苏轼文集》卷五十三，孔凡礼点校，中华书局 1986 年版，第 1560 页。

这“一阕”便是著名的《江城子·密州出猎》。而苏轼之“令东州壮士抵掌顿足而歌之”，一方面固然是因为这首词的豪放气派，同时，也反映了“东州壮士”良好的音乐修养及这一带“东州乐府”氛围的浓重。苏轼离开密州后，在《和孔密州五绝》中曾说过“除却胶西不解歌”[①]的话，正是他发自内心的感叹。

音乐、诗歌是一个地区文化的重要表现，《诗经》时代的“十五国风”便是最好的说明。而被苏轼所称道的、有着悠久历史的“东州乐府”[②]，不但是密州文化的重要组成部分，同时，作为一种文化氛围，也陶冶了苏轼，影响了他的思想与创作。

总之，苏轼《中秋词》之所以诞生于密州，实与密州的文化氛围是分不开的。如果说密州地区综合、兼容的学术氛围促成了《中秋词》之“理”，淳厚、豪放的民俗氛围催化出《中秋词》之“情”，那么，密州地区的“东州乐府”氛围则直接影响到了《中秋词》高旷而又略带悲凉意境的创造。在这个意义上可以说，苏轼的知密州，既是密州人民之幸，同时也是中国词坛乃至中国文学之幸！

2013 年 5 月

---

① 《苏轼诗集》卷十五，王文诰辑注，孔凡礼点校，中华书局 1982 年版，第 729 页。

② 苏轼:《薄薄酒·引》，转引自李增坡主编:《苏轼在密州》，齐鲁书社 1995 年版，第 200 页。

意趣·情趣·理趣

——苏轼与酒

作为一代文豪，苏轼对中国文化的贡献是全面的，巨大的。这不仅有他第一流的文学作品如诗、词、文可以为证，也包括他在书法、绘画、医学、烹饪等方面所取得的非凡的成就。即使对源远流长的中华酒文化，苏轼也有其独特的贡献。苏轼虽不是第一位在文学作品中描写酒的作家，但他写酒作品数量之多（如苏轼词半数以上都涉及酒），将酒与文学创作结合之紧密，都可以说是陶渊明后一人。而更重要的是，苏轼已把酒与人格修养、酒与人的意识和文化心态融为一体，从而使酒真正成为文化的载体。作为文人，苏轼的饮酒也不再是为了要做“名士”[①]，他所追求的是“酒中趣”[②]，即从饮酒中获得一种常人无法领略的意趣、情趣和理趣。

---

① 《世说新语·任诞》记王孝伯言：“痛饮酒，熟读《离骚》，便可称名士。”（刘义庆撰，徐震堮著：《世说新语校笺》，中华书局 1984 年版，第 410 页）

② 苏轼《和陶饮酒二十首》其一：“偶得酒中趣，空杯亦常持。”（《苏轼诗集》卷三十五，王文诰辑注，孔凡礼点校，中华书局 1982 年版，第 1883 页）

一、独饮得其意趣

苏轼不善饮酒，而且酒量也很小，然喜把盏。他在《和陶饮酒二十首》之《序》中说："吾饮酒至少，常以把盏为乐。往往颓然坐睡，人见其醉，而吾中了然，盖莫能名其为醉为醒也。"[①]在《书东皋子传后》中，苏轼还明确地讲到他的酒量："予饮酒终日，不过五合，天下之不能饮，无在予下者。"[②]五合即半升。宋代一升合今664. 1毫升[③]，半升即332毫升。如以重量计，则50毫升酒约重一两，332毫升实当今0. 664斤也。而且，苏轼所饮之酒乃榨制酒即黄酒，并非今日之白酒（蒸馏酒）。黄酒的度数一般在12度至18度间，所以，倘按摄入的酒精量计，三斤黄酒才能相当今日的一斤白酒。因此，苏轼的0. 664斤酒量，充其量也不过相当今日的二两多白酒而已。而这却是苏轼一天的酒量。难怪他要说"天下之不能饮，无在予下者"了。

苏轼"虽饮酒不多，然而日欲把盏为乐，殆不可一日无此君"[④]，甚至"空杯亦常持"[⑤]，这是为什么呢？用他的话来说，就是要"得意忘味"，"内全其天，外寓于酒"。[⑥]原来东坡也有点像他的前辈欧阳修，"醉翁之意不在酒"也。那么，苏轼又要从饮酒中得到些什么样的意趣呢？

首先是对现实人生的超然意趣。苏轼一生屡经磨难，自21岁举进士、26岁开始做官以来，几乎没有交过什么好运气。早年因与王安石

---

① 《苏轼诗集》卷三十五，王文诰辑注，孔凡礼点校，中华书局1982年版，第1881页。

② 《苏轼文集》卷六十六，孔凡礼点校，中华书局1986年版，第2049页。

③ 吴承洛：《中国度量衡史》，上海书店1984年版，第71页。

④ 苏轼：《饮酒说》，《苏轼文集》卷七十三，孔凡礼点校，中华书局1986年版，第2369页。

⑤ 苏轼：《和陶饮酒二十首》其一，《苏轼诗集》卷三十五，王文诰辑注，孔凡礼点校，中华书局1982年版，第1883页。

⑥ 苏轼：《浊醪有妙理赋》，《苏轼文集》卷一，孔凡礼点校，中华书局1986年版，第21、22页。

政见不合，屡受排挤；后因诗谤之嫌被捕入狱，险些丧生；出狱后也一直遭贬谪。晚年值新党再度上台，对“元祐党人”实行报复，他又被一贬再贬，从惠州直贬到遥远的海南岛，过着居无室、食无粮的生活。但诗人在“苦雨终风”的日子里却始终都能保持乐观情绪，笑对人生。这除了他旷达的襟怀及幽默诙谐的性格外，他从饮酒中所获得的超然意趣，也足能令他忘却烦恼、排遣忧患，从而带给他一种精神上的愉悦。我们且看他饮酒时的感觉：

少年多病怯杯觞，老去方知此味长。
万斛羁愁都似雪，一壶春酒若为汤。

——《次韵乐著作送酒》①

我观人世间，无如醉中真。
虚空为销殒，况乃百忧身。
惜哉知此晚，坐令华发新。
圣人骤难得，日且致贤人。

——《饮酒四首》其一②

左手持蟹螯，举觞瞩云汉。
天生此神物，为我洗忧患。

——《饮酒四首》其二③

常因既醉之适，方识此心之正。……得时行道，我则师齐相之饮醇；远害全身，我则学徐公之中圣。湛若秋露，穆如春风。……在醉常醒，孰是狂人之药；得意忘味，始知至道之腴。

——《浊醪有妙理赋》④

---

① 《苏轼诗集》卷二十，王文诰辑注，孔凡礼点校，中华书局 1982 年版，第 1042 页。
② 《苏轼诗集》卷四十九，王文诰辑注，孔凡礼点校，中华书局 1982 年版，第 2729 页。
③ 《苏轼诗集》卷四十九，王文诰辑注，孔凡礼点校，中华书局 1982 年版，第 2729 页。
④ 《苏轼文集》卷一，孔凡礼点校，中华书局 1986 年版，第 21 页。

原来酒能使东坡进入“醉中真”的境界，能为东坡“洗忧患”，他的“万斛羁愁”，在饮酒之后都如汤沃雪，消融殆尽。他只觉得自身已超然物外，“湛若秋露，穆如春风”，以致“得意忘味”。试想，连酒的味道都已忘却，更不要说人世间的种种烦恼了。

其次是天人合一的“至乐”意趣。苏轼一生都在追求人与自然间的和谐，他常常将自身与周围环境融为一体，并力求从中获得一种乐趣，求得一种美感，甚至陶醉其中。而酒便是他与大自然间架起的一座桥梁，或者说是他进入和谐境界的催化剂。他把这种感觉称作“会意”。例如在惠州时“野步”，至“会意处，饮之且醉”，并“作诗以记”：

> 夕阳飞絮乱平芜，万里春前一酒壶。
> 铁化双鱼沉远素，剑分二岭隔中区。
> 花曾识面香仍好，鸟不知名声自呼。
> 梦想平生消未尽，满林烟月到西湖。
> ——《惠州近城数小山，类蜀道。春，与进士许毅野步，会意处，饮之且醉，作诗以记。适参寥专使欲归，使持此以示西湖之上诸友，庶使知予未尝一日忘湖山也》[①]

诗人边饮酒，边欣赏着夕阳、飞絮、鸟语、花香、平林、烟月的浓春景象。因此，与其说是诗人为酒所醉，毋宁说是为大自然的美景所沉醉也。在这里，酒不过是将诗人融入大自然的媒介而已。

诗人也将这种感觉称作“至乐”和“坐忘”。其《酒隐赋》说：

> 酣羲皇之真味，反太初之至乐。

① 《苏轼诗集》卷三十九，王文诰辑注，孔凡礼点校，中华书局1982年版，第2102页。

烹混沌以调羹，竭沧溟而反爵。[①]

其《浊醪有妙理赋》亦称：

兀尔坐忘，浩然天纵。如如不动而体无碍，了了常知而心不用。……故我内全其天，外寓于酒。[②]

所谓“内全其天”之“天”即天性，也就是他返身自然的“野性”[③]；而只有“外寓于酒”，这种天性才能得以保全，才能使他感受到“羲皇之真味”与“太初之至乐”，才能真正将自己融入大自然之中，并进入“万物与我为一”的“坐忘”境界。

二、共饮得其情趣

苏轼虽然喜欢饮酒，但多数情况下并不是独饮，而是与朋友共饮。他的朋友中，既有达官贵人、贤士大夫，也有渔夫樵民、僧道百姓。而在与朋友共饮时，又最能显出苏轼的情趣。他在《书东皋子传后》中写道：

（予）喜人饮酒，见客举杯徐引，则予胸中为之浩浩焉，落落焉，酣适之味，乃过于客。闲居未尝一日无客，客至，未尝不置酒。天下之好饮，亦无在予上者。……若予者，乃日有二升五

① 《苏轼文集》卷一，孔凡礼点校，中华书局 1986 年版，第 20 页。

② 《苏轼文集》卷一，孔凡礼点校，中华书局 1986 年版，第 21—22 页。

③ 苏轼《游卢山，次韵章传道》：“尘容已似服辕驹，野性犹同纵壑鱼。”（《苏轼诗集》卷十三，王文诰辑注，孔凡礼点校，中华书局 1982 年版，第 619 页）

合，入野人、道士腹中矣。[1]

事实也确是如此。我们读苏轼的作品，便常见他与人共饮的篇章。如在徐州时，便留有他与蜀人张师厚及王姓二少年月夜同饮杏花下的一首诗：

杏花飞帘散余春，明月入户寻幽人。
褰衣步月踏花影，炯如流水涵青苹。
花间置酒清香发，争挽长条落香雪。
山城酒薄不堪饮，劝君且吸杯中月。
洞箫声断月明中，惟忧月落酒杯空。
明朝卷地春风恶，但见绿叶棲残红。

——《月夜与客饮杏花下》[2]

静谧的春夜，明月当空，花影婆娑，清香沁人，苏轼置酒花间，在洞箫声中与友人一同赏月、品酒。这是多么美妙的境界，又是何等高雅的情趣！更饶有兴味的是，苏轼还借酒而生遐想："山城酒薄不堪饮，劝君且吸杯中月。"这既是与客的诗意调侃，更流露出苏轼此刻的高兴心情。而这才是苏轼的真性情。

有时遇到情投意合的朋友，苏轼也会通宵达旦地饮酒，"不知东方之既白"[3]。如他在黄州时与老友范纯臣等人的一次饮酒便是：

今日与数客饮酒，而纯臣适至。秋熟未已而酒白色，此何等酒也？入腹无赃，任见大王。既与纯臣饮，无以侑酒。西邻耕牛

① 《苏轼文集》卷六十六，孔凡礼点校，中华书局1986年版，第2049页。
② 《苏轼诗集》卷十八，王文诰辑注，孔凡礼点校，中华书局1982年版，第926页。
③ 苏轼：《赤壁赋》，《苏轼文集》卷一，孔凡礼点校，中华书局1986年版，第6页。

适病足，乃以为戴。饮既醉，遂从东坡之东直出，至春草亭而归，时已三鼓矣。

——《牛酒帖》[①]

虽然酒不算好，但他与友人的饮兴都甚高，以致酒醉之后又从住处外出夜游，至三更始归。在这里，东坡的散淡之情、不羁之性，借助酒兴而被充分地表现出来了。

苏轼时常请人饮酒，并送酒给别人[②]，而别人也不断给他送酒。每逢得到别人送来的酒或别人留他饮酒，苏轼总是充满了欣喜之情，常常流露出孩子般的童真之趣。如元丰年间他过泗州时，除夜雪中黄师是送他酥酒，他便显得格外兴奋，并提笔写道：

冷砚欲书先自冻，孤灯何事独生花。
使君夜半分酥酒，惊起妻孥一笑哗。

——《泗州除夜雪中黄师是送酥酒二首》其一[③]

苏轼将孤灯生花当作友人送酒的吉兆，已充满了孩子似的情趣；而得酒之后的兴高采烈以致令妻子一同笑哗，更可见苏轼的激情难抑了。又如王定国得晋卿酒并相留夜饮，苏轼畅饮之后也有点忘乎所以的情致：

短衫压手气横秋，更著仙人紫绮裘。
使我有名全是酒，从他作病且忘忧。
诗无定律君应将，醉有真乡我可侯。

① 《苏轼文集》苏轼佚文汇编卷五，孔凡礼点校，中华书局1986年版，第2541页。

② 如密州时有《送碧香酒与赵明叔教授》，《苏轼诗集》卷十四，王文诰辑注，孔凡礼点校，中华书局1982年版，第694页。

③ 《苏轼诗集》卷二十四，王文诰辑注，孔凡礼点校，中华书局1982年版，第1303页。

且倒余樽尽今夕，睡蛇已死不须钩。

——《次韵王定国得晋卿酒相留夜饮》[①]

他要当着朋友的面，余樽倒尽，忘却尔我，去体验一番“醉侯”的感觉。这样的狂情，在他独饮时怕是很难出现的。

遇有别人送酒未到，苏轼还忍不住地要作诗去询问，更可见其率真之趣。如苏轼居惠州时，广州太守月馈酒六壶，但有时“书至而酒不达”，于是苏轼便“戏作小诗问之”：

白衣送酒舞渊明，急扫风轩洗破觥。
岂意青州六从事，化为乌有一先生。
空烦左手持新蟹，漫绕东篱嗅落英。
南海使君今北海，定分百榼饷春耕。

——《章质夫送酒六壶，书至而酒不达，戏作小诗问之》[②]

“青州从事”指好酒[③]。苏轼洒扫破屋，洗濯酒器，正像陶渊明那样欢欣鼓舞地等待有人来送酒，谁知送酒人却“跌而亡之”，美酒化为乌有。诗人只有空持新蟹，漫绕东篱而已。此虽为戏言，然苏轼幽默之性、烂漫之情，俱随对酒的期待而流溢于诗中矣。

当然，尽管苏轼喜欢以酒待客，也希望别人送酒给他，但对于官酒即公使酒却从来不敢动用。在密州时，他几次想请好友赵明叔饮酒，都因无酒而作罢：“几回无酒欲沽君，却畏有司书簿帐。”并自注：“近

---

① 《苏轼诗集》卷三十，王文诰辑注，孔凡礼点校，中华书局1982年版，第1617页。

② 《苏轼诗集》卷三十九，王文诰辑注，孔凡礼点校，中华书局1982年版，第2155—2156页。

③ 《世说新语·术解》：“桓公有主簿，善别酒，有酒辄令先尝，好者谓‘青州从事’，恶者谓‘平原督邮’。”（刘义庆撰，徐震堮著：《世说新语校笺》，中华书局1984年版，第383页）

制，公使酒过数，法甚重。”[①] 所谓“公使酒”，即州郡用于公务之酒，有一定数额，不得超过，也不准私用。又由于当时规定造酒不能超过百石，故苏轼也常常为此而大发牢骚：“我今号为二千石，岁酿百石何以醉宾客。”[②] 这些话到了“乌台诗案”时，都被当作“讥讽朝廷”的证据。但即此一点也可以看出，苏轼为了“醉宾客”，实在坦诚的可爱，竟顾不上什么“口祸”了。

三、亲酿得其理趣

苏轼也很喜欢酿酒。这一方面是因为他要用自己的酒来款待宾朋，以补公使酒之不足；同时，他对酿酒本身也充满着浓厚的兴趣，并希望通过亲酿以探求成酒之理，即所谓“格物致知”——而这也正是当时文人士大夫的一种心理趋向。他在《黍麦说》中说：

> 北方之稻不足于阴，南方之麦不足于阳，故南方无嘉酒者，以曲麦杂阴气也，又况如南海无麦而用米作曲耶？吾尝在京师，载麦百斛至钱塘以踏曲。是岁官酒比京酝。而北方造酒皆用南米，故当有善酒。吾昔在高密，用土米作酒，皆无味。今在海南，取舶上面作曲，则酒亦绝佳。以此知其验也。[③]

原来他要验证南方米、麦与北方米、麦做酒不同之“理”，并通过多次

① 苏轼：《赵既见和复次韵答之》，《苏轼诗集》卷十四，王文诰辑注，孔凡礼点校，中华书局 1982 年版，第 694 页。

② 苏轼：《莫笑银杯小答乔太博》，《苏轼诗集》卷十三，王文诰辑注，孔凡礼点校，中华书局 1982 年版，第 617 页。

③ 《苏轼文集》卷七十三，孔凡礼点校，中华书局 1986 年版，第 2368 页。

实践获知，只有以北麦为曲、南米为蘖才能酿出善酒。所谓“曲”即酒母，亦即用以发酵的发霉长毛谷物或面饼，一般用麦充当；“蘖”即用来造酒的主要原料米（稻米或黍米）。而以曲投蘖便是所谓的“复式发酵”（先使淀粉糖化，再发酵成酒），这样酿出来的酒即黄酒。苏轼所用的就是这种方法。苏轼认为，这一造酒的过程本身就充满着“妙理”。他在《浊醪有妙理赋》中写道：

> 失忧心于昨梦，信妙理之疑神。浑盎盎以无声，始从味入；杳冥冥其似道，径得天真。…… 稻米无知，岂解穷理；曲蘖有毒，安能发性。乃知神物之自然，盖与天工而相并。①

正因为酿酒有着如此妙理，所以苏轼一生曾尝试酿造过各种不同的酒。如在密州时他酿过土米酒，在定州时酿过橘子酒和松酒，在黄州时酿过蜜酒，在惠州时酿过桂酒，在海南时酿过天门冬酒；而他最得意的还是在岭南时所酿的真一酒。他在《真一酒法》（寄建安徐得之）中介绍此酒的做法时说：

> 岭南不禁酒，近得一酿法，乃是神授。只用白面、糯米、清水三物，谓之真一法酒。酿之成玉色，有自然香味，绝似王太驸马家碧玉香也。奇绝！奇绝！白面乃上等面，如常法起酵，作蒸饼，蒸熟后，以竹篾穿挂风道中，两月后可用。……每米一斗，炊熟，急水淘过，控干，候令人捣细白曲末三两，拌匀入瓮中……可得好酒六升。②

---

① 《苏轼文集》卷一，孔凡礼点校，中华书局 1986 年版，第 21 页。
② 《苏轼文集》卷七十三，孔凡礼点校，中华书局 1986 年版，第 2372 页。

造酒的关键是制曲与投曲，看来苏轼已完全掌握了其中的要领。他将上等白面蒸熟风干后制为曲，并捣成细末，每斗米投曲三两，然后再根据情况随时投水、投米，这样便可酿成“玉色，有自然香味”的真一酒了。

当然，这种酒尚未经过蒸馏，其味道还远不能与今天的白酒相比。但苏轼对此已经非常满意了。他写诗称赞道：

拨雪披云得乳泓，蜜蜂又欲醉先生。
稻垂麦仰阴阳足，器洁泉新表里清。
晓日著颜红有晕，春风入髓散无声。
人间真一东坡老，与作青州从事名。

——《真一酒》[①]

他将自己的真一酒称作“青州从事”，可见其评价之高。而从“稻垂麦仰阴阳足”一句还可以看出，他以为自己的酒是调和阴阳而成（稻为阴，麦为阳），得自然之理，故弥足珍贵。为此，他又作《真一酒歌》，称曰：“酿为真一和而庄，三杯俨如侍君王，湛然寂照非楚狂，终身不入无功乡。”[②]其得意之情，溢于言表。

在《东坡酒经》中，苏轼还对饼曲的制作又作过进一步的说明：

南方之氓，以糯与粳，杂以卉药而为饼，嗅之香，嚼之辣，揣之枵然而轻，此饼之良者也。吾始取面而起肥之，和之以姜液，蒸之使十裂，绳穿而风戾之，愈久而益悍，此曲之精者也。[③]

---

① 《苏轼诗集》卷三十九，王文诰辑注，孔凡礼点校，中华书局1982年版，第2124页。
② 《苏轼诗集》卷四十三，王文诰辑注，孔凡礼点校，中华书局1982年版，第2361页。
③ 《苏轼文集》卷六十四，孔凡礼点校，中华书局1986年版，第1987—1988页。

以糯与粳所作饼曲只能算“良”，唯有将麦面和以姜液所作饼曲才是“精”品。接下去，苏轼又谈了如何投米和注水，最后强调：“酿久者酒醇而丰，速者反是，故吾酒三十日而成也。”[1]

由今观之，30日而成的酒实在算不上什么好酒，即在当时，人们所喜饮的也大都是春酒（冬酿春熟）。但苏轼对酿酒之理的深入探讨，以及他从酿制过程中所获得的理趣，则不能不令人感动。也无怪乎他要将自己的造酒之法“刻石置之罗浮铁桥之下，非忘世求道者莫至焉”[2]。

总之，苏轼一生已与酒结下了不解之缘。而他所追求的“酒中趣”即意趣、情趣与理趣，不但使酒格与人格完美结合，并创造出绝妙的境界，从而丰富了中国酒文化的内涵；同时，也成为后世许多知识分子身处逆境时的重要精神支柱。这比起那些只知道“痛饮酒，熟读《离骚》”的人来说，实在要更胜一筹了。

2005年10月

① 《苏轼文集》卷六十四，孔凡礼点校，中华书局1986年版，第1988页。

② 苏轼：《桂酒颂·叙》，《苏轼文集》卷二十，孔凡礼点校，中华书局1986年版，第594页。

李清照画像考辨

世传李清照画像，其年代之较久者，存世约有四种（包括摹本）：一为诸城县署所藏，一为清末王志修旧藏，一为清人姜壎摹本，一为清人改琦画本。其中，前两种皆出自赵明诚故里，故受到学术界的格外关注。然论者见仁见智，意见迄未一致。为进一步弄清画像的真伪，我们不妨先将各本流传之来龙去脉做一疏理，然后再加考辨。

一

最早著录诸城县署所藏李清照小像者，为清道光年间人周乐（二南），其所作《题李易安遗像并序》中云：

> 按明诚诸城人，而家于青，此图之在诸城也，宜矣。观其笔墨古雅，迥非近代画手能及，或即当时真本亦未可知。第不知何年藏于县署楼中，贮以竹筒，为一邑绅所得，宝而藏之。今又入其邑裴玉樵手，携归济南，得快瞻数百年故物，不可谓非深幸也。披览之余，并系短章，以志景仰。道光庚戌重九日，历下周乐二南识。[①]

---

① 转引自李文裿辑：《漱玉集》，冷雪庵民国二十年排印。

道光庚戌即道光三十年，为公元 1850 年。该年重九日，周二南见到由裴玉樵携至济南的诸城县署所藏之李清照画像，他深感荣幸，不但记其画像之来源，又于序后题诗三首：

曲眉云鬓屏铅华，《漱玉词》高自一家。
几阅沧桑遗像在，果然人瘦似黄花。

金石搜罗未觉疲，香焚燕寝伴吟诗。
披蓑顶笠装尤好，风雪循城觅句时。

重叙遗编感故侯，艰难历尽几经秋。
凄凉柳絮泉边老，漫妒才人老不休。

大约又过了 60 余年，此像又为江苏武进人徐宗浩（养吾）所得。徐氏亦有《题李易安看竹图小像》为之记：

宣统辛亥，得易安居士小像于京师。图高晋尺五尺八寸，阔二尺六寸五分，有周二南诗跋。……后征题于樊山、仁安两先生，藉雪其冤。同时得王幼霞、钱纳蘧两刻本《漱玉集》，纳蘧附录二卷，考证尤详。余览其词，悲其遇，为重书影印，索俞涤烦抚《看竹图》小照冠于卷首，并录诸题于后。发潜阐幽，庶几无憾。漫缀一绝，用志欣快："高节凌云自一时，婵娟已有岁寒姿。霜竿特立谁能撼，寄语西风莫浪吹。"

——徐宗浩《石雪斋诗集》卷三

宣统辛亥即公元 1911 年，徐氏得此小像于北京。从画像上有周二南诗跋来看，此像与周二南于济南所见者为同一帧，即源于诸城县署所藏。

徐氏先是征题于樊增祥（樊山）、王守恂（仁安）两先生，同时又根据王鹏运（幼霞）、钱纳蘧两刻本《漱玉集》“为重书影印”，并将俞涤烦所抚《看竹图》小照冠于卷首，录樊、王诸题于后。请看樊增祥《题李易安遗像并序》：

> 丁巳小春，武进徐君养吾以所藏易安居士小像见示，征题。道光庚戌周二南诗跋谓：赵明诚籍诸城而居于青。此图设色古雅，或即当时原本，不知何年贮以竹筒，藏于诸城县署。后为邑绅某所得，今又转入济南裴玉樵家云云。易安生于北而殁于南。此图阅八百余年，复由济南而入于吴。倘亦艳魄有灵，不忘江南烟水故耶？……寒夜无俚，为制长句，以雪其冤，且伸夙昔论断之意云尔。樊山樊增祥识。
>
> ——徐宗浩《石雪斋诗集》卷三

后面便是樊氏所制长句，大意乃叙易安生平事迹，兼为其“再嫁”之事雪冤。丁巳乃1917年，其时距徐宗浩得易安小像已历6年。而从樊氏所述周二南题跋的内容来看，益可证明徐氏所得乃是周氏所题跋过的清照小像。

此像再经辗转，最后存于刘半农先生语音乐律研究室，并由黄盛璋先生发现，刊于《文学研究》1957年第3期（见图20）。

图20　诸城县署藏李清照小像

黄盛璋《李清照事迹考辨》称：

> 诸城县署所藏之清照小像，此像

> 系作者在刘半农先生语音乐律研究室旧藏照片中找得，刊于《文学研究》1957年第3期。旁有题跋云："像旧藏诸城县署楼中，贮以竹筒，今为邑人裴君玉樵所得。按易安嫁赵明诚，明诚诸城人而家于青，此图在诸城固宜。画笔古雅，其为当时真本可知。"[①]

从黄先生所述画像上题跋的内容来看，显然其题跋者是周二南。至此，诸城县署所藏李清照小像之流传始末，总算比较清楚了。

二

清末，诸城人王志修（竹吾）也藏有易安照初临本，并以其摹本分赠王鹏运（半塘）与况周颐（蕙风）。况周颐《蕙风词话》卷四记：

> 易安居士三十一岁小像立轴，藏诸城某氏。诸城，古东武，明诚乡里也。余与半塘各得抚本。易安手幽兰一支（半塘所藏改画菊花），右方政和甲午德父题辞："清丽其词，端庄其品，归去来兮，真堪偕隐。"左方吴宽、李澄中各题七绝一首。……易安照初临本，诸城王竹吾前辈（志修）旧藏……

王半塘于光绪辛巳（1881）所刻四印斋本《漱玉词》，也印有《易安居士三十一岁之照》及题词："清丽其词，端庄其品，归去来兮，真堪偕隐。政和甲午新秋德父题于归来堂。"半塘还为画像及题词作注云：

---

① 济南市社会科学研究所编:《李清照研究论文集》，中华书局1984年版，第323页。

易安居士照，藏诸城某氏。诸城古东武，明诚乡里也。王竹吾（志修）舍人以摹本见赠，属刘君炳堂重抚是帧。竹吾云：其家蓄奇石一面，上有明诚、易安题字，诸城赵、李遗迹，盖仅此云。光绪庚寅二月半塘老人识。

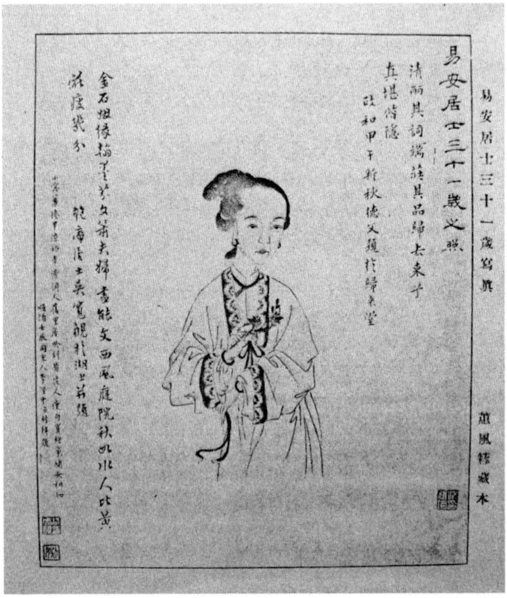

图 21 王志修藏《易安居士三十一岁之照》

由此可见，王半塘与况蕙风所得李清照画像，皆系来自诸城王志修。只不过半塘所刊布者为刘炳堂的重抚本（即将易安手持之幽兰改为菊花者），较之竹吾所存，已是第三代的本子了。

至于明人吴宽（匏庵）及清人李澄中（渔村）所题诗，则见于蕙风簃藏本《易安居士三十一岁之照》（即王竹吾赠况蕙风之抚本，见图 21）。四印斋本《漱玉词》中亦有征引。吴宽所题为：

金石姻缘翰墨芬，文箫夫妇尽能文。
西风庭院秋如水，人比黄花瘦几分。

李澄中所题为：

小窗帘卷早凉初，幸傍词人旧里居。

吟到黄花人瘦句，买丝争绣女相如。

此外，四印斋本《漱玉词》中还著录了王志修为易安画像所作的三首题诗：

金石编排脱稿初，归来堂上赋闲居。
若论旧谱翻新调，夫婿才华恐不如。

衣冠南渡已无家，钟鼎图书载几车？
毕竟不须疑晚节，西风人自比黄花。

词客争传《漱玉词》，故乡真恨我生迟。
摩挲奇石题名在，应记花前写照时。

王志修又于“归来堂上赋闲居”下注云：“归来堂旧址，乾隆中同邑李氏改名易安园，今已荒芜矣。”于“摩挲奇石题名在”下注云：“石高五尺，玲珑透豁，上有‘云巢’二隶书。其下小摩崖刻：‘辛卯九月，德父、易安同记。’现置敝居仍园竹中。”

王志修，字竹吾，山东诸城人，光绪间举人，清末曾任职内阁及奉天府军粮署同知、岫岩州知州等职。其所藏易安照初临本原件，迄未发现，也许已不存世了吧！倘如此，则况蕙风所藏之摹本，便为最接近原作的画像了。

三

李清照画像中，还有两种也常被人提到。《蕙风词话》卷四云：

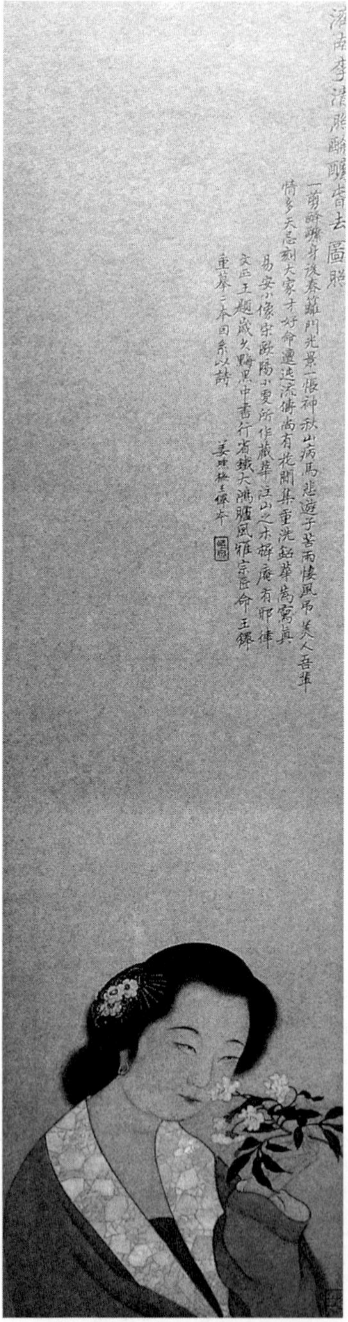

图 22 《济南李清照酴醾春去图照》

“按沈匏庐先生涛《瑟榭丛谈》：‘长白普次云太守俊出所藏元人画李易安小照索题，余为赋二绝句’云云。未知即此本（指王志修藏本）否？”检清人沈涛《瑟榭丛谈》，其卷下正有此条：

次云出所藏元人李易安小像索题，余为赋二绝句云：“漱玉声疑响佩环，春残幽恨苦相关。（易安有《春残》诗）伤心柳絮泉头水，种出蘼芜绿遍山。”“月上新词最断肠，缠绵儿女意堪伤。不应人比黄花瘦，却道全无晚节香。”

况蕙风疑普次云（俊）所藏元人画李易安小照或即王志修藏本，看来两者并不是一回事。据蕙风簃藏本易安小照，上面并无沈涛题诗；而且，从沈涛题诗所描绘的“元人李易安小像”的背景来看，也明显与蕙风簃藏本不符。加以普俊（次云）其人事迹不详，其所藏“元人李易安小像”之下落及真伪，也便无从考究了。

又，《蕙风词话》卷四还提到“易安别有《荼蘼春去》小影”。此或即今无锡市博物馆所藏之《济南李清照酴醾春去图照》（见图 22）。图上李清照云鬓蓬松，身着绮服，手持荼蘼花，正陶醉于花香之中。

画中有题诗一首：

> 一剪酴醾身后春，篱门光景一怅神。
> 秋山病马悲远子，苦雨凄风吊美人。
> 吾辈情多天忌刻，大家才好命邅迍。
> 流传尚有花间集，重洗铅华为写真。

诗下小注云："易安小像，宋欧阳小更所作，藏华注山之木樨庵，有邪律文正王题，岁久霉黑。中书行省铁大鸿胪，风雅宗匠，命王绎重摹二本，因系以诗。"最后落款为"姜壎抚王绎本"。从画上题词看，该像系清人姜壎摹元人王绎本，而王绎又摹自宋人欧阳小更之作。至于画的原作者是否欧阳小更，画上是否有过元人邪（耶）律楚材题识，皆不得而知。再从现存无锡博物馆所藏《济南李清照酴醾春去图照》本身来看，亦未见沈涛所题二绝句，故也不可能是普次云（俊）所藏"元人李易安小像"。

此外，清人改琦还有《惜花图》一幅，其画中构图及人物姿态，都与这幅《济南李清照酴醾春去图照》极为相似，只是用笔不及此图之工整，晕染也不及此图富有质感。两者是否出自同一范本，尚无人论及。

四

上述李清照画像之四种存本，其中清人姜壎摹本及改琦画本原作俱在，学者自可据以辨识。窃以为，从两者之构图（以上方之大面积空白来衬托下方人物主体，从而营造出一种意味深长的境界）及人物姿态的极其相似来看，它们当有一共同的范本。至于这范本是否即姜壎所说的王绎所摹欧阳小更本，因王本及欧阳本俱已不传，则尚难遽定。改琦（1774—1828）字伯蕴，号香白、玉壶外史，回族，华亭（今上海市松江）人，乾嘉间画家。姜壎，事迹不详，疑为明清之际山东莱阳姜氏族人。果如此，则其所据以临摹的范本，至迟应是明代或更以前的本子了。

诸城县署所藏本原迹未得一见，仅从刊于《文学研究》1957 年第 3 期的照片来看，诚有如黄盛璋先生所指出的那样，"画中陈设，显然是明清时代式样"[①]。又，王学初《李清照集校注》附录《李清照事迹编年》亦披露，邓之诚先生生前曾对他说过："世传李清照画像，所衣非宋人服装，乃后人所作。"[②]由此，王先生认为，"邓先生所云后人之作，如非四印斋所刻，当即为刊于 1957 年《文学研究》第 3 期之另一幅"[③]。今观四印斋本及蕙风簃藏本李清照画像，只及半身，且重在面部描写，服装并不完整。而《文学研究》1957 年第 3 期所发表者则不但有背景和器具陈设，且人物服装毕现。故邓先生所言，极可能是后者。这样说来，诸城县署所藏之李清照画像，也不是宋代"真本"，大约只是明人的作品罢了。

至于王志修藏本即蕙风簃所公布者，虽学界持否定意见的亦颇不少，但我认为却很值得重视。其实，此画像公布之初，并无人怀疑，只是当学界考定明诚与清照屏居乡里的"归来堂"旧址在青州而非诸城后，这才有人提出异议。约略言之，认为此画像系后代"好事者为

---

① 黄盛璋：《李清照事迹考辨》，载济南市社会科学研究所编：《李清照研究论文集》，中华书局 1984 年版，第 323 页。

② 《李清照集校注》，王学初校注，人民文学出版社 1979 年版，第 229 页。

③ 《李清照集校注》，王学初校注，人民文学出版社 1979 年版，第 229 页。

之”[1]的理由有三：一是《易安居士三十一岁之照》的题记不符合宋代习惯，“宋人题记，多署名，极少用字”[2]；二是“画中衣服不像宋人”[3]；三是“既知屏居乡里为青州而非诸城，就可肯定它们都是假的了”[4]。这最后一条常被当作最重要的证据，故我们不妨先从此说起。

首先，明诚与清照屏居乡里的归来堂是在青州而非诸城，这是没有问题的；《易安居士三十一岁之照》作于归来堂，也是没有问题的（有明诚题词为证）。但作于青州的画像，经七八百年后为何就只能保存在青州，而不会流落至明诚故里的诸城呢？事实上，很多历史文化名人的画像虽不作于原籍，而最终仍被保存于故里的事例是很多的。即以诸城人物而言，刘墉晚年的画像乃作于北京，但历200余年之后，其存世唯一的影像照片却保存于诸城[5]。显然，单以画像出于何地而论其真伪，是不合情理的。

其次，也有论者将王志修所藏清照画像与志修题诗自注中提到的诸城“归来堂旧址”及明诚、清照亲自题记并留在诸城的“云巢”石联系在一起，以为赵、李既未居诸城，诸城何来“归来堂旧址”及题记石？而“归来堂旧址”及“云巢”题记石既系“伪造”，则清照画像也便是“好事者为之”了。其实，这二者之间并没有必然的联系。诸城归来堂旧址及“云巢”题记石的空缺，并不能否定作于青州归来堂并经明诚亲自题记的清照画像。这原是一个很简单的道理。因为出于后人的追念，某些文化名人的遗址常常非止一处。当然，这其中有不少纯属附会，但也有些是与事主相关联的。赵、李与诸城的情况就属后者。

窃以为，赵明诚与李清照“屏居乡里十年”期间，应是回过一

---

① 《李清照集校注》，王学初校注，人民文学出版社1979年版，第229页。

② 《李清照集校注》，王学初校注，人民文学出版社1979年版，第227页。

③ 济南市社会科学研究所编：《李清照研究论文集》，中华书局1984年版，第323页。

④ 济南市社会科学研究所编：《李清照研究论文集》，中华书局1984年版，第323页。

⑤ 此影像照片系1956年自诸城乡间征集到的，现存诸城市博物馆。

次诸城的，其理有三：一是诸城为明诚故里，且距青州不远（300余里）；二是赵、李屏居青州十年期间并非没有出行，如政和初，明诚便亲至泰山，得《唐登封纪号文》两碑[①]；三是诸城既有琅邪台刻石，又是苏轼曾出任过密州知州的地方，从明诚的爱好来说，他是不会错过的。其《金石录》自序云："余自少小，喜从当世学士、大夫访问前代金石刻词，以广异闻。"陈师道《后山居士集》卷十四《与鲁直书》也谈道："正夫有幼子明诚，颇好文义。每遇苏、黄文诗，虽半简数字必录藏，以此失好于父。"何况苏轼任职密州期间，对琅邪台刻石也极感兴趣，因"得旧纸本于民间，比今所见，犹为完好"，遂于熙宁九年（1076）托庐江文勋"摹诸石，置之超然台上"。[②]而无论是要搜集苏轼文墨，还是观看琅邪刻石原迹及文勋摹刻，我想明诚都不会不一至的吧！何况《金石录》中还确曾留下了他亲观琅邪刻石的记载。《金石录》卷十三"秦琅邪台刻石"条记：

> 右秦琅邪台刻石，在今密州。其颂诗亡矣，独从臣姓名及二世诏书尚存，然亦残缺。熙宁中苏翰林守密，令庐江文勋模拓刻石，即此碑也。从臣姓名五，"大夫"作"夫夫"，泰山刻石亦如此。或以谓古"大"与"夫"同为一字，恐不然。余家所藏古器款识，有周大夫始鼎及秦权铭，"黔首大安"皆用"大"字。盖古人简质，凡字点画相近及音同者，多假借用之，别无它义。东汉时碑刻尚多如此。

看来明诚不但登琅邪台看了刻石原件，知道"其颂诗亡矣，独从臣姓名及二世诏书尚存，然亦残缺"，也拜读了置于超然台上的"文勋模拓

① 参见赵明诚：《金石录》卷二十四。

② 苏轼：《刻秦篆记》，《苏轼文集》卷十二，孔凡礼点校，中华书局1986年版，第409页。

刻石”。而尤值得注意的是，明诚还指出琅邪台刻石的从臣姓名中，“大夫”皆作“夫夫”，并进行了辨识。如不是亲自考察，当不会有这样细致的发现吧！可见，明诚到过诸城应是毫无疑问的。

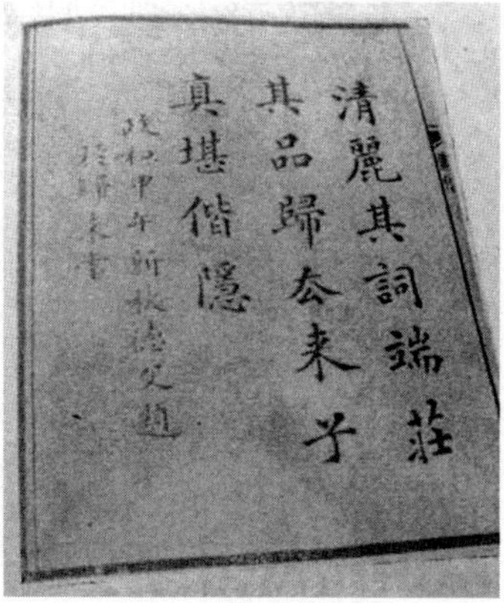

图 23 赵明诚题记手迹

那么，明诚夫妇到诸城又会是哪一年呢？在没有确切的资料可以证明以前，王志修所提供的“辛卯九月，德父、易安同记”的“云巢”石题记似可备一说。辛卯即政和元年，为公元 1111 年，是赵、李夫妇屏居乡里的第三年，时清照 28 岁。而诸城的所谓“归来堂旧址”，则可能是因为明诚夫妇回故里时曾在此居住过，故后人便依青州例，也称作“归来堂”了，实则并非出于赵、李之所命名。此旧址乾隆中同邑李氏已改名为“易安园”，至今犹存，即诸城旧城南门里东侧一带，一直为李氏后代的居处。其家族庭院中藏有太湖石甚多，乾隆《诸城县志》“金石考”曾记“在李文驹易安园中”，存有明人侯廷柱（嘉靖二十五年进士，曾任刑科给事中）题名的玲珑怪石。此石在新中国成立后即由其后人献于诸城博物馆。只可惜“云巢”石还一直没有下落。

下面再来谈谈王志修所藏《易安居士三十一岁之照》的题款。诚然，宋人题记多署名，但用字者也不少。即以论者所常例举的苏轼来说，其题记用字的情况就不少概见。如苏轼《记子由诗》、《题李十八净因杂书》、《跋画苑》、《跋醉道士图》、《书鲁直浴室题名后》、《杭州题名二首》（之二）及《白鹭亭题柱》等[①]，其题记落款便皆为“子

① 《苏轼文集》，孔凡礼点校，中华书局 1986 年版，卷六十八，第 2128 页；卷六十九，第 2182 页；卷七十，第 2215、2220 页；卷七十一，第 2263、2264 页；苏轼佚文汇编卷六，第 2578 页。

瞻”。甚至连苏轼在明诚故里诸城所题“砚洗”，也署“熙宁九年子瞻制”（今存诸城市博物馆）。这与王志修所存《易安居士三十一岁之照》上赵明诚“政和甲午新秋德父题于归来堂”的落款[①]，恰恰是同样的“习惯”。至于“云巢”石题记落款，即“辛卯九月，德父、易安同记”，其在宋人，也是有先例的。论者谓“李清照自号易安居士，并非字易安”，“盖未有自号某某居士，而只称某某，略去‘居士’二字者”，并举苏轼为例，云“苏轼自号东坡居士，亦未见题名自称‘东坡’”。[②]但事实却是，苏轼的不少题名都署“东坡”。如《丹石砚铭并序》署“元丰壬戌之春，东坡题”，《雪浪斋铭并序》署“东坡作铭岂多言，四月辛酉绍兴元”，《杭州题名二首》（之一）署“东坡书”[③]，等等。既然苏轼可以自称“东坡”，而李清照又为何不能自称“易安”呢？显然，从题款来看，也是无法否定画像与题记石非宋人之作的。

最后谈谈画像中人物的服饰问题。王志修所藏李清照画像，女主人公头梳高髻，身着直领对襟长衫，这正是“北宋大都市妇女……爱好大髻大梳”，“外衣衫子对襟，有二长条花边由领而下”[④]的典型服饰。若明代妇女（尤其是稍有身份的妇女），则一般是圆领外衣，且多戴遮眉勒，披云肩，穿比甲。[⑤]清代中上层妇女也常喜欢加遮眉勒和云披肩。[⑥]故所谓“画中衣服不像宋人”的说法，诚不知何据。

总之，王志修所藏《易安居士三十一岁之照》初临本，并非出于

---

① 对照上海博物馆所藏《欧阳修〈集古录〉跋尾四》赵明诚题跋墨迹，可以断定该题记确系赵明诚真迹。参见吴金娣：《有关赵明诚、李清照夫妇的一份珍贵资料》，《上海师范大学学报》1987年第2期。

② 《李清照集校注》，王学初校注，人民文学出版社1979年版，第227页。

③ 《苏轼文集》，孔凡礼点校，中华书局1986年版，卷十九，第551、574页；卷七十一，第2264页。

④ 沈从文编著：《中国古代服饰研究》，上海书店出版社2005年版，第432、428页。

⑤ 参见沈从文编著：《中国古代服饰研究》，上海书店出版社2005年版，第559—561页。

⑥ 参见沈从文编著：《中国古代服饰研究》，上海书店出版社2005年版，第591—593页。

后人的附会，它是有着明确题记的李清照画像。故在王氏所藏原本尚未发现之前，其第二代抚本即况氏蕙风簃所刊布者，应是最接近原作同时也是最值得后人珍惜的。

2007 年 6 月

谈谈方言的文化价值

——以诸城方言为例

方言是区域文化的载体和活化石，同时也蕴含了丰富的传统文化信息，对研究源远流长的中国古代文化具有极其重要的意义。可以说，中国的方言也是中华民族的宝贵文化遗产。但在全球化、工业化及互联网等的冲击下，许多方言如同有些少数民族语言一样，正处在濒临消亡的境地。因此，一些有识之士已在提出保护方言的问题（如保护上海方言、广州方言、武汉方言等）。而保护方言就是保护中华文化的“生物多样性”。当然，除了保护之外，深入挖掘各种方言中所蕴含的丰富文化资源，也是一项十分紧迫的任务。本文便试以诸城方言为例，来尝试进行这方面的研究。

诸城是著名的文化之乡。明清以来，山东地区即有“诸城厚，安丘秀，博山秀”之说。自远古时期的虞舜，以至孔子的弟子和女婿公冶长，诸葛亮的远祖诸葛丰，《清明上河图》的作者张择端，《金石录》的作者赵明诚，清代的名臣刘统勋、刘墉父子，下迄近代的作家王统照、王愿坚，诗人臧克家，电影人崔嵬等，可谓名家辈出，群星丽天。而诸城本地语言则又是“土得掉渣”且流传不断的原生态方言，较少受到外来冲击。因此，这样的研究应是具有典型意义的。

诸城方言的形成可以远溯到汉代。汉扬雄所著《方言》中即常引“齐鲁之间”语。东汉末年郑康成注《三礼》，其中多杂有高密方言，这是学术界公认的。而郑康成故里的郑公乡（高密西南），即与诸城接壤，其方言是十分接近的。再后，还可以说明诸城方言实际存在的是赵挺之的例子。宋王明清《挥麈录》卷六记：

> 赵正夫丞相元祐中与黄太史鲁直俱在馆阁，鲁直以其鲁人，意常轻之。每庖吏来问食次，正夫必曰："来日吃蒸饼。"一日聚饭行令，鲁直云："欲五字从首至尾各一字，复合成一字。"正夫沈吟久之，曰："禾女委鬼魏。"鲁直应声曰："来力勑正整。"叶正夫之音，阖坐大笑。[①]

正因为赵挺之（正夫）的"来日吃蒸饼"发音具有浓重的诸城方言色彩（如将"日"读为"力"），所以黄庭坚（鲁直）才用"来力勑正整"与他开了一通玩笑。这说明赵挺之虽在外为官多年，然其诸城话还是不曾丢掉。

时至今日，以"咬舌子"为鲜明特征的诸城方言仍在诸城一带广泛流行。而细绎其内容，则大致有以下几方面的文化价值。

一、诸城方言所保留的古音、古义

先看对古音的保留。诸城方言中有许多字的发音都是古音。如：

"人"：诸城方言读曰 yìn。这是由"夷"的音转而来的。《说文解字》："夷，平也，从大从弓，东方之人也。"[②]"夷"是身上背弓的正面之人形象，古东夷人善射，故"夷"即为"东方之人"。诸城古属东

---

① 王明清：《挥麈录》，中华书局 1961 年版，第 157 页。

② 许慎：《说文解字》，中华书局 1963 年版，第 213 页下栏。

夷，且为东夷文化的重要发祥地，因此诸城人（也包括东夷地区之人）也便自称为“夷”，音 yì，再声转而为 yìn（这在音韵学上被称为“阴阳对转”），写成字便是“人”。

“家”：古读为 gū。《离骚》：“羿淫游以佚畋兮，又好射夫封狐。固乱流其鲜终兮，浞又贪夫厥家。”[①]“家”与“狐”相押，故知“家”当读 gū。《庄子·秋水》“吾长见笑于大方之家（gū）”[②]，班固之妹班昭以其富有学问而被宫中尊称为“曹大家（gū）”，皆可为证。顾炎武《唐韵正》在谈到“家”的古音时也说道：“今青州以东犹存此音，如张家庄、李家庄之类，皆呼为‘姑’。”今诸城境内的沙姑庄、程姑庄等即保存“家”的古音，所谓“沙姑庄”即沙家庄，“程姑庄”即程家庄，后人改“姑”为“戈”，是不明古音的缘故。此外，正月初五“五马日”，诸城人称为“五马（mǔ）日”，也是保留古音，因为“马”的古读即为 mǔ。

“腚”：诸城人（也包括许多山东人）谓臀为“腚”。而臀为形声字，其古音即读为殿，再由殿（diàn）音转为腚（dìng）。是“腚”亦保留古音也。

“菸有”：诸城人谓野葡萄为菸有，而菸有（yān yòu）即蘡薁（yīng yù）之声转，亦即野葡萄之古称。《诗经·七月》：“六月食郁及薁。”[③]《毛传》：“郁，棣属；薁，蘡薁也。”[④]

“喋了”：诸城人谓蝉为喋了。而喋了即蝉之古名“蜩”（tiáo）的缓读。《诗经·七月》：“五月鸣蜩。”[⑤]《庄子·达生》：“痀偻者承

---

① 洪兴祖：《楚辞补注》，李化文、许德楠、李如鸾、方进点校，中华书局 1983 年版，第 21—22 页。

② 郭庆藩：《庄子集释》，王孝鱼点校，中华书局 1961 年版，第 561 页。

③ 程俊英、蒋见元：《诗经注析》，中华书局 1991 年版，第 413 页。

④ 毛亨传：《毛诗正义》，郑玄笺，孔颖达疏，龚抗云、李传书等整理，刘家和审定，北京大学出版社 1999 年版，第 503 页。

⑤ 程俊英、蒋见元：《诗经注析》，中华书局 1991 年版，第 411 页。

蜩。”[①]是蝉在先秦尚名为蜩。后人缓读之，或读为“知了”，或读为“喋了”，而尤以“喋了”与原读音更为接近。且“喋了”又寓喋喋不休之义，亦与蝉鸣声相符。

“葱”（音通）：诸城人读葱曰 tōng，此亦保留古音之一例。《诗经·七月》：“二之日凿冰冲冲。”[②]高亨《诗经今注》：“冲，古读为通。”[③]葱、冲古声母相近，韵母相同，可以相通。

“蟠固”：诸城人谓两腿交叉而坐为“蟠固着”。所谓“蟠固”，即蟠踞，因为“踞”之古音即读为“固”。同样，诸城人又称“蹲踞”为“蹲固”，亦缘“踞”之古读为“固”也。

“恪庄”：诸城贾悦镇有村名“恪庄”，“恪”，当地人读为 què。然此字各种汉语词典皆注音为 kè，并无读 què 者。唯国学大师陈寅恪之“恪”或读为 què，然屡遭某些人非议。为此，余曾请教先师姜亮夫先生（陈寅恪学生）。先生回答说：陈先生自己读“恪”曰 què，故门弟子及时人皆从之。诸城人与陈寅恪先生（客家人）皆读“恪”曰 què，这是偶然的巧合，抑或都保留了此字的古音？姑存以待考。

再看对古义的保留。诸城方言中有许多词语的意义与古义（有些在普通话中已消失）相同，如：

“謟”（tāo）：言而无实曰“謟”。《荀子·性恶》：“其言也謟，其行也悖，其举事多悔，是小人之知也。”[④]又，为人傲慢不实亦曰“慆”。《离骚》：“椒专佞以慢慆兮。”[⑤]王逸《楚辞章句》：“慆，淫也。”[⑥]淫即过，亦无实之谓也。今诸城人称胡编乱造的行为曰“謟”，

---

① 郭庆藩：《庄子集释》，王孝鱼点校，中华书局 1961 年版，第 639 页。

② 程俊英、蒋见元：《诗经注析》，中华书局 1991 年版，第 415 页。

③ 高亨注：《诗经今注》，上海古籍出版社 1980 年版，第 203 页。

④ 章诗同注：《荀子简注》，上海人民出版社 1974 年版，第 266 页。

⑤ 洪兴祖：《楚辞补注》，李化文、许德楠、李如鸾、方进点校，中华书局 1983 年版，第 41 页。

⑥ 洪兴祖：《楚辞补注》，李化文、许德楠、李如鸾、方进点校，中华书局 1983 年版，第 41 页。

称编造者为“謟种”“謟包子”，皆是保留“謟”（或慆）之古义。

“风”：牝牡相诱曰风。《左传·僖公四年》：“楚子使与师曰：‘君处北海，寡人处南海，唯是风马牛不相及也。’”[①]所谓“风马牛”，即马牛之牝牡相诱也。今诸城人谓女孩子行为放荡而不检点曰“风”，即用此义。与“风”相类的尚有“浪”，“浪”即淫荡之合音。

“木僵”：诸城方言谓人木讷而反应不灵敏曰木僵，字又作“木强”（两者读音相同），此亦保留古义之一例。《汉书·周勃传》：“勃为人，木强敦厚。”[②]《汉书·酷吏传》：“吏民益凋敝，轻（尹）齐木强少文。”[③]

“贰护”：诸城方言谓事情之不肯定、无把握曰贰护。护，原字为“虞”，古读曰护，其义训误。《诗经·鲁颂·閟宫》：“无贰无虞（hù），上帝临汝。”[④]意思是说，不要有二心，不要出错误，上帝就在你的头顶。

“旆旆”（pēi pēi）：诸城人谓庄稼长得茂密，连鸟儿都钻不进去曰“旆旆的”。此亦古义，见《诗经·大雅·生民》：“荏菽旆旆。”[⑤]荏菽即大豆。其与诸城人常以“旆旆”形容大豆之长势亦同。

“蹀躞”（diè siè）：今诸城方言状求请者之自卑自贱神态曰“蹀躞”。如谓某人奔走于权贵之门并欲有所求，辄曰其人“蹀躞”，重言之又曰“蹀蹀躞躞”。此义古已有之。《楚辞·哀郢》：“众躞蹀而日进兮，美超远而逾迈。”[⑥]（又见《九辩》）屈原正是用“躞蹀”来形容众小人求进时之奴颜婢膝的。“躞蹀”倒言之即为“蹀躞”，字又作“蹀

---

① 杨伯峻编著：《春秋左传注》，中华书局1981年版，第289页。

② 班固：《汉书》，颜师古注，中华书局1962年版，第2054页。

③ 班固：《汉书》，颜师古注，中华书局1962年版，第3659页。

④ 程俊英、蒋见元：《诗经注析》，中华书局1991年版，第1012页。

⑤ 程俊英、蒋见元：《诗经注析》，中华书局1991年版，第803页。

⑥ 洪兴祖：《楚辞补注》，李化文、许德楠、李如鸾、方进点校，中华书局1983年版，第136页。

蹬”“蹀斜”，重言之作“蹀蹀蹬蹬”“蹀里蹀斜”。后又被用来形容卑弱者动作之不顺畅、不自然。如《汉乐府·白头吟》：“蹀躞御沟上，沟水东西流。”[①]《金瓶梅》第一回记潘金莲的话：“虽然有这个小丫头儿，奴家见他拿东拿西，蹀里蹀斜，也不靠他。”[②]李存葆《山中，那十九座坟茔》：“婶婶蹀蹬着一双小脚到公社，哀求公社武装部长。”时至今日，其义在普通话中已不见，独于诸城方言中存之。

诸城方言所保留的古音、古义，听起来很土俗，但实际上都是一些古代用语，如写成文字，更显得十分典雅。而且，这些古音、古义有许多在普通话中已不存在，故对研究汉语史有着十分重要的意义。

二、诸城方言所保存的古老民俗

1. 诸城方言所反映的婚俗

“将媳子”：诸城方言称娶媳妇为“将媳子”，此于古有据。《诗经·召南·鹊巢》：“之子于归，百两将之。”[③]将者，迎也。此言女子出嫁，夫家以百辆车迎之。直至唐代，此义犹存。如杜甫《新婚别》：“生女有所归，鸡狗亦得将。”[④]

“投启”：男方将婚书投送女方谓之“投启”。投者，送也；启者，告也。婚姻至“投启”阶段即告成立。实即古代“六礼”中之“纳吉”，亦即今之所谓“订婚”也。至于《启》中所书，则除男女双方之八字外，亦有确定婚姻关系之话语。此俗至20世纪50年代初犹为婚姻之必备环节，今则不知“投启”为何事了。

---

① 郭茂倩：《乐府诗集》，中华书局1979年版，第600页。

② 兰陵笑笑生：《金瓶梅词话》，戴鸿森校点，人民文学出版社1985年版，第15页。

③ 程俊英、蒋见元：《诗经注析》，中华书局1991年版，第30页。

④ 高步瀛选注：《唐宋诗举要》，上海古籍出版社1978年版，第69页。

“开脸”：女子出嫁前，由女性长辈以丝线绞去其脸上的汗毛谓之“开脸”。“开脸”后即可做新娘了。此俗至20世纪50年代初诸城乡间犹存，今则无人施行了。

“罩头红”：新娘上轿时辄以红布遮盖头脸，即通常所谓“盖头”，诸城谓之“罩头红”。此俗源自原始社会之“抢婚”，其时男子掳掠女子后便将其带进山洞（即所谓“洞房”），为防止女子逃跑，又将其眼睛遮盖起来（犹如后世山寨土匪之“带溜子”）。殆至后世，女子头眼的遮蔽物演变为盖头，而其身上的刑具（亦为防其逃跑）则演变为项链、手镯之类。

“棋子”：结婚时女方往往将合有油、鸡蛋、白糖的硬面切成菱形小块，然后上锅炒熟，以备至男方后“分盘”之用。以其大小如围棋之棋子，故谓之“棋子”，实即“祈子”，即祈求子嗣之义也。婚礼中用以祈子之食物如花生、枣、栗子等各处多见，唯“棋子”仅见于诸城婚俗。

2. 诸城方言所反映的衣食之俗

“舍披”：诸城人谓着衣而不系纽扣为“舍披怀”。舍披古书又作裮被、猖被、昌被、猖披，皆衣不带之貌也。《离骚》“何桀纣之猖披兮”，王逸注：“猖披，衣不带之貌。”①《广雅·释训》：“裮被，不带也。”古人束衣以带，而不用纽扣。故“衣不带”又引申为放纵不拘。山东人好披衣，余20世纪60年代初求学上海，其地中层以上干部多山东籍，余偶尔披衣，辄被同学戏称为“老干部作风”。

“叉裤”：20世纪50年代以前，常见村中老人于秋冬之际，内穿单裤而外加叉裤。所谓“叉裤”，即无裆之裤，仅有两只裤筒，而以线

---

① 洪兴祖：《楚辞补注》，李化文、许德楠、李如鸾、方进点校，中华书局1983年版，第8页。

绳系于腰际。此即中国古代之绔（又写作袴）也。《说文解字》："绔，胫衣也。"[①]《释名》："绔，两股各跨别也。"可见古人所谓"袴"，即相当于诸城人所着之叉裤，也是没有裆的。《太平御览》卷六九五引《高士论》曰："孙略冬日见贫士，脱袴遗之。"[②]假如像今天的裤，脱起来怕没有这么容易了。古代有裆之裤谓之"裈"（kūn），又名"穷袴"，穷袴中还有一种类似后世之短裤衩，谓之"犊鼻裤"，即司马相如曾着以涤器者也。

"啪谷"：诸城人称饼子曰"啪（pǎ）谷"，即拍谷，盖以手拍之而成，然后贴于锅上或蒸于笼中之食物也。

"面汤"：诸城人称面条为面汤。面汤即汤面，亦即古之所谓汤饼。古人称一切米麦磨粉加水制成的食品皆曰"饼"，如笼蒸者谓蒸饼，开水煮者谓汤饼。汤，开水。面汤，即开水所煮之面。此名尚存古义。

3. 诸城方言所反映的其他习俗

"耍藏掖的"：诸城人谓魔术表演为"耍藏掖的"，形象之极。魔术表演盖以藏、掖为其要领，诸城此言，可谓一语中的。

"打菌子"：旧时冬初农闲之际，儿童往往将两寸许硬木削成茧形（两头尖），然后以木棍击之，依茧子被击出之远近而论输赢。此种游戏20世纪50年代初诸城乡间犹多见之，实即古代"击壤"之遗风也。

"挤扎人"：旧时初春，儿童往往结伴往水边湿地拔取茅草芽，俗谓之"挤扎人"，盖以茅草芽会扎脚而言之也。茅草芽有红、白之分，初生者色红，稍后变白，皆鲜美可食。此俗可远溯至《诗经》时代。《诗经·邶风·静女》："静女其娈，贻我彤管"，"自牧归荑，洵美且

---

① 许慎：《说文解字》，中华书局1963年版，第275页上栏。

② 李昉等编：《太平御览》，中华书局1960年版，服章部卷六九五，第3103页。

异”。[①] 其所谓“彤管”，即红茅草芽；所谓“荑”，即白茅草芽。余幼时亦曾往河边挤过“扎人”，并分别红、白，捆成小扎以赠小朋友。

“猪毛绳”：旧时乡间所用绳索多为猪毛绳，即猪鬃加工后所剩之猪毛废料，经纺车纺成之绳索也。猪毛绳既便宜，又防水不烂，结实耐用，颇受乡人欢迎。其唯一的缺点是新绳刺人，但久用之后，亦会变得绵软。《金瓶梅》中曾有多处提到“猪毛绳”，如第七十五回记潘金莲的话说：“他不来往我那屋里去，我成日莫不拿猪毛绳子套他去不成？”[②] 同回记吴月娘的话说：“还要拿猪毛绳子套你哩。”[③] 第七十六回记孟玉楼的话说：“若不来，我可拿猪毛绳子套他来。”[④] 可见猪毛绳为当时习用之物。直至20世纪50年代初，乡中捆庄稼及拴牛、拴驴之绳仍多为猪毛绳。以致村中开会有人不到，村干部动辄曰：“拿猪毛绳把他套来。”所谓“套”，即“套鸟”“套狗”之“套”，是将猪毛绳挽成扣子以套在动物或人身上。然猪毛绳所使用之范围并不广，仅于笔者老家的诸城西乡一带常见。据此，《金瓶梅》之作者会不会是诸城西乡人呢？可供治《金》书者参考。

“光棍多愁”：春夏之际，诸城乡间常闻布谷鸟叫。因其鸣叫声有四个音节，故有人称之为“布谷布谷”，谓催播也；有人称之为“光顾多锄”，谓锄草也；还有人戏称为“光棍多愁”，谓光棍日子难过也。盖旧时春夏之交即青黄不接之时，一般人家多缺粮少吃，其困苦境况，于光棍尤甚也。一鸟鸣也，而可附会出如许含义，足见乡人之幽默与多才。

诸城方言中所保存的民俗资料，既能帮助我们了解古代诸城民俗的状况，又可为中国民俗史的研究提供实际的例证。

---

① 程俊英、蒋见元：《诗经注析》，中华书局1991年版，第116、117页。

② 兰陵笑笑生：《金瓶梅词话》，戴鸿森校点，人民文学出版社1985年版，第1106页。

③ 兰陵笑笑生：《金瓶梅词话》，戴鸿森校点，人民文学出版社1985年版，第1106页。

④ 兰陵笑笑生：《金瓶梅词话》，戴鸿森校点，人民文学出版社1985年版，第1111页。

三、诸城方言所蕴含的传统文化信息

“不拢卦”：诸城人谓没有时间曰“不拢卦”，又谓事情发生了变化为“变卦”，此皆与诸城之《易》学氛围有关。汉代的诸城一带（其时尚名东武与诸县）是当时中国的《易》学中心，其时《易》学大家辈出[①]，其影响一直延续于后世。直至明清，诸城邃于《易》者尚有数十人，仅县志所载《易》学著作就有数十种。于是，从知识分子到普通百姓，都在不知不觉中浸染了些《易》的习气。乡民凡遇疑难，辄请读书人“拢卦”。犹记先大父言，清末吾乡王村（今属枳沟镇）有张茂交者，善《易》，乡人婚、丧及丢失牛羊者，辄求其“拢卦”，且常有验云。倘其“不拢卦”，即表示没有时间。至于“变卦”，从《易》学上来说，即是由“本卦”变为“之卦”（如“遇《困》之《大过》”之类），卦象变了，其意蕴当然也就不一样了。

“挨贡”：诸城人称排队曰“挨贡”。如有来村中卖货者，倘聚集人多，长者便会喊：“挨贡，挨贡。”于是众人便自觉排起队来。“挨贡”为科举时代之名词，时谓生员等待出贡（即成为贡生）为“挨贡”。科举时代，生员倘考不上举人，则最好的前途便是“出贡”了。贡生有种种，然最主要的是岁贡，即按时间顺序排队以出贡。贡生可以享受举人的待遇，出贡之后经一定考试，可在本省担任教职（训导），故生员向往之。然“挨贡”的时间很长，一般都须十几年甚至几十年。如蒲松龄 19 岁成为生员，至 71 岁方出贡，前后经过 52 年。

“子午卯酉”：诸城方言谓不知事之内情，辄曰“说不出个子午卯酉来”。此亦与科举有关。清代乡试通常每三年在京城及各省城举行一次，一般在子、卯、午、酉年举行。考试内情，谁也说不清。此义为

---

① 参见拙文《论琅邪文化》，《兰州大学学报》2004 年第 3 期。

民间所借用，为了顺口，遂讹为“子午卯酉”了。又，乡试闱中编号，系按《千字文》排列，故民间又有“天字第一号”之语。

“小党子”：诸城方言称年轻人之群体曰“小党子”，此语亦由来尚矣。《论语·公冶长》：“子在陈，曰：‘归与！归与！吾党之小子狂简，斐然成章，不知所以裁之。’”[①]“吾党之小子”即“小党子”。有时也可以称成年人群体，如谓“乜个党子”。

“识字班”：诸城称姑娘为“识字班”，十八九岁的大姑娘为“大识字班”，十四五岁的小姑娘为“小识字班”。此与红色文化有关。诸城作为老解放区，自抗战时期以至50年代初期，都开展过扫盲运动，组织有若干业余识字班。因入识字班者多为年轻女子，故有此称谓。

诸城方言中所蕴含的此类文化信息，既能帮助我们了解诸城古代的文化氛围，同时也可为治中国文化史者之参考。

四、诸城方言所体现的诸城人个性气质及为人处事准则

诸城人“好学重儒，习礼仪，尚齿让”，“犹有古道之遗”。[②]他们既深明大义，又无所畏惧。这在诸城方言中也可以体现出来。

“咱”：诸城人读“咱”曰 zèn，即“朕”（zhèn）之音转。“朕”在先秦为第一人称代词，社会通用之。秦始皇称帝，把“朕”定为皇帝自称，其他人不能用了。但诸城人（也包括部分山东人）照称“朕”，只不过字变成了“咱”了。正如章太炎《新方言》所说：“秦以来文字无敢称朕者，而语言不能禁也。”此可见诸城人之倔强脾气与不屈精神。而且，凡称“咱”者，多寓有一种豪壮与自重之感，如“咱

---

① 杨伯峻译注：《论语译注》，中华书局1980年版，第51页。

② 《山东通志·风俗》。

爹咱妈”“咱老家”“咱老师”等。秦始皇之独以“朕”为自称，即是看中了“朕”字所具有的这种感情色彩；而诸城人对“咱”的情有独钟，也流露出诸城人（包括部分山东人）所具有的自豪之感。

“俺”：诸城人（也包括部分山东人）亦自称曰“俺”（ǎn），“俺”即先秦第一人称代词之“言”。《尔雅·释诂》：“卬、吾、台、予、朕、身、甫、余、言，我也。”《诗经·周南·葛覃》：“言告师氏，言告言归。”《毛传》：“言，我也。”《郑笺》：“我告师氏者，我见教告于女师也。”[①] 不过“言”作为第一人称代词，其感情色彩比较谦卑，故祖龙不取，而诸城人则用以表现“谦谦君子”之风也。

“不中人”：诸城方言谓人不做好事曰“不中（zhòng）人”。“中”（zhòng），达到。“不中人”，即达不到人的标准。《庄子·天下》：“惠施多方，其书五车，其言也不中。”[②]《孟子·离娄下》：“中也养不中，才也养不才，故人乐有贤父兄也。”[③] 所谓“中也养不中”，即言道德品质好的教养道德品质不好的。与此相类的，诸城方言中还有“不慎检”一词。“不慎检”即不能自我检点和约束。此皆可见诸城文化对人格修养要求之严也。

“狗彘”：诸城方言谓人品差劲曰“狗彘（zhì）”。彘，猪也。狗彘，犹言猪狗。此亦古语。《孟子·梁惠王上》：“鸡豚狗彘之畜，无失其时，七十者可以食肉矣。”[④] 贾谊《陈政事疏》：“故此一豫让也，反君事仇，行若狗彘。”[⑤] 明李贽《续焚书·三教归儒说》：“阳为道学，阴为富贵；被服儒雅，行若狗彘。”[⑥] 可见诸城人对人品低下者之鄙视。

① 毛亨传：《毛诗正义》，郑玄笺，孔颖达疏，龚抗云、李传书等整理，刘家和审定，北京大学出版社 1999 年版，第 33 页。

② 郭庆藩：《庄子集释》，王孝鱼点校，中华书局 1961 年版，第 1102 页。

③ 杨伯峻译注：《孟子译注》，中华书局 1960 年版，第 188 页。

④ 杨伯峻译注：《孟子译注》，中华书局 1960 年版，第 5 页。

⑤ 班固：《汉书》，颜师古注，中华书局 1962 年版，第 225 页。

⑥ 李贽著作选注小组：《李贽著作选注》，人民出版社 1975 年版，第 179 页。

“强梁”：诸城方言谓人（尤其是小孩子）强横而不知谦让为“强梁”。如言“乜孩子綦强梁”。语出《老子》（42 章）：“强梁者不得其死，吾将以为教父。”[①] 诸城是礼仪之邦，人性醇厚，故强梁者不受欢迎。

“薄道”：诸城方言，凡为人之不醇厚，处事之刻薄，待客之简慢，皆谓之“薄道”。“薄道”作为“厚道”之反义词，他处不见，唯诸城方言中有之。此与上言之“不中人”“不慎检”“狗彘”“强梁”，皆为诸城人所深恶之品行也。

五、诸城方言词语的当代启示

诸城方言中有些词语，对现代汉语的词汇构成仍有一定的启示意义。如：

第一，名词或动词、形容词后面加“巴”，构成专用名词。如天不怕、地不怕之人谓之“野（邪）巴”，白痴谓之“乔巴”，淘气孩子谓之“娑（sūo）巴”，哮喘之人谓之“吼巴”，难处之人或民风浇薄之地谓之“篱巴”，等等。现代汉语中“酒吧”“网吧”之类带“吧”的名词，或谓系舶来品，观此，则诸城方言中早已有之。

第二，形容词或动词后面加叠字所组成的形容词性词组。如年小小的、红馥馥的、绿筝筝的、白生生的、鼓蓬蓬的、渴牢牢的、牢住住的、实落落的、死趴趴的、累哧哧的、大沉沉的，等等。这些形容词性词组状物十分生动形象，有些在普通话中还找不到相应的词语，仅于某些文学作品中见之（如《金瓶梅》）。故此类方言词语（也包括本文所例举的其他方言词语），对揭示某些文学作品的文化蕴涵具有重要意义。

---

① 任继愈译著：《老子新译》，上海古籍出版社 1985 年版，第 153 页。

第三，诸城方言中讳言生病、衰老、死亡的词语，如谓生病为“不语做”（不语也不做），谓衰老为“不能依了”，谓死亡为“老了”“仰搁由了”（仰面朝天，由人处置），对研究其他方言中的类似词语，也有一定的借鉴意义。如上海话谓死亡为“翘辫子”，即与此相类。

第四，“诡吊”：诸城城南之马耳山为云所遮，即预示着天要下雨。故俗谚有云：“马耳山戴帽，没有二诡吊。”有时谓事之必定无疑，也称“没有二诡吊”。“诡吊”倒言之即为“吊诡”。香港人常谓事情发生变数为“吊诡”，其语意与诸城方言同。不知此为巧合，抑或古语之翻新？姑存以待考。

以上是对诸城方言中所蕴含的丰富文化信息所进行的初步解析，目的在以此为例来探讨方言对于区域文化乃至中华文化研究之重要价值。中国地域辽阔，人口众多，方言丰富。类似的研究自可以其他方言为例来进行，余企盼之。

2013 年 6 月

“六尺巷”故事的由来与演变

随着歌曲《六尺巷》在2016年春节晚会上的演唱，安徽桐城“六尺巷”的故事已广为人知，而故事的主人公张英及其家人，更受到了人们普遍的称赞。现在的“六尺巷”是2002年才恢复的，而有关“六尺巷”的传说则流传很久了。最早记录桐城“六尺巷”传说的是近代姚永朴的《旧闻随笔》一书，其卷四载：

图24　桐城“六尺巷”

> 张文端公居宅旁有隙地，与吴氏邻，吴越用之。家人驰书于都，公批诗于后寄归，云：“一纸书来只为墙，让他三尺又何妨。长城万里今犹在，不见当年秦始皇。”吴闻之感服，亦让三尺。其地至今名为“六尺巷”。

姚永朴（1861—1939）是桐城人，其说既然是“旧闻”，想是根据当地的传说而载笔的。此后成书于民国二十五年

（1936）的《桐城志略》也采取了他的说法。于是，这两处的文字记载，便成了后人恢复桐城“六尺巷”的主要依据。

其实，早在桐城张英（1638—1708）之前，有关“六尺巷”的传说就已经有了。如清初武英殿大学士傅以渐（1609—1665），便在他的故里聊城老北门里留有类似的故事，也是说傅以渐收到了家书，诉与邻居因打墙事发生了冲突，后傅以渐通过一首诗遂化解了矛盾。郭立河《“仁义胡同”》记载此事说：

> 傅以渐看完来信，不禁捧腹大笑。他当即写诗一首，寄给父母。诗曰：“来信只为一堵墙，让他三尺有何妨；万里长城今犹在，不见当年秦始皇。”……这样，两家中间便形成了一条六尺宽的通道，后人称为“仁义胡同”。①

这里的“仁义胡同”实际就是“六尺巷”，因为它也是“一条六尺宽的通道”。据报道，这一“仁义胡同”近年来在聊城市东昌府区东关大街的傅斯年陈列馆旁已得到恢复。再如清代钱德苍序刊的《解人颐》一书，其中的《达观集》载：

> 有一显宦在京致书邻翁，欲其让墙址，以图方圆。翁作诗一首答曰：“千里修书只为墙，让他三尺又何妨？长城万里今犹在，不见当年秦始皇。”

《解人颐》一书虽刊于乾隆二十六年（1761），实成书于明嘉靖间。不过，故事中作诗礼让的主人公并非“显宦”，而是“邻翁”，这一点与后来的故事有所不同。又，明嘉靖间还有一位郭朴，也有这样的故事。

① 郭立河：《“仁义胡同”》，《聊城报》1986年6月7日。

据原天民《学会幽默好处多》一文披露：

> 明朝嘉靖年间，礼部尚书、武英殿大学士郭朴家和邻居王三成因建房占地发生争执，郭夫人怒气冲冲地派人到京城给阁老送信，要他出面说话。仆人快马加鞭带回书信一封："千里捎书为一墙，让他三尺又何妨。万里长城今犹在，不见当年秦始皇。"……于是出现 一条六尺宽的"仁义巷"。至今安阳市老城区内仍有保存完好的"仁义巷"存在，千古传为美谈。①

此虽系后人记载，但因"安阳老城区内仍有保存完好的仁义巷存在"，且出现了"邻居王三成"的名字，想来也应是有其传说为依据的。明清时期这类故事还有很多，但大都停留在民间口头传说的层面，很少有见诸时人文字记载的。近读明人黄暐的《蓬窗类记》，不意在卷二的《厚德记》中竟发现了这样一段：

> 尚书杨公仲举，有厚德……荐为景皇帝潜邸官僚。居京师，乘驴，邻翁老得子，驴鸣辄惊，公闻，卖驴徒步。久雨水溢，邻穴垣潴水公家，家人欲与竞，公曰："天不恒雨，晴当自涸。"邻葺颓垣，复侵公地，公亦不较，作诗曰："普天之下皆王土，再过来些也不妨。"

杨仲举事发生于明景泰间，这是到目前为止所发现的明代此类故事的最早记载。故事虽未明言所让几尺，诗也仅有两句，且与后来传说的诗句不同，但实为后世礼让地基事之滥觞。

倘再上溯，则明代以前，这类礼让、容忍、包容之类的故事，在

---

① 原天民：《学会幽默好处多》，《保健与生活》2001 年第 5 期。

中国历史上也时见记载。如《旧唐书·孝友传》所记张公艺事：

郓州寿张人张公艺，九代同居。……麟德中，高宗有事泰山，路过郓州，亲幸其宅，问其义由。其人请纸笔，但书百余“忍”字。高宗为之流涕，赐以缣帛。[①]

这是讲家族成员内部的忍让，亦即后世张姓“百忍堂”堂号之由来。桐城张氏的“礼让”精神，实与此一脉相承，只不过后人又将此种精神发扬光大，并施于邻里之间了。再如《后汉书·孔融传》李贤注引《融家传》所记“孔融让梨”事：

（融）兄弟七人，融第六，幼有自然之性。年四岁时，每与诸兄共食梨，融辄引小者。大人问其故，答曰：“我小儿，法当取小者。”由是宗族奇之。[②]

此即《三字经》中“融四岁，能让梨”之出处。由此亦可见，中国人很早就已经意识到了，礼让精神必须从小时候起开始培养。又如《史记·廉颇蔺相如列传》所记蔺相如让廉颇事：

相如每朝时，常称病，不欲与廉颇争列。已而相如出，望见廉颇，相如引车避匿……廉颇闻之，肉袒负荆，因宾客至相如门谢罪，曰：“鄙贱之人，不知将军宽之至此也。”卒相与欢，为刎颈之交。[③]

---

① 刘昫等：《旧唐书》第15册，中华书局1975年版，卷一八八，第4920页。

② 范晔：《后汉书》，李贤等注，中华书局1965年版，第2261页。

③ 司马迁：《史记》，裴骃集解，司马贞索隐，张守节正义，中华书局1959年版，第2443页。

这也是一种“让”，只不过是同事之间“先国之急而后私仇”之退让。今邯郸市仍保存有“回车巷”，据传就是蔺相如“引车避匿”之巷也。

礼让作为一种美德，又称谦让、敬让，无论在家庭内部还是邻里、同事、社会成员之间，自古以来就受到中国人民的推重与称赞。早在《周易》的《谦》卦中，就有“谦谦，君子”[①]的爻辞，意思是说，人只有谦让了再谦让，才是君子风度。并认为“鸣谦”（明智的谦让）、“劳谦”（勤劳而谦让）者最终都会吉利。孔夫子的为人是“温良恭俭让”，所以他对子路的“其言不让”才会“哂之”。[②]《礼记·曲礼上》亦云：“君子恭敬撙节退让以明礼。”[③]又云：“夫礼者，自卑而尊人，虽负贩者，必有尊也，而况富贵乎？”[④]而所谓“恭敬撙节”与“自卑而尊人”，也就是礼让他人之义。这种礼让，表面看来是降低了自我，甚至失去了一些物质利益，而实际上却维护了家庭与社会的和谐与团结，对中华民族凝聚力的形成及国家与社会的发展，都产生了深远的影响。

如同每一种文化都需要有自己的载体一样，礼让精神之所以能传之永久，也与历代都出现过一批践行礼让精神的人物有关。历代的礼让故事，包括明清时期的“六尺巷”故事，连同故事中的主人公，实际上已成为中国传统美德——礼让与包容精神——的载体了。当然，要充当这样的载体，也必须具备两个条件：一是对传统文化的服膺，二是对自身操守的把持。倘能具备这样的条件，而又能遇上相关的“机遇”，则“六尺巷”之类的故事便会应运而生。这也就是在中国大地上，“六尺巷”之类的故事非止一处的原因了。

至于这类故事中所出现诗句的大同小异，则并不排除承袭与借鉴

---

① 徐子宏译注：《周易全译》，贵州人民出版社1991年版，第88页。

② 杨伯峻译注：《论语译注》，中华书局1980年版，第119页。

③ 《礼记正义》，郑玄注，孔颖达疏，龚抗云整理，王文锦审定，北京大学出版社1999年版，第15页。

④ 《礼记正义》，郑玄注，孔颖达疏，龚抗云整理，王文锦审定，北京大学出版社1999年版，第17页。

的因素。从目前所见到的记载来看，除刊行于乾隆二十六年（1761）的《解人颐》外，其余多是出于后人（尤其是当代人）的追记（包括姚永朴的《旧闻随笔》）。窃以为，"六尺巷"或"仁义胡同"的故事传说虽所在多有，但所引之诗则极可能是袭用前人而又相互假借的，有些更可能是后人根据故事情节而逆加的。至其原始出处，从目前来看，当以《解人颐》一书最有可能。《解人颐》以解颐为宗旨，集诗文、辞赋、俚语、俗谚于一书。据书前钱德苍的"序"可知，此书自明嘉靖间成书以后，一直在坊间流行，而钱氏重订本即是根据坊间流传本经"增删替补"而刊行的。故郭朴也好，傅以渐与张英也好，其所引诗，或为当事人直接袭用《解人颐》，或为后人在叙说与记述故事时之所附丽。至于张英之后，如诸城刘统勋、兴化郑板桥及道县何绍基等人的"六尺巷"故事，虽其事未必虚构，然其所引诗句，如不是直接源自《解人颐》，则又并不排除来自桐城故事的启示。

最后，还可提及的是，除"六尺巷"所承载的"礼让"品德外，在中国历史上，还有许多以故事与建筑为载体的文化精神。如以诗、礼传家的孔子后人的"诗礼堂"，以廉洁不贪为标榜的杨震后人的"四知堂"，以及以清正爱民著称的刘统勋家族的"清爱堂"等，都传承了其先祖的某种文化精神，它们与众多的"六尺巷"一起，共同彰显着中华民族的优秀品质与可贵精神。

2016年10月

古代文化研究的一个重要方面

——谈谈古代公文的写作

中国古代公文的文化蕴涵十分丰富，在写作上也别具一格，而且流传久远。因此，研究古代公文不但可以为今天的公文写作提供借鉴，同时，也是中国传统文化研究的一个不可或缺的方面。

中国的公文写作历史悠久，源远流长。《尚书·多士》载："惟殷先人有典有册。"[①]这"典"与"册"中就有相当一部分是公文。现存今文《尚书》中的《汤誓》（商汤伐夏桀时的誓词）与《盘庚》（商王盘庚迁都前所发布的命令）两篇都是商代的公文，便可以证明。又据《太平御览》引《吕氏春秋·先识览》曰，"桀将亡，太史令终古执其图书而奔于商"[②]，这说明夏桀时已有"图书"了，而这些"图书"中也很可能是有公文存在的。至于殷周铜器铭文中的公文，那更是十分常见的。如西周时期著名的《散氏盘铭》（350字），便是矢人将大片土地移付散氏时所定的契约。而《大盂鼎铭》则是周康王将车马卣鬯及臣民赏赐给大臣盂的凭证。

西周建立后，随着国家机器的完备和各项规章制度的完善，中国的公文也很快就形成了自己的体系和写作规范。《尚书》就是殷商至春

① 李民、王健：《尚书译注》，上海古籍出版社2004年版，第309页。

② 参见李昉等编：《太平御览》，中华书局1960年版，学部卷十二，第2775页。

秋初期各种文件的汇编，其中的“典”（经典）、“谟”（谋议）、“训”（教训）、“诰”（诰谕）、“誓”（誓词）、“命”（命令），便是中国最早的六种下行公文的体式。此后历经秦汉魏晋六朝直至唐宋，不但公文的分类越来越细，公文的写作日渐规范，而且公文的文化蕴涵也日趋丰厚，并出现了许多脍炙人口、传之永久的名文。像李斯的《谏逐客书》、贾谊的《论积贮疏》、晁错的《论贵粟疏》、诸葛亮的《出师表》、李密的《陈情表》、魏徵的《谏太宗十思疏》、韩愈的《论佛骨表》、王安石的《上时政疏》等，都是内容精辟而又辞采华茂的传世公文佳作。明清以降，公文程式化的倾向虽比较明显，但也出现了一些颇富特色的公文。像朱元璋的《正礼仪风俗诏》、海瑞的《治安疏》、康熙的《遗诏》、郑板桥的《判词》等，或直言其事，或情理兼备，或慷慨激昂，或自由流畅，也都为后世的公文写作树立了不同的榜样。

纵观中国几千年来的公文写作，有这样几个特点是值得我们今天借鉴的：

一是内容的屏虚务实。古代公文写作都是针对性极强的，而且实实在在，直奔主题，很少虚词套话，文件中虽没有什么“主题词”和“关键词”之类，但阅读之后却能令人一目了然。如刘邦的《入关告谕》：

> 父老苦秦苛法久矣，诽谤者族，偶语者弃市。吾与诸侯约，先入关者王之，吾当王关中。与父老约，法三章耳：“杀人者死，伤人及盗抵罪。”余悉除去秦法。诸吏人皆案堵如故。凡吾所以来，为父老除害，非有所侵暴，无恐！且吾所以还军霸上，待诸侯至而定约束耳。
>
> ——《史记·高祖本纪》[①]

① 司马迁：《史记》，裴骃集解，司马贞索隐，张守节正义，中华书局1959年版，第362页。

通篇《告谕》共说了五层意思：前三句是对秦法的评议，接下三句是说自己“王关中”的合法性，再后四句是宣布入关后的法令内容，“诸吏人皆案堵如故”一句则是讲对旧王朝官吏的安置，最后六句强调入关目的，以安定人心。全文 99 个字，句句言之有物，没有一句虚词。刘邦起兵时仅是一个泗水亭长（乡镇级干部），文化程度并不高，他能写出这样务实的下行文书，很值得我们借鉴。再如诸葛亮的《与群下教》：

> 夫参署者，集众思广忠益也。若远小嫌，难相违覆，旷阙损矣。违覆而得中，犹弃弊蹻而获珠玉。然人心苦不能尽，惟徐元直处兹不惑。又董幼宰参署七年，事有不至，至于十反，来相启告。苟能慕元直之十一，幼宰之殷勤，有忠于国，则亮可少过矣。
>
> ——《三国志·蜀书·董和传》[①]

“教”是古代上官向下属发布的一种文体。诸葛亮在这篇 94 个字的《与群下教》中主要谈了参署者应当不怕“违覆”的问题。“违”，背也，即与上司的意见相背离；“覆”者，反也，即把首长批示过的公事返回来，要求重新审查。合“违覆”而言之，就是鼓励秘书和幕僚们多动脑筋，多提不同意见，遇事认真对待，不怕反复。这样经过讨论而得出一个正确的结论，就如同丢弃了破草鞋而获得了明珠美玉一般。诸葛亮像拉家常一样，将“违覆”的道理向办公室人员娓娓道来，句句是实情，没有一丝一毫的虚情假意。为了进一步说明这一道理，诸葛亮还举了徐庶和董和的例子，让工作人员向他们学习。这种实心实意、坦诚相告的下行文书，在今天上级对下级的行文中已是很难见到了。

再如蒲松龄于康熙十年（1671）四月五日为他的幕主孙蕙（时署高邮州）所写的一则《劝民息讼，以警民风，以回天运事》告示，也

① 陈寿：《三国志》，裴松之注，中华书局 1971 年版，第 979 页。

是实话实说的，其中有这样的一段：

> 谚云："一日官司，十日不了。"即告状一纸，官府公事旁午，安能遽为尔等理论？守候几许时日，即盘费多少银钱？公门之中，魍魉魑魅，智者难除。每一票出，未与被告见面，先要原告尽情。不则呵骂阻难，无所不至。其中苦状，备难殚述。到得一口气伸，而自己之人品家私，已萧索殆尽矣。[①]

且不说蒲松龄通过劝人息讼而对官场腐败所做的深刻揭露，单就这种实实在在、数语便能切中事情要害的文风而言，也为告示类的公文写作树立了良好的榜样。

二是语言的简练晓畅。古代公文的语言既非常简练，且又明白易晓，不似今天的有些公文动辄"穿靴""戴帽"，或搬弄一些时髦的词语，洋洋洒洒，读了半天还令人不得要领。上引刘邦的《入关告谕》和诸葛亮的《与群下教》以及蒲松龄所拟的告示，除了内容的屏虚务实外，在语言上便都具有简练晓畅的特点。这方面，我们还可以举朱元璋的《正礼仪风俗诏》为例：

> 天下大定，礼仪风俗不可不正。诸遭乱为人奴隶者复为民。冻馁者里中富室假贷之，孤寡残疾者官养之，毋失所。乡党论齿，相见揖拜，毋违礼。婚姻毋论财。丧事称家有无，毋惑阴阳拘忌，停柩暴露。流民复业者各就丁力耕种，毋以旧田为限。僧道斋醮杂男女，恣饮食，有司严治之。闽、粤豪家毋阉人子为火者，犯者抵罪。
>
> ——《明史·太祖本纪》[②]

---

① 盛伟编：《蒲松龄全集》第2册，学林出版社1998年版，第1231—1232页。

② 张廷玉等：《明史》，中华书局1974年版，第27页。

诏书共从八个方面来端正当时的礼仪风俗，其中包括：对因乱世而沦为奴隶的人，应恢复平民身份；对生活贫困者，先由里中富室借贷以免于饥寒，对孤寡残疾者，由公家养起来；乡党应按年龄辈分见面行礼；婚姻不要重钱财；办丧事要根据家庭经济状况且不可惑于迷信忌讳以殡而不葬；流民可按自己的实际能力耕种田地而不必限于旧田；和尚、道士做道场而男女混杂、饮食放纵，官府应从严处置；福建、广东一带的富豪之家不要阉人之子以为宦者，违犯者应抵罪等。这么多的内容总共才用了 123 个字，而且从头到尾逐条说来，明明白白，清清楚楚，一点都不含糊。朱元璋是平民出身，文化水平还不及刘邦。这篇洪武五年（1372）的诏书，其文字或出于秘书人员的代笔，但意思应是他本人的。而且，不管出自何人之手，下行文书能写得如此简练晓畅，都是很值得后人学习的。

至于作为文人的郑板桥，其公文写作，更充分体现了他为文简洁明快、自由流畅的风格。请看他的一则《判词》：

> 查典买田宅不税契者，笞五十，仍追契内价钱一半入官；不过割者，其田入官。今该生隐匿多年，被人首告，理应详革究拟；姑从宽，着持契当堂验税，薄罚可也。①

这是对典买田宅而不交税且未办理过户手续者所做处罚的一纸判决，其中既有对法律条文的引用，也有具体的判决意见，还体现了他为官廉明、于民事纤悉必周的特点，有理有情，让受罚者不得不口服心服。而通篇《判词》也不过才用了 61 字而已。

三是文采的精粹动人。对于公文写作应不应该注重文采，可能会

---

①《郑燮判词》，载胡开度主编：《中国古代公文选注》，兰州大学出版社 1988 年版，第 404 页。

有不同的看法。但我认为，一篇好的公文应是富有文采的，因为只有这样的公文才有可读性，才能感人、动人，给人留下深刻的印象，从而永志不忘。三国时的陈琳为曹操起草的公文就具有这样的特点。《三国志·魏书·陈琳传》裴松之注引鱼豢《典略》说：

> 琳作诸书及檄，草成呈太祖。太祖先苦头风，是日疾发。卧读琳所作，翕然而起曰："此愈我病。"数加厚赐。[①]

陈琳的一篇公文竟能疗治曹操的头风病，这真是太神奇了。再如唐代骆宾王的《代李敬业传檄天下文》，也是写得极富文采，所以不但令反武则天者深受鼓舞，就连武则天本人也为之震动。《新唐书·骆宾王传》曾有这样一段记载：

> （武）后读，但嘻笑，至"一抔之土未干，六尺之孤安在"，矍然曰："谁为之？"或以宾王对，后曰："宰相安得失此人！"[②]

可见一篇好的公文所产生的魅力。当然，公文的文采是不同于一般散文的，它并非一味强调典雅或华丽，而只是要求写得精粹动人，即内容的实实在在和文字的练达而不事雕饰。在这方面，秦代李斯的《谏逐客书》和晋代李密的《陈情表》可算两篇典范之作。《谏逐客书》在列举了历史上的客卿皆有益于秦而秦王所用之物又不产于秦的大量事实后，最后这样写道：

> 夫物不产于秦，可宝者多；士不产于秦，而愿忠者众。今逐

---

① 陈寿：《三国志》，裴松之注，中华书局1971年版，第601页。

② 欧阳修、宋祁：《新唐书》，中华书局1975年版，第5742页。

客以资敌国，损民以益雠，内自虚而外树怨于诸侯，求国无危，不可得也。[①]

所言事事属实，句句在理，言词恳切而又逻辑严密，致使秦王读后不得不收回了逐客的成命。如果说《谏逐客书》是以理服人的话，那么《陈情表》则又是以情动人，而其中的一段陈情尤能令人感动：

但以刘日薄西山，气息奄奄，人命危浅，朝不虑夕。臣无祖母，无以至今日；祖母无臣，无以终余年。母孙二人更相为命，是以区区不能废远。[②]

结果《陈情表》上之后也打动了晋武帝，遂不再勉强他出仕。前者是“书”，后者是“表”，都是上行文书，也都写得精粹动人，最后不但达到了各自的目的，也为中国文学留下了两篇美文。

四是文化意蕴的深厚。应该说，公文是时代政治的产物，各种公文往往会不同程度地留下各自时代的烙印。但有些公文过后即遭捐弃，而有些公文则可以传之永久，甚至会对后世产生深远影响，这又是为什么呢？除了有些公文因文采的出众而被后世当作散文阅读外，关键的问题是文化蕴涵。诸葛亮的《出师表》蕴涵了他“鞠躬尽瘁，死而后已”的可贵品格，遂受到历代人们的推重。包拯的《乞不用赃吏》奏折千载之后仍令人念念不忘，则是由于它贯穿了“责贪残，慎名器”，从而让“廉吏知所劝，贪夫知所惧”[③]的反腐倡廉精神。再如《尚书》中的《酒诰》，原本是周公告诫他即将赴任卫国的弟弟康叔的一篇诰词，内容是关于饮酒的，但由于其中体现了周文化的重要精神，

① 司马迁：《史记》，裴骃集解，司马贞索隐，张守节正义，中华书局1959年版，第2545页。

② 房玄龄等：《晋书》，中华书局1974年版，第2275页。

③ 张田编：《包拯集》，中华书局1963年版，第40页。

所以便对后世产生了深远影响，从而令人们永志不忘。如其中的一段写道：

> 厥或告曰："群饮。"汝勿佚，尽执拘以归于周，予其杀。又惟殷之迪，诸臣惟工乃湎于酒，勿庸杀之，姑惟教之。[①]

周人饮酒要杀头，而为殷商进用过的旧臣及手工业者饮酒，却只要教育一下就算了。这看起来是对殷人的"宽大"，实际上是在纵容殷人沉湎于酒以致不能自拔，从而丧失其反抗的能力。这不由得会令人联想起日本人殖民统治台湾时期的有条规定：日本人抽大烟要坐班房，台湾人抽大烟则让他抽去。显然，后者是从前者受到启发的。这在客观上便说明了《酒诰》的影响不但已下至当代，而且还波及海外。

再如诸葛亮晚年给后主刘禅的一封上表，也是很值得今天的人们去深思和借鉴的：

> 臣初奉先帝，资仰于官，不自治生。今成都有桑八百株，薄田十五顷，子弟衣食，自有余饶。至于臣在外任，无别调度，随身衣食，悉仰于官，不别治生，以长尺寸。若臣死之日，不使内有余帛，外有赢财，以负陛下。
>
> ——《自表后主》[②]

此表实可视为诸葛亮对自己家庭财产的一次正式申报。所谓"资仰于官""不别治生"，即言他除官方的供给外，再未经营任何产业，也没有其他的经济来源。所谓"桑八百株，薄田十五顷"，是他家庭财产的

---

① 李民、王健：《尚书译注》，上海古籍出版社2004年版，第277页。

② 张连科、管淑珍校注：《诸葛亮集校注》，天津古籍出版社2008年版，第63—64页。

具体数字。这份家产在后世看来也许还不算小，但在1700多年前地广人稀的三国时代，充其量也不过是一份中人之产。八百株的桑田才不到20亩地。三国统一后，西晋朝廷规定的八品官员的占地之数即可达15顷。①诸葛亮虽称他的“子弟衣食，自有余饶”，实际上还不能算是富裕。而就是这不多的一点资产，诸葛亮还留下遗言，要在他死之后，“不使内有余帛，外有赢财”。诸葛亮的上述申报又是否属实呢？《三国志》本传记载说：“及卒，如其所言。”②可见，清点的结果与诸葛亮的申报是完全一致的。人们常说诸葛亮有高风亮节，于此可见一斑！而诸葛亮的这封上表不但堪称中国历史上最早由官员自行申报财产的文书，同时也足令1700多年后的政府官员们感到汗颜！

合言之，上述四个方面既是中国古代公文写作的特点，同时也为我们今天的公文写作树立了榜样。文风是一个政党和国家工作作风的重要体现。在公文写作日趋程式化的当前，在“长、空、假”文风日益滋长的某些机关，这些特点对有关领导及秘书人员的启示意义应是显见的。而中国古代公文中所包含的优秀传统文化要素，更是值得今天的人们去深入体会的。

2011年7月

① 《晋书·食货志》：“其官品第一至于第九，各以贵贱占田。品第一者占五十顷，第二品四十五顷，第三品四十顷，第四品三十五顷，第五品三十顷，第六品二十五顷，第七品二十顷，第八品十五顷，第九品十顷。”（房玄龄等：《晋书》，中华书局1974年版，第790页）

② 陈寿：《三国志·诸葛亮传》，裴松之注，中华书局1959年版，第927页。